# 옥에오(ÓC EO) 문화

## 2017-2020
### 옥에오(ÓC EO)-바테(Ba Thê) 및
### 넨쭈어(NỀN CHÙA) 유적지에 대한 새로운 고고학 발견

**옥에오 문화**  옥에오-바테(Ba Thê) 및 넨쭈어(NẾN CHÙA) 유적지에 대한 새로운 고고학 발견 2017-2020

초판 1쇄 발행 | 2025년 11월 7일

지은이 | 베트남 사회과학출판사
옮긴이 | 권오영, (재)대한문화재연구원
발행인 | 김영진
발행처 | 진인진
등   록 | 제25100-2005-000003호
주   소 | 경기도 과천시 관문로 92, 101동 1818호
전   화 | 02-507-3077-8
팩   스 | 02-507-3079
홈페이지 | http://www.zininzin.co.kr
이메일 | pub@zininzin.co.kr

ⓒ (재)대한문화재연구원 2025
ISBN 978-89-6347-655-1 93910

* 책값은 표지 뒤에 있습니다.

베트남 사회과학연구원

# 옥에오(ÓC EO) 문화

## 2017-2020

## 옥에오(ÓC EO)-바테(Ba Thê) 및 넨쭈어(NỀN CHÙA) 유적지에 대한 새로운 고고학 발견

**공동 편집자**

부이민찌(BÙI MINH TRÍ) 부교수 박사

응우옌자도이(NGUYỄN GIA ĐỐI) 박사

응우옌칸쭝끼엔(NGUYỄN KHÁNH TRUNG KIÊN) 박사

진인진

# 발간사(번역서를 출간하며)

2018년 11월 처음 방문한 호찌민 공항에서 바로 옥에오 유적이 위치한 안장으로 향했던 기억이 떠오른다. 다소 낯선 창밖 풍경을 보면서 6시간이 넘는 자동차 이동 끝에 바테산이 눈에 들어왔다. 차에서 내리는 순간 그들은 매우 환한 얼굴로 한국 단원들을 환영해 주었다. 솔직히 말하자면, 옥에오 유적이 무엇인지, 옥에오 문화가 어떤 내용인지를 잘 모른 상태에서 첫발을 디딘 기억이 있다. 부끄러운 첫 만남이었지만, 호기심이 발동하는데 1시간이 채 걸리지 않았다.

권오영교수님과의 동행이 더욱 든든했으며, 우리 마한지역에서 흔하게 출토되는 유리구슬의 출처를 찾아보자는 바램을 시작으로 12월 고까이쨤 유적 발굴조사가 시작되었다. 첫 발굴조사는 호찌민대학교 고고학자들과 함께 하였다. 고고학 조사 환경과 문화가 다른 부분이 조사과정에서 드러나기도 했지만, 큰 문제없이 조사를 마무리할 수 있었다.

발굴조사 첫 해는 많은 욕심을 내지 않았다. 사람을 알자, 그들의 일상생활 문화와 정서를 이해하자는 정도로 목표를 두고 시작했기에 유적에 대한 부담감을 다소 덜어낼 수 있었다. 그래서인지 한 달이라는 기간은 많은 유구나 유물을 기대하기 어려웠다. 베트남 측과 우리 조사단은 각각 한 피트 정도 규모를 조사했다. 무슨 이유인지 우리 측 트렌치에서 성과가 두드러졌다. 베트남 조사단에 좀 미안하기도 했다. 완형으로 출토된 인면토기(대부단경호) 1점은 많은 관계자들의 관심을 받았으며, 최근 베트남 국보로 지정되었다는 소식을 들었다. 이 소식 하나만으로도 우리의 해외조사는 의미 있는 성과를 거두었다고 자평해본다.

1차 발굴조사 성과는 국내에도 알려져 2019년 국립해양문화재연구소와 한성백제박물관에서 옥에오 특별전을 개최해주었고, 도록도 발간하였다. 매우 고마운 공공기관의 지원이었다. 이후 코로나로 인해 교류가 잠시 중단되었고 2023년에 이르러 상호방문 교류가 재개되었다. 서울대학교박물관과 함께 시작된 공동조사는 새롭게 조선문화유산연구원(원장 이택구)이 합류하면서 더욱 활기찬 합동조사단이 구성되었다. 그리고 두 달에 걸쳐 진행된 고담생유적 2차 발굴조사에서도 생각지 못한 성과를 거두었다. 종교 의례 구역에서 드러난 신전 관련 자료들이 확보되었다. 정말 멋진 성과로 기억된다. 금년 다시 3차 발굴조사가 이어지기에 또 다른 성과가 기대된다. 2차 발굴조사에서 무엇보다 고마웠던 기억은 공주대학교 홍보식 교수님의 발굴조사 참여였다. 지금도 감사함은 여전하다.

이와 같은 귀한 성과를 거두면서 만난 도서가 베트남 사회과학연구원에서 출간한 『옥에오 문화』였다. 옥에오 문화권에서 진행된 그간의 조사 연혁과 성과를 중심으로 구성된 책자는 국내에서 옥에오에 관심을 갖는 독자들에게 꼭 필요하다는 생각을 가지게 되었다. 비록 소비 수량이 얼마 되지 않더라도 이 책의 번역서 발간은 상당한 의미를 가질 것으로 확신한다.

1년에 걸친 번역 시간에는 많은 분들의 노력과 협력이 있었다. 무엇보다 서울대학교 권오영 교수님의 관심과 직접 참여가 있어 발간이 가능했다. 지면을 통해 다시 한번 감사드린다. 그리고 김민주 선생과 이혜연 선생에게도 고마움을 전한다. 또한 대한문화재연구원 총서에 또 한권의 귀한 도서가 더해지도록 함께해준 연구원 동료 여러분 모두에게도 감사드린다.

끝으로 자료를 제공해주신 베트남 사회과학연구원 사회과학출판사 관계자님께 감사드리며, 어려운 환경 속에서 고고학 관련 책자 발간에 사명감을 갖고 협력해주시는 진인진 출판사와 배원일 선생님께 진심으로 감사하다는 말씀을 전하며 발간 인사를 맺음한다.

대한문화재연구원 이영철 원장

**콘텐츠 담당자**
무이니닛쌍(Bùi Nhật Quang) 부교수

**공동편집자**
부이민찌(BÙI MINH TRÍ) 부교수 박사
응우옌자도이(NGUYỄN GIA ĐỐI) 박사
응우옌칸쭝기엔(NGUYỄN KHÁNH TRUNG KIÊN)
박사

**콘텐츠 편집자**
부이민찌(BÙI MINH TRÍ) 부교수 박사

**공동 콘텐츠 편집자**
탕롱황성연구소
　라이반떠이(Lại Văn Tới) 부교수 박사
　응오반끄엉(Ngô Văn Cường) 박사
　레딩응옥(Lê Đình Ngọc) 연구원
고고학연구원
　레딘풍(lê Đình Phụng) 박사
　팜반찌에우(Phạm Văn Triệu) 박사
남부지역 사회과학연구원
　부이찌황(Bùi Chí Hoàng) 부교수 박사
　응우옌꾸옥마인(Nguyễn Quốc Mạnh)박사
　당응옥낀(Đặng Ngọc Kính) 석사

**예술 디자인**
부이민찌(BÙI MINH TRÍ) 부교수 박사
브엉티후옌(Vương Thị Huyền)
응우옌다이린(Nguyễn Tài Linh)

**사진 편집자**
부이민찌(BUI MINH TRI) 부교수 박사
레딘응옥(lê Đình Ngọc)
응우옌다이린(Nguyễn Tài Linh)
응우옌칸쭝기엔(Nguyễn Khánh Trung Kiên)
응우옌황박린(Nguyễn Hoàng Bách Linh)
팜반찌에우(Phạm Văn Triều)
쯔엉흐우응이아(Trương Hữu Nghĩa)
응오선하오(Ngô Sơn Hào)

**도면 편집자**
응우옌꽝응옥(Nguyễn Quang Ngọc)
응우옌티홍레(Nguyễn Thị Hồng Lê)
짠응옥아인(Trần Ngọc Anh)
황수언뚜(Hoàng Xuân Tú)
응우옌당끄엉(Nguyễn Đặng Cường)
응우옌꽝뚱(Nguyễn Quang Tùng)
팜즈또안(Phạm Dư Toàn)
팜반딴(Phạm Văn Tân)
장만티엔(Giang Mạnh Thiển)

**그래픽**
응우옌꽝응옥(Nguyễn Quang Ngọc)

**프리프레스 및 인쇄**
High-Tech Company

**저작권**
베트남 사회과학연구원

# 목차

# 머리말

　　옥에오는 서기 초에 푸난왕국의 형성 및 발전 역사와 밀접하게 관련이 있는 베트남 남부지역의 유명한 고고학적 문화이다. 옥에오문화의 인문학적, 물질적 흔적은 19세기 말에 프랑스 학자들에 의해 남부 삼각주에서 발견된 수많은 유물과 관련 기록을 통해 확인되었다. 본 문화에 대한 발견 및 연구의 역사를 표시하는 중요한 이정표는 1944년에 루이스 말러렛에 의해 옥에오 들판에서 이루어진 고고학적 발굴조사로 시작되었다. 발굴 결과, 루이스 말러렛은 이 문화를 "옥에오 문화"라고 명명했다.

　　메콩 삼각주에 대한 수십 년간의 연구 끝에 루이스 말러렛은 옥에오문화는 허우강 서쪽과 동탑므어이 지역의 일부인 메콩강 삼각주 하류의 습지에 주로 자리잡은 공간으로 푸난왕국의 해양 문화라는 중요한 결론을 내렸다. 이 문화는 1~2세기부터 6~세기를 거쳐 8세기 말까지 지속될 만큼 가장 발전된 가장 높은 발전 수준의 고대 문화이다. 또한 루이스 말러렛은 옥에오 문화를 인도-푸난 문명의 물질적 산물로 인식하면서 해양에 속하는 문화이며 가장 크고 가장 중요한 중심지로 이해하였다. 이곳은 따께오(넨쭈어) 항구가 있으며 아시아의 베니스와도 같다(말러렛, 1959; 1962).

수십 년간의 중단을 겪은 후에, 1975년부터 지금까지 수백 개의 옥에오 문화 유물이 베트남 고고학자들에 의해 남부 삼각주의 여러 지방에서 발견되면서 발굴 및 연구가 진행되었다. 이러한 연구는 다양한 분야에서 옥에오 문화와 푸난 왕국에 대한 루이스 말러렛의 주장을 점차적으로 명확하게 하였다. 특히 옥에오-바테는 가장 유명하고 중요한 고고학 유적지로 간주되며, 남부지역에서 고고학적 유물이 가장 풍부하게 분포되어 있는 곳으로 평가된다.

2015년에 베트남 총리는 "옥에오-바테, 넨쭈어의 고고학 유적지에 대한 연구"를 수행하기 위해 베트남 사회과학연구원에게 연구 과제를 지정·할당하였다(이하 '옥에오 제안'이라고 함).

본 프로젝트는 베트남 사회과학연구원이 2017년부터 2021년까지 주관했던 대규모 과제이며, 본 과제의 공동 연구기관인 탕롱황성연구소, 고고학연구소, 남부 사회과학연구소는 베트남의 주요 고고학 전문 기관이다. 본 과제의 주요 임무는 옥에오-바테 유적(안장성 토아이선현)와 넨쭈어 유적(끼엔장성 혼닷현)에서 옥에오문화에 대해 고고학적 연구를 수행하는 것이다.

이 연구기관들은 자료를 수집하는 동시에, 옥에오 문화와 푸난 왕국의 형성과 발전의 역사를 밝히며, 베트남, 동남아시아 및 아시아의 역사에서 옥에오 고대 도시의 위치, 역할 및 중요성에 대해 더 자세히 연구하는 것을 목적으로 한다. 이러한 연구는 문화의 가치 증진, 계획, 보존을 위한 과학적 근거를 제공하며 나아가 옥에오-바테유적을 세계유산으로서의 가치를 인정하고 검토할 수 있도록 유네스코에 객관적 자료를 제공하고자 한다.

2017년부터 2020년까지 고고학연구소와 남부 사회과학연구소는 옥에오-바테유적에서 고고학 발굴을 실시하였다. 16,000m² 이상 대규모로 조사가 진행되었는데 옥에오 평야지대와 바테 산비탈로 구분된다. 꺼종갓, 꺼종쫌, 꺼옥에오, 룽런, 꺼사우투언, 꺼웃짠, 린선사원, 린선박 등 바테산에서 발굴을 실시하였다.

탕롱황성연구소는 2018년부터 2020년까지 넨쭈어 유적의 8,000m² 면적을 발굴하였으며, 이곳은 북쪽 능선을 따라 옥에오-바테에서 약 12km 떨어진 평야지대에 위치한 유적지이다.

3년 동안 발굴조사를 진행한 결과 옥에오-바테(안장성) 및 넨쭈어(끼엔장성)유적에서 사원 건축물, 탑, 각종 우물, 벽돌과 석재 수리시설, 생활시설, 수공업 시설 등 여러 유형의 중요한 유구들이 발견되었다. 특히 이번 발굴을 통해 매우 다양한 유물이 출토되었는데, 도자기와 유리가 다수를 차지한다.

발굴조사 결과 다양한 고고학적 성과가 축적되었는데, 이 성과들은 특히 옥에오 평야지대에 있는 "고대 도시"의 특성과 속성에 대한 명확하고 설득력 있는 증거를 제시하였다. 이 곳은 원래 운하 주변을 따라 사람이 모여서 살던 곳으로 활발한 농업 및 상업에 기반하여 문화 교류 및 항구 무역이 발전한 곳이였음이 밝혀졌다. 이는 옥에오 지역이 당시 세계 여러 지역과 연결되는 결절지로서의 가치를 내포함을 보여준다. 또한 바테산의 발굴조사 결과는 대규모 종교 및 신앙 건축 유적이 발견되어 푸난 왕국의 주요 종교 중심지에 대한 생생한 그림과 함께 옥에오 고대 도시의 독특한 문화, 생활을 보여주기도 한다.

2017~2020년 진행된 발굴조사 성과를 통해 옥에오 문화와 푸난 왕국의 형성과 발전사를 지속적으로 명확하게 구분하게 되었다. 옥에오 문화는 서기 1세기부터 8세기까지 거의 8세기에 걸쳐 존재하였고, 특히 4~6세기는 옥에오 고대 도시와 푸난 왕국의 전성기였다.

본 저서는 2017-2020년 옥에오 문화 연구 사업의 성과를 게재하는 첫 작품이다. 본 저서를 통해 베트남 사회과학연구원의 발굴 성과와 옥에오-바테 및 넨쭈어 유적에 관한 최신 고고학 연구 경향을 소개한다.

본 저서의 내용은 다음의 보고서를 기반으로 작성되었다.

- 남부지역 사회과학연구원에 직속한 부이찌황 부교수, 박사의 남부 옥에오 문화 연구 평가 보고서
- 고고학연구원 및 남부지역 사회과학연구원의 2017-2020년 옥에오 바테 유적 발굴 및 고고학 연구 결과에 대한 개요 보고서
- 탕롱황성연구소의 2018-2020년 넨쭈어 유적 고고학 연구 및 발굴 성과에 대한 종합 보고서

탕롱황성연구소에 속한 부이민찌 부교수 박사는 사업의 운영 위원회 위원이자 콘텐츠 편집 및 내용에 대한 총괄담당자이기도 한다.

본 연구 사업은 이번 과제의 전반적인 연구 성과를 인정하며 베트남 사회과학연구원의 연구, 보존 및 개발에 대한 중요하고 실질적인 기여를 인정하고 베트남 국가의 문화 유산 가치를 증진시키는 것을 목적으로 한다.

지난 3년 동안 이 사업에 같이 참여한 가 부처, 중앙 기관 및 지방 기관들의 적극적인 지원과 협업을 통해 사업을 수행하였다. 특히 과학기술부, 재무부, 문화체육관광부, 안장성 인민위원회, 끼엔장성 인민위원회, 연구진이 방문한 각현, 각면의 인민위원회와 안장, 끼엔짱, 동탑, 껀터 지역에 있는 각 박물관 및 호치민시 역사박물관에게 감사를 표한다.

이번 기회를 통해 베트남 사회과학연구원은 각 부처, 각 지부, 각 당국, 각 지역 주민 및 박물관의 협력과 지원에 깊은 감사를 표하고 싶다. 지난 시간 동안 탕롱황성연구소, 고고학연구소, 남부지역 사회과학연구

원 등 여러 기관 간의 협업 및 지원이 있었기에 본 사업의 목표를 기간 내에 달성할 수 있었다.

본 저서의 내용은 베트남 사회과학연구원 연구진들의 많은 노력으로 편찬되었지만, 시간 관계상, 특히 아직 실질적인 연구가 진행되지 않거나, 발굴조사가 완료되었더라도 유물 또는 유구 분류 작업을 진행하지 않았기 때문에 공개되지 않은 유적지를 다수 포함하고 있다. 따라서 본 연구 사업에서 제시한 일부 판단과 평가는 초기 성격에 머무르고 있다. 많은 한계에도 불구하고 본 저서는 꺼옥에오 문화와 푸난왕국 연구에 있어 매우 의미 있는 연구이다. 옥에오-바테와 넨쭈어의 발굴 및 고고학 연구 성과는 앞으로 계속 축적될 것이며, 향후 베트남 사회과학연구원은 사업의 종합적인 진행 성과를 출판할 수 있기를 바란다.

베트남 사회과학연구원의 임원들과 사업 운영위원회를 대신하여 사업에 참여해주신 3개 연구원의 중요한 기여를 높이 평가하고 싶으며 특히 탕롱황성연구소의 부이민찌 부교수 박사님, 라이반떠이 부교수 박사님, 고고학연구소의 응우옌자도이 박사, 레딘풍 박사, 남부지역 사회과학연구원의 응우옌칸쭝끼엔 박사님께 감사를 표한다.

특히 본 사업의 관리, 운영에 많은 부분 중요한 기여를 해주시고 사업을 성공적으로 이끌어준 응우옌꽝투언 교수 박사님, 당응우옌아인 사업운영위원회 회장이자 부교수 박사님, 부이찌황 베트남 사회과학연구원 부원장, 전 사업 운영위원회 부회장님께 감사를 표한다. 또한 본 저서의 내용을 연구, 종합 및 편집하는데 많은 관심과 노력해주신 탕롱황성연구소의 부이민찌 부교수 박사님께도 감사를 표한다.

베트남 사회과학연구원을 대신하여
부이니앗꽝 부교수 박사 회장

# 제1부

## 남부 옥에오(Óc Eo) 문화 연구사: 옥에오(ÓC EO)-바테(BA THÊ) 및 넨쭈어(NỀN CHÙA) 유적

# I. 옥에오 문화 연구사에 대한 개요

## 1. 1975년 이전

옥에오 문화는 1944년의 건기 때, 옥에오 평야에서 역사적인 발굴이 이루어지면서 루이스 말러렛에 의해 정식 명칭이 붙여졌다. 이때부터 옥에오 문화가 유명해지면서 국내외 학자들의 폭넓은 관심을 받게 되었다. 본 문화에 대한 연구는 수십 년 전부터 많은 서양의 과학자들에 의해 유물 및 고문서 수집 등을 활용하여 진행되어 왔다.

연구 초기 단계에서 서양 학자들은 고대 문헌 연구와 현장 조사를 통해 푸난 왕국의 존재를 확인하고자 하였다. 그리고 고대 푸난 왕국과 관련된 물질적 증거를 바탕으로 프랑스 학자들은 이 왕국이 옥에오 문화임을 확인하였다. 오랜기간 이루어진 이러한 연구과정은 아래와 같이 몇 단계로 나누어 간략히 살펴볼 수 있다.

첫 번째 중요한 발견은 1878~1879년경에 바위에 새겨진 고대 산스크리트어로 된 비문으로 프라삿프

람로벤 사원에서[1] 수집되었다. 수집된 비문의 연대는 5세기로 거슬러 올라가, 메콩 삼각주에서 최초로 발견된 비문이다. 193년 푸난의 왕자 구나바르만이 정복한 늪지대를 다스렸다는 내용을 담은 이 비문은 조르주 코데에 의해 발견되었다(Coedès, 2011: 119; Malleret, 1963: 74-77). 그리고 그는 이 유적지를 "중요한 종교적 중심지"로 간주하였다(Coedès, 1936: 1-13).

1880-1890년 사이에 삼산[짜우독], 브우선 사원[빈엔화 동나이성] 및 짜빈(Cahiers EFEO 22:7) 지역에서 옥에오 문화에 관한 많은 고대 문화 유물이 계속해서 발견되었다). P. Pelliot는 중국 역사 자료의(Pelliot, 1903)의 종합 분석을 바탕으로 메콩 삼각주를 푸난이라는 고대 왕국의 주요 분포 공간으로 간주하였으며, AD 초기부터 당나라(627-649년간)의 정관 이후 7세기 후반까지 존재하였다고 분석하였다.

중국 역사 기록에서 P. 펠리오는 푸난의 문화적 모습, 주민, 관습을 묘사하였고, 푸난 주민의 생산 및 공예 활동에 대한 묘사와 관련된 대사 간 교류 및 상업적 교류, 푸난왕조의 종교생활신념이나 족보와 푸난왕조의 역사적 사건을 연대기적 변화를 통해 푸난, 중국 및 인도 간의 국가 관계를 분석하게 되었다. 이는 향후 연구를 위한 중요하며 귀중한 자료이다.

이 기간의 발견 및 연구는 남부 삼각주의 전역으로 인도 문명의 영향을 받은 조각상을 숭배하는 종교 건축 유형과 관련된 물질적 유적에 대한 조사 및 정보 수집과 관련이 있다.

20세기 초기에 지도화하기 위해 뤼네 드 라종퀴에르는 쪽맛(득화), 짜롱탑(박리에우)과 같은 남부 건축 유적지를 많이 조사하였다(1899-1901, 1903-1905, 1907-1909)

또한 리엔후우(짜빈성, 1902)에 있는 여신 우마 동상, 쭝띠엔읍(현재 빈롱성)의 "작은 벽돌 벽"에서 발견되는 부처상 및 비슈누 동상과 같은 전형적인 종교 조각품도 수집하였으며 미트라상도 수집하였다(BEFEO IX: 819-820), (MBB, N. 2201)(Malleret, 1963: 39).

말러렛의 연구 외에도, 남부의 고대 건축 유적지를 언급한 진 보이스세리에는 메콩 계곡 지역의 고고학 문제에 대한 포괄적인 연구를 발표하였다(Boisselier, 1966). 반세기가 넘는 끊임 없는 탐색 끝에 말러렛 Malleret, 1959)에 의해 최초로 개념적으로 합의된 "옥에오문화"가 탄생하였다. 허우(HAU) 강 서쪽에 대한 집중적인 연구와 새로운 발견을 통해 말러렛은 이 문화를 푸난왕국의 "해양 부분"인 물질적 기반으로 확인하였으며(Malleret, 1962: 408-410; 1962-bd: 183,187) 1세기에서 7세기 사이에 이 왕국과 관련하여 존재하였다고 보았다.

---

**1**   현재 주소는 동탑(Đồng Tháp)성 탑므어이(Tháp Mười)현 꺼탑(Gò Tháp) 유적지이다.

말러렛은 베트남 남부의 옥에오 문화에 대한 연구의 기반을 마련한 인물이라고 할 수 있다. 그의 연구를 통해 옥에오 문화의 형성 기원, 해양으로 무역 관계 문제 식별, 중국, 인도, 메소포타미아, 로마 및 섬들 간의 관계와 같은 옥에오 문화의 많은 기본 문제를 명확하게 할 뿐만 아니라 7세기 이후 푸난 왕국의 쇠퇴에 대해 설명할 수 있는 방법을 찾을 수 있다.

## 2. 1975년 이후부터 현재까지

### 2.1. 새로운 발견

1975년 이후 베트남이 통일되면서 베트남 고고학자들의 핵심적인 역할로 남부에서 베트남 고고학 활동에 유리한 환경을 조성하였다. 옥에오 문화에 대한 고고학적 연구는 이전에 프랑스 학자들이 발견하고 연구한 유물을 재평가하고 체계화하는 것을 목표로 1980년대에 실제 연구가 다시 시작되었다. 동시에, 향후 단계에서 연구 작업의 방향을 잡고 직접적인 연구를 실행한 기관은 호치민시 사회과학연구원이며 현재 명칭은 남부 사회과학연구소 고고학센터이다.

이 시기의 대표적인 발견은 다음과 같다. 옥에오-바테, 넨쭈어, 꺼탑 외에 따노이-푸화, 꺼까이둥, 꺼매, 꺼산, 품고아오(안장); 깐뗀, 꼐못, 넨쭈어(끼엔장), 빈홍(박리에우); 년탄, 짬봉, 탄쭝(껀터); 루으끄 II, 로각 사원(짜빈); 꺼탄, 꺼후엔우이, 엉탑(띠엔장); 꺼오쭈어, 꺼항, 꺼중, 꺼데, 꺼소아이, 꺼돈, 꺼남뜨(롱안); 꺼옹뜽, 찌에우리에우, 꺼꺼이가오, 다락, 남깟띠엔(동나이); 벤딘/띠엔투언, 꺼탑, 쩝맛(따이닌). 특히 1983년에 꺼탑유적은 현황과 규모를 평가하기 위한 조사·감정을 진행하여 연구 가치가 있는 대규모 복합 유적으로 판단되었다. 그 후에 1984년에 처음으로 본 유적이 발굴되었다.

또한 1980년대 후반 동탑므어이 지역의 침수 지역에 대한 고고학적 조사를 진행한 바가 있었다. 특히 이 지역의 북쪽에서 꺼오쭈어, 꺼항, 꺼융, 꺼데, 쩝가오미에우, 빈쩌우A와 같은 중요한 주거유적이 발견되었다. 그 중에 꺼오쭈어 유적에서는 옥에오 문화 이전부디 옥에오 문화에 이르기끼지 매우 초기에 속하는 매장유물(토광묘, 항아리묘)과 함께 주거 흔적이 집적되어 있는 두터운 문화층이 발견되었다(Ngô Thế Phong, Bùi Phát Diệm, 1997: 2005: 762-780).

마지막으로 꺼까이둥의 발굴은 매우 중요한 인식을 부여하며 남부 옥에오 문화 연구에 큰 영향을 주었다. 특히 옥에오 문화의 기원에 대한 문제를 인식할 수 있도록 한다. 다양한 문화를 포함해 최대 6.1m에 이르는 두꺼운 거주 퇴적층이 확인되는 꺼까이둥은 가장 두껍고 풍부한 문화 축적을 가진 유적지이며 특히 옥에오 문화 이전 문제를 연구하고 인식하는 데 큰 의미가 있다. 이 유적지를 발굴하는 고고학자들은 도자기 유물과 관련된 고고학적 문화층 분석을 통해 초기부터 후기까지 연속적인 두 단계의 발전 순서를 정립함으로써 그로부터 옥에오 문화에 직접적으로 관련된 요소를 알 수 있었다(Hà Văn Tấn, 1996: 9; Tống Trung Tín, Bùi Minh Trí, 1997: 44; Tống Trung Tín, 2008: 212-213; Đặng Văn Thắng, 2008: 9).

## 2.2. 베트남 남부 옥에오 문화 연구 성과

1975년 이전에 옥에오 문화는 주로 롱쑤옌과 우민트엉 지역을 포함하여 허우강의 서쪽 저지대에 분포한 것으로 프랑스 학자들에 의해 발견되고 인식되었다. 현재로는 안장과 끼엔장의 두 개 성에 속하는 지역이다. 옥에오-바테, 따까에오(넨주어), 짭다, 룽자이매, 로모, 딘미, 눕레, 다노이, 깐덴 등 약 12개의 유적이 있다.

1975년부터 지금까지 옥에오 문화유적이 있거나 옥에오 문화권에 속하는 유적의 수는 약 100개 이상 있으며 서남지역에서 분포할 뿐만 아니라 생태환경이 다른 대부분의 자연지형에도 분포하고 있다. 유적은 다음과 같은 지역에 분포한다. 롱쑤옌, 우민트엉, 오몬-풍히엡, 띠엔강과 허우강 사이의 지역, 동탑므어이, 해안가의 구릉지대, 밤고강 유역, 동나이강 유역, 또는 동나이와 람동의 두 성 간에 속하는 깟띠엔 유적군과 함께 중남고원까지 옥에오 문화의 흔적이 남아 있다. 이 발견은 옥에오 문화가 오늘날 메콩 삼각주 지방을 포함하여 매우 넓은 공간에 분포되어 있음을 보여준다(그림 1).

지형면에서 남부는 다음과 같이 고지대에서 저지대까지 폭 넓은 지형 유형을 포함한다. 남동부의 고대 충척층 지형과 천이대 지형, 홀로세 바다 주변 및 강퇴적층의 지형, 메콩 삼각주의 저지대 삼각주 지형, 강과 바다 주변 언덕 지형 등이다.

문화 지리적 구역 분류 측면에서 남부는 다음과 같이 지리 문화 하위 지역을 포함한다. 롱쑤옌(안장 및 끼엔장), 우민트엉 지역(끼엔장의 일부 및 박리에우 지역, 남서부 삼각주 중심지, 동탑므어이 지역(동탑), 롱안 및 띠엔장 성), 바다, 강 주변 구릉(짜빈구릉-짜빈성, 까이라이 구릉-띠엔장성), 남동부의 고대 충적층과 남서부의 새로운 충적층 사이의 전이 구역, 동탑므어이의 북동쪽과 반고다이 강(롱안) 및 동탑의 흐름을 따라 분포 지역, 남동부의 고대 충적지역이 이에 해당한다.

보시카이는 1975년부터 2004년까지 옥에오 문화에 대한 새로운 연구 성과를 요약한 연구에서 다음과 같이 말하였다. "허우강 서쪽 저지대의 옥에오문화 유적은 분포 지역이 국한되지 않고 거의 남부 삼각주 전체에 분포한다". 옥에오 문화 유적은 생태 환경이 다른 많은 지형에 존재한다. 따라서 옥에오 문화 유적의 모습은 매우 다양하고 풍부한다(Võ Sĩ Khải, 2008).

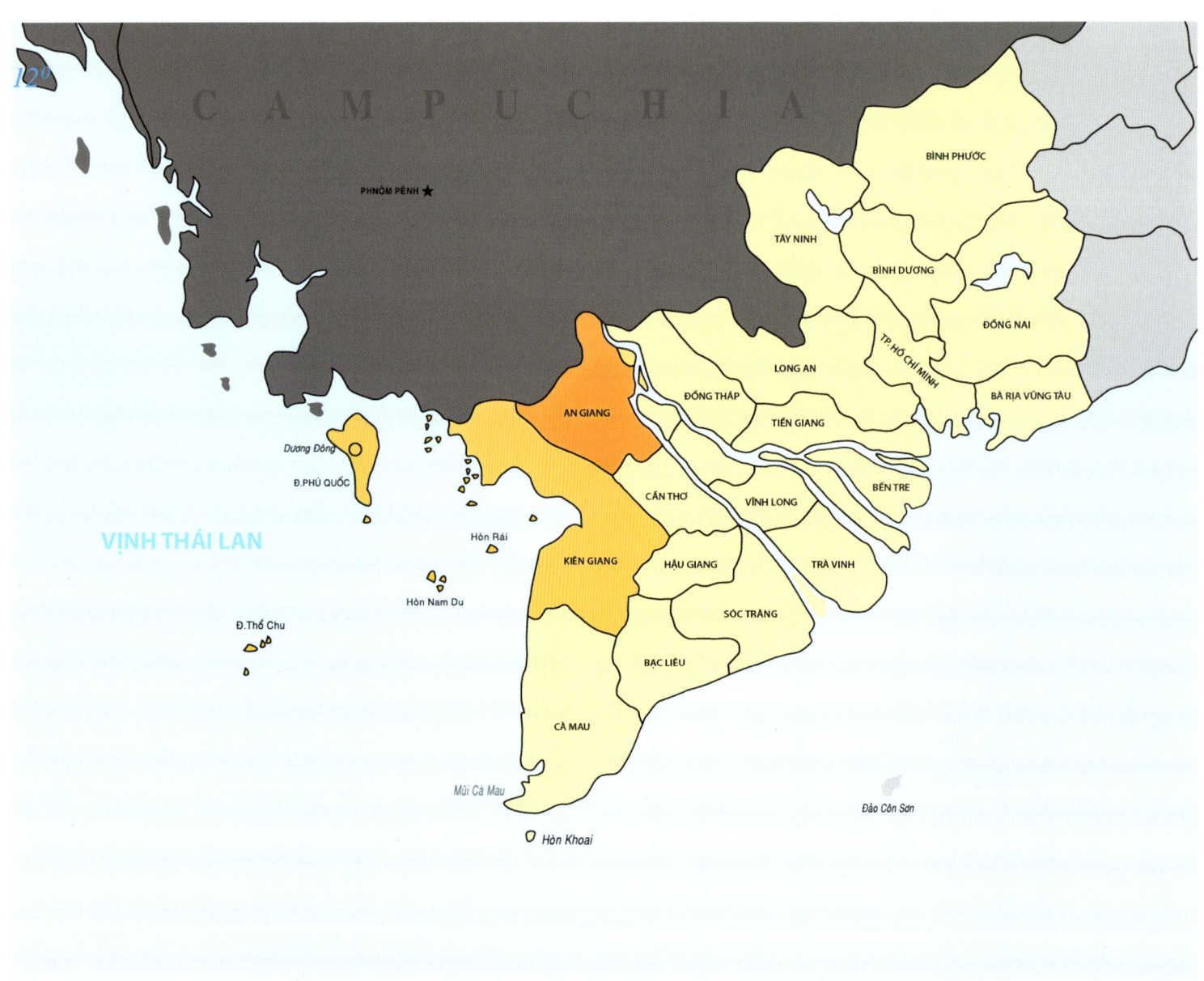

**그림 1** 베트남 남부 삼각주에서 옥에오 문화유적 분포도
사진: 딩롱황성연구소

옥에오 문화 분포 공간은 허우강 서부 삼각주 지역뿐만 아니라 동부와 서남부지역을 포함해 남부지역 전체에 분포되어 있음을 알 수 있다. 각 유적은 대부분 위와 같은 지리직 구역에서 발견되었으며 옥에오, 다 노이, 넨쭈어(롱쑤엔 일대 지역), 깐덴(우민트엉), 넌탄(오몬-풍히엡), 르우끄, 꺼탄(통탑므어이), 꺼가우수, 로각, 꺼 오쭈어, 꺼융, 꺼데 및 꺼돈-빈따(롱안), 밤고, 따이닌성의 유적군 등이 대표적인 유적들이다. 다양한 생태환 경의 지형에 분포하지만 여전히 통일된 문화적 모습을 보여주는 것은 옥에오 문화가 매우 긴밀하게 조직된 사회 구조에서 매우 높은 수준의 경제 및 사회 발전에 도달했음을 보여준다.

특히 옥에오-바테 유적군은 바테산과 옥에오 평야지대의 두 부분을 서로 분리할 수 없는 하나의 통일 된 전체로 포함하여 공간분포 측면에서 완전하고 포괄적으로 정의된다. 옥에오-바테 유적군에는 다양한 유 형의 유적이 있으며 유형, 시기, 특성에 따라 분포하게 된다.

거주지 유형에 따라 옥에오-바테, 꺼탑, 꺼탄, 넌탄에서 발굴조사가 진행되는 과정에서 옥에오 문화 시 대에 대한 거주지의 축적된 퇴적층 또는 델타 충적층으로 덮여 있는 유적을 발견하였다.

이처럼 프랑스의 연구 유산을 계승한 것을 바탕으로 시작된 베트남 고고학은 옥에오 문화를 종합적으 로 연구하고 인식하는 과정에서 큰 진전이 이루어진다. 이전과 비교할 때 옥에오 문화에 대한 연구의 가장 중요하고 뛰어난 성과는 다음과 같다.

(1) 옥에오 문화 시기 및 옥에오 문화 이후 시기의 분포 공간을 확인하였다.

(2) 대규모 주거지(1~4세기)와 옥에오(Óc Eo) 문화(5~7세기)에 속하는 비교적 완벽한 종교 건축 유적이 확인된다. 인도의 문화적 모델에 따라 건설한 힌두교 또는 불교의 종교 건축물이 있고 매장유구로 는 토광묘, 옹관묘, 재매장묘 및 화장묘 등이 있다. 특히 생산유구는 목제 불상 제작소, 보석제작 소, 도기 제작소 등 다양한 종류가 확인된다.

(3) 주거지의 유형과 도기의 유형에 대해 심도 있게 연구하는 것은 고고학적 층위별로 도기의 유형별 발전 양상을 파악할 수 있는 기반을 마련해준다. 특히, 유물과 관련된 문화층의 자료는 신뢰할 수 있는 증거가 된다. 이를 통해 문화·사회·역사적 문제를 분석하고 인식하는 근거가 되어 옥에오 문화의 대표적인 유물 또는 유적의 발전 양상을 살피는 데 중요한 기여를 한다. 옥에오-바테, 다 노이(안장~꺼엔장), 간덴, 꺼탑, 넌탄 등과 같은 유적을 조사하고 발굴하는 것을 통해 메콩 삼각주 옥에오 문화 주민들의 삶의 여러 측면을 반영하는 주거지의 유형과 분포 및 구조 특성에 관한 중 요한 자료를 준다.

(4) 옥에오 문화는 토착 문화와 유입 문화의 두 가지 문화 요소의 결합을 기반으로 형성되었으며, 특

히 토착 요소는 동남부의 선사 시대 주민들의 금속 문화에서 비롯된 주요 토대이다.

이러한 관점에서 베트남 고고학자들은 옥에오 문화에 대한 새로운 인식을 가지게 되었으며 옥에오 문화의 존재와 발전 과정의 특징을 점차적으로 밝혀내고 푸난 왕국 역사와 옥에오 문화의 다양성에 유입 문화 요소 외에도 토착문화 요소를 점차 인식하게 되었다.

### 2.3. 옥에오 문화에 대한 기반 연구 사업

1975년부터 2012년까지, 특히 1990년 이후 고고학센터는 고고학연구소, 남부 각 지방의 박물관을 포함해 국내 고고학 연구 기관들과 함께 남부 옥에오 문화 유적과 특히 옥에오-바테 지역에 있는 유적에 대해 많은 조사 및 발굴을 진행하였다. 이 과정의 초기 성과는 "메콩 삼각주에 있는 옥에오 문화 및 고대문화(1984), "옥에오 문화에 대한 새로운 발견"(Lê Xuân Diệm, et al., 1995) "남베트남 고고학의 일부 문제"(고고학 센터, 1, 2, 3, 4), "남부 삼각주의 문화(고대 건축 유적)"(Võ Sĩ Khải, 2002)라는 책들로 연속적으로 출판되었으며 많은 논문들이 발표되었다.

동시에 연구 결과는 박사논문으로도 발표되었다. 대상 논문은 다음과 같다. "옥에오 문화에 관한 매장 무덤(Đào Linh Côn, 1995)", "남부 옥에오 유적-동나이성에서 새로운 발견(Nguyễn Văn Long, 1997)"의 논문을 통해 동나이성에서 옥에오 문화 시대 및 옥에오 문화 이후 시대에 대한 새로운 고고학 자료를 집성하였다. "메콩 삼각주의 불교와 힌두 예술(Lê Thị Liên, 2002)"에서는 메콩 삼각주의 옥에오 문화에서 발견된 종교 건축 및 숭배 유형에 접근하였다. 본 논문에서는 이 지역에서 발견된 예술, 조각 양식, 건축 특성의 비교 연구를 통해 옥에옥 문화 시대 및 기타 문화 전통의 특성을 밝히고, 서기 1천년 동안의 지역 및 국제 문화 다양성을 밝히기도 하였다.

또한 옥에오 문화와 관련된 여러 기관에서 진행하는 많은 연구 사업과 학술대회가 있었다.

호치민시 국립대학의 과학 연구 과제들은 2008~2009년 진행된 팜득만의 "남서부지역 先옥에오 시대 유적지", 2010년에 팜득만에 의해 진행된 "안장 지역의 옥에오-後옥에오 시대 고고학 유적" 및 2008~2009년에 당반탕에 의해 시행된 "남서부 先옥에오 시대 유적지"라는 과제들이 있으며 이 과제들을 통해 남서부 지역의 先옥에오 시대 유적들이 조사 및 연구되었다.

부이찌황(Bùi Chí Hoàng, 2005-2010)의 "1975년부터 2005년 사이 남부 베트남의 고고학 자료 체계화 시스템' 연구사업은 1975년부터 2010년까지 발견된 남부지역 선사 시대 및 초기 역사 시대의 고고학 자료를 종합하고 체계화했으며, 1975~2010년간 옥에오 문화에 속한 고고학 자료도 포함된다. 이 연구 과제로 인해 부이찌황의 "선사시대 남부 베트남의 고고학(Bùi Chí Hoàng, 2017)" 및 "초기 역사시대 남부 베트남의 고고학(Bùi Chí Hoàng, 2018)"이라는 논문이 출판되었다

다오린꼰(Đào Linh Côn, 2009~2010)의 "남서부 지역의 옥에오 문화 가치" 연구사업에서는 남서부 지역 옥에오 문화의 모든 고고학 자료를 분석하고, 옥에오-바테, 꺼탑, 넨쭈어, 다노이, 넌탄, 깐덴 등의 대표 유적을 통해 특징을 파악하였다. 이러한 연구는 남부지역의 역사적 배경과 기원 초 옥에오 문화의 문화적, 역사적 가치를 강조하였다.

부이찌황(Bùi Chí Hoàng, 2012)의 "옥에오-바테 유적 보존 및 가치 발휘 계획 방향" 연구 프로그램에서 고고학연구소는 린선, 린선박, 꺼까이매 지역에서 시굴조사를 실시하였다. 린선박 유적에서는 대규모 구조물군의 석열이 확인되었다. 꺼까이매 유적의 남쪽 지역에서도 벽돌이 깔려진 구조물이 확인되었다. 꺼까이매 유적의 중앙의 시굴트렌치에서는 옥에오 시대(4~7세기)부터 10세기 이후의 다양한 시기의 문화층이 확인되었다..

다양한 문화적 특징 분석을 통해 베트남 고고학자들은 先옥에오시대부터 옥에오 문화까지의 발전 과정을 파악할 수 있었으며(Tống Trung Tín, 2008.228), 또한 문화적 상호작용이 선사 시대에서 초기 역사시대로 전환하는 과정에 미치는 영향, 특히 남부지역의 先옥에오 유적의 해상 무역 및 활동에 대한 관계를 인식하기 시작하게 되었다(Nguyễn Kim Dung, cs, 1995: 27-46).

2004년에 베트남 역사과학회에서 주최한 "옥에오 문화와 푸난 왕국" 학술대회에서는 많은 학자들이 모여 60년간 옥에오 문화 발견과 연구 과정을 돌아보며, 성과를 평가하였다. 또한 앞으로의 연구 방향을 설정하고 남부지역의 역사와 문화적 과정에서 중요한 시기를 명확히 하기 위한 문제점들을 제시하였다(Phan Huy Lê, 2008).

최근 옥에오 문화 연구의 최신 연구는 "남서부 지역의 옥에오 문화 형성 과정에서 롱수옌 평야 지역의 先옥에오 유적"(Nguyễn Quốc Mạnh, 2019)이며, 이 연구는 지속적인 발전을 거쳐 옥에오 초기 단계에서부터 현재까지의 문화 발전 과정을 연구한다. 이 연구에서 저자는 롱수옌 평야 지역에 속하는 초기 단계의 유적에서 지층과 도기의 발전 및 변화양상을 연구하고, 서남부지역의 옥에오 문화 전반적인 맥락 속에서 이러한 문화 발전의 연속성을 제시하고 있다.

특정 유적에 대한 연구로는 2019년에 발표된 "넌탄-껀터 고고학 유적"(Bùi Chí Hoàng, 2019)이 있다. 이 연구는 저지대 지역에서 발견된 옥에오 시대 주거지 유적의 특징과 연대에 대한 연구 결과를 바탕으로 발표

되었다.

　　새로운 발견들은 베트남 고고학자들이 접근하고 연구한 이후 옥에오 문화의 연구와 인식에서 큰 진전을 이룬 것으로 볼 수 있다. 신규 유적 유형인 사원 건축, 묘지 건축, 옥에오 문화의 특징을 지닌 주거유적은 허우강의 서쪽 지역뿐만 아니라 남부지역 전역으로 확대되었다. 문화 발전 단계별로 옥에오 문화의 대표적인 유적을 통해 옥에오 문화의 내용을 명확하게 인식할 수 있었다. 또한 다양한 유형의 건축물과 주거지에 대한 연구 결과도 의미가 있다. 그러나 아직 옥에오 문화의 주거유적에 대한 연구는 유형을 식별하는 정도이다. 유구의 특징과 도기를 연구하는 데 있어서는 아직 깊이 있는 분석이 이루어지지 않았다.

　　옥에오 문화의 유래와 관련된 문제에 대해, 꺼까이둥, 꺼오쭈어 유적의 문화층을 확인한 것은 아주 중요하다. 이 유적에서 주거 유형 및 깐지오 지역에서 발견된 매장유구와 관련한 중요한 발견이 있었다. 이것을 통해서 옥에오 문화의 원시적 요소를 인식할 수 있었다. 또한, 先옥에오 문화의 유적 지역들과 옥에오 문화 초기의 관계에 대한 연관성을 파악할 수 있었다.

　　기존의 연구 결과를 바탕으로, 고고학자들은 남부지역에서 구체적인 발전 과정을 통해 형성되는 단계별 문화의 성립에 대한 몇 가지 가설을 세웠다. 꺼 뜨쩜 유적의 문화층은 옥에오-바테 도시 지구의 발전 과정을 정확하게 묘사한다. 한편, 남부지역에서의 두 단계 옥에오 문화의 연구 결과 역시 외부 유입 요소, 문화 및 상업 교류, 토착 문화 요소, 외래와 지방 구성 요소의 결합(융합) 특성을 밝혀내고 있다.

　　1975년 이후, 베트남 학자들은 서구 학자들의 연구 성과를 계승하여, 옥에오 문화의 배경을 기초적으로 탐색, 발견 및 복원하기 위한 노력을 기울였다. 새로운 고고학자료를 통해 기원과 분포 공간 등 문화의 본질을 연구하였다. 특히, 발굴된 수백 개의 유적과 남부지방의 박물관에서 보관되고 있는 수천 점의 유물들을 통해 옥에오 문화의 역사적, 문화적, 예술적 가치를 기본적으로 파악하였다. 또한 새로운 발견을 통해 옥에오 문화와 푸난 왕국의 발전 과정을 확립하였으며, 경제, 사회 구조, 지역 및 국제 무역, 문화 교류 및 상업 관련 다양한 과학 문제를 점점 더 명확하게 밝혀나가고 있다.

# II. 남부 옥에오 문화의
# 옥에오-바테 및 넨쭈어 유적

## 1. 넨쭈어 유적

### 1.1. 1975년 이전 시기

넨쭈어 유적은 끼엔장성 떤히엡현 떤호이면 넨쭈어읍의 지역에 위치한 대규모 유적으로, 분포 공간이 약 10헥타르에 이른다. 이 유적은 처음에 타케오라고 불리다가 베트남어인 넨쭈어로 번역되었다. 이 유적은 옥에오-바테에서 서남쪽으로 약 12km 떨어져 있으며, 룽런운하와 서로 연결된다. 넨쭈어를 지나가는 부분의 운하는 룽찌엥다라고 불린다. 룽찌엥다는 원래 다노이-안장 유적에서 시작하여 남부지방의 넨쭈어, 옥에오-바테와 같은 수많은 대규모 옥에오 문화 유적을 거쳐 북쪽으로 직선으로 연결되어 캄보디아 타케오성의 앙코르 보레이 유적까지 이어지는 총 길이 80km의 운하구간이다. 이 장소는 고대 운하가 바다로 이어지는 구석에 위치한 지역으로, 이후 연구에서 이 운하의 양쪽에서 고대 주거 지역이 발견되었다.

1940년대에 이미 옥에오 고대 도시, 옥에오-바테와 넨쭈어-타케오의 연결과 함께, 지역 내 다른 고대 주거지의 특징과 이미지를 인식하면서, 말러렛이 운하 시스템을 통해 태국만에서 옥에오 평야까지 직접 연결되는 룽런 운하를 통해 옥에오 고대 도시가 중심에 위치하는 것과 함께 넨쭈어 유적의 연결 역할을 강조했다. 이 유적은 룽런 운하 시스템을 통해 옥에오와 연결되는 강 입구 위에 위치하고 있다(Malleret, 1959: 102).

1923~1941년에 넨쭈어 유적에서 조각상 두 점이 발견되었다. 1942~1944년 말러렛은 이 지역에서 세 차례 조사를 실시하였다. 1942년 4월 조사에서, 말러렛은 펏노이 사원 내부에서 석고로 덮인 부처상 한 개를 발견했으며, 이 중 다리 부분은 타케오를 원산지로 한 석영으로 만들어진 것으로 추정되었다. 또한 구리로 만든 비슈누 신상 한 점(MBB, N. 3839)과 물고기 모양을 새긴 금속 반지 한 점(MBB, N. 4498)을 수집했다(L. Malleret, 1959: 105-106). 1946년에 룽찌엥다의 마지막 구간에서 항공조사가 실시되어 이곳이 과거의 국경지대였음이 명확해졌으며, 중요한 고대 주거 지역이 발견되었다(L. Malleret 1959: 103). 말러렛은 조사에서 타케오 지역의 5개 유적군을 확인하였으며, 그 중 3개 유적군에서 표면에 드러난 화강암 덩어리의 흔적이 있었다(1, 3 및 4번 지점).

1지점: 넓은 구릉으로, 서쪽, 북쪽, 남쪽 세 방향에서 바위가 표면에 드러나 동북-서남 방향으로 직사각형(30×15m) 모양의 평지를 형성한다.

2지점: 동쪽의 룽찌엥다 유적 가까이에 위치한다. 꺼넨쭈어 유적 근처의 낮은 지형에 위치한 사원(1지점)에서 약 10~15cm 높이로 나오는 14개의 목재 바닥이 발견되었다. 이는 약 6m 길이와 2.5m 폭으로 동서 방향으로 배치되어 있다. 목재 기둥은 서로 60cm에서 200cm 간격으로 분포하며, 거의 100cm 거리로 분포되는 것이 드물었다. 이 중 6개는 쌍으로 세워져 있다(Malleret, 1959: 103-105).

3지점: 큰 바위들이 떠 있어 부정형의 낮은 구릉이다.

4지점: 3지점에서 서북쪽으로 약 20m 떨어진 곳에, 동북-서남 방향으로 배열된 작은 네 개의 둔덕 집합체(직경 약 4m)가 연결되어 있다. 이 둔덕은 낮게 떠 있으며, 둔덕의 표면에 화강암 덩어리가 나타나 있다. 그 중 서남쪽 둔덕에는 석재 기초부가 나타나 있다.

5지점: 꺼탑 유적 위에 큰 바위 덩어리들이 집중되어 있는 곳이다(Malleret, 1959: 104-105).

현장 조사에 따르면, 말러렛은 타케오의 넨쭈어 고고 유적이 파괴되어 학술적인 측면에서 손실이 있다고 판단하였다. 그러나, 말러렛은 이 유적의 전체적인 관계와 옥에오-바테 및 인근 주거 지역들과의 관련성을 매우 높게 평가하였다(Malleret, 1959: 105).

## 1.2. 1975년부터 현재까지의 시기

1979~1981년에 넨쭈어 유적에서 건축 유적, 주거지, 도자기 및 석재 유물 등이 기록되었다(Võ Sĩ Khải, 1982: 192). 1982년과 1983년에 넨쭈어 유적에서 꽤 큰 규모의 고고학 발굴 및 조사가 처음으로 이루어졌다 (Lê Xuân Diệm 등, 1995: 47).

이 시기의 발굴작업은 남부지방의 옥에오 문화에서 1982~1983년에 최대 규모의 석재 건축물 꺼넨쭈어 유적의 터전을 드러내었다. 이 건축물은 남쪽으로 10도 기울어져 동서 방향으로 놓여진 장방형의 대형 석재 기초부를 가리킨다. 길이 25.6m, 폭 16.3m이며, 상단은 완전히 무너졌으며, 돌로 만들어진 중앙 건물은 여전히 상당히 평평한 두 개의 구획으로 이루어진 구조물이 남아 있다.

또한 이 지역에서는 중앙에 있는 유구와 깔때기 모양의 무덤이 있는 화장터 유형으로 "벽돌, 벽돌-돌 혼합물로 지어진 네모 모양의 무덤 유구"가 발견되었다. 이 유구에서 발견된 유물에는 링가, 보석, 금속, 유리로 만든 장신구 등이 포함된다. 특히, 무덤 유구 내에서는 인물, 소, 거북, 꽃, 기하학적 무늬 등이 새겨진 얇은 금판(18점), 금 조각 2점, 금반지 1점, 흑색 삼각형 금속조각 1점, 보석류 2점이 발견되었다.

낮은 들판에서 발굴한 구덩이에서는 수직으로 세운 여러 나무 기둥과 수평으로 놓인 목재들이 50cm에서 100cm 깊이에 걸쳐 발견되었다. 발굴 결과 이 지역은 11개의 세우거나 기울어진 목재 기둥이 있는 주거지가 상당히 집중된 유적지로 확인되었다. 문화층의 두께는 평균적으로 약 0.6m이며, 때로는 1.4m까지 두꺼워진다. 옥에오 문화의 특징을 가진 생활 유적들이 축적되어 있다. 여러 고대 유구들이 1~2m 깊이의 진한 회색 진흙층에서 발견되었으며, 구리, 납-주석, 금, 보석으로 만든 체인, 반지, 부적, 동으로 만든 귀걸이, 도장 등과 보석 장신구를 부어 만든 금속 주조 용범도 발견되었다(Đào Linh Côn, 1983: 212; 1995: 27; Dương Văn Truyện, Võ Sĩ Khải, 1985: 178-179; Võ Sĩ Khải, 1985: 199-205; Lê Xuân Diệm, cs, 1995: 46-47).

2010년에 넨쭈어 유적에서 현 상황을 기록하고 분포 범위를 파악하기 위한 조사가 실시되었는데, 지형 분포에 따라 유적을 두 그룹으로 나눌 수 있다. 하나는 높은 지형을 따라 분포하는 유적 그룹인 꺼탑이며 나머지는 룽찌엥다 운하를 따라 분포하는 수렁, 웅덩이, 습지 및 운하이다. 두 가지 유형의 유적 그룹 사이에는 많은 주거지 유적이 있으며, 건축을 위한 목재 기둥, 일상용 도기편 등 옥에오 문화 특징을 나타내는 것들이 많이 발견되었다.

이 시기의 조사 및 탐사는 넓은 공간에 걸쳐 분포하는 목조 주거지와 운하와 저지대를 따라 그룹별로 분포된 많은 도기편들을 지속적으로 발견하였다. 구체적으로는 이 유적지를 지나가는 룽찌엥다 구간의 양쪽 뱃길과 룽샌과 같은 고대 운하 주위에 있다. 이는 여기에서의 주거지 유형의 분포 특징이 수자원과 편리한 교통 위치를 중심으로 집중적으로 분포한다는 것을 반영한다. 이 시기의 조사는 넨쭈어 유적이 옥에오-바테 유적지 및 지역 내 다른 유적지와 밀접한 관련을 가지고 있는 것을 보여주었다.

방사성탄소연대 분석 결과 넨쭈어 유적의 연대는 3~6세기로, 옥에오 문화의 전성기와 동등한 것으로 밝혀졌다(Võ Sĩ Khải, 1985: 205; 2002: 33; Đào Linh Côn, 2004: 118). 또한, 건축 유형, 건축-매장유구 및 유물(도기, 금속 장신구-보석 등)의 특성을 비교 연구한 결과 넨쭈어 유적의 연대가 7세기까지 이어진다고 추정되기도 하였다.

중요한 점 중 하나는 2009년 9월에 발견된 도기 기종 중 노란색과 주황색의 부드러운 질감의 진흙으로 만든 구형 병 조각과 길고 평평한 "악어 머리" 모양과 비슷한 형태의 부뚜막과 같은 것들이 포함되어 있다는 것이다. 이러한 부뚜막 형태의 도기는 K9, 종구, 종소아이, 꺼옥에오, 꺼 까이둥 등 다른 유적에서 발견된 것과 유사하다는 것이 응우옌꾹만(Nguyễn Quốc Mạnh, 2015: 93; 2019: 84-85)의 연구 결과에 따라 알려졌다.

따라서, 기본적으로 넨쭈어 유적의 연대 범위는 3~7세기로 명확하게 추정되었으며, 동시에 이 유적에서 이전의 초기 단계의 유적지가 있을 가능성도 있으므로 향후에 특별한 관심과 연구가 필요한다.

위치와 특성이 확인되고, 특히 1982~1983년 발굴을 통해 명확하게 밝혀진 넨쭈어 유적은 옥에오 문화의 거대한 주거, 경제 및 종교 중심지 중 하나로 간주되며, 옥에오-바테 유적군을 포함한 주변 유적들과 밀접한 관련이 있다. 옥에오-바테는 항구 도시로 간주되는 가장 큰 중심지이며, 넨쭈어는 종교 중심지로, 옥에오-바테를 연결하는 다리 역할을 하여 고대 국제 해상 무역 네트워크와 연결된다.


## 2. 옥에오-바테 유적군

### 2.1. 1975년 이전 시기

옥에오 바테 지역에서 서기 위에, 말러렛은 두 개의 인도 문자와 고대 캄보디아 문자(K3와 K4의 비석)가 새겨진 두 개의 사암 조각도 언급했지만, 발견된 위치를 정확히 확인하지는 않았다. 또한, 기초 부분만이 남아 있는 고대 건축물 한 기와 현재 린선 사원이라고 불리는 프라사트 바 라트 사원의 고대 유적들도 업급하였다. K4 비석은 린선 사원 근처에서 발견된 것으로, 10세기 캄보디아 문자 12줄이 파손이 심한 사암 비석에 새겨졌다. 제2의 비석은 동쪽으로 약 500~600m 떨어진 곳에 위치하고 있으며, 여러 개의 벽돌 소각으로 둘러싸인 구릉 중앙의 수풀 가운데, 높이 160cm, 폭 80cm, 두께 약 20cm의 사암으로 만든 비석이 세워져 있다. 이 비석은 11줄의 고대 캄보디아 문장으로 구성되어 있는데, G. 코데스의 목록에서 K3으로 번호가 매겨졌으며, 8세기 초에 속하는 것으로 추정되고 있다(Malleret, 1959-bd: 112-113). 이 비석의 위치에 대해 후에 라종퀴에르가 재언급하였으나 새로운 정보는 없었다(Malleret, 1959-bd: 116).

1912년에 현지 당국이 이곳에서 평탄화 작업을 실시하면서 대형 비슈누와 뱀 아난타를 나타내는 조각상이 지하 2m 깊이에서 발견되었다. 이 위치는 현재 린선 사원에서 북쪽으로 약 1,200m 떨어진 곳에 있다고 프랑스 고고학자들이 기록하였다(Malleret, 1959-bd: 116). 이 조각상은 현재 린선 사원 본당의 "네 손의 부처 조각상"으로 잘 알려져 있다.

프랑스 학자들(H. Parmentier, L. Finot, S. Karpelès...)은 이후 조사에서 바테 지역의 산괴 산시면 지역을 조사하여, 대규모의 벽돌, 석재로 건설된 다수의 유적을 확인하였는데, 여러 종교와 관련된 부처상, 신상, 마스코트 등의 유물이 포함되어 있었다. S. 카르펠레스(S. Karpelès, 1928)에 따르면, 옥에오-바테 지역에서 발견된 유물은 다음과 같다.

천공석 링가 한 점; 선앙코르 시대의 4면이 얼굴이 크게 금이 갔으나, 관과 의상 부분이 원상태인 브라만상(출처 불명)의 한 점; 선앙코르 시대의 4개의 손이 달린 신상(출처 불명)석상 한 점; 허리가 좁고 하부가 석고 바닥에 붙어 있는 남성상의 한 점; 살리에서 이동한 것으로 추정되는 신상의 조각 한 점; 불상의 조각 한 점; 두 점의 작은 발 조각상, 4개의 손이 달린 둥근 어깨 조각상, 그리고 석재 두상 조각 몇 점이다.

1928년에 블랑샤르 드 라 브로스 박물관(현재 호치민시 역사박물관) 개관 기념으로 J. 부쇼는 H. 파르망티에와 S. 카르펠레스가 보관한 조각품 몇 점(모자를 쓴 수라신상, 머크하 링가 및 기타 일부 유물)을 기증하였다(Malleret, 1959-bd: 116-117). 1936년, 마그너와 프라이스는 바테 지역에서 발견된 비슈누 상과 하리하라 신상의 머리를 사이공 박물관에 기증하였다(Malleret, 1959-bd: 116-117, 118).

옥에오유적은 1942년에 말레렛이 발견했다. 이곳은 고도가 낮지만 충적대지 상에서 두드러지는 구릉이다. 말러렛이 도착했을 때 수백 명의 사람들이 금을 찾아 흙을 팠으며, 많은 도기편, 목재 기둥 및 벽돌 건축물 흔적이 드러났다. 1943년에는 말라렛이 옥에오에서 금을 파는 사람들로부터 약 400점의 유물을 구입했다. 이 중에는 재료, 유형 및 형태에서 다양한 장신구 컬렉션이 포함되어 있다.

1944년 2월부터 4월까지 말러렛은 옥에오 평지의 여러 지역인 꺼옥에오, 꺼까이티, 꺼옹피, 꺼톤, 꺼러, 꺼종갓, 꺼까이곡에서 발굴을 진행했다. 그 결과 꺼까이티에서 종교적인 구조물을 발견했는데, 그 구조물은 선당과 본당으로 구성되었다. 그 중, 본당은 정면 주변에 작은 구획들, 오목한 수혈, 우물과 중앙의 구획 공간으로 구성되어 있다. 꺼 데에서는 말러렛이 남북 방향으로 서로 이어져 구획된 구조물을 발견했다.

동시에, 그는 남은 몇 장소에서도 건축물의 흔적을 발견하고, 거주 지역의 지층에서 주거지의 기둥 자국 등을 찾아냈다. 발굴 작업을 마친 후, 말러렛은 지형, 경관 등을 추가 조사하여 옥에오-바테 지역 내외의 성벽 흔적, 고대 수로, 교통망을 확인하고, 두 번째 발굴 작업을 1945년에 계획했으나 전투 상황으로 인해 이루어지지 못했다.

1946년에 현장조사와 항공 사진 분석을 통해, 말러렛은 1,500m 너비, 3,000m 길이의 직사각형 모양으로 설계된 벽돌로 만든 벽으로 둘러싸인 성벽을 발견하였다. 이 지역은 면적이 450헥타르이며, 서부 허 강 지역의 "고대 도시" 혹은 "도시 유적" 지역이다. 중심 지역은 옥에오 평지이며 인근 지역들도 포함된다. 이 지역에서 옥에오는 타케오-넨쭈어 유적의 중심 지역인 동시에 이러한 유적들의 관련성과 통일성을 인식할 수 있으며, 서부 허우강 지역의 유적들 간의 밀접한 연관성 역시 확인할 수 있었다. 이 지역은 롱수엔 사각지역에서부터 우민트엉 지역까지 이어지며, 고대의 연결된 운하 시스템을 통해 캄보디아-타케오의 앙코르 보레이 유적까지 이어진다.

말러렛이 기록한 도시유적은 직사각형, 정사각형 구획의 도로, 수로, 주거지의 흔적이며, 성벽 중앙에는 동북-서남 방향으로 평행하게 놓인 운하가 있다. 북쪽으로는 앙코르 보레이유적과, 남쪽으로는 타케오-넨쭈어 유적과 연결되어 있다. 또한 고대 해안가에 인접하며, 옥에오에서 12km 떨어져 있다. 특히 룽런은 옥에오 고대 도시의 사각형 중심을 가로지르는 주요 운하로, 그와 연결된 가로 운하들을 바탕으로 말러렛이 I부터 X까지 번호를 매긴 10개 구역으로 나누어져 있다(그림 2~3).

위에서 발견된 것으로부터, 말러렛은 옥에오 유적을 푸난의 항구도시로 강력하게 주장하였다(Malleret, 1962-bd: 261).

말러렛의 조사 및 발굴 결과는 1947년에 동아시아 고대학회(BEFEO) 잡지에 발표되었다. 1951년에 말러렛은 1944년에 옥에오 발굴 보고서를 출간하였으며, 1959년부터 1963년까지 메콩 델타의 고고학이라는 총 4권의 서적을 출간하였다. 이 연구에서, 말러렛은 옥에오-바테 지역의 고고학적 유적 분포도를 지도로 제작하였으며, 각 유적에 대해 독립적인 기호로 구분하여 표기하였다. 이는 옥에오 고대 도시와 푸난 왕국의 연구에 대한 매우 중요한 학술적 가치를 지니는 대규모 연구이다.

푸난 문명과 옥에오 문화 연구에 대한 연구 활동 중 후속 단계에서도 큰 영향을 미친 작업이 또 하나 있었다. 즉 조르주 코데의 "동남아시아의 인도화된 국가들의 고대사"라는 작업이다(Coedès, 1944). 중국의 역사 기록과 비문 자료를 기반으로 언어와 예술 분야의 연구를 활용하여, 조르주 코데는 베트남 남부지역 및 동남아시아 지역에서 푸난왕국의 존재를 확인하는 근거를 제시했다. 동시에 고대 국가의 형성과 발전에 인

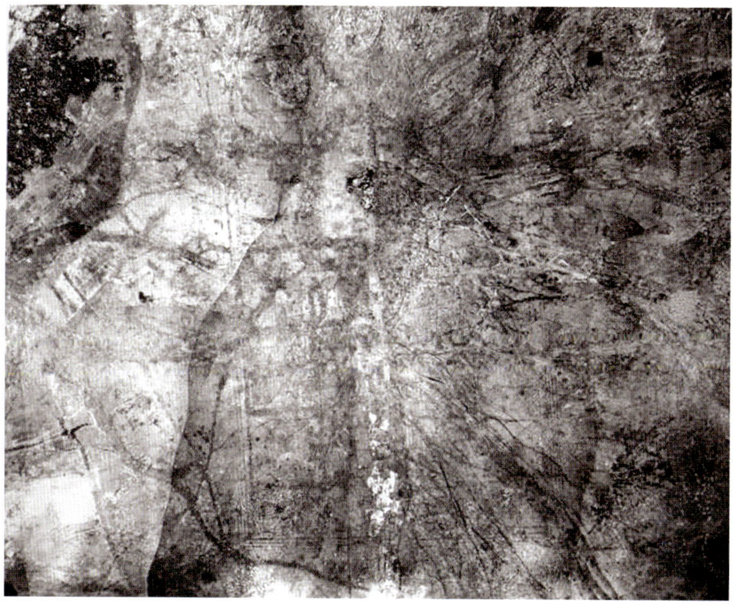

**그림 2** 옥에오(Óc Eo)의 고대 "도시" 지역의 항공사진

사진: Éric Bourdonneau. Réhabiliter Le Funan Óc Eo ou la première Angkor. Bulletin de l'École trancaise d'Extrême-Orient, 94 (2007)

**그림 3** "옥에오(Óc Eo)고대 도시" 지도, Louis Malleret의 그림

사진: Malleret, L., 1959: L' Archeologie du Delta du Mekong. Tome Premier. L'Exploration Archeologique et les Fouilles D'Oc-Eo. Planches. PL. XV

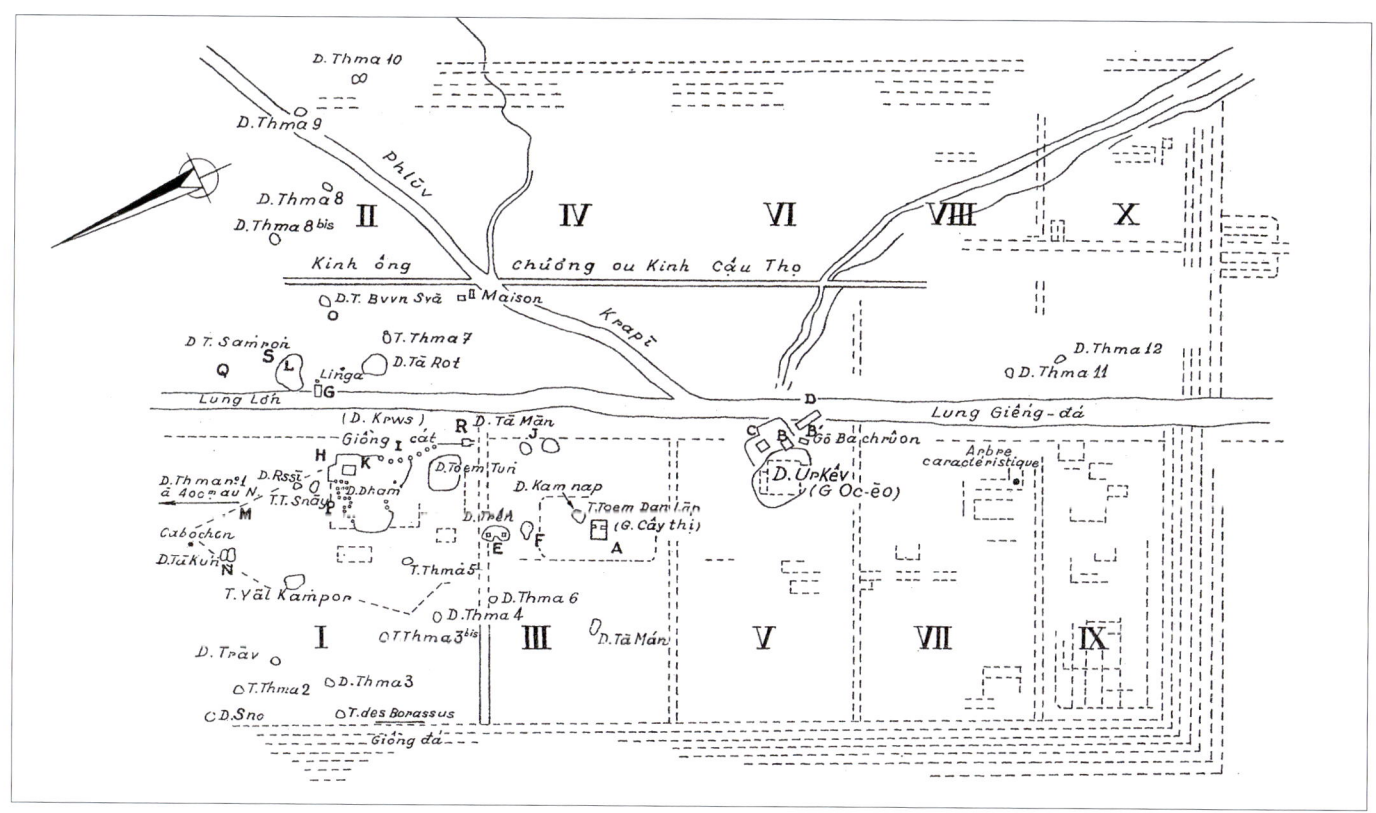

도 문명의 중요한 역할도 강조했으며, 다른 국가들과의 관계와 교류, 푸난의 영토, 수도에 관한 문제에 대해서도 다루고 있다.

## 2.2. 1975년 이후 현재까지의 시기

1979년, 1980년, 1981년에는 호치민시 사회과학연구소의 고고학조사단이 옥에오-바테 유적지의 현황을 파악하기 위한 재조사 및 평가를 실시하였다. 1983년 고고학자들이 전 지역을 조사하고, "옥에오 도시"의 중심지와 북부 지역, 1번째 꺼다에서 꺼옥에오까지 약 1,500m의 남북 방향, 10번째 꺼다에서 기엔하오 운하 언덕까지 약 500m의 동서 방향으로 광범위한 고고학적 발굴 작업을 수행했다. 말러렛이 이전에 조사한 옥에오 평지의 고대 도시는 대부분 원형을 보존하지 못하였으며, 일부 유적은 거의 유실되었다.

1983년의 발굴 결과 돌이나 벽돌로 지어진 종교적 건축물의 흔적을 찾아내었는데, 발굴자들은 이를 "화장 무덤"이라고 부른다. 유적은 방형구조를 가지고 있으며 넨쭈어 무덤과 비슷하다고 언급하였다(다오린 꼰-Đào Linh Côn, 1995).

1984년에는 바테산 지역에서 고고학적 조사가 진행되었다. 산 기슭의 동쪽으로 린선사원과 150m 떨어진 곳에서, 현재 지표면에서 40~50cm 깊이에 심각하게 손상된 벽돌 건축물의 흔적과 2.3~2.6m 깊이에서 옥에오 도기의 흔적이 발견되었다. 이 조사 후, 바테산 지역은 산사면 및 산 아래의 유적군으로 인식되었다. 이 유적군은 옥에오-바테 유적의 공통 문화 공간에 속하는 종갓-꺼까이티-꺼옥에오-동소아이와 같은 옥에오-바테 유적과 공통된 문화에 속하는 것으로 확인되었다.

1984년에도 옥에오 문화와 메콩델타 지역의 고대 문화에 대한 학술대회가 안장의 롱수엔에서 개최되었다. 이는 베트남에서 옥에오 문화에 대한 학술대회가 처음으로 개최된 것으로, 많은 학자들이 참여하여 다양한 주제를 다루었다. 이를 통해 발굴자료와 역사적 사료뿐만 아니라, 남부지역의 고대 문화와 옥에오 문화 사이의 관련성도 살펴보았다. 특히 동나이 강 유역에서 형성되고 발전된 선사 문화에 대해서도 논의되었다. 이 학술대회에서 새로운 인식과 해석이 많이 논의되어 사회적 관심을 끌었다. 특히 남부지방의 주요 행정기관이 집중되었다. 그 후 학술대회 기록은 1985년에 출판되어 30년간 중단되었던 옥에오 문화 연구의 첫 번째 성과 요약본이 되었다.

역사적으로, 옥에오 문화, 특히 옥에오-바테 유적군에 대한 연구에서 1998년부터 2002년까지의 시기는 매우 중요하게 여겨진다. 이 시기는 프랑스 연구학자 말러렛의 후예인 비엔동 박고 연구소(EFEO)의 연구

자들의 복귀를 기념하는 이정표가 된 시기이다.[2]

옥에오-바테 유적군에서의 고고학 연구 협력 프로그램은 남부지방 사회과학연구소와 프랑스 EFEO 간의 협력으로 1998년에 린선남 유적을 발굴함으로써 시작되었다. 이 발굴 작업으로 동서 방향으로 22.5m, 남북 방향으로 17.5m인 석재와 벽돌을 혼합하여 건축한 건물의 전체적인 구조가 드러났다. 특히, 북쪽 회랑 근처에서 깊이 약 2.0m에서 춤 묘지를 발견했다. 이 묘지 안에는 흰색 유기물, 숯, 그리고 금으로 만든 5개의 목걸이와 파란 까치털로 만든 1개의 부러진 목걸이가 있었다. 이 묘지의 연대는 약 1990 ± 50 BP이며, 건축물의 연대는 1276 ± 70 BP에서 1070 ± 50 BP 사이이다.

1999년에 린선남 건축 유적은 옥에오 평지에 위치한 꺼까이티 A, 꺼까이티 B, 꺼 데와 꺼옥에오와 함께 발굴되었다.

꺼옥에오에서는 시굴 트렌치의 여러 구역에서 여기저기에 흩어져 있는 작은 석재나 벽돌로 만들어진 구조물의 흔적이 다수 발견되었다. 이러한 구조물들은 심각하게 파괴되어 명확하게 인식하기 어렵다. 또한 조사 결과 꺼옥에오 유적은 적어도 두 단계의 변화를 거쳐 퇴적된 흙으로 덮인 언덕이다. 처음 단계는 과거 사람들이 가볍고 내구성이 뛰어난 건축 재료로 주거 지역이나 건축물을 축조하였으며 고지대를 선택적으로 이용한 것을 보여준다. 이후 단계에서, 높은 흙더미가 퇴적되어 무거운 건축재료를 사용하여 건축물을 건설하거나 매장 공간으로 사용되었다. 특히, 흙더미 위에서는 다양한 형태, 색상, 재질, 크기의 완형 구슬 및 몇개의 유리 구슬이 발견되었다. 이는 이 지역에 목걸이를 생산하는 작업장이 있었을 가능성을 시사한다.

2001년에 꺼까이매 1, 꺼까이매 2 유적에서 공동발굴 프로그램이 계속 진행되었다. 두 지점의 주거유적이 확인되었으며, 이 유적에서 중요한 발견이 있었는데, 그 중에서도 가장 주목할 만한 것은 깊이 2.3~3.2m에서 주거지 유적의 문화층을 발견한 것이다. 이 층은 초기부터 후기까지의 많은 발전 단계를 나타내며, 기원전 1세기에서 기원후 9세기까지의 연대를 가지고 있다.

2002년은 베트남-프랑스 협력 프로그램의 마지막 해이기도 한데, 이번에는 룽찌엥다 유적, 종갓 동쪽의 위치에 있는 중선, 꺼뜨쩜, 꺼웃냐지역과 러선 사원이 발굴조사되었다.

바테산 지역 내 건축 유적의 발굴을 비롯하여, 이 지역의 고대 주민들의 거주 흔적 및 이 지역을 점유하는 과정에서의 생활 환경에 대한 연구도 수행되었다. 특히, 바테산의 사변부와 옥에오 평지 사이의 연견

---

2  옥에오-바테 유적에서의 고고학 연구를 위한 베트남 호치민시 사회과학연구소와 프랑스 EFEO 간의 협력 프로그램, 1998~2002 기간.

지점에 대한 연구가 수행되었다. 이 연결 지점은 몇 백 미터에 이르는 폭으로 구성되어 있으며, 중선 유적 발굴을 시작으로 다양한 주거유적이 발견되었다. 이 유적의 연대는 4~8세기까지 이어졌으며, 이것은 고고학자들이 직접 발굴한 결과이다(Nguyễn Quốc Mạnh, 2002: 8-42).

중선 유적 외에도 이 지역에는 매우 큰 주거 지역이 있으며, 그 발견 자료는 옥에오-푸난 문화의 역사적 과정에서 린선지역이 매우 중요한 위치를 가지고 있다는 것을 보여준다. 이것은 꺼뜨쩜 유적으로, 2001, 2002, 2005, 2007 및 2008년에 여러 차례 발굴되었으며, 총 면적은 161m²이다. 2.8~3.0m의 두꺼운 문화층이 퇴적되어 있으며, 옥에오 초기-옥에오 발전기-옥에오 후기 및 옥에오 이후의 연속적인 발전 단계가 기원전 1세기부터 기원후 10세기 및 그 이후에 이르는 것으로 확인되었다(Đào Linh Côn, 2010: 119).

린선 사원 내에서 고고학자들은 현재 지표면으로부터 1~1.7m 깊이에 있는 한 벽돌 건축물의 남서쪽 모서리를 확인했다. 이것은 5세기의 건축물로, 옥에오-바테 유적에 출현한 벽돌 건축 유적 유형 중 가장 이른 연대로 간주된다.

베트남-프랑스 연구 프로그램의 결과는 옥에오 문화에 대한 이해를 한 걸음 더 발전시키고, 연대를 정리함과 동시에 옥에오 문화와 옥에오-바테 유적의 발전 단계의 특징을 명확하게 밝히는 데 도움이 되었다.

2004년에 다오린꼰이 "안장 지역 옥에오-바테 유적에서 진행한 옥에오 문화 주거지 발굴" 연구 프로젝트는 일본 토요타 기금의 지원을 받아 완료되었다. 이것은 옥에오-바테 유적에서 발견된 주거지 유형을 전체적으로 체계화한 최초의 연구 프로젝트이며, 특히 1980~2001년까지의 조사와 관련된 것이다.

2005년에 고고학 센터, 남부지역 사회과학연구소는 꺼뜨쩜 지역에서 발굴 작업을 진행하여 해당 유적의 문화층을 확인하고, 발굴된 도기자료를 수집하고 정리했다.

2010년에 고고학 센터는 안장 박물관과 협력하여 꺼까이티 B 건축 유적을 재발굴하고 복원했으며, 꺼까이티 A지역 주변을 조사했다. 조사된 피트들에서, 옥에오 문화 초기 단계에 속하는 주거유적 층이 발견되었으며, 先옥에오에서 옥에오 초기 단계로의 전환 단계와 밀접한 문화적 요소가 많이 발견되어, 베트남 남부의 先옥에오에서부터 옥에오까지 지속적인 발전 관계를 명확히 하는 추가적인 증거를 수집했다.

2011년에 고고학 연구센터는 꺼웃잔 유적에서 발굴 작업을 실시하였고, 벽돌과 돌로 지어진 3동의 건축물을 연이어 발견했다. 이들 건축물은 장방형 모양으로, 전면부가 돌줄된 형태를 가지고 있으며, 7~9세기경으로 연대가 결정되었다(Bùi Chí Hoàng, Nguyễn Quốc Mạnh, 2013: 73).

이 같은 연도에 고고학 센터는 "옥에오-바테 유적군 보전 및 가치 증진 방향성" 계획 연구 프로젝트를 추진하여 최근에 발견된 모든 유적을 조사하고 지도를 작성하여 옥에오-바테 유적군의 전체적인 분포도를 작성하였다. 이번 조사에서는 린선박 지역의 꺼웃잔, 꺼바디엡, 꺼하이랩, 꺼사우홍과 같은 산사면 지역의 유구들, 웃응웬 여사의 토지 내 고대 수리 유적, 린선 사원 동쪽 근처의 건축물인 포꽝, 꺼사우탕 유적도 확인하였다. 이 연구결과는 옥에오-바테 유적군이 2012년 말에 국가 특별 유적지로 인정될 수 있는 학술적 기초자료를 마련하였다.

이와 같이 옥에오-바테 유적 및 넨쭈어 유적의 연구 결과는 2017~2020년까지 진행된 옥에오-바테, 넨쭈어(남부 옥에오 문화) 유적 연구 프로젝트(간략히 옥에오 프로젝트라고 함)의 공동 연구와 프로그램 개발에 매우 중요한 기초 자료가 되었다. 이 프로젝트는 바테산 기슭의 꺼사우투언, 린선박, 꺼 웃잔 유적과 룽런의 남-북 연결 선상에 있는 꺼종갓, 꺼옥에오, 꺼종쫌 유적과 안장지역의 꺼옥에오-꺼종갓 두 유적과 12km 이상 떨어진 끼엔장 지역의 넨쭈어 유적을 대상으로 실시한 대규모 발굴조사라 할 수 있다.

# 제2부

## 옥에오-바테 유적군에 대한 새로운 고고학 발견

# I. 옥에오-바테 유적에 대한 개요

옥에오-바테 고고학 유적군은 안장성 토아이선 지구 옥에오 마을에 위치한 유적군으로, 꺼오개어, 꺼까이티, 꺼린선, 꺼린선남, 꺼린선박, 꺼사우투안 등 유명한 유적들이 있다. 이 유적군은 2012년에 베트남 정부 총리의 결정으로 특별 국가 유산으로 지정되었다.

안장성은 메콩 삼각주에 위치한 성으로, 남부지방의 대표적인 농업 지역으로서, 남부지방의 곡창지대이다. 안장성은 내륙에 위치하여 바람이나 폭풍의 영향을 덜 받는 특징을 가지고 있다. 온화하고 안정적인 기후 조건을 갖추고 있어 다양한 특산물 생산에 적합한 환경이 농업에 특화되어 있다.

토아이선 지구는 안장성의 11개 지구 중 하나로, 14개의 마을과 3개의 읍으로 구성되어 있으며, 롱쑤이엔 사각 지역 남동쪽에 위치해 있다. 북쪽은 쩌우탄군, 북서쪽은 찌돈군, 동쪽은 롱쑤이엔시, 남쪽은 껀터시의 톳놋군, 서쪽과 남서쪽은 끼엔장성의 단허엡군, 혼덧군과 접한다. 총 면적 46,885.52 헥타르 중 경작용 땅은 41,261.22 헥타르이고 복잡한 수로체계를 갖추고 있다. 통계에 따르면 180,951명의 인구가 주변 강 및

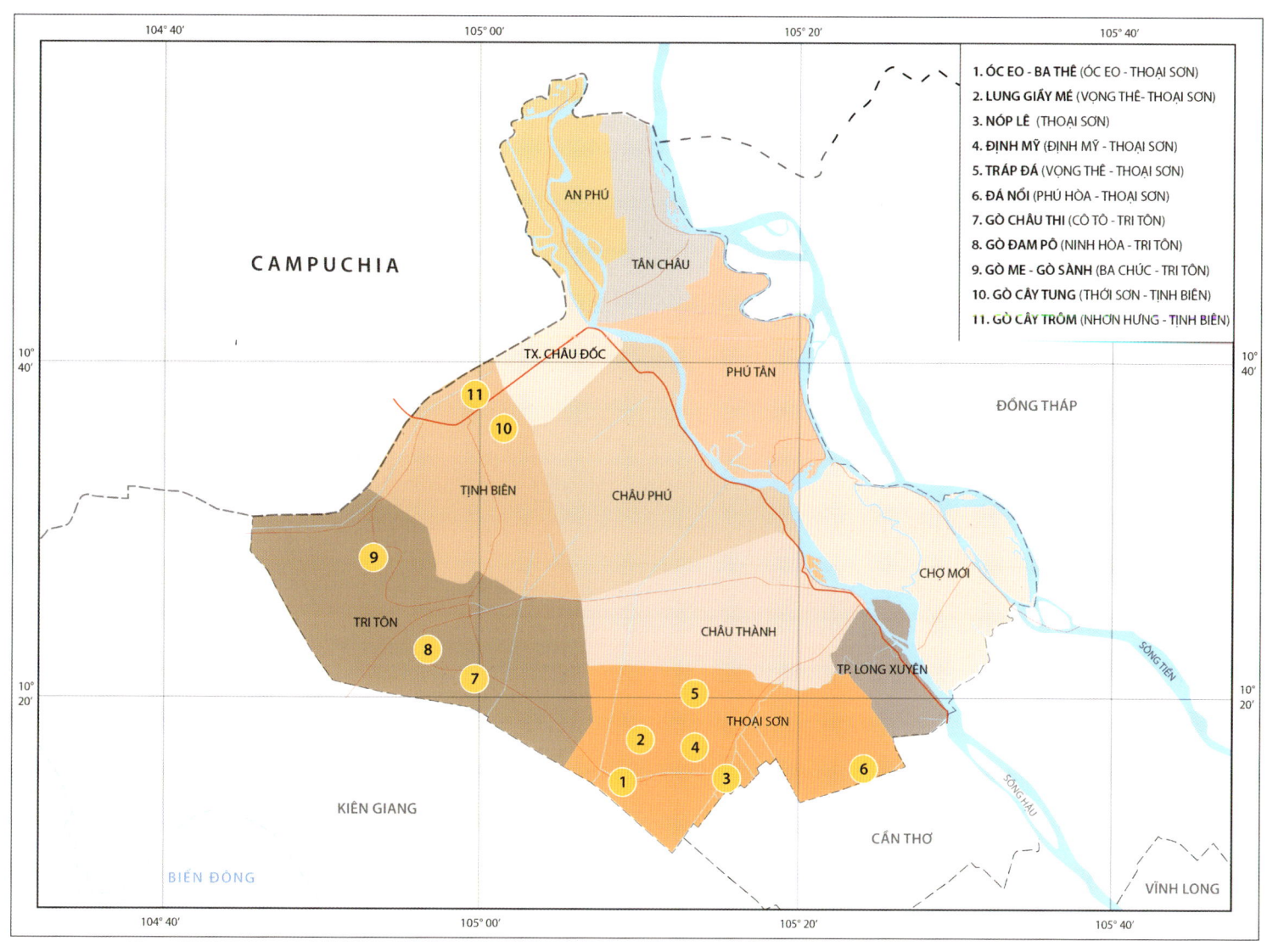

**그림 4** 베트남 안장성에서 옥에오 문화유적 지도

사진: 탕롱황성연구소

TỶ LỆ 1 : 500 000   5  0   10   20km

1. ÓC EO - BA THÊ (ÓC EO - THOẠI SƠN)
2. LUNG GIẤY MÉ (VỌNG THÊ- THOẠI SƠN)
3. NÓP LÊ (THOẠI SƠN)
4. ĐỊNH MỸ (ĐỊNH MỸ - THOẠI SƠN)
5. TRÁP ĐÁ (VỌNG THÊ - THOẠI SƠN)
6. ĐÁ NỔI (PHÚ HÒA - THOẠI SƠN)
7. GÒ CHÂU THI (CÔ TÔ - TRI TÔN)
8. GÒ ĐAM PÔ (NINH HÒA - TRI TÔN)
9. GÒ ME - GÒ SÀNH (BA CHÚC - TRI TÔN)
10. GÒ CÂY TUNG (THỚI SƠN - TỊNH BIÊN)
11. GÒ CÂY TRÔM (NHƠN HƯNG - TỊNH BIÊN)

운하와 연안 지역에서 주로 거주하고 있다.[3]

토아이선 지구에는 바테산의 언덕과 동남쪽에 위치한 옥에오 일대의 평지에 고고학 유적들이 집중되어 있다. 옥에오 유적지들은 대부분 약 450헥타르의 면적을 갖는 "옥에오 고대 도시"의 범위 내에 위치하며, 여러 가지 수로로 구획된다. 특히 이 유적지들은 고대 룽런 운하를 따라 위치한 구릉에 분포한다(꺼종쫌, 꺼종갓, 꺼자, 꺼까이터, 꺼옥에오)(그림 3). 바테산 지역에서 건축 유적은 산기슭 또는 린선 사원 지역(예를 들어 린선, 린선남, 린선박, 꺼사우탕) 또는 산 아래 낮은 지대에 집중되어 있으며 꺼웃짠, 꺼사우투언, 꺼웃냔과 같은 유명한 건축 유적이 있다. 산기슭과 옥에오 평지 사이의 지형에서는 꺼뜨짬, 쭝선과 같은 주거유적이 발견되었다.

안장성 토아이선지구에 있는 옥에오 문화 유적군은 옥에오 일대의 평지와 바테산 일대의 두 공간으로 구분된다. 따라서 이하의 내용은 공간별 주요 유적에 대한 설명이다.

## 1. 바테산 지역

바테는 옥에오 일대에서 가장 높은 화강암 산의 이름이다(그림 5). 약 12km 떨어진 끼엔장성의 넨쭈어 유적에서도 수평선에서 명확하게 산을 볼 수 있다. 이 산은 3개의 봉우리가 있으며, 그 중 가장 높은 봉우리의 높이는 221m, 둘레는 약 4,220m이다. 지형은 모든 방향으로 경사가 형성되어 있으며, 위에서 내려다보면 원형이다. 중심부는 약 15헥타르(500×300m)의 평지 지형이다. 이 지역에서 발견된 고고학 유적은 해발 25m에서 5m의 고도에 위치한 다양한 지형에 계단식으로 분포하고 있다.

산비탈 지역에서는 화강암이 지표면에 드러나는 몇 군데를 제외하고는, 모래와 자갈로 이루어진 지역이 대부분이다. 이러한 지형은 산비탈의 경사로 인해 유적이 위치한 지역에서의 침식 및 퇴적작용이 일어나면서 두터운 퇴적층을 형성하여 유적지를 덮고 있다. 해발 10m에서 25m까지 고도에 있는 바테산 비탈에는 나란히 지어진 린선-린선박-린선남 유적군 외에도 꺼바지엡, 꺼사우탕과 같은 여러 개의 독립된 유적이 있어 2010년대에 발굴되었다. 해발 2m에서 10m까지의 산기슭에는 꺼사우투언, 꺼웃짠, 꺼하이랩, 꺼뜨짬, 꺼웃냔과 같은 유적군이 있다.

위에서 언급한 유적 중에 린선 사원 등의 유적군은 지역의 중앙부에 위치하며, 주변에는 길이 약 800m(동북-서남 축 기준), 너비 약 400m(서북-동남 축 기준)의 공간에 종교 건축물이 집중되어 있다. 많은 연구

3 토아이선 지구의 웹 포털에서 편집(http://thoaison.angiang.gov.vn/).

자들은 이 지역이 옥에오 고대 도시의 종교 중심지라고 믿고 있다. 린선 사원에서 두 기의 비석이 발견되었는데, 그 중 하나는 산스크리트 문자가 새겨져 있다. 근처 폐허에서 약 3.3m 높이의 네 팔을 가진 비슈누 조각상이 발견되었다.

현재 바테산 사면부에서는 주민들이 드문드문 거주하며, 토지는 주로 다년생 과수를 식재하고 일부 지역은 임야(자연림)이다. 주민들은 대부분 바테산을 둘러싼 도로를 따라 산사면의 평지에 거주하며, 주로 농업으로(과수 재배 및 쌀 재배) 생계를 유지하고 있다.

## 2. 옥에오 평지 지역

옥에오 평지는 토아이선의 중요한 벼 재배 지역이다(그림 6~7). 프랑스 학자들이 출판한 말레렛의 책이나 1980년대의 베트남 고고학 연구에서 발표된 지형도를 참고하면, 이 평지의 높은 언덕들은 많은 변화가 있었음을 알 수 있다. 특히 농업용지를 확장하기 위해 땅을 개간하는 과정에서 해발고도가 낮아졌다. 이는 1942년부터 1944년까지 발견된 고고학 유적의 지형과 경관에 영향을 미쳤으며 특히 낮은 구릉지대와 룽런 고대 운하는 매몰되었다.

이전에 옥에 평지에서 가장 눈에 띄는 유적은 꺼종깃 유적이다. 말러렛의 도면에 따르면 이 유적은 꺼거이티에서 북동쪽으로 약 650m, 꺼종쫌의 북서쪽에 인접하며, 남쪽에 꺼자, 동쪽으로는 룽런 고대 운하가 위치한다. 1983년에 기록된 꺼종깃 유적의 현황에 따르면 이 곳은 여전히 일정 규모를 유지하면서 주변 지표면보다 약 5m 높고 유적의 범위는 동서방향으로 넓이 약 50m, 남북방향으로 약 45m에 이른다. 유적의 표면은 대나무 덤불, 야생 식물로 덮여 있으며 때로는 콩, 참깨, 땅콩, 파인애플 등을 재배하기 위한 경작지로 이용되었다. 그러나 1980년대 초반에 대규모로 도굴꾼의 활동으로 인해 고지, 비탈, 산기슭과 꺼종깃의 건축 유적이 심하게 파괴되었다.

현재는 꺼종깃의 지형이 1980년대 초 기록된 것처럼 높지 않으며, 논을 확장하거나 룽런운하가 매몰되면서 일부 장소의 형질변경이 이루어졌다. 남쪽에는 유적으로 가는 길을 따라 남, 북방향에 두 개의 큰 연못이 있다. 꺼종깃 전 지역은 장기 재배된 다양한 종류의 나무가 식재되었으며, 경작지 사이에는 도랑이 있다. 이 지역에서는, 사람들이 여러 종류의 과실수를 심고 관개용 물을 저장하기 위해 도랑을 만들었으며, 나무를 식재하는 과정에서 높은 울타리를 만들기 위해 양쪽으로 흙을 덮었다. 지표에서 깨진 석재와 도기편을 많이 볼 수 있다. 현재 구릉의 정상부 지역 외에는 사람들의 거주 및 경작을 위한 행위로 인해 유적 상단부가 평탄

**그림 5**   옥에오 평지에서 찍은 바테산
사진: 응우옌칸쭝기엔

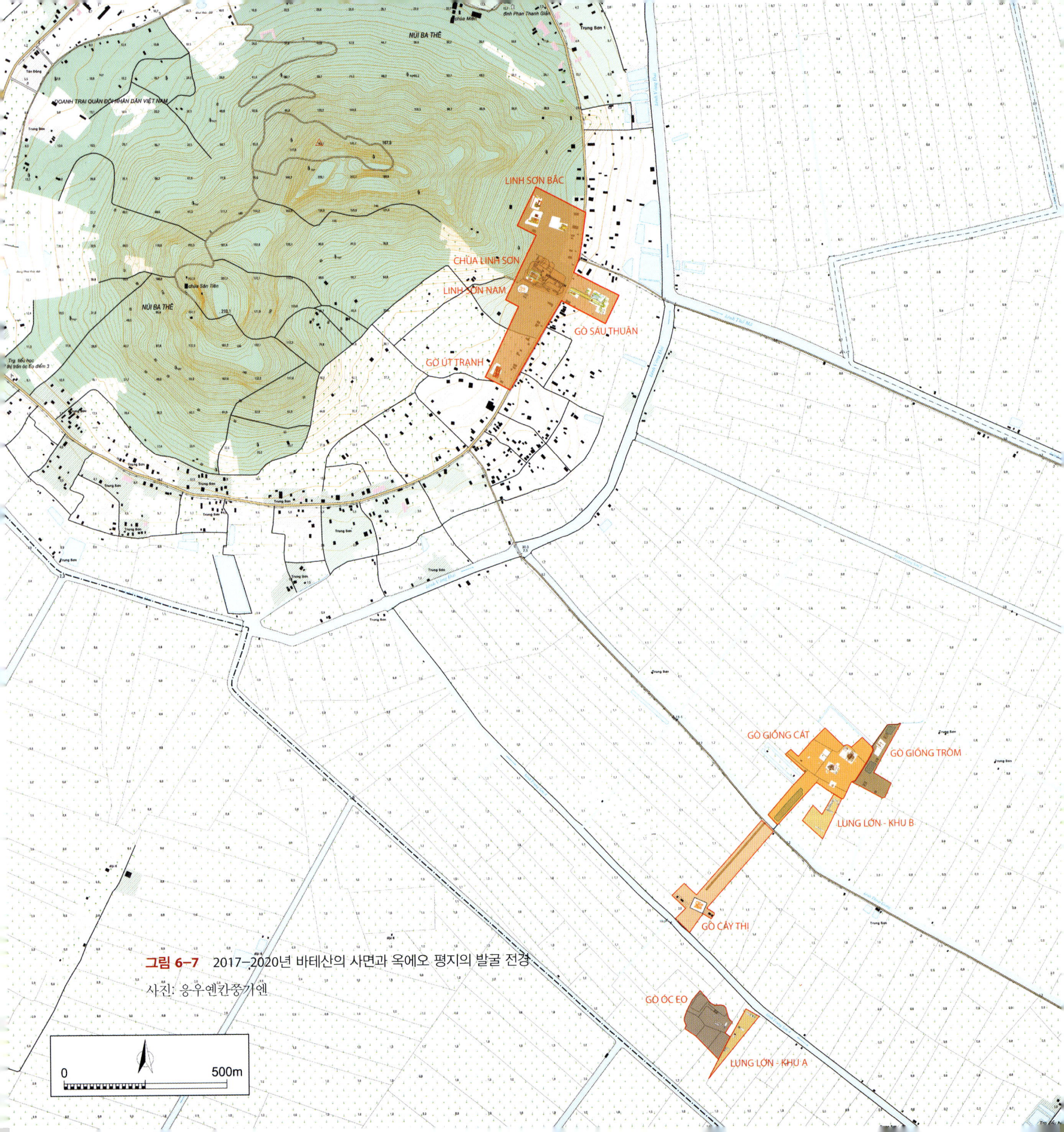

**그림 6-7** 2017-2020년 바테산의 사면과 옥에오 평지의 발굴 전경.

사진: 응우옌칸쭝기엔

0       500m

화 되었다.

특히, 꺼종갓과 꺼옥에오유적의 동쪽에 위치한 룽런 고대 운하는 과거에 북동쪽에서 남서쪽으로 "옥에오 고대 도시"의 중심을 나누었고 끼엔장의 넨쭈어 유적과 연결되었다. 프랑스 학자들이 1928년 및 1953년에 촬영한 항공 사진에서도 이를 명확하게 확인할 수 있다. 운하가 매몰되었음에도 1980년대 조사에서는 운하의 흔적이 확인되었는데 현재는 확인하기 힘들다. 꺼옥에오 근처에 있는 룽런(A지역)은 현재 남북 방향으로 약 300m 길이의 논이며, 꺼옥에오 유적에서 서쪽으로 약 50m 떨어진 곳에 위치한다. 또한 북쪽으로 쭝선4운하[이운하가 Ut Hong 운하라고 함]에 접하고, 남쪽은 란인운하에 접해 있다. 룽런(B지역)의 다른 발굴 현장은 꺼자 유적에서 서쪽으로 약 30m, 꺼종갓 유적에서 북서쪽으로 약 60m, 동쪽으로 약 80m 바테 운하와 떨어져 위치한다. 이 지역에서는 코코넛과 과일 나무를 재배하는 과정에서 지표면이 물에 잠겨 토양이 수분을 상당부분 포함한 진흙으로 이루어져 있으며, 논이 인접해 있다.

## 3. 연구 이력 개요

20세기 초 린선 사원의 동쪽 지역인 바테산의 경사면에서 프랑스 학자들은 사암제 비석, 석판, 석문 구조, 하리하라, 요니, 페사니의 조각상과 같은 석조 건축 유물과 산의 측면에서 기슭까지 동쪽으로 이어지는 고대 벽돌의 흔적을 발견했다.[4]

1983년에 실시된 조사에서 베트남 고고학자들은 린선 사원의 벽에서 동쪽으로 계속 이어지는 것으로 보이는 벽돌의 흔적을 기록했다(즉, 현재 꺼사우투언 유적 지역). 바테 산의 순환도로에서 북서-동남 방향의 고대 바닥 벽돌군을 발견했고 남북방향으로 대칭되는 큰 벽돌로 축조한 두 기의 작은 구조물을 발견했다. 주변에 많은 건축물들이 모여 있고 지형을 달리하는 넓은 지역에 대규모 건축물이 축조된 린선 지역은 중심 지역으로 고려되었다. 이 지역은 과거 "옥에오-바테 도시"의 대표적인 지역인 것이다. 1984년에 조사된 트렌치는 린선 사원에서 동쪽으로 약 200m 떨어진 곳에 있으며 화강암 위에 축조된 북-남방향으로 약 13~18단 높이의 벽돌 건축물 일부가 확인되었다(서쪽으로 20~25m 정도 치우침)(Xuân Điềm, Đào Linh Côn, Võ Sĩ Khải 1995, 고고학연구소, 1983). 위치 및 건축물의 특징에 대한 정보를 통해 트렌치가 조사된 지점이 꺼사우투언 유적 범위 내에 속할 가능성이 있다.

---

**4** Malleret, L, 1959 Malleret 문서에서 자세한 내용을 참조.

2001년 베트남 고고학센터(베트남 남부 사회과학연구소)와 프랑스 EFEO는 공동으로 린선 사원에서 동쪽으로 200m 떨어진 위치에서 55m²의 면적을 발굴했다(꺼사우투언 지역에 속함). 조사 결과 상부 벽돌 건축물이 확인된 문화층과 하부의 주거지 문화층이 확인되었다. 발굴자들은 "이 구릉 전체는 평야와 산사면이 만나는 지점이며, 현재의 린선 사원 아래 본당과 연결되는 건축군을 형성한다"라고 주장하였다(Manguin, 2001).

2011년 호치민 인문사회과학대학교는 유적지 동쪽 평야지역에서 12m² 면적을 발굴했으며 문화층은 기원전 1세기부터 7~12세기까지 세 시기로 구분됨을 확인하였다.

2012년 베트남 고고학센터(베트남 남부 사회과학연구소)는 구릉과 저지대의 조사를 진행하였다. 조사 결과 꺼사우투언 유적은 1세기에서 7세기, 8세기에서 10세기까지의 단계의 두 가지 발선 단계로 확인되있다.

꺼사우투언 유적은 조사 규모가 작았기 때문에 건축물의 일부만 드러났다. 또한 저지대에서만 조사가 진행되어 바테산의 사면에 있는 유적 그룹과 벽돌로 지어진 건축물의 흔적이 확인되기는 하였지만 구체적으로 속성을 판단할 수는 없는 상황이다. 2001년 발굴에서도 대규모 건축물의 일부가 발견되었으며 일단 "출입구" 지역의 기능이 추정되었다. 이는 린선 사원 중앙에 위치한 제단과 관련이 있는데 발굴 규모의 한계로 인해 꺼사우투언 유적의 구조와 기능을 명확하게 확인할 수는 없다.[5]

1944년 건기에 옥에오 평지에서 말레렛은 공식적으로 고대 푸난 왕국의 물질 문화에 대한 기본적인 이해의 토대를 마련한 역사적 발굴 작업을 진행하고 이를 옥에오 문화라 명명하였다. 당시의 현장 조사는 말레렛의 항공 조사를 포함한다. 항공사진 통해서 말레렛은 수로와 운하로 이루어진 구조로 "옥에오 고대도시"를 확인했으며 길이 3,000m, 폭 1,500m의 규모이다. 그 중에 룽런 운하는 "옥에오 고대도시"의 중앙을 가로지르는 중요한 수로이며, 수평으로 연결된 지점들을 가로지르면서 이 "고대 도시"의 공간을 나누어 놓았다(Malleret, 1959).

1979년 옥에오-바테 지역에서 전반적인 상태를 조사하여 옥에오 평지에 위치한 유적들의 현황을 파악하고 꺼옥에오에서 한 개의 피트에 대한 발굴을 진행했다(Võ Sĩ Khải, Đỗ Đình Truật, 1980.198-200).

이후 몇 년 동안(1982-1983)에 옥에오-바테 지역에서는 "옥에오 도시 지역" 주변의 전체 중심 지역과 북부 지역을 포함하는 대규모 현장 조사가 진행되었다. 조사 결과, 말레렛이 이전에 파악한 옥에오 평야의 "고대 도시" 범주에 속했던 유물이 확인된 대부분의 구릉이 상당 부분 훼손되었으며 일부는 완전히 훼손되

---

5    베트남-프랑스 협력 프로그램의 EFEO 대표단의 예비 보고서.

어 현장에서 유적의 흔적을 확인할 수 없었다.

이 기간의 발굴은 주거유적, 건축, 석재군 및 화장 무덤 유형의 발견을 포함하여 일반적으로 옥에오 문화뿐만 아니라 옥에오 바테 일대의 새로운 데이터가 확보되었다. 옥에오 평지의 유적들은 고대 도시 공간뿐만 아니라 다른 시기에 해당하는 바테산의 사면에 위치한 유적과의 관계 역시 확인할 수 있었다. 따라서 옥에오 유적군의 특성은 '항구도시'일 뿐만 아니라 5~7세기의 대규모 종교 중심지로 확인할 수 있다(Lê Xuân Điểm, 1984.215-220).

2002년에는 베트남 고고학센터와 프랑스 EFEO 간의 공동연구에서 꺼종갓과 꺼종쫌 사이의 위치에 있는 룽런 운하를 발굴하여 운하 시스템의 특징과 구조를 연구하고 문화층의 변화를 관찰하기도 하였다.

지난 수십 년 동안의 발굴은 옥에오-바테 유적군의 특징, 연대, 문화적 관계에 대한 기본적인 판단을 제공하는 것에 기여했다. 그러나 객관적인 여러 요인으로 인해 발굴 면적이 여전히 부족하고, 다양한 학문적 연구 방법이 충분히 적용되지 않았다. 또한 당시 샘플 분석 방법의 한계로 인해 여전히 많은 학술적 문제가 해결되지 않았다.

# II. 발굴 유적의 고고학 성과

## 1. 바테산 지역

2017년부터 2020년까지 "옥에오-바테, 넨쭈어(남부 옥에오 문화) 유적군 연구" 프로젝트가 베트남 사회과학연구원 주도로 옥에오-바테 유적군에서 진행되었다. 베트남 고고학연구소와 남부 사회과학연구소가 아래와 같은 유직들을 발굴해서 연구하는 임무를 부여받았다.

린신, 린신빅, 꺼사우투인, 꺼웃쩐(바대신 지역); 꺼중갓, 꺼옥에오의 룽런(옥에오 평기 지역).

바테산 산사면 지역에서는 린선, 린선박, 꺼사우투언, 꺼웃짠에서 고고학적 발굴 작업이 대규모로 이루어졌으며 총 발굴 면적은 10,185m²이디 (그림 6). 베트남 고고학연구소는 린선, 린선박 유적을, 남부 사회과학연구소는 꺼사우투언, 꺼웃짠 유적의 발굴조사를 실시하였다. 이 발굴조사의 목적은 과거 연구 결과를 보완하고 과거 옥에오 고대도시의 중심지로 확인된 유적지의 역할과 특성을 인식하기 위해 고고학적인 조사 및 연구를 재실시하는 것이다.

꺼사우투언 유적은 바테산 산기슭 동쪽에 위치하며 린선 사원 아래쪽에 있다. 현재 유적의 경관 상태는 말레렛의 설명과 매우 다르며, 특히 유적 일부 지점에서의 굴착 작업으로 인해 지반이 교란되고 건축 구조물이 파괴되는 등의 문제가 발생하고 있다.

2017년 말부터 2020년 초까지, 꺼사우투언 유적에서 큰 규모의 발굴이 이루어졌으며 총 면적은 3,508m², 10개의 발굴 피트와 7개의 시굴트렌치가 있었다. 3년간의 발굴 결과 꺼사우투언 유적의 현재 지표면 아래로 2세기에서 6세기 사이의 문화층이 있었음을 보여주고 있다. 상부는 종교 건축물 유적지로서 6~7세기경에 건설이 시작되어 8세기경에는 대규모로 재건되었다. 문지와 열을 이루는 도로가 11세기까지 유지되었다. 이 유적의 구조는 바테산 경사면에 있는 중앙 사원인 린선 사원과 밀접한 관련이 있다.

꺼웃짠 유적은 린선 사원에서 남쪽으로 약 300m, 꺼사우투언 유적에서 서남쪽으로 약 350m, 꺼하이랩 유적에서 북쪽으로 약 50m 떨어져 있다. 전체 분포를 인식하고 연구하기 위해 2019년 꺼웃짠 유적의 652m²를 발굴조사하였다. 조사결과 6~7세기에 석재와 벽돌로 축조된 3기의 동심 구조물과 7~8세기에 축조된 벽돌 담장이 확인되었다.

## 1.1. 린선 사원 유적

린선 사원은 바테 산 동쪽에 위치하며, 동쪽으로는 꺼사우투언 유적, 중선마을, 남쪽으로는 린선남 유적이 위치한다(그림 8).

2017년 베트남 고고학연구소는 린선 사원의 본당에서 남쪽으로 35m 떨어진 곳에 위치한 면적이 총 320m²되는 2개 구역을 조사하였다. 1구역(기호 BT. 17. A. LS. H01)은 동쪽에, 2구역(기호 BT. 17. A. LS. H02)은 서쪽에 위치한다.

### 1.1.1. 층위

린선 사원은 표토층과 자연퇴적층 외에도 5개의 문화층이 확인된다. 아래에서 위의 순서대로 토층의 변화양상과 세부내용은 다음과 같다.

- 제1문화층: 두께 58~334cm, 우물/연못(기호 AH17)의 내부퇴적토, 회백색 또는 청백색의 다량의 점토가 혼입된 사질토, 벽돌편 등이 확인, 연대는 1~4세기.
- 제2문화층: 두께 28~68cm, 회색 또는 흑색 사질점토와 미세사질토, 벽돌편 등 확인, 연대는 5~7세기.

- 제3문화층: 두께 7~160cm, 황갈색 또는 회갈색의 사질토, 결합력이 낮고 수분 흡수력이 매우 높아 건조하면 매우 단단해짐, 연대는 7~9세기.
- 제4문화층: 두께 48~70cm, 회갈색 사질토, 수분 흡수력이 매우 높아 건조하면 매우 단단해짐, 소량의 유물 확인, 연대는 9~11세기.
- 제5문화층: 최상층으로, 지표면과 거의 맞닿아 있음, 연대는 12세기 이후, 2피트의 북서쪽 부분에 벽돌이 섞여 있음, 토색은 갈색-흑색이며 식물 잔디가 섞여 있음.

### 1.1.2. 유적

린선 사원에서는 30기의 유구가 확인되었으며 건축물의 벽, 집수지, 도기 가마, 회칠이 된 건축물의 바닥 등이다. 이중 가장 주목할 만한 것은 5개의 연속적인 시간순서를 보여주는 6기의 유구이며 아래와 같다(그림 9).

#### 1.1.2.1. 집수지
##### (1) 제1호 집수지(기호 BT. 17. A. LS. AH17)

남쪽 벽면이 새롭게 확인되었으며, 평면형태 방형으로 동쪽과 서쪽 가장자리 일부와 북쪽은 후대 유구로 인해 훼손되었다. 잔존하는 동-서 길이는 12.7m, 남-북 길이는 3.88m이다. 내벽은 거의 수직으로 굴착하였으며, 내부 동-서 길이는 8.78m, 남-북 길이는 2.1m이며, 평균 깊이는 약 2.3m이다.

산사면의 표토층을 굴착하였으며, 생활 및 종교적 활동에 사용되는 물을 저장하기 위해 사용되었다. 연대는 1세기에서 3세기 사이로 추정되며, 꺼탑(Gò Tháp)유적에서 확인된 유구와 동일하다. 현재 이 유구는 사용되지 않으며, 주민들에 의해 유구 내부가 매몰된 후 평탄화되었다.

##### (2) 제2호 집수지(기호 BT. 17. A. LS. AH17)

산사면에 형성된 방형 유구로, 단면형태는 반원형이다. 집수지의 벽면은 서쪽에서 동쪽으로 약 120도 각도로 기울어져 있으며, 폭은 2.6m이다. 잔존규모는 10×7 5m(남-북×동-서)이며 깊이는 4.9m이다. 유구 내부 바닥면에는 흑색점토와 건축물의 잔해, 도기편 등이 뒤섞여 있다. 서쪽에서 동쪽으로 기울어져 있으며 동쪽으로 갈수록 점점 깊어진다. 연대는 4세기에서 7세기 사이로 추정된다.

2001년 발굴에서는 집수지의 북서쪽 모서리 부분에서 제법 긴 석축의 일부가 확인되었다(그림 12). 조사결과 석축은 길이 3.613m, 평균 58.4cm 폭으로 확인되었으며, 가장 높은 위치에서는 70cm 높이의 제형 벽돌 구조물 12기가 발견되었다(Manguin, cs, 1996-2002).

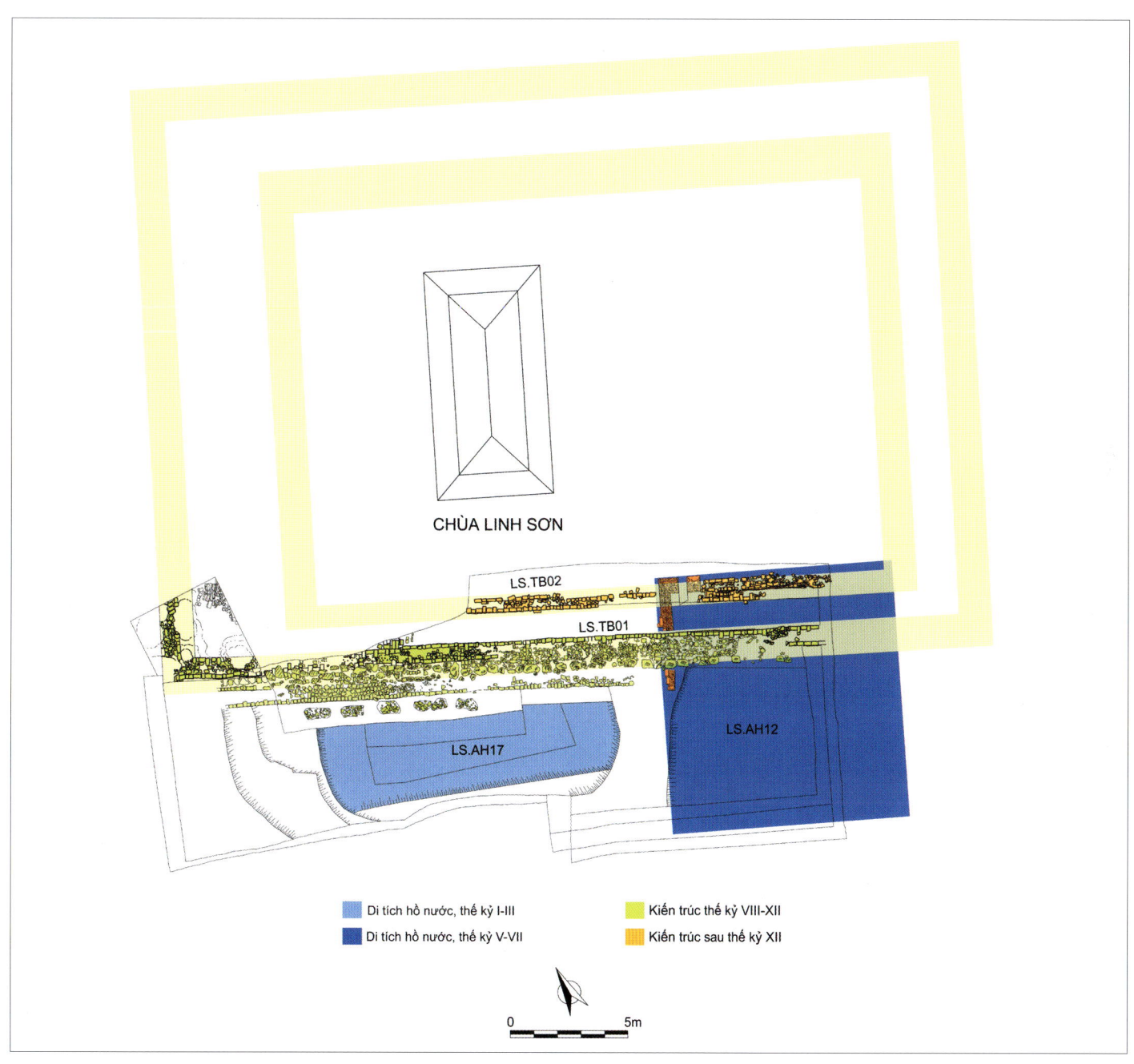

CHÙA LINH SƠN

LS.TB02

LS.TB01

LS.AH17

LS.AH12

Di tích hồ nước, thế kỷ I-III

Di tích hồ nước, thế kỷ V-VII

Kiến trúc thế kỷ VIII-XII

Kiến trúc sau thế kỷ XII

0    5m

**그림 8** (앞면) 바테산 기슭에 있는 린선 사원

사진: 응우옌칸쭝기엔

**그림 9** 린선 사원 조사 피트에서 발견된 담장 및 집수지 평면도

사진: 고고학연구소

### 1.1.2.2. 담장

현재 린선 사원의 위치는 옥에오 시대 대형 제단의 중심 위치 위에 건설되었을 것으로 추정된다. 이 사원의 남쪽 외곽의 발굴조사 결과, 고고학자들은 두 기의 담장 일부를 발견했는데, 이는 고대 제단을 둘러싸고 있던 것으로 추정된다. 담장은 BT. 17. A. LS. TB01과 BT. 17. A. LS. TBO2로 표시되어 있다.

#### (1) 1호 담장(기호BT. 17. A. LS. TB01)

1998년과 2001년에 실시된 발굴조사에서 유적의 일부를 확인했지만 전체적인 규모와 건축시기를 확정할 수 없었다(Manguin, cs, 1996-2002). 2017년 발굴조사에서는 2개 단계(7~12세기경)에 속하는 담장(**그림 11**)이 확인되었다.

- 1단계 담장(BT. 17. A. LS. TB01-A) : 잔존규모는 동서 길이 28.08m, 남북 너비 0.83m이다. 린선사원의 중심방향으로 서쪽 끝에서 북쪽 꺾이며 이어진다. 지면 위에 바로 축조되었으며, 기반을 다지기 위한 양상은 보이지 않는다. 벽체는 직사각형 벽돌을 이용하여 축조되었으며, 접착제 없이 쌓여 있다. 최초 노출된 위치는 벽돌을 10단으로 연속적으로 쌓아놓은 지점으로서 높이는 70cm 정도로 확인된 담장 중에서 가장 완전한 상태이다. 벽돌의 평균 크기(길이×너비×높이)는 29.0×15.5×6.0cm이다. 조사 결과 유구의 연대는 7~9세기 경으로 추정된다.
- 2단계 담장(BT. 17. A. LS. TB01-B) : 2001년 발굴에서 일부가 발견되었다. 동서 길이 24.35m(2001년 발견된 2.16m 포함), 남북 너비 1.39m이다. 후대에 축조되어 1단계 담장 상부에 축조되었다. 담장 대부분은 유실되었다.

동쪽 끝(길이 16.2m의 부분)에서, 담장 축조 시 1단계 담장의 일부분을 기반으로 하여 축조되었으며, 서쪽으로 계속 이어지는 부분에서도 1단계 담장을 파괴하고 기초 석들이 1단계 담장 위에 쌓여 있었다.

층위상 1단계 담장은 2단계 담장의 기반으로 활용되었으므로 2단계 담장이 더 늦게 축조되었으며 연대는 9-12세기쯤으로 추정된다.

#### (2) 2호 담장(기호BT. 17. A. LS. TBO2)

1호 담장(BT. 17. A. LS. TB01)과 평행하며 1호 담장에서 북쪽으로 약 11.81m 떨어져 있으며 남쪽 면만 노출되었다. 나머지 대부분은 여전히 발굴 피트의 북쪽 벽에 위치하며 노출되지 않았다(**그림 13**).

잔존규모는 동서 길이 15.59m, 남북 너비 0.4m이다. 2호 담장의 경우 훼손이 상당히 심한 상태로 확인되었으며, 특히 H2 지역이 가장 많이 훼손되었다.

**그림 10**  린선 사원의 발굴 피트에서 발견된 담장과 집수지의 흔적
사진: 고고학연구소

**그림 12** 린선 사원 집수지 제방(AH12)

사진: 고고학연구소

**그림 11** 린선(사원 1호 담장(기호 BT. 17. A. LS. TB01)

사진: 고고학연구소

**그림 13** 린선 사원 2호 담징(BT. 17. A. LS. TB02)

사진: 고고학연구소

유구는 기초부와 담장 두 부분으로 구성된다. 기초부는 2~3단의 벽돌을 쌓았으며, 하부는 크기가 다른 할석으로 보강되어 있다. 담장은 기초부보다 33cm 안으로 들어서 축조하였으며, 발굴 피트의 북쪽 벽에 위치한다.

일부는 완전한 상태로 보존되어 있으며, 높이 1.05m, 13단의 벽돌이 쌓여 있다. 조사결과, 유구의 연대는 12세기 이후로 추정된다

### 1.1.3. 유물

320m² 면적의 2개의 발굴 구역에서 총 51,696점의 유물이 출토되었으며 건축 자재(다양한 종류의 벽돌, 타일), 생활용기(냄비, 그릇, 접시 등)와 석재유물(자연석으로 만든 조각상편)이 있다.

#### 1.1.3.1. 건축 재료

기초부 건설에 사용된 화강암 외에도 여기에서 발견되는 건축관련 유물은 주로 벽돌과 기와이다. 그 중 기와는 암키와(14,746점), 수키와(15,475점) 및 평면기와(67점)를 포함하여 30,288점으로 가장 많은 수량을 차지하고 있다. 13,184점의 벽돌은 다양한 크기와 연대를 가진 직사각형 벽돌이다.

이러한 벽돌과 기와의 연대는 대부분 7세기 이후이다. 그러나 일부 벽돌은 5~6세기의 초반으로 AH12에서 출토되었다. 특히, 가장 주목할 만한 발견은 초기에 해당하는 1~3세기경에 만들어진 평면기와로 AH17에서 출토되었다. 이 유물은 인도계 장방형 기와로, 기와의 윗면에는 종종 철사나 못을 고정하기 위한 5 또는 6개의 홈이 있는데, 일반적으로 지붕을 덮을 때 고정 또는 연결을 위한 것이다.

#### 1.1.3.2. 도기

도기는 8,137점으로 표면이 매끄러운 것과 거친 것의 두 가지 종류로 구성되어 있으며, 그 중 많은 것은 표면이 거친 도기다. 냄비, 항아리, 접시, 컵, 대접, 뚜껑 등 생활 용품의 파편이다. 그리고 여기에서는 48점의 도기편이 발견되었는데, 이것 역시 생활용품에서 비롯된 작은 파편들로, 기종을 구별하기가 매우 어렵다. 이 유물은 모두 교란층과 수혈에서 발견되었다(그림 14).

### 1.1.4. 평가
#### 1.1.4.1. 성격

현재까지의 조사결과 발굴조사에서 확인된 유구는 큰 규모를 가진 유구의 일부로, 연구를 계속 확대해

1

3

2

4

**그림 14** 린선 사원 출토 옥에오 도기편

사진: 고고학연구소

야 할 것이다. 하지만 일단은 이 지역의 모든 유구가 종교적 성격과 관련이 있으며, 중심지는 현재 린선 사원이 자리한 위치로 추정되는데, 이곳에는 비슈누상과 두 개의 비석이 보존되어 있다.

유적에서 발견된 유물은 주로 건축자재(벽돌, 기와)가 84.2%를 차지한다. 이는 이 유적이 많은 형성과 발전 단계를 거쳐왔으며, 내구성 있는 재료로 건설된 다양한 건축물이 많았음을 보여준다.

조사결과에 따르면 린선 사원이 린선지역의 종교 중심지로 판단된다. 꺼사우투언에서 린선 사원으로 이어지는 도로가 확인되었으며, 연대는 6~7세기로 옥에오 시기 바테의 종교 중심지에서도 매우 중요한 지역임을 보여준다.

### 1.1.4.2. 연대

1998년부터 2001년까지 린선1 및 린선2에서 진행된 발굴 결과를 바탕으로, 연구자들은 1세기부터 12세기까지 지속적으로 건축물이 존재했다는 결론을 내렸다(Manguin, cs, 1996-2002). 1세기에서 3세기까지 건축물은 규모가 작았으며, 이후 시기의 유적은 더 큰 규모로 건설되었고 그 수도 많았을 것이다.

2017~2018년 린선 사원의 남쪽에서 이루어진 발굴 결과에 따르면 유적의 연대는 다음과 같다.

발굴 구역에서 발견된 가장 오래된 유구는 집수지로 추정되며, 기호는 AH17이다. 문화층의 맨 아래에 위치한 유구로 후대 유구가 겹겹이 쌓여 있으며 주황색 도기, 매끄러운 뼈, 인도식 타일과 같은 유물들이 출토되었다. 그 다음은 AH12라는 기호가 있는 집수지로 AH17 유적에서 약 3.0m 떨어진 곳에 위치한다. 도기, 벽돌 등의 대표적인 유물로 연대는 4~7세기로 추정할 수 있다.

다음 단계인 7~12세기 경에는 집수지 위에 있는 담장(TB01-A와 TB01-B)이 확인되며, 모두 현재 사원을 향하고 있다. 이 유적들은 서로 단절되어 위치하고 있어 동일한 시기에 축조되지 않았음을 확인할 수 있다. TB02 유적은 현재 지표면에서 약 25cm 위에 있는 상단에 있으며 가장 후대에 축조되었다.

발굴 구역에서 다수의 문화층이 발견되어 해당 지역의 중요성을 보여주고 린선 사원이 종교중심지임을 증명할 수 있는 자료를 제공해주었다.

### 1.2. 린선박 유적

린선박 유적은 바테산의 동쪽에 위치하며, 린선남과 린선 사원에서 동남쪽으로 약 150-200m, 꺼뜨쩜과 꺼사우투언 지역에서 동쪽으로 약 300m 떨어져 있다.

바테산을 중심으로 린선박에서 발굴된 위치는 바테산 비탈의 동쪽에 있으며, 남북 방향으로 길게 이어지는 선상지로, 동서 방향으로 넓게 펼쳐져 있으며, 서쪽에서 동쪽으로 점점 경사를 이룬다. 이 지형은 높낮이 차이가 많아 계단식으로 이루어져 있다. 그 중에서도 가장 높은 층이 바테산과 인접하여 있으며, 동-서 너비 81m, 해발고도는 22.448m이다. 그 다음 층은 동쪽으로 연결되며, 동-서 너비가 56m, 해발고도는 14.829m이다. 두 번째 층과 바로 남쪽으로 연결되어 있는 곳이 린선 사원과 린선남 유적이며, 남-북 방향으로 분포한다. 이 유적 간 사이에는 바테산에서 시작되어 동쪽으로 흐르는 작은 두 개의 소하천이 있다. 발굴 지역은 이 두 개의 소하천 사이에 위치한다.

### 1.2.1. 층위

전체 발굴 구역의 면적은 5,700m²이며 이 중 H02 피트 남쪽에 위치한 린선박 퇴적층이 전 지역을 대표하는 기준층위이다. 이 퇴적층은 문화층과 건축층의 통일성이 있어 기준층위로 선정되었다. 토층의 색상과 구성 성분을 기준으로, 이 지역의 층위는 다음과 같이 세 가지 문화층으로 구분된다.

- 첫번째 문화층: 최상층에 위치하며 평균 두께가 20~60cm로, 서쪽에서 동쪽으로 갈수록 얇아진다. 토양은 모래가 혼합된 명갈색이다. 건기에는 상대적으로 단단하고 밀도가 높으며, 우기에는 쉽게 침식된다. 조금씩 깨어진 소량의 벽돌편이 섞여 있으며, 벽돌은 모래가 혼입되었으며 붉은색을 띤다. 연대는 8세기에서 12세기 사이이다.
- 두번째 문화층: 평균 두께 1m, 서쪽에서 동쪽으로 경사진다. 갈색으로 거친 모래가 혼합되어 있으며 매우 단단하고 밀도가 높지만 결합력이 약하며 비가 오면 침식된다. 이 문화층에서는 4~7세기 사이에 축조된 유구 및 유물들이 확인되었으며, 대표적으로는 KT17의 유적, 신전의 기초부로 추정되는 KT02와 KT06 등이 확인되었다.
- 세번째 문화층: 평균 두께가 1m, 고운 모래가 섞인 흑색의 점토로 이루어져 있으며, 매우 단단한 구조로 상부 문화층의 토양과 유사한 특징과 특성을 가지고 있다. 서쪽은 얇고 동쪽은 두껍다. 1~4세기의 연대에 속하는 다양한 유물들이 포함되어 있다. 그 중 가장 대표적인 것은 한나라계 기와와 인도계 기와 두 가지 유형이다. 또한 몇몇 파편들은 옥에오(Óc Eo) 도기의 대표적인 예다.

### 1.2.2. 유구

린선박 유적에서 여러 종류의 유구가 확인되었는데, 수혈, 도기 집중부, 구 등이 포함되지만 가장 두드러진 것은 건축물과 담장이다(그림 15~16). 여기의 건축물들은 다양한 연대를 가지며, 가장 이른 것은 약 1~4세기, 가장 늦은 것은 약 8~12세기이다.

**그림 15** 린선박 유적 평면도

사진: 고고학연구소

**그림 16** 린선박(유적 구조물의 기초부

사진: 고고학연구소

## 1.2.2.1. 1~3세기의 유구

이것은 신전 구조물로 추정된다(BT. 18. B. LSB. KT23)(그림 18). 이 구조물은 장방형의 바닥면을 가지고 있으며, 4개의 벽면으로 구성되어 장방형의 폐쇄된 공간을 형성하고 있다. 내부는 전체적으로 벽돌로 축조되어 있다. 이 구조물의 규모는 남-북 길이 2.85m, 동-서 너비 1.94m이며, 잔존 기초는 높이 17.5cm이다. 벽돌은 장방형으로, 평균 길이는 28~32cm, 두께는 8~9cm이다.

유구 위에 바로 놓여있는 것은 1~3세기 사이의 인도 양식의 기와이다. 이 기와는 유구 범위 내에서만 발견되며, 평균 두께는 10~25cm로 한쪽 가장자리가 더 얇은 특징을 가지고 있다. 건물의 지붕 위를 덮는 기와일 가능성이 있다. 기와의 속성관찰과 함께 건축물의 구조에 대한 과학적 가설이 제시되었는데, 이는 건축물이 지속성이 낮은 재료(대나무, 나무 등)로 만들어진 것으로 추정되어, 건축물이 무너지면 기와층이 유적 위에 쌓일 수 있다는 것이다.

## 1.2.2.2. 5~7세기의 유적

이 시기에는 6기의 유구가 확인되었다. 이는 2기의 신전 탑(BT. 18. B. LSB. KT02와 BT. 18. B. LSB. KT06), 1기의 건물지(BT. 18. B. LSB. KT17), 3기의 담장(BT. 18. B. LSB. TB02, BT. 18. B. LSB. TB03 및 BT. 18. B. LSB. TB08)으로 구성된다.

### a) 장방형 건물지

이 유구의 평면형태는 장방형이며, 잔존규모는 남-북 길이 14.5m, 동-서 너비 11m이다. 현재 동쪽은 조사경계의 동쪽으로 이어지며, 남쪽은 후축된 KT16이 덮고 있다. 북쪽과 서쪽에서는 유구의 경계를 명확히 확인할 수 있다.

KT17은 담장과 내부 건물지 두 부분으로 구성된다

유구의 담장 흔적은 서쪽과 북쪽에서 가장 뚜렷하게 보이다. 서쪽 담장은 남-북 길이 14.5m, 동-서 폭 1.55m이다. 동쪽 담장은 파괴되었지만 동남쪽 모서리가 1.5m 폭으로 남아 있다. 담장의 몸체는 장방형 벽돌로 건설되었으며, 아래쪽은 기초부를 만들기 위해 작은 벽돌과 할석들이 깔려 있다.

북쪽 담장은 훼손이 심해 서남쪽과 서쪽의 모서리만 남아 있다. 이 부분의 길이는 14.5m이며, 폭은 1.55m이다. 이 부분의 가장 높은 위치에는 세 단의 벽돌이 남아 있으며, 가로 세로 교차하는 '만'자 모양의 기술로 쌓여 있다.

동쪽 담장의 폭은 1.5m이며, 상당부분 훼손되어 일부분에는 후대에 훼손된 벽돌의 흔적이 남아 있다. 가장 높은 부분에서는 벽돌 두 단이 남아 있다. 유구 상단에서 폭 1.03m, 길이 1.25m 규모의 문지가 확인되는데 동쪽으로 향한다.

내부 건물지는 담장과 약 0.46m 떨어져 있으며, 면적은 63.76m²이며, 남북 길이 12.1m, 동서 너비 5.27m이다. 장방형 벽돌로 덮여 있다. 기초부는 벽돌과 동일한 토양을 평평하게 깐 후 그 위로 평균 5×10cm 크기의 석재를 깔아 건물의 바닥부를 축조하였다. 현재 건축물 내부는 대부분 파괴되었지만, 여전히 공간과 구조의 경계를 인식할 수 있는 흔적이 남아 있다. 동남쪽 모퉁이, 남서쪽 그리고 남쪽에서 이러한 흔적이 명확하게 확인된다. 이 곳에는 벽돌이 쌓여 있으며, 가장 높은 곳은 세 단의 벽돌이 잔존한다.

KT17의 동남쪽 지역에서는 건물지의 바닥 아래에서 기와집중부가 확인되었다. 이것은 인도 양식의 기와로 벽돌 패턴이며 1~3세기의 셋째 문화층에서 흔하게 발견되는 평기와이다.

KT17 내에서는 남쪽 절반에 흩어져 있는 지름이 평균 13~24cm인 13개의 주혈군이 확인되었다. 이 주혈은 바닥 타일을 관통하고 배치되어 있다. 그러나 대부분의 KT17 일대가 파괴되었기 때문에, 현재 배치상에서 주혈을 연결할 수는 없다.

KT17 건물의 모든 건축 재료는 장방형 벽돌로, 붉은색이며 낮은 온도로 구워졌다. 흙과 모래가 혼합되어 벽돌 표면은 거칠고 연결 강도가 약해 쉽게 깨질 수 있다. 벽돌의 색상은 어두운 붉은색으로 일관성 있으며 벽돌의 내부와 외부 색상이 동일하다. 대형 벽돌의 크기는 길이가 40~42cm, 너비가 21~22.5cm, 두께가 6~7.5cm이다. 린선박 유적에서 발견된 벽돌과 비교하면, KT17의 벽돌은 보다 큰 크기와 일관된 색상을 가진다. 또한 강도가 약하며, 물이 쉽게 흡수된다.

### b) 사원의 건물지

이 건물지는 2기(BT. 18. B. LSB. KTO2와 BT. 18. B. LSB. KT06)이며, 신전으로 추정된다.

- BT. 18. B. LSB. KT02: 건물지는 장방형(거의 방형)이며, 동-서 길이 8.7m, 남-북 너비 7.7m, 면적은 66.99m²이다. KT02 주변의 토양은 황갈색 모래와 혼합되어 단단한 구조를 이룬다. 건축물의 바닥은 평평한 석재로 이루어져 있으며, 황갈색 모래와 혼합된 단단한 구조의 토양 위에 직접 깔아두었다. 가운데에는 발굴 피트가 있으며, 길이는 5.3m, 너비는 4.6m이다. 피트 안의 토양은 회색과 검성색 모래가 혼합되어 있으며, 많은 나무 뿌리가 내려가 있고, 주변 지역보다 더 부드러운 구조를 이룬다.

유구의 주요 재료는 층이 쌓인 할석이다. 할석층은 가운데가 두껍고 주변으로 갈수록 얇아지는 특징을 가지고 있다. 아래쪽 석재는 위쪽 석재보다 크기가 크며, 모양과 크기가 다양한 백색과 회색의 사암으로 만들어졌다. 평균 크기는 약 7×15cm이다.

- BT. 18. B. LSB. KT06의 건축물은 KT02와 유사한 특징을 가지고 있다. 장방형 유구의 잔존규모는 남북 길이 6.2m, 동서 너비 6.0m, 면적은 37.2m²이다. 유구는 훼손이 심하며, 북동쪽 반쪽은 완전히 유실된 상태이다. 석재는 산지의 지표면 위에 바로 깔려있으며, 경계는 주변 지역과 명확하게 구분된다. 석재는 모래와 혼합된 갈색 기반토 위에 축조되어, KT02과 같이 거의 방형으로 높은 하중을 견딜 수 있는 견고한 구조물을 형성한다.

KT06의 건축물 기초부는 적갈색 점토와 모래가 섞인 석재가 깔려 있다. 남서쪽 모서리에는 황갈색의 소형 할석과 암녹색의 작은 사암편들이 혼재되어 있다. 석재는 균일하게 깔려 있다. 그러나 발굴 이후 시간이 지나면서 방치된 까닭에 상당부분 훼손되어 회갈색 토양과 함께 섞여 있다. 표면에는 회색 곡면기와편 등이 확인되며, 하단부는 적색 퇴적층 위로 평기와가 확인된다. 중앙에는 배수구가 있다.

### c) 담장 유구
담장은 BT. 18. B. LSB. TBO4와 BT. 18. B. LSB. TB03로 명명되었으며, 두 기 모두 석축 담장으로 확인된다.

- BT. 18. B. LSB. TBO4는 남북 길이 33m, 평균 폭은 28~78cm이며, 높이는 50cm이다. TB04는 발굴 범위 밖으로 북쪽으로 연결된다. 담장의 석재는 화강암, 사암으로 구성되었으며, 린선박 유적의 공통 건설 재료이다. 담장은 많은 부분 훼손되었으나 가장 높은 위치에서는 2단이 확인된다.
- BT. 18. B. LSB. TB03은 동서 12.4m, 평균 폭은 58~74cm이며, 높이는 66cm이다. 동쪽에서 TB04와 직각으로 연결된다. TB03의 구조는 석재 4단이 확인되는데, 두단계로나뉜다. 첫 번째 단계(가장 아래)는 한단이며, 두 번째 단계는 첫 번째 단계와 7~12cm 차이가 나는 석재가 3단으로 축조되어 있다. 담장의 평면은 남쪽을 향하고 있다. 북쪽 면에서는 석재 사이에 작은 돌을 이용하여 채워 넣은 부분이 확인된다.

### 1.2.2.3. 8~12세기의 유구
이 시기에, 린선박 유적에는 북쪽, 남쪽 및 동쪽 등 3지점의 유구 집중부가 확인된다.

**그림 17** 린선박 유적, BT. 19. B. LSB. H02 남벽
사진: 고고학연구원

**그림 19** 린선박 유적, BT. 18. B. LSB. KT16
사진: 고고학연구원

**그림 18** 린선박 유적, BT. 19. LSB. KT23
사진: 고고학연구원

**그림 20** 린선박 유적, BT. 18. B. LSB. KT16 내 수혈
사진: 고고학연구원

**그림 21** 린선박 유적, BT. 18. B. LSB. KT16

사진: 고고학연구원

a) 북쪽은 신사, 장방형 건물지, 화장터 및 한 개의 성벽 유적으로 구성되어 있다.

(1) BT. 18. B. LSB. KT16 유구는 각진 피라미드 형태의 평면을 가지고 있으며, 동쪽으로 점차 줄어드는 양상이다. 규모는 동서 길이 18.8m, 남북 너비 6.1m이다. 유구는 상당히 훼손되었지만, 기초부, 탑, 입구 및 문 구조물로 구성된 평면을 확인할 수 있다(그림 19~21).

중앙에는, 탑의 몸체에서 방형의 수혈이 확인되는데 잔존규모는 남북 2.23m, 동서 2.23m이며, 직사각형 벽돌로 축조되었다. 수혈은 훼손이 심하며, 전체 구조물은 회백색 진흙과 석재가 혼입된 양상이다. 벽은 4~24단의 벽돌 구조물이 남아 있으며, 평균 높이는 0.25m에서 1.84m이다.

(2) 장방형 건물지인 BT. 18. B. LSB. KT18은 동서 길이 6.05m이고, 남북 너비 4.52m의 규모이다. 이 건물지의 남쪽, 서쪽, 북쪽의 세 벽은 모두 직사각형 모양의 벽돌로 축조되었으며, 황갈색 점토와 모래가 섞인 퇴적층 위에 직접 건설되어 있으며, 특별히 바닥면을 다진 양상은 확인되지 않는다. 훼손이 심해 1~5단의 벽돌만 남아 있다.

(3) 화장터는 BT. 18. B. LSB. KT20로 작은 규모를 가지며 동서 방향으로 평행하게 배치된 구운 도기관이 $5.25m^2$(북남 방향의 2.55×동서 방향의 2.06m)의 범위 내에 위치한다.

이 유적의 구조는 9점의 도기관으로 축조된 8기의 도랑이 확인되는데, 12cm에서 14cm 간격으로 떨어져 있고, 깊이는 6.5cm이다. 이러한 도랑은 모두 황갈색 사질점토로 덮여 있으며, 건조한 날씨에는 단단하고 견고해지는 특징을 가진다. 각 구획의 크기는 평균적으로 1.88×0.125×0.65m이다.

독특하게 나타나는 양상에 따라 이 유적의 기능에 대한 세 가지 다른 가설이 있다.; (1) 도기가마; (2) 목적을 파악하기 힘든 특별한 구조물; (3) 인류학 자료와 연관한 발라몬(Bà La Môn) 종교의 주민들의 화장터 일 가능성으로 3번째 가설의 가능성이 매우 높다. 따라서 이 유적은 일단 화장터로 추정한다.

b) 남쪽 건물지는 6기가 장방형이며, 전체적으로 대칭적으로 배치되어 U자 형태를 이루며, 동쪽을 향하고 있다. 이 유구들은 린선 유적의 평면 구조와 유사하다. 건물지는 LSB. KT5, LSB. KT7, LSB. KT9, LSB. KT10, LSB. KT11 및 LSB. KT12로 표시되며, 모두 장방형 건물지 양식에 속한다.

유구의 배치양상을 살펴보면 다음과 같다. 중앙에는 동서방향의 KT7 건물지가 있으며 장축방향은 남북이다. 북쪽와 남쪽에는 7기의 건물지가 확인되며, 중앙 건물지를 중심으로 대칭 배치되어 전체적으로 U자형의 분포양상이다. 현재 발굴 상황에서 이 건물지들은 3가지 방향을 바라볼 수 있다는 것을 알 수 있다. 중앙 건물지인 KT7은 동쪽, 북쪽에 위치한 KT5는 남쪽, 남쪽에 위치한 건물지들은 모두 북쪽을 향하고 있다. 건물지들은 석재나 깨진 벽돌로 만든 벽의 윗 부분이 공통적으로 나타난다. 벽은 다양한 종류의 석재를 이용하여 축조되었으며, 대부분은 천석을 활용하였다.

c) 동쪽에 위치한 건물지에서는 2개의 문화층이 확인되었다. 이 유구는 남쪽에 위치한 건물지와 유사한 형태로, 5기의 건물지와 2기의 담장, 5기의 구로 이루어져 있다. 남쪽에 위치한 린선박 유적의 1문화층에서 확인된 건물지와 동일한 형태의 평면 구조를 갖고 있다. 유구는 LSB. KT26, LSB. KT27, LSB. KT28, LSB. KT33, LSB. KT36으로 명명되었으며, 모두 장방형 건물지에 속한다.

이 유적은 린선박과 린선남 유적에서 확인된 건물지와 유사한 특징을 가지고 있다. 벽돌을 주 건축재료로 이용하였으며, 상단 부분이 벽돌로 구성되어 있다는 점, 그리고 바닥에 사용된 석재 등도 유사하다.

그 중 KT26과 KT36은 남북 방향이다. 이들은 신전 제단일 가능성이 있으며, 동쪽을 바라본다. KT27, KT28 및 KT33은 동서 방향으로 길게 배치된 양 측면의 건물지로, 동쪽이나 서쪽을 바라본다.

또한 이 건물지에는 구, 담장 등 부속 유구가 있지만 규모, 구조 및 연대가 매우 복잡하여 계속해서 연구가 진행되어야 한다.

### 1.2.3. 유물
린선박 유적에서는 242,045점의 유물이 발굴되었다. 대부분 파편으로, 다양한 소재로 이루어져 있다. 이 소재에는 화강암, 도자기, 청자, 유리, 건축 재료, 구슬 등이 포함되어 있다. 그 중 가장 주목할 만한 유물은 비석, 부처상, 비슈누의 부조상과 같은 특별한 조각품이다.

### 1.2.3.1. 도기
유적에서 발견된 토도류의 수량 중 가장 많은 것은 91,401점의 도기로, 그 중 구연부 7,945점, 동체부 81,135점, 저부 1,668점으로 구성되어 있다. 주재료에 따라 표면이 거칠거나 매끄러운 두 가지의 양상으로 구분된다.

표면이 매끄러운 도기류는 점토로 만들어지며 작은 모래 알갱이와 매우 낮은 비율의 모래가 함유되어 있다. 이는 도기 표면을 매끄럽게 만들고 두께가 고르게 한다. 태토의 입자는 가늘며 단단하고 불순물이 거의 없다. 대부분이 생활 용품이며, 특히 의식적인 종교적 용도로 사용되는 병, 항아리, 켄디, 그릇, 잔이 일반적인 유형이다(그림 22).

**그림 22** 린선박 유적 옥에오 도기류

사진: 고고학연구원

**그림 23** 린선박 유적 암키와

사진: 고고학연구원

거친 도기는 다양한 모래(굵은 모래/세밀한 모래/식물 잔여물)와 여러 가지 잡초 등을 태토에 섞어서 제작한다. 거친 도기는 눈으로 쉽게 확인할 수 있다. 대표적인 기종으로는 냄비, 병, 항아리, 부뚜막 등 생활 용품이 포함되며, 그 중 가장 많은 양은 냄비, 항아리 등이다.

무늬는 주로 장식 목적보다 기술적인 요소가 많은데, 가장 일반적인 두 가지 유형은 덩굴문양과 각인문양의 패턴이다. 덩굴 문양은 거친 도기(모래와 식물이 섞인 것)에 가장 많이 사용된다. 각인 문양은 거친 도기와 매끄러운 도기에서 모두 확인된다.

### 1.2.3.2. 건축 재료
린선박 유적에서 발견된 건축 재료는 매우 많으며 110,847점의 유물이 출토되었다. 이 중 대부분은 벽돌과 기와로서 벽돌은 50,469점, 기와는 60,378점으로 구성되어 있으며 대부분이 파손되었다.

벽돌은 일반적으로 직사각형 모양이며, 모래가 혼입된 점토로 만들어진 적색, 회색, 백색 등이 있다. 이외에 반달 모양이나 원기둥 형태의 벽돌 몇 점, 벽돌의 길이 또는 폭을 따라 잘려진 약간의 벽돌편이 발견되었다. 이러한 종류의 벽돌은 구조물의 문 형태와 같은 기둥 구조를 구축하는 데 사용된 것이다.

가장 많은 양을 차지하는 것은 회색 암키와, 회색 숫키와이다. 그 중 암키와는 51,285점, 수키와는 9,093점이다. 암키와는 직사각형으로 몸체 상단에는 물이 흐르도록 홈이 조각되어 있다. 끝단에는 끈이나 못을 고정하기 위한 둥근 구멍이 있으며, 가장자리는 잘려 있다. 수키와는 여물통 형태로, 암회색이며 윗면은 매끄럽게 다듬어져 있다. 아래면은 포목흔이 있다. 중앙부가 두텁고 측면으로 갈수록 점점 얇아진다. 대부분의 두께는 1~1.7cm이며, 양쪽 끝면에는 부러뜨린 자국이 있다.

주목할 만한 것은 사각형 모양의 평평한 형태를 가진 암키와이다. 기와 외면에 4~5개의 돌출된 선이 있고, 상단에는 2개의 구멍이 있다. 외면의 홈은 배수뿐만 아니라 결합을 위한 기능도 한다. 이 암키와의 길이는 25~26cm, 너비는 14cm이며, 두께는 0.4~0.5cm이다. 이 평면 기와는 고동색, 연홍색, 흰색 등의 색상으로 만들어지며, 재료로는 모래가 섞인 점토를 사용한다. 이 기와는 낮은 소성 온도로 만들어졌기 때문에 쉽게 깨질 수 있는 소재이다. 이러한 기와는 인도에서 기원한 것으로, 1~3세기에 제작된 것으로 추정된다 (Hirano, 2005.2009; Nguyễn Thị Hà, 2012.90~93 참조)(그림 23:1).

두번째 기와는 직사각형의 평면 모양을 가지고 있다. 이 유형의 기와는 첫 번째 유형보다 적게 등장하며 크기도 작다. 평균 길이는 19~20cm, 너비는 14~14.5cm, 두께는 1.2~1.5cm이다. 재료는 소량의 모래가 섞인 고운 점토로 만들어졌다. 상단에는 천공 2개가 만들어져 있어 못을 고정하거나 지붕 구조물에 묶을 수

**그림 24** 린선박 출토 불상

사진: 고고학연구원

있다. 벽돌 표면에는 물이 흐르도록 4개의 홈이 조각되어 있으며 그 중 하나는 벽돌 가장자리를 따라 세로 홈이 있다. 나머지 세 개의 홈은 꼬리 부분 위에 위치한다. 이 유형의 기와의 기본적인 차이점은 세 개의 홈이 중심이 아니라 상단부에 있다는 점이다. 길이는 6~9cm이며 매우 깔끔하게 잘려 있다. 또 다른 차이점은 기와의 하부에 제작과 관련된 흔적이 많이 남아 있다는 것이다. 이 유형의 기와는 현지에서 제작되었으며, 인도에서 유래한 기와 스타일의 영향을 받았으며, 5~6세기 경에 만들어졌다(Hirano, 2005.2009; Nguyễn Thị Hà, 2012.90-93)(그림 23:2).

세 번째는 수키와로 암키와에 비해 수량은 적고 대부분 편으로 확인된다. 비교적 고운 점토로 만들어 졌으며, 소량의 모래가 혼입되었다. 낮은 소성 온도로 제작하며 회색에서 흑색을 띠고 있다. 기와 윗면은 매 끄럽게 다듬어졌고, 아랫면은 매끈한 천을 사용하여 만들어졌으며, 각 가장자리는 몸통보다 얇게 처리되 었다. 양쪽 가장자리에는 와도흔이 확인된다. 즉, 와도흔이 두께의 약 2/3을 차지하고 뜯어지는 자국이 나 머지 약 1/3을 차지한다. 기와의 두께는 중앙에서부터 양측 가장자리로 점점 얇아지며, 일반적으로 두께가 1~2cm이다. 기와 윗면은 매끄럽게 다듬어졌고, 아랫면은 제작시 와통의 천 자국이 있다. 이 유물 그룹은 두 번째 기와 그룹과 같은 부류에 속하며, 중국에서 유래한 것으로 1~3세기 경에 만들어졌을 것으로 추정된다 (만구인, Manguin).

### 1.2.3.3. 석재유물

린선박 유적에서 발견된 석재유물 중 부처상과 산스크리트어와 고대 캄보디아어로 새겨진 비석은 아 주 중요하다. 이들은 바테산 지역에서 처음으로 발견된 매우 특별한 유물이다.

부처상 부조품은 완형으로 화강암으로 제작되었다. 높이 92cm, 폭은 65cm에서 74cm, 두께는 28cm 이다. 부처상은 앉아서 명상하는 자세로 양각되었다. 가슴 앞에 양손을 모아 놓았으며, 깊고 넓은 눈이 있으 며 아래쪽에는 세 글자의 산스크리트어가 새겨져 있다(그림 24).

고운 청회색 사암제 비석은 여러 조각으로 깨어져 있으며, 높이는 64cm이고 폭은 26~32cm, 두께는 8cm이다. 이 비석은 연꽃의 꽃잎 모양으로 제작되었으며, 양면에 글자가 새겨져 있다. 이 비식의 특징은 앞 면에는 산스크리트 문자가 새겨져 있으며, 뒷면에는 고대 캄보디아 문자가 비석의 세로줄을 따라 두 개의 열 로 나뉘어 새겨져 있다. 두 면의 꼭대기에는 크고 둥글고 풍성한 연꽃 꽃잎이 새겨져 있다. 알로 그리피스에 따르면, 이 비석의 내용은 7세기 초, 자야바르만 왕이 수도원 건설을 위해 자금을 기부하도록 규정한 사실을 다루고 있다(그림 25).

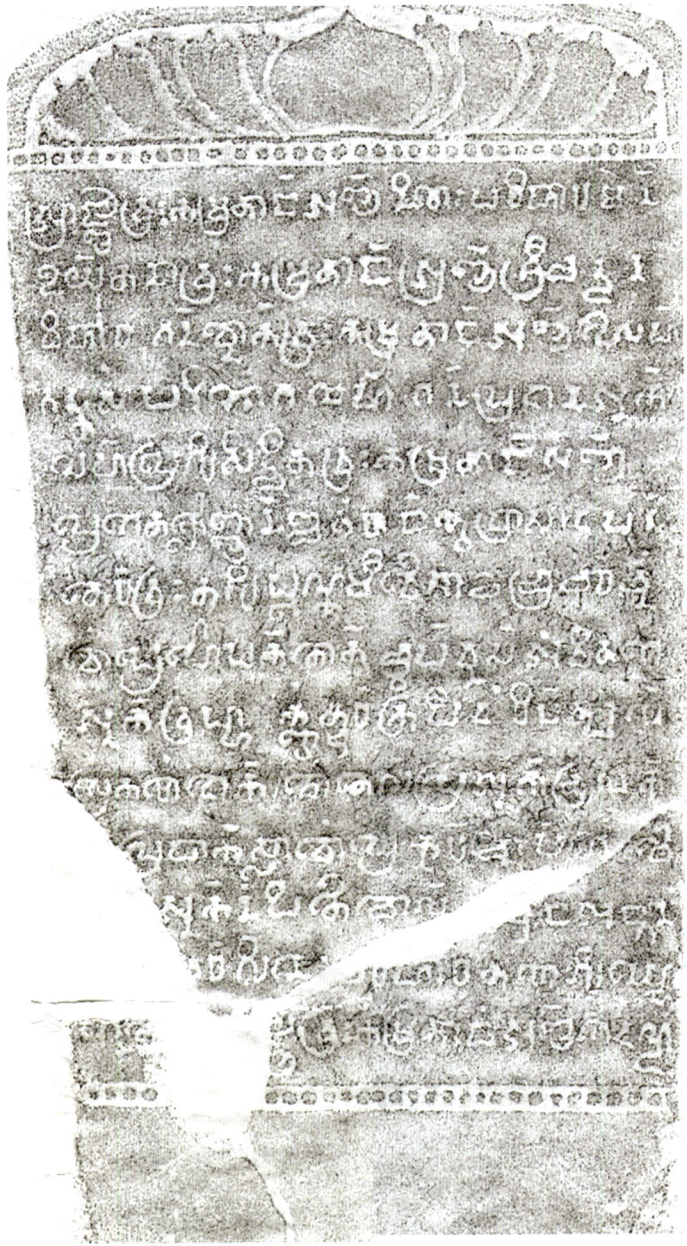

**그림 25** 린선박 유적 고대 산스크리트어가 새겨진 석비

사진: 고고학연구원

### 1.2.3.4. 보석류

린선박 유적에서는 도기, 건축 재료뿐만 아니라, HĐ04로 명명된 수혈에서 938점의 유리 구슬이 출토되었다. 이들은 모두 원형으로 적색, 적색줄무늬, 청색, 남색, 황색, 흑색, 주황색, 보라색, 갈색 등 다양한 색상이 있으며 크기는 6mm 이하이다.


### 1.2.4. 평가 및 분석

### 1.2.4.1. 특성

벽돌로 지어진 다양한 종류의 건축물, 특히 문자 자료가 발견되어 린선박 유적의 성격이 종교와 관련 있는 것으로 확인되었다. 이 유적은 사원과 부속 시설 등 다양한 유형의 건축물을 포함하며, 그 중 가장 일반적인 것은 사각형 모형으로 건설된 건축 유적이다. 이 건축물은 다양한 시기에 건축되었으며, 건축 공간, 지형, 건축 자재, 건축 기술 모두에서 공통점이 발견된다. 유구는 겹쳐져 있거나 후대 건물지로 인해 유실되고, 재건축되기도 하였다. 유구는 주로 벽돌과 석재로 구성되며, 기초부에 주로 석재가 사용되고, 건물지의 벽은 벽돌로 구성된다.

조사 자료는 린선박 유적이 바테산 동쪽 기슭에 위치한 옥에오 고대 도시의 중요한 종교 건축물을 건설하기 위해 선택된 신성한 땅일 수 있다는 것을 입증하는 데 기여했다. 또한 인도 문화의 영향을 많이 받은 종교 건축물들이 여기에서 발견된 인도 양식의 기와, 돌기둥 및 제단의 흔적으로 확인되었다.


### 연대

유적에서 조사된 26기의 유구들은 퇴적층에 따른 유물의 위치와 각각의 문화층에 따라 그 시기를 파악할 수 있게 되었다. 유적의 존속시기는 1세기부터 12세기까지 약 10세기 이상 걸쳐 지속된 것으로 파악된다. 이에 따라 린선박 유적의 연대는 다음과 같이 확인될 수 있다.

1단계는 1세기에서 3세기의 시대에 해당하며, 옥에오 초기 단계에 속한다. 이 단계에서 대표적인 것은 KT23의 건축 유적으로, 이는 가장 깊은 문화층(3문화층)에 위치하고 있으며, 1세기에서 3세기의 인도 문화에 영향을 받은 평면 기와가 사용되었다. 특히 이 문화층에 속하는 KT23의 건축 유적에서 북쪽으로 약 6m 떨어진 곳에서 위에 언급한 독특한 부처상 조각이 발견되었다.

2단계는 4~7세기로 옥에오 전성기에 속하며, KT17, KT02, KT06의 유적 및 TB03, TB08의 성벽등이 2문화층에서 발견되었다. 이것들은 옥에오 문화의 4~6세기 구간에 속하는 벽돌, 기와, 도자기 등의 유물 유형을 포함한다.

3단계는 7~12세기에 해당하며, 옥에오 후기 시기에 속한다. 이 단계에서는 KT16, KT18, KT05A, KT07A, KT10-11, KT26A, KT27A, KT33, KT36, KT05B, KT07B, KT09, KT12, KT26B, KT27B, KT28과 같은 건축물이 대표적이다.

린선박 유적의 유구는 건축 건설, 건설 자재 사용, 기초부 처리 기술 측면에서 고유한 특징을 가지고 있다. 특히 남쪽 지역에서 확인된 1문화층의 건물지군과 2문화층의 건물지군은 지형, 건축 배치, 건축 기술, 건축 자재, 건설 및 보수 시기 측면에서 공통점이 있다. 이 두 건물지군은 린선남 유적의 건물지군과 유사하다.

### 1.3. 꺼사우투언 유적

꺼사우투언 유적은 바테산에서 옥에오 평지로 내려가는 지형에 위치하며 동서 방향으로 약 126m에 걸쳐 있다. 서쪽에는 린선 사원이 위치하고 있으며 동쪽으로 약 200m 떨어진 곳에 있다. 남쪽으로는 꺼뜨쩜 주거유적에서 약 100m 떨어져 있다. 린선사원과 반대 방향에 위치해 있다.

꺼사우투언 유적은 남부지역 사회과학연구소가 2001년에 10개의 피트를 두고(H1부터 H10까지) 약 3,508m² 면적을 발굴하였다. 발굴 작업의 목적은 유적의 분포, 특성 및 연대를 밝히고, 동쪽 지역과 린선 사원의 중심 지역의 관계를 확인하여 유적의 발전 단계, 규모, 분포 공간 등을 이해하고, 옥에오 고대 주민들의 문화 생활과 종교에 대한 연구를 위한 것이었다(그림 26).

발굴 결과 건축 기초의 전체적인 흔적이 드러나며, 이는 대규모 건축물 집합체임을 보여주었다. 이것이 옥에오-바테 지역에서 가장 중요한 종교 중심지였던 린선 사원 근처 바테산 기슭에 위치한 건축물군과 밀접한 관계가 있었음을 보여준다. 꺼사우투언의 건축물들은 주로 출입문과 제의 관련 도로로, 현재 린선 사원 아래에 위치한 중앙 신전과 직접 관련된 것으로 확인되었다. 이러한 건축물들은 다양한 단계를 거쳐 건설되었으며, 규모, 구조, 재료, 건축 기술의 변화를 통해 인식된다(그림 26~28). 발굴 결과 꺼사우투언 유적에 대한 새로운 인식을 제공하였으며, 바테산 지역 전체의 유적 특성을 파악하는 데에도 기여하였다.

#### 1.3.1. 층위

꺼사우투언 유적의 조사 초반에는 위치를 파악하는 작업에 혼란이 있었지만 전반적으로 지형 특성이 일관성 있었다. 산기슭의 경사 때문에 지역별로 차이가 있었다. 전반적으로 꺼사우투언 유적은 주거유적과 종교 건축 유적의 두 가지 특성을 가지고 있다. 구체적인 양상은 다음과 같다.

a) 2~6세기까지 거슬러 올라가는 주거 문화의 종류

이 문화층은 기반토 위에 형성되었으며, 인위적으로 형성된 층과 자연적으로 퇴적된 층이 번갈아 나타나며, 유구와 유물은 소량 확인된다. 이 문화층은 H5와 H6의 발굴 피트에서 확인한 결과 약 1~1.5m의 두께를 가지고 있으며, 여러개의 층으로 구성되어 있다. 가장 늦은 층은 서로 교차하는 암갈색, 밝은 회색, 회색 등 다양한 색상의 자연퇴적층으로 구성되어 있으며, 두께는 약 50~70cm이다. 이러한 퇴적층들은 쉽게 구분할 수 있으며, 수혈과 주혈이 확인된다. 이곳에서는 옥에오 도기편 몇 점이 출토되었지만(4~7세기), 건축 자재의 흔적은 발견되지 않았다. 이어서 입자가 고운 흑색층이 확인된다. 이 층은 다량의 목탄이 혼입되어 있으며, 습기가 많고 두께 6~14cm의 얇은 유기물층으로 덮여 있다. 표면에는 볼록한 흔적, 내부퇴적토가 흑색을 띠는 수혈, 수혈이 다수 확인되며 내부에는 약간의 도기편이 포함되어 있다. 이 층은 홍수 기간에 형성된 것으로 오랜 기간 동안 쌓인 유기물층에 의해 흑색 점토층이 형성되었다. 아래로 황색 점토층이 확인되는데 두께는 42~56cm이다. 소량의 목탄과 올리브색 점토덩어리가 다량 혼입되었다. 이 층에는 내부 퇴적토가 흑색 토양으로 채어진 수혈이 몇 개 있고 그 안에는 작은 도기편 몇 점이 확인된다.

b) 종교 건축 문화층의 시기는 6세기 말부터 11세기까지이다. 세부적인 시기는 초기 단계(6~7세기), 전환 단계(8~9세기) 및 후기 단계(10~11세기)로 구분된다.

- 6~7세기 건축층: 평균 두께 20~50cm, H3(KT08 건축 기초 지형 처리 시), H4, H8피트 및 H10피트의 우물(KT15)에서 발견되었다. 이것은 갈색과 검은색의 퇴적층으로, 명회색 모래가 많이 섞여 있으며, 토양의 입자는 고르고 굳기는 단단한다. 이 문화층에는 도기편과 깨진 벽돌 및 기와편이 섞여 있다. 동서 방향을 따라 상대적으로 평평하지만 북쪽에서 남쪽으로 완만한 경사를 이룬다. 탐색트렌치를 통해 건물지 아래에서 명흑색 모래층이 확인되었으며 이 층에서 4~6세기 옥에오 도기편이 일부 확인되어 주거유적과 관련있는 것으로 판단되었다.

- 8~11세기 건축층: 8~9세기 이전과 10~11세기의 후기를 포함하며, 이 층은 얇은 모래와 더불어 흑갈색점토층으로 평균 두께 약 20~50cm이다. 일부 올리브색 점토가 혼입된 것으로 확인되나 대체적으로 상부층에 비해 단순한 양상이다. 이 층은 벽돌편, 도기편, 부뚜막, 타일 등이 발굴범위 내에서 고르게 분포한다. 유물들은 H1, H2, H3, H4, H7, H8, H9의 탐색 트렌치에서 확인되며, 동쪽으로 갈수록 조금 적어지는 경향이 있다. 이 문화층은 8~11세기의 발전순서를 나타내는 다양한 유구 및 유물을 포함하고 있다.

**그림 26** 꺼사우투언 유적의 출입구조와 제의관련 도로 전경

사진: 남부지역 사회과학연구원

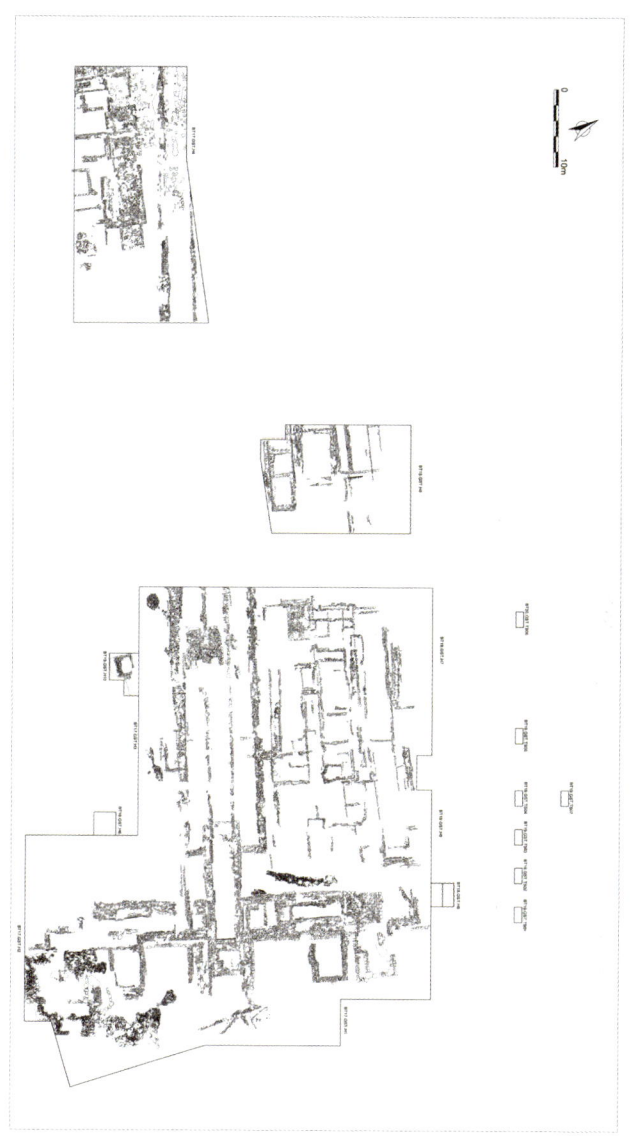

**그림 27** 꺼사우투언 종교 건축 유구의 항공 사진 및 전체 평면도

사진: 남부지역 사회과학연구원

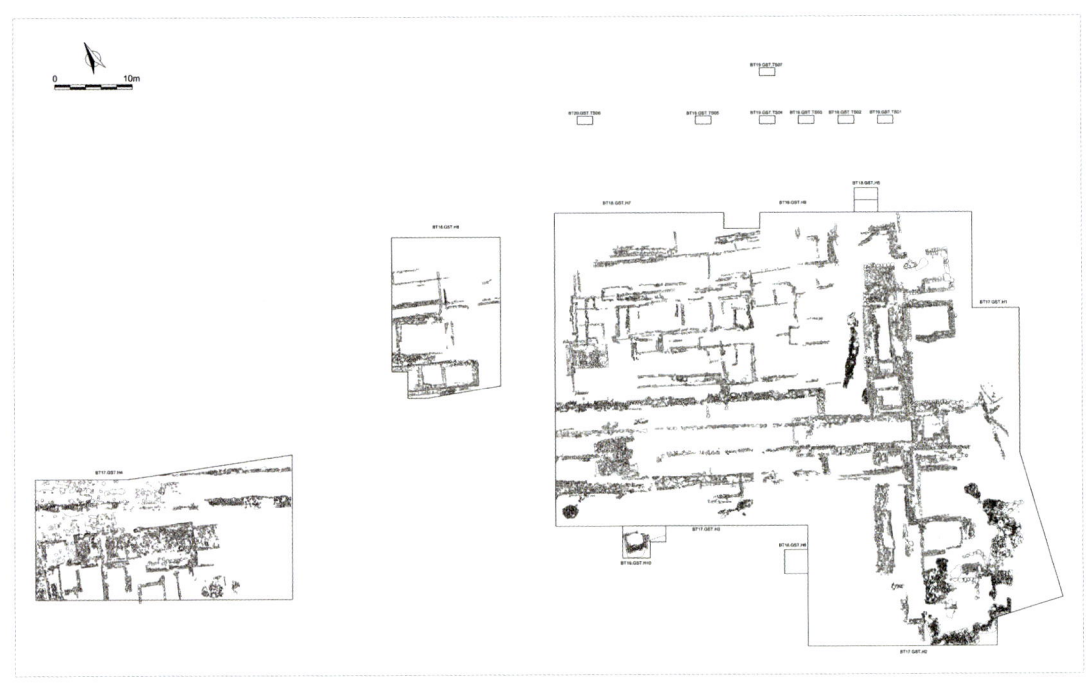

**그림 28** 꺼사우투언 종교 건물지의 양성과 복원도

사진: 남부지역 사회과학연구원

### 1.3.2. 유구

꺼사우투언 유적에서는 주거지를 비롯한 31기의 유구가 확인되었다. 유구의 종류는 문지, 장방형 건물지, 문 구조, 장가(긴집) 구조, 행렬 도로, 담장, 우물, 배수로, 기와집중부, 화장터, 그리고 벽돌길, 돌길, 주혈, 수혈, 도기 집중부 등이다. 유구의 대부분은 문지 및 행렬 도로와 관련이 있으며, 린선 사원으로 연결되는 것으로 확인된다(그림 28). 유구의 연대는 2~7세기와 8~11세기 두 시기로 나눌 수 있다.

### 1.3.2.1. 초기 건물지(6~7세기)

이 시기에 해딩하는 유구는 다음과 같다. II3(BT. 17. GST. H3. KT08)피트의 석축 신전; H4(BT. 17. GST. H4. KT09)피트의 장방형 건물지; H7(BT. 18. GST. H7. KT19)피트의 석재 기단부; H8(BT. 18. GST. H8. KT07)피트의 장방형 건물지 및 H10(BT. 19. GST. H10. KT15) 피트의 방형 우물이다.

각 유구의 기능과 구조는 서로 다르지만, 방향, 재료 및 축조 기술은 유사하며 후기 시기와는 전혀 다른 양상이다. 건축 재료는 주로 모래를 혼합한 벽돌로, 중간 크기이며, 온전한 벽돌과 부서진 벽돌이 섞여 사용된다. 중간 크기의 화강암을 건축물의 기초로 사용한다. 축조 기술은 수준이 높은데, 벽돌은 일정하게 틈이 없이 쌓았으며, 벽은 아래에서 위로 계단식 구조이다. H8 건축물의 측면은 장식을 위해 모서리가 꺾여 있으며, 건물지 내부는 두 개의 칸으로 분할되었다.

KT08 건물지는 동-서 방향으로 길이 4.74m, 폭 4.67m, 면적 22.13m$^2$이다. 동쪽으로 21.5° 기울어진 노천 사원이다(그림 29). 이 건축물은 방형으로 석재로 축조되었으며, 세 곳의 연결부가 있다. 중앙에는 벽돌로 만든 기둥 구조물이 있다. 바깥쪽의 석축 구조물은 옥에오 시기의 사질점토층 위에 U자 모양으로 쌓여 있다. 동쪽 면은 뚫려 있으며, 기반토에 바로 석재를 깔았으며, 옥에오 시대의 생활용기가 확인된다. 북쪽과 남쪽의 벽 가장자리에는 주혈이 확인되는데 초기의 건물지는 가벼운 재료를 활용하여 축조되었음을 보여준다. 두 번째 공간은 외벽을 기준으로 동서 길이 3.95m, 남북 너비 2.8~2.97m, 서쪽 높이 83cm, 동쪽 높이 54cm로 전체가 석재로 축조되었다. 3번째 공간은 벽돌 기둥을 둘러싼 방형 구조를 가지며 두 번째 공간에서 약 29cm 떨어져 있다. 두 번째 공간과 세 번째 공간 사이의 간격은 작은 석재로 채워져 있다. 벽돌 기둥은 넓이가 49.9cm인 방형으로 벽 부분은 11단의 벽돌 구조물로 확인된다. 각 층은 4개의 벽돌로 이루어져 있다. 이로 인해 벽돌 기둥은 만 자의 모양을 이루며, 비어 있었던 중앙 공간은 모래로 채워졌다. 이 부분에서 소형 금 조각과 장방형 금 조각이 발견되었다. 이는 건물지 축조시 종교와 믿음을 상징하는 유물이다.

KT19 건물지는 KT08 건물지의 북쪽에 위치하며, 바닥면의 형태는 장방형이다. 장축방향은 동서 방향으로 동쪽으로 23° 기울어져 있다. 밝은 흑색사질토 위에 화강암으로 축조되었다. 이 건물은 남쪽에 위치한 대형과 소형의 장방형 건물지로 이루어져 있으며, 대형 건물지는 길이 5.298m, 너비 3.458m이다. 소형 건물지는 길이 3.165m, 너비 1.973m이다. 상부의 벽돌 구조물이 남아 있는 것으로 추정되며, 후기 단계에서 이 건물지 축조를 위해 일부 하부 문화층의 유구를 훼손한 것으로 추정된다. 건물지의 기능은 알 수 없다.

KT07는 장방형 건물지로, 동서 길이 11.038m, 남북 폭 3.174m 규모이다(그림 30). 기초부는 화강암을 활용하였으며, 벽은 벽돌로 축조하였다. 4단의 벽돌층이 확인되며, 최상부는 2단의 벽돌이 격자 모양으로 내경하여 쌓여 있다. 벽돌 벽에는 건축 내부 벽의 위치를 표시하기 위해 두 개의 작은 각이 형성되었다. 외벽은 1겹의 벽돌로 축조되었으며, 내부는 벽돌 파편과 모래가 퇴적되었다, 건물지 내부는 모래로 가득 채워져 있다. 건물지 내부의 두 기의 내벽은 벽돌 파편 또는 소형 벽돌로 축조되었다.

H4(BT. 17. GST. H4. KT09) 피트에 위치한 장방형 건물지의 장축은 동서방향으로 동쪽이 남쪽으로 21.5° 기울어져 있다. 건물지의 바닥은 장방형이며, 길이는 15.364m 폭은 4.245m이다. 기단부의 잔존높이는 83cm로, 동쪽 면에는 길이 3.171m, 폭 3.083m의 분리된 공간이 확인되며, 총 면적은 78.68m$^2$이다(그림 31). 동, 서, 북쪽면의 유구는 훼손이 많이 진행되지 않았으나, 남쪽 면은 상당히 훼손되었다. 서남쪽 모서리는 일부만 잔존한다. 벽돌벽은 안쪽으로 기울어져 있으며, 상부로 올라갈수록 너비가 좁아진다. 매 단마다 벽돌을 약간씩 안쪽으로 들여 쌓았다. 건축물 내부에는 깨진 벽돌과 모래가 섞인 바닥이 있다. 탐색 트렌치의 조사 결과 건물지의 벽은 바깥쪽에만 한 층이 있고, 안쪽에는 깨진 벽돌 바닥으로 구성된 3개 층이 있다. 각 층 사이에는 거친 모래가 섞인 퇴적층이 있다. 건물지의 북쪽 가장자리와 서쪽 끝 부분에서의 발굴조사 결과 건물지 주변을 둘러싸고 있는 두 개의 원통모양의 석재기둥이 발견되었다. 이 석재기둥들은 본체를 둘러싼 원형 모양의 장식으로 장식되어 있다. 건물지는 전체적으로 암반위에 축조되었으며, 석재를 고정하지 않고 모래층 위에 얹은 것이다. 벽돌층은 서로 겹치지 않으며, 세로 방향으로 한 개의 벽돌과 가로 방향으로 한 개의 벽돌이 번갈아 가며 배치하며 축조하였다. 벽돌이 사용된 부분은 동일한 방법으로 축조되었다.

H10(BT. 19. GST. H10. KT15)의 우물은 거의 방형으로 장축은 동서 방향이며, 동쪽이 남쪽으로 13도 기울어진 옆으로 치우쳐 있다. 깊이는 71.5-106.2cm이다(그림 33). 유구의 현재 상태는 동쪽, 서쪽 및 북쪽 가장자리의 하층이 대부분 파괴되었고 상층은 잘 남아 있다. 우물 내부는 벽돌편이 섞여 있다. 잔존 규모는 동서 길이 2.71m, 남북 너비 2.6m, 깊이는 97cm이며, 면적은 7.046m²이다. 우물의 단면은 깔대기 모양이며, 기반암층까지 굴착되었다. 네 면은 석재와 벽돌로 축조하였으며, 석재는 우물 벽의 기초부를 보강하는 데 사용되었다. 내부에는 두 계단이 있으며, 윗 계단은 위로 갈수록 줄어들고, 아랫 계단은 윗층 벽돌에서 18cm 아래에 위치하여 사다리꼴 모양을 이룬다. 두 번째 층 벽은 화강암 바닥돌 위에 직선으로 세워져 있으며, 동쪽 면에는 올라가고 내려가는 계단이 있다.

**그림 29** 꺼사우투 유적, BT. 17. GST. H3. KT08 건물지

사진: 응우엔니웃프엉

**그림 31** 꺼사우투언 유적, BT. 17. GST. H4. KT09 건물지

사진: 응우엔칸쭝기엔

**그림 30** 꺼사우투언 유적 BT. 18. GST. H8. KT07 건물지

사진: 응우엔칸쭝기엔

**그림 32** 꺼사우투언 유적 건물지 숭앙 벽놀 기눙 출노 금박

사진: 응우엔칸쭝기엔

**그림 33**　꺼사우투언 유적, 벽돌 평면 방형의 우물

사진: 응우옌니웃프엉

H3(KT08)과 H4(KT09)에 위치한 석재 제단과 장방형 건물지는 동일한 축에 위치하며, 동일한 시기에 축조되었다. 동쪽에 위치한 개별 건물지들과 함께 통로나 경로가 없는 문지의 가능성이 있다. 또한, 제단의 남쪽에서 수원을 발견한 것은 매우 흥미로운 점이다. 이것은 서로 다른 공간과 기능을 가진 건물지가 집중된 지역에서 종교적 의식을 위한 순수한 물의 공급원으로 사용된다. 따라서 꺼사우투언의 건물지들이 공유하는 공간에서 드러난 건물지의 흔적은 이 시기에 인도 문화의 영향을 받은 종교적 건축양식에 따라 엄격하게 계획된 건물지 집합체가 형성되었을 가능성을 보여준다. 이는 분명 린선 지역의 핵심 지역에 위치한 몇 개의 독립적인 건축물 중 일부이며, 바테산 기슭의 대규모 종교 중심지의 전체 구성 요소 중 하나이다.

### 1.3.2.2. 과도기 건축(8~9세기)

이 시기에는 린선 사원의 문지와 주요 건물지로 이어지는 도로가 포함된 복합적인 문지가 형성되기 시작했다. 지역적으로는 동쪽 방향으로 거리를 두고 배치되었으며, 문지, 담장, 도로 등으로 구성되어 있다. 그 중에서도 가장 중요한 것은 8세기에 축조된 문지와 의례용 도로이다. 이 건물지들은 이후의 시기에 계속 발전하였다.

이 시기의 건축 기술은 이전 시기에서 이어지며, 석재 기초부를 바탕으로 벽돌을 쌓는 방식, 벽돌을 세로, 가로, 밀착시켜 쌓는 방식 등이 사용되었다. 일부 위치에서는 초기 시기 건축물의 장식적인 벽돌을 재활용하여 새로운 건축물을 건설하였다.

첫 번째 입구는 장방형으로 양쪽에는 바테산 기슭으로 이어지는 직선 벽이 있다. 이는 초기 행렬 길의 형태이다(그림 34).

문지(BT. 17. GST. H1. KT01)는 장방형의 바닥면을 가지고 있으며, 6~7세기 양식의 장방형 건물지 형태로, 동서 방향으로 건축되었으며, 상층은 동쪽으로 31° 미만, 하층은 27° 미만으로 기울어져 있다. 잔존규모는 길이 22.519m, 폭 4.592m, 높이는 1.125m, 면적 103.407m²이다. 이 건물지는 두 시기에 걸쳐 축조되었다. 처음 건축 시 규모는 길이 17.4m, 폭 5.01m이다. 2단의 석재 기단은 높이가 37cm이며, 비교적 직선적인 벽면을 형성하였다. 상층에는 약 37cm 높이의 벽돌 벽이 축소되어 있으며, 완형 벽돌과 깨진 벽돌을 섞어 가로세로로 쌓았다. 서쪽면은 파괴되어 석재 기단석만 잔존하며, 북쪽과 남쪽면은 내외면으로 구성된 이중 벽돌 벽으로 축조된 것으로 확인되었다. 석재 기단부 안쪽에는 토양이 채워져 있다. 내부와 외부 벽돌 벽 사이의 간격은 47.5cm로, 깨진 벽돌이 번갈아 가며 가로세로로 쌓여 있다. 외부 벽은 거의 완벽하게 축조되어 있으며, 온전한 벽돌이 사용되어 직선적인 모습을 보이다. 이 건축물은 린선 사원 지역의 대형 사원으로 이어지는 출입구의 역할을 한다.

그림 34 꺼사우투언 유적, 문지와 의례용 도로

사진: 응우옌칸쭝기엔

이 시기에는 바테산의 기슭을 따라 동서축으로 뻗은 두 기의 낮은 벽체구조물이 포함된다. 두 기의 벽체구조물은 중앙의 문지와 대칭으로 축조되어 있으며, 문지의 서쪽에 위치한 큰 도로로 이어져 있다. 도로는 8.24m 폭으로, 바테산의 측면으로 이어지는 도로일 수 있다. 이 벽체구조물의 총 길이는 119.5m이며, 두 가지 다른 단계에서 건설되고 사용되었다. 첫 번째 단계는 남쪽 담장의 동쪽 끝에서 명확하게 확인된다. 길이 15.18m, 폭 70.2cm, 나머지는 4단의 벽돌로 이루어져 있다. 후축된 두 번째 단계에서 벽체구조물은 여전히 사용되었지만, 이전 단계보다 넓게 축조되었다. 남쪽 벽체구조물의 일부는 원형을 유지하고 있으며, 이 단계의 벽체구조물은 폭 1.63m, 높이 40~50cm 정도이다. 북쪽 벽체구조물은 많이 유실되어 H3 구덩이에 위치한 길이 34.28m, 폭 1.09m 정도만 남아 있다. 북쪽의 건물지군에서는 8세기 경에 축조된 배수로가 일부 확인된다.

전반적으로 꺼사우투언 유적은 6~7세기 경에 처음으로 종교 건물지가 축조되었으며, 대규모 종교 건물지가 계획적으로 자리를 잡았다. 중심지는 린선사원 지역이다. 동쪽에는 문지가 축조되었고, 서쪽에는 8세기 종교적 활동과 관련된 도로가 있다.

9세기경 문지는 형태의 변화, 규모와 구조의 확장이 계속되었지만 이전 단계와 구조적으로 연속성을 가진다. 동쪽의 문지는 재사용되었으며 북쪽과 남쪽으로 확장되어 서로 대칭적인 두 건물지가 들어섰으며, 각 끝에는 동쪽으로 돌출된 작은 직사각형 구조물이 추가로 축조되었다.

이 단계의 전체 문지는 동쪽으로 향하는 세 부분으로 구성되어 있으며, 중앙 건물지와 대칭적으로 배치되어 있으며, 화강암제 석재로 기초부를 둔 벽체구조물을 통해 서로 연결되어 있다. 이 "삼중" 대문의 건축양식은 북쪽과 남쪽에 있는 성벽과 연결되어 바테산 기슭 내부의 폐쇄적인 지역을 형성하여 독립적인 종교 건축물군을 형성할 수 있다.

남쪽 건물지는 BT. 17. GST. H2. KT15로, 길이 7.284m, 폭 3.79m, 높이 20~56cm 규모이다. 유구는 현재 장방형 석재로 이루어진 일부 구간이 끊어져 있다. 서쪽의 벽 구간 중 하나는 석재 기초와 벽돌 벽으로 남쪽으로 각을 이루어 뻗어 나가며, 이것은 북쪽 건축물과 유사하다.

BT. 17. GST. H1. KT14는 북쪽 건물지이며 길이 6.4m, 폭 5.6m, 높이 30cm 규모로 지형에 따라 기울어지는 양상이다. 건물지는 석축 모퉁이를 따라 석재기초로 이루어진 벽면이 있다. 외부는 벽돌이 둘러져 있으며, 안쪽은 흙으로 쌓여 있다. 동쪽면은 내형 화강암과 사암으로 만든 3개의 석재로 만든 문간식이 확인된다. 이는 다른 건물지의 문턱으로 재활용되었다. 북쪽 벽면도 석재와 벽돌을 함께 사용하였는데, 특히 대형 화강암을 평평하게 다듬어 바닥돌로 사용하였다. 이 벽면은 서쪽으로 세 번 꺾이는데 동서 방향으로 물이 흐르는 배수로와 인접해 있다. 이는 린선남의 배수로와 유사한다. 꺼사우투언 유적에서 가장 이른 배수로는 BT. 17. GST. H4. CN16로, 8~9세기에 축조된 것으로 추정된다.

또한 KT14 건물지 내부에서는 화장터(BT. 17. GST. H1. LT21)도 확인되었다. 이 유적은 흙벽으로 이루어져 있으며, 거의 타원형에 가까운 형태를 띠고 있다. 벽의 두께는 약 3.9cm이다. 동쪽 끝 부분에는 흙벽이 없이, 길이 1.76m, 너비 1.05m의 수혈과 연결되어 있다. 화장터의 바닥은 벽과 분리되어 있는 소토층으로 이루어져 있다. 이 곳의 구조와 목탄 흔적으로부터, 조사자들은 이 유구가 대략 8세기 경에 남겨진 화장터일 가능성이 있다고 판단한다.

### 1.3.2.3. 후기 건축(10~11세기)
꺼사우투언 유적에서는 10~11세기의 후기 옥에오 문화 시기에 속하는 늦은 연대의 건물지도 확인되었다. 이 시기에는 9세기와 유사한 건축 양식이 유지되었으며, 주로 경계벽을 축소하고 복원하며, 새로운 도로를 설치하고 북쪽 문지 주변에 몇몇 새로운 건물지를 축조했다. 특히 이 시기에는 이전 시기와 같이 3기의 건물지로 이루어진 문지가 다시 축조되었지만, KT14와 KT15 건물지를 폐기하고 문지 규모를 축소했다. 동쪽 문지의 건물지들은 지붕으로 덮여져 있으며, 나무 구조물일 가능성이 있다. 동시에, H3, H7, H8 및 H9 구역에 위치하는 다른 건물지들도 북쪽으로 확장되었다. 이 유적에서는 항아리, 부뚜막, 도자기 냄비, 백자 함 등 다양한 종류의 도자기가 발견되었다. 중국의 도자기와 특히 송 시대의 백자 함도 발견되었다. 이러한 증거들은 종교적 의식에서 사용되는 향을 보관하는 데 사용되는 도구들일 가능성이 있다. 이를 통해, 늦은 시기의 건축물들의 종교적 기능을 더욱 분명히 확인할 수 있게 되었다.

11세기 말에는, 이전에 형성된 건축물을 기반으로 하여 더 많은 건물지가 계속해서 개축되었다. 이러한 원인으로는 정치, 경제적인 능력이 약화되어 새로 건축할 수 없는 상황에서 예전 건축물을 재활용하여 옥에오-바테 지역의 주민들을 위한 종교 활동에 활용할 수밖에 없었던 것을 들 수 있다. 12세기 이후 이 지역은 버려졌으며, 건축물들은 파손되어 붕괴되었고, 산의 경사로부터 모래가 쌓여서 19세기에 베트남 주민들이 이 지역에 이주할 때까지 매몰되었다.

### 1.3.3. 유물
꺼사우투언 유적에서는 358,960점의 유물이 발견되었다. 유물의 종류는 도기편(107,873점), 석제유물편(14,209점), 자기편(2,544점), 구슬 모양 토제품(808점) 및 233,526점의 기와편이 포함된다. 이 외에도 415점의 특별한 유물이 유물대장에 포함되어 있다. 이것은 생산 및 생활 용품, 건축 자재, 보석류, 종교적 유물 및 사이즈가 작은 유리 구슬 154점을 포함한다.

### 1.3.3.1. 토도류

꺼사우투언 유적에서 발견된 토도류 유물은 다양한 종류와 연대를 가진 옥에오 도기와 외래계 유물을 포함하여 총 124,626점으로 매우 많다.

#### a) 옥에오 도기

옥에오 도기는 107,873점으로 두 종류로 분류되는데 원시 도기와 매끈한 도기가 있다. 그 중 원시 도자기는 71,803점으로, 주요 유물은 부뚜막, 냄비, 항아리 등이며 대부분의 생활 용품은 모래가 섞인 적갈색 도기 또는 식물유체가 섞인 명흑색 도기로 만들어졌다. 장식은 대부분 오선문, 평행문, 파상문, 연속된 원문으로 구성된다.

매끈한 도자기는 36,070점으로 고운점토로 제작되었으며, 일부는 미세 사립이 혼입되었지만 수량이 많지 않다. 색상은 연한 분홍색, 주황색 또는 상아색이 일반적이다. 이들은 주로 양동병과 캔디 병 또는 작은 원형 모양의 병과 같은 용기로 구성된다. 문양은 오선문, 평행문, 파상문, 거치문, 원문으로 이루어져 있다. 이러한 옥에오 도기는 2~7세기 경에 제작되었다.

#### b) 외래계유물

여기서 발견된 외국 도자기는 다양하고 풍부하며, 청자와 석제 그릇으로 구성된다. 석제 그릇 14,209점과 모양이 비교적 선명한 18점의 유물이 있다. 상당수는 갈색 또는 연한 청록색의 유약을 바른 것과 유약을 바르지 않은 것으로 구분된다. 대부분이 캄보디아 도자기로 달걀 모양의 항아리, 원통형의 병, 뚜껑이 달린 상자, 뾰족한 탑 모양의 손잡이가 달린 뚜껑이 있는 상자 등이 포함되며, 연대는 10~11세기 경이다.

도자기는 2,544점이 있으며 대부분 중국에서 유래된 백자와 청색의 도자기이다. 그 중에서 11세기 북송시대의 구슬 모양 뚜껑이 달린 구형 상자편 30점이 주목할 만하다. 부이민찌의 연구에 따르면, 이것들은 하박성의 딘, 힌의 도자기 가마, 그리고 푹끼엔성의 득화의 도자기 가마에서 생산된 제품이다. 또한 유적에서는 서아시아에서 유래된 이슬람게 청록색의 도자기 한점이 발견되었으며 연대는 8~9세기이다.[6]

### 1.3.3.2. 건축 재료

꺼사우투언 유적의 건축 자재는 벽돌, 기와, 석재이다. 그 중에서도 벽돌은 가장 많이 존재하며, 47,708점의 유물 대부분이 깨져서 두 조각으로 나뉘어 있다. 또한 장식 용 벽돌 22점이 발견되었다. 장식용 벽돌은

---

6    2020년 안장에서 예비 조사 과정에서 유물을 검토할 때 베트남의 고고학 전문가인 부이민찌 박사의 현장 의견 교환 및 평가였다. 부이민찌(Bùi Minh Tri) 2021: 탕롱(Thăng Long) 황궁, 베트남의 고대 경성에서 송시대–중국, 하노이 사회 과학 출판사, 12~69페이지 참조

모서리가 둥근 모양이거나, 꽃, 잎사귀, 동물 모양 등의 문양이 새겨져 있다. 이러한 벽돌들은 초축 단계에서 사용되었으며, 더 늦은 시기의 건물에서 재활용되었다.

기와는 233,526점이다. 기와는 문지 구역의 동쪽 지역에 집중되어 있으며, 대부분 암키와와 수키와이다. 위에 뾰족한 꼭대기가 있는 원통형으로 지붕 윗면을 덮는 기와와 지붕 밑을 덮는 기와 몇 종류도 발견되었다. 이 유물들은 모두 10~11세기 경에 속한다.

유적에서 발견된 건축재료에는 벽돌, 기와뿐만 아니라 석재도 포함되어 있다. 그 중 대부분은 주민들이 생활시설의 기반조성을 위한 석재이다. 수집된 돌의 크기는 약 5.25m³이며 대부분 화강암으로 이루어져 있다.

### 1.3.3.3. 보석류
보석류는 주로 유리구슬 또는 목걸이이며, 수량은 매우 적다. 유리 구슬 154점과 구형, 마름모 모양으로 석영, 유리, 토제구슬을 사용한 11점의 유물이 발견되었다. 기본 유형은 여전히 인도-태평양 유형의 구슬 목걸이이며, 튜브 풀링(tube pulling) 기술을 사용하여 제작되었다. 여러 색상(빨강, 주황, 노랑, 보라, 초록)이 있지만 단색이다. 또한 두 점의 청동귀걸이도 발견되었는데, 그 중 하나는 깨져 있지만, 다른 하나는 꽃과 잎으로 장식되어 정교하다.

### 1.3.3.4. 생산과 생활용 도구
생활 및 생산용 도구 그룹은 98점의 도기(굽이 달린 잔, 그물, 방추차, 도기, 공, 도가니), 29점의 금속유물 및 23점의 석기로 구성되어 있다. 생활용품의 대표적인 기종은 17점의 절구로 그 중 대부분은 파편이다. 북쪽 지역에서 문지와 연결된 도로에서 38점의 작은 굽이 있는 잔이 출토되었다. 모래가 혼입된 점토로 제작된 이 유물은 원통형, 역삼각형, 반구형 등 다양한 형태이다. 각 유물의 공통점은 수작업으로 눌려져 내부에 검은 숯 또는 탄 물질이 부착되어 있으며, 생활 또는 의식에서 사용되었음을 보여준다.

### 1.3.3.5. 악기
동으로 만든 소형 북 1점이 발견되었다. 본체가 매끄럽고, 위에는 끈으로 매달 수 있는 손잡이가 있고, 아래쪽은 열려 있다.

### 1.3.3.6. 종교적 유물

종교적 특성을 띤 유물로는 거북이 상 한 점, 도기로 만든 코끼리 상 한 점, 석재 조각, 석재 요니 제단 밑판 편 2점, 구리로 만든 팔부분의 조각 1점이 있다. 또한, 특히 석재 건물지 KT08 내부에서 발견된 작은 금조각 40점도 있다(**그림 32**). 작은 금조각들은 대개 직사각형 모양이며 불규칙한 모양의 조각도 많이 있다. 이들은 모두 큰 금조각에서 잘라낸 것으로 추정되며, 일부에는 종교적 기호나 상징이 새겨져 있다. 이러한 유형의 유물들은 모두 옥에오 후기의 건축물과 연관되며, 연대는 8~9세기경으로 추정된다.

### 1.3.4. 평가 및 분석
### 1.3.4.1. 특성

유적 내 조사구역의 지층 변화를 통해 꺼사우투언 유적의 문화층이 주거유적 및 종교 건축 유적의 특성을 보이는 점은 2001년 및 2012년 조사 결과와 유사하다.

- 2~7세기: 주거 관련 문화층이 확인된 것이 특징으로, 옥에오 문화 기간의 대표 도기 유물인 켄디, 부뚜막, 뚜껑 등 매끄러운 도기와 조잡한 도기가 확인되었다. 이 시기의 마지막 단계에는 우물(H10), 석재 건물지(H3), 장방형 건물지(H4 및 H8)와 같은 몇몇 건축 유구가 등장하며, 이들은 통합된 단일 집합체가 될 수도 있다. 이 유구들은 다음 시기의 문지 건축의 초기 단계이며, 이 기간 이후 동쪽 지역에 건축을 위해 성토된 층이 등장한다.

- 8~9세기: 문지, 의례용 도로, 담장 및 기타 건축물을 완성하여 문지 주변의 경관과 의례용 도로를 완전히 구축한 시기이다.

- 10~11세기: 일부 건물지가 손상되면서 문지의 규모를 축소하되 삼중구조의 문지를 유지하면서 작고 새로운 건물을 축조하였다. 이는 공간 내 건물을 다시 조정하는 단계로, 주요 특징은 공간을 축소하고 모형을 간소화하는 것이다. 이 과정에서 선행하는 건물지의 재료과 기술을 활용하며, 후행하는 건물지가 선행 건물지 위에 축조되는 현상도 발생했다.

꺼사우투언 유적의 건축 유구는 여러 단계를 거쳐 축조되었다. 이 유적의 가장 공통적인 특징은 문지와 두로이며, 바테산 기슭의 린선사원의 중앙 지역과 연결하는 역할을 한다. 이는 종교 건축물 경관의 새로운 요소이다. 5~7세기 경 옥에오 평지에서 건물지가 개별적으로 위치하였다면, 6~7세기 경 바테산 기슭에서는 명확한 기능을 가지는 종교 건축물군이 계획적으로 형성되었다. 그 중 린선동사원에서 종교 건축의 표준적인 양식에 따라 계획된 건축유구가 축조되었으며, 큰 규모의 종교 중심지로 작용하여 옥에오-바테 지역의 종교적 중심지가 되었다. 옥에오 지역의 단독 건축 유적이 바테산 비탈 로 이동하여 여러 건축물이 표준적으로 계획된 큰 규모의 건축물군을 형성하게된 전환을 나타낸다.

문지는 8세기에 발전되어 9세기에 완성되었으며, 그 후 시기에는 계속해서 보수되거나 규모가 변화하였고 11세기까지 계속 사용되었다. 이 시기 문지의 특징은 나란히 들어선 3기의 건물지로, 북쪽과 남쪽의 두 개의 복도를 통해 연결되어 복잡한 조합체를 형성한다. 동쪽에 위치한 문지는 서쪽으로 이어지는 길로 이어져 바테산 꼭대기 중심지로 이어진다. 문지 건물지 옆에는 수세기 동안 지속적으로 건설된 보조 시설들이 있다. 꺼사우투언 문지는 린선 지역의 유적과 결합하여 힌두교 건축 이론에 따라 형성된 큰 종교 건축 복합체로 기능한다. 따라서 린선유적과 꺼사우투언유적은 옥에오 문화의 종교 양식에 따라 계획된 넓은 공간 내에서 유기적으로 위치한다.

2017~2020년 꺼사우투언 유적의 발굴 결과, 옥에오-바테 종교 중심에 위치하는 린선유적의 특징을 연구하는 데 중요한 자료를 제공하였다. 또한 인도 힌두교 건축 사상이 옥에오 문화 및 지역 전반에 미친 영향을 연구하는 데도 기여했다. 옥에오 주민들은 건축 양식에서 고유한 개성을 표현하는 변화도 있었으며, 이는 이후 건축 발전의 선례를 제공했다.

### 1.3.4.2. 연대
꺼사우투언유적의 문화층에서 보여지듯, 2~7세기경 이곳은 주거 지역이었지만 유구의 밀도는 높지 않았으며, 꺼뜨쩜 유적에서 북쪽으로 약 100m 떨어진 곳에 중심을 둔 주거 지역의 근교일 수 있다. 6세기 말~7세기 초에는 전통적인 주거유적이 종교적인 구조물 건설로 대체되었다. 8세기 이후, 바테산 비탈의 종교 중심지를 위한 문지 건축과 의례용 도로가 형성되었다.

이 두 단계 모두 연속적인 발전, 상호 연결성, 그리고 건축 기술 측면을 계승하는 것으로 확인된다. 따라서 옥에오 후기의 건축 유적은 모두 옥에오 문화 단계에서 유래한 것으로 추론할 수 있다.

### 1.4. 꺼웃짠 유적
이 유적은 린선사원에서 남쪽으로 약 300m 떨어진 곳에 위치한다. 바테산 기슭의 가장 아래에 위치한 계단식 지형에 소재한다. 해발고도는 약 10~10.5m로서 린선남유적과 동일한 고도이다. 유적 범위에서 가장 높은 곳에 3기의 건물지가 남북방향으로 열을 지어 위치한다. 지형은 평평하며 동쪽으로는 완만한 경사지가 이어진다. 이 지역은 옥에오 평지에 진입하기 전 산지 외곽 지역에 한정되어 있다. 북쪽과 남쪽에는 작은 개울이 흐르며, 바테산의 비탈길을 따라 깊은 계곡을 형성하고, 건기에는 물이 없는 도랑들이 위치한다. 발굴조사는 과일 나무가 심어진 농지에서 진행되었다(그림 35).

꺼웃짠 유적은 남부지역 사회과학연구소와 안장박물관의 조사 팀이 2010.9월 바테산 기슭 동쪽 지역을 조사하는 과정에서 발견되었다. 이후 동북쪽 비탈면의 건물지 흔적을 확인하기 위한 발굴조사가 실시되어 2011.640m²의 면적이 발굴되었다. 조사 결과 석재와 벽돌로 축조된 3기의 건물지, 바닥면 일부, 벽돌 담장 및 초기부터 후기까지 연결되는 건물지의 기초 흔적들이 동쪽에서 확인되었다. 건물지의 서쪽 부분은 토지 관리 문제로 아직 발굴되지 않았다.

2019년 꺼웃짠 유적에 대한 연구과제를 수행하기 위한 작업이 계속해서 진행되었다. 그 내용은 유적 외곽과 아직 발굴되지 않은 주변 보조 건축물을 연구하고 인식하기 위한 발굴조사이다. 남부지역 사회과학연구소는 2011년 발굴 지역 서쪽의 BT. 19. GUT. H01 구역의 657m²에 대한 발굴조사를 진행하였다.

### 1.4.1. 층위
꺼웃짠 유적의 문화층은 표토부터 생토층까지 세 층으로 이루어져 있으며, 그 내용은 다음과 같다

- 1층: 산비탈의 자연지형으로, 해발 10.07m의 고도로 주변 지역보다 낮다. 이 층은 약 30~40cm 두께로, 구조물이 방치된 이후 과수가 식재되었다. 이 층은 도기편과 다양한 식물유기체가 포함된 사질토이다. 이 층에서 확인되는 유구는 BT. 19. GUT. TB1 담장 위에 쌓인 벽돌건물지 3기를 포함한다.
- 2층: 두께 약 40cm, 유구가 존재하던 시기에 쌓인 층이다. 이것은 연한 황색 사질토로, 조금 늦은 시기인 8~9세기 옥에오 후기에 속하는 벽돌편과 도기편이 확인된다.
- 3층: 건물지의 기반층으로, 시기는 6~7세기 경이다. 이 층은 동쪽의 TB1 성벽 바로 아래 부분에서 상당히 평평하게 퇴적되었다. 저지대 지형으로 인해 자연적으로 퇴적된 고운 모래가 퇴적되어 있어 지표면이 뚜렷하게 보이지 않는다.
- 문화층 아래로 화강암 풍화토가 확인되며, 유구가 축조되기 전에 퇴적되었으며, 평평하다.

### 1.4.2. 유구
2019년과 2011년 자료를 종합하면, 꺼웃짠 유적에서는 석재와 벽돌로 건설된 5기의 건물지가 확인되었다. 이는 3기의 사원복합체와 담장, 석재 바닥 등의 부속 시설로 구성되어 있다. 꺼웃짠 유적의 특징은 다음과 같다.

#### 1.4.2.1. 사원 건물 복합체
꺼웃짠 유적에서 가장 중요한 발견은 평면 방형의 규모가 비슷한 세 건물지로 조합된 노천 사원이다. 건물지는 남북방향으로 일렬로 배치되어 있으며, BT. 19. GUT. H1. KT1, BT. 19. GUT. H1. KT2, BT. 19.

그림 35  끼읏판 유적 전경

사진: 당응옥낀

그림 36  2019년 베트남 사회과학원 학술원장이자 이 프로젝트의 책임자
인 부이낫꽝 박사와 연구진의 꺼웃짠 유적 방문

사진: 남부지역 사회과학연구원

GUT. KT3으로 명명되었다(그림 37~39).

KT1 건물지는 3기의 건물지 중 북쪽에 위치하며, 주 방향은 동쪽으로 21.5° 기울어졌다. 건물지의 평면은 방형으로, 면적은 52.56m²(남북 7.3m, 동서 7.2m)이다. 동쪽에는 장방형의 입구부가 있으며, 면적은 3.24m²(너비 2.7m×깊이 1.2m)이다. 외부로 돌출되어 전체적으로 모서리가 대칭적인 사각형 모양을 이룬다. 건물지의 벽면은 모두 돌로 축조되었으며, 바닥은 평평한 벽면 위에 벽돌로 마감되었을 가능성이 있다. 하지만 대부분이 파괴되었으며, 서북쪽 모서리에 약간의 흔적만 남아 있다. 남쪽, 북쪽, 서쪽 벽면은 평균적으로 1.3~1.6m의 폭을 가지며, 지면으로부터의 높이는 약 60~70cm이다. 벽은 상당히 보존되어 있으며, 일부 부분에서는 표면의 석재가 유실되었지만, 복원이 가능한 최하단의 석재가 남아 있다. 동쪽 입구부는 장방형 모양으로, 벽면의 바닥과 같은 고도를 가지고 있으며, 동남쪽 모서리는 일부 손상되어 있지만 동북쪽 모서리는 거의 원래 상태를 유지하고 있다. 동쪽에는 건물지를 둘러싸는 석재 바닥이 있다.

KT1 건물의 중앙에는 벽면이 4개인, 벽돌로 지어진 2.8×2.8m(면적 7.84m²)의 정사각형 구조물이 있다. 벽의 두께는 50cm이며, 높이는 85cm이다. 이 구조물은 건축을 위해 자연 지면을 굴착하였다. 벽돌 외부에는 석재를 여러 층 쌓아 벽돌의 외부 면에 밀착시켰다. 발굴조사로 인해 내부 토양은 모두 드러났다. 마지막 벽돌 층을 조사하는 과정에서 금조각 1점이 출토되었으며, 다른 흔적은 찾을 수 없었다.

KT2 건물지는 3기의 건물지 중 중앙에 위치하며, KT1 건물지에서 북쪽으로 1.72m, KT3 건물지에서 남쪽으로 1.6m 떨어져 있다. 이 건물지는 KT1 건물지와 동일한 방향과 방위를 가지고 있으며, 동쪽 기울기가 남쪽으로 21.5°이다. KT1 건물지와 유사한 구조를 가지고 있으며, 잔존 너비는 약 53.3m²(7.3×7.3m), 평면 방형이다. 동쪽에 장방형의 둘출된 입구가 있으며, 면적은 약 8.96m²(2.8×3.2m)이다. 건물지는 원형을 유지하고 있으며, 벽돌 바닥의 흔적이 있다. 벽면의 폭은 불규칙하며, 남쪽, 서쪽, 북쪽에서는 2m, 동쪽에서는 3m 정도이다.

건물지 내부에는 벽돌로 축조된 방형의 중앙 제단 수혈이 위치하며, 면적은 7.42m²(2.75×2.7m)이다. 제단 수혈은 도굴로 인해 훼손되었다. 내부는 벽돌편을 이용하여 견고하게 만들어졌다.

KT2 건물지의 정면 동쪽에는 벽돌 유구인 KT5가 축조되었다. 이 유구는 길이 7.3m, 너비 3.8m이다. 두 번에 걸쳐 꺾여 있다. 남쪽 반대편의 대칭 부분은 유실되었으며, 동쪽 부분은 잔존 규모가 매우 적어 정확한 규모를 결정할 수 없다. KT5의 서쪽면은 TB1의 동쪽 담장 위에 건설되어 있으며, KT1 건물지의 정면과 인접한다. 이 구조물은 하단부는 석재로, 상단부에 벽돌을 사용하여 축조하였으여, 꺼사우투언 유적의 건축 기술과 상당히 유사하다.

그림 37 　꺼웃짠 유적, 신전 건물지 전경
사진: 당응오낀

그림 38 　꺼웃짠 유적, 성벽, 석재제단, 남쪽
건물지 전경
사진: 당응오낀

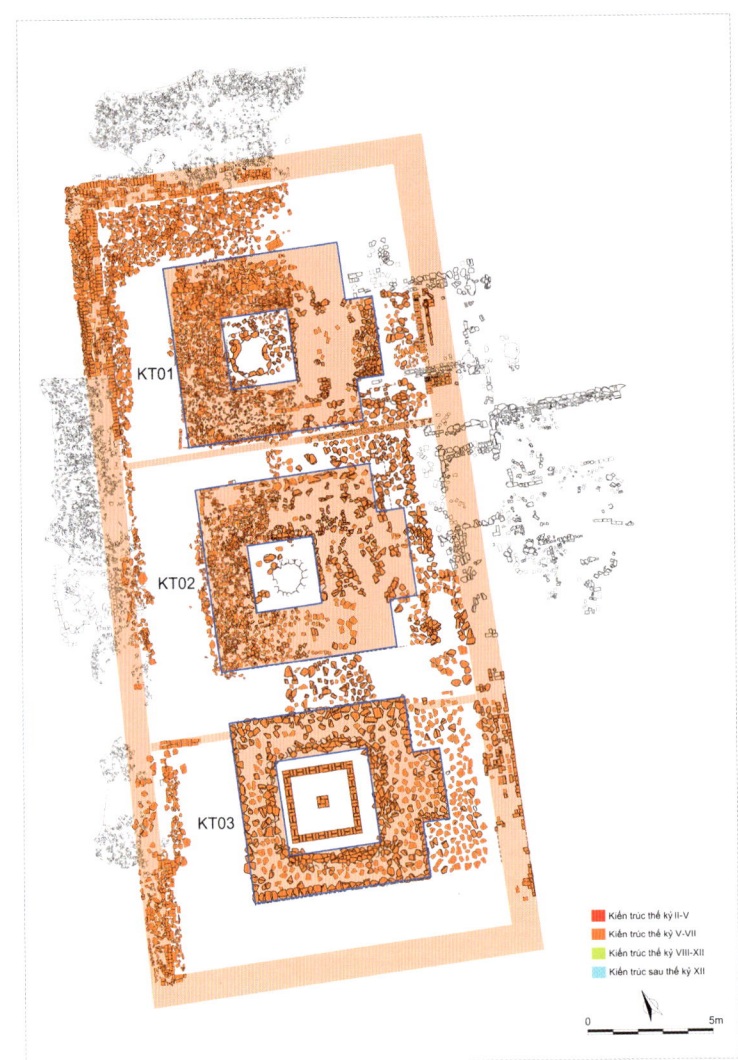

**그림 39**  꺼웃짠 유적, 평면도 및 복원도

사진: 남부지역 사회과학연구원

KT3 건물지는 3기의 건물지 중 남쪽에 위치하며, KT2 건물지에서 약 1.6m 떨어져 있다. 이 건물지는 KT1, KT2 건물지와 기본적인 구조는 유사하지만, 동쪽 방향이 남쪽으로 약 25.5° 기울어져 있으며, KT1, KT2 건물지 대비 약 4° 기울어져 있다. 건물지는 동쪽 방향의 입구를 갖추고 있다. 건물지는 방형으로 면적은 약 50.4m²(7.1×7.1m)이며, 동쪽에 돌출된 입구가 있는데 잔존 면적은 약 3.9m²(폭 3m, 밖으로 약 1.3m 돌출)이다.

본 건물지는 자연석으로 지어졌으며, 바닥은 벽돌로 덮여 있다. 바닥 아래는 두 겹의 돌로 만든 기반시설이 있다. 건물지의 북동쪽 모서리는 훼손이 심하며, 가장자리를 따라 일렬로 늘어선 석열 1기만 남아 있다. 건물지 중앙은 위에서 아래로 갈수록 작아지고 두 단계로 구분된다.

### 1.4.2.2. 사원의 보조 시설

#### (1) 담장

3기의 건물지를 둘러싸고 있는 것은 벽돌로 만들어진 장방형의 담장(BT. 19. GUT. H1. TB01)이다. 이 담장은 바다를 둘러싼 낮은 산, 내부와 외부의 신성한 공간의 경계인 메루산의 상징으로 간주된다. 담장은 건물지에서 약 2.6m 떨어져 있으며, 석재 기초부와 벽돌로 이루어진 높이 약 50cm의 낮은 벽으로 구성된다. 담장은 일부 유실되었으나 장방형의 구획을 복원할 수 있으며, 면적은 약 480m²이다(동서로 약 15m, 남북으로 약 32m). 전체적으로 장축은 동서방향으로, 동쪽이 남쪽으로 23.5° 기울어져 있다.

담장은 1.2m 넓이의 기초 석재 위에 20cm 두께의 벽돌로 지었으며 산 비탈의 사질토 위에 쌓여졌다. 기초부는 석재만 사용하였으며, 상단은 석재편을 끼워 평평한 바닥을 만들었다. 이후 상부에 벽돌 층을 쌓았다.

잔존한 벽의 높이는 51cm이며, 바닥은 폭 1.2m의 벽돌 3줄로 이루어져 있다. 상당히 훼손되었다. 북쪽 벽은 길이가 7.8m이고, 마지막 벽돌만 남아 있다. 여러 곳이 손상되어 있으며 기울어져 있다. 서쪽 벽은 길이가 3.2m이며, 남서쪽 모서리는 복원할 수 있다. 동쪽 벽도 심하게 손상되어 있으며, 3기의 중심건물지 맞은편에 떨어진 세 부분만 남아 있다. 후대 건축물의 석재와 벽돌이 상부에 덮여 있다. 남쪽 벽은 남동 모서리에서 서쪽으로 약 2.2m 길이이며, 폭은 약 60~70cm로 짧은 구간이 남아 있나.

#### (2) 회랑

담장 주변과 제단 아래에는 석재로 포장된 회랑이 있으며, BT. 19. GUT. H1. SD01로밍밍되었나. 대부분 유실되었지만, 회랑의 흔적은 KT01 건물지의 북동쪽 끝과 KT02, KT03 건물지의 서쪽에 잔존한 흔적을 통해 명확하게 확인된다(그림 38).

회랑은 명회색의 원반돌로 만들어졌으며, 각각의 돌은 자연스러운 크기와 모양을 가지고 있으며 가공되지 않았다. 평균 크기는 약 30cm x 30cm이다. 각 돌을 조심스럽게 배열하여 성전을 둘러싸는 회랑은 매우 깨끗한 공간을 형성하며, 이는 외부와 완전히 다른 신성한 공간임을 명확하게 한다. 이 공간은 종교적인 의식이나 행사가 열리는 곳이다.

### 1.4.3. 유물

꺼웃짠 유적의 서쪽에서 발견된 유물은 많지 않으며, 대부분은 여러 시대를 거친 생활용기의 파편이다. 이 중에서 가장 많고 보편적인 것은 옥에오 도기다.

옥에오 도기는 2,337점으로, 대부분의 재료는 거친 도기와 매끄러운 도기의 두 가지 종류이다. 그 중 거친 도기는 1,297점으로 약 40%를 차지하고, 매끄러운 도기는 1,040점으로 약 32%를 차지한다. 거친 도기는 일상 생활 용품과 조리 도구로 가장 많이 사용되었으며, 부뚜막과 냄비 같은 것이다. 매끄러운 도기는 대부분 용기류이며, 가장 흔한 것은 켄디다.

2011년 유적의 동쪽에서 진행된 발굴조사 결과 KT3 건물지에서 약간의 보석류가 발견되었다. 그중에는 약 1~3세기로 추정되는 "서 있는 네 발 달린 짐승"이 새겨진 짙은 붉은색의 카넬리안 반지와 약 12점의 인도-태평양 단색 유리 구슬도 포함되어 있다.

그 외에 이 유적지에서는 건축 재료가 많이 발견되었다. 그 중 대부분은 장방형 벽돌과 화강암으로, 일부는 건축물을 장식하기 위한 조각편이 있다. 장식조각은 7~8세기 양식의 나뭇잎 무늬가 새겨진 사암이다.

### 1.4.4. 평가 및 분석

2011년과 2019년 꺼웃짠 유적에서 확인된 주요 내용은 3기의 건물지군, 주위의 장방형의 담장, 석재를 이용해 견고하게 포장한 회랑이다. 이는 노천 사원으로 개방된 공간으로 벽과 지붕이 없으며, 석재로 축조되어 반지하식 구조를 이른다. 건축 기술은 표준화되어 견고하며, 동쪽에 돌출된 입구가 있다.

### 1.4.4.1. 특징

꺼웃짠 유적은 인도 문명의 영향을 받은 사원이다. 구조적인 특징으로는 3기의 중심 건물지가 있으며, 높게 건축되었다. 메루산을 의미하며 낮은 담장과 유구 전체를 둘러싸는 석재 회랑은 바다와 주산을 둘러싼 낮은 산맥의 상징이며, 내부와 외부 공간을 경계짓는다.

이곳의 세 건축물은 힌두교 삼신의 상징으로, 각각 하나의 대표 신을 나타내고 있다. 이 신들은 창조의 신인 브라흐마, 유지의 신인 비슈누, 파괴의 신인 시바를 포함한다. 세 개의 중심부는 힌두교의 제사를 위한 건축물로, 신들의 거처인 제단과 관련이 있다.

특징적인 것은 꺼웃짠 사원의 내부에는 정사각형 형태의 성역이 있다. 이는 옥에오 문화의 종교 유적 중 옥에오-바테, 꺼탑, 꺼탄 유적등에서 나타나는 상당히 흔한 현상이다.

꺼웃짠 유적에서 발견된 건축물의 조각들은 7~8세기의 프레이 크멩 또는 캄퐁프라 양식을 따르며, 이 건물지의 재건 연대를 결정하는 기초가 되었다. 최소한 초기 재건 기간은 8세기 이후이다.

### 1.4.4.2. 연대

3기의 건물지로 이루어진 꺼웃짠 사원의 건설은 6~7세기 경에 시작되었으며, 8세기 이후 재활용된 재료를 사용하여 재건축이 이루어졌다. 옥에오 문화의 특징을 지닌 도기 유형은 이 유적의 초가 건설 역사를 보여주고 있다.

2019년 발굴조사 결과 유적은 2개의 주요 단계가 있는 것으로 밝혀졌다. 첫 번째 단계는 3기의 건물지가 건설된 시기로, 약 6~7세기의 연대를 갖는다. 이는 옥에오 평지의 초기 석재 건물지에 해당하는 것이다. 두 번째 단계는 8세기 이후로, 북쪽 건물지(KT1)와 중앙 건물지(KT2)의 구조적 변화로 확인된다.


## 2. 옥에오 평지 지역

옥에오 평지에서 연구자들은 이 지역이 고대 도시였다는 것을 밝히기 위해 K수로를 통해 캄보디아 내륙의 앙코르 보레이와 연결된 룽런수로(K16), 넨쭈어, 꺼옥에오, 꺼종쫌, 꺼종갓 유적 및 고대 룽런운하 등을 발굴 및 연구하였다(그림 40). 발굴조사의 목적은 기원전 1세기 경 옥에오 고대 도시에서의 물적 및 정서적 생활, 해상 무역, 농업 및 생태 환경 활동을 연구하기 위한 것이다.

말러렛은 1942년과 1944년에 꺼옥에오지역에서 현장조사를 실시하면서 지표면 위에 건물지의 흔적이 있는 것을 관찰하고, 이를 기반으로 건물지가 있을 가능성을 판단했다. 현재 옥에오 구릉은 유물 탐사 및 농경 활동으로 매우 심각한 파괴를 겪고 있다. 2018년 6월 고고학연구소는 총 면적 350m²의 작은 규모의 4개 발굴구역에 대한 조사를 실시했다. 이 발굴조사의 목적은 유적의 현황을 파악하고, 새로운 증거를 찾아 생산 및 건축 유구에 대한 추가적인 연구를 수행하는 것이다.

과거 꺼종갓 유적은 말러렛에 의해 조사되었으며 큰 규모의 석재 구조물의 흔적이 보고되었다. 그 중에서 가장 중요한 것은 고대 룽런 운하와 인접한 꺼종갓 유적의 북동쪽에 위치한 K건물지이다. 1980년대 안장박물관은 석재와 벽돌로 만들어졌으며 아래에 목재 기초가 있는 원형 우물 유적을 조사했지만, 당시 촬영한 사진들을 제외하고 다른 문서는 남아 있지 않았다. 이후 주민들이 거주를 위해 유적을 덮어버려 조사에 어려움을 겪었다. 유적의 지표에는 큰 석재 구조물이 위치하고 있었으나, 이 구조물의 중앙은 1980년대 도굴로 인해 훼손되었다. 꺼종갓의 중심부의 구조물 축조를 위해 사용된 석재가 지면에 흩어져 있어 이 곳에 중요한 종교적 구조물이 존재했을 가능성이 있다.

꺼종갓 유적은 공간분포를 인식하고 유구의 종류, 특성 및 종교 건물지의 연대를 파악하며, 유적의 고대 우물과 주거지의 기능을 연구하기 위해 발굴되었다. 발굴조사는 2018년부터 2020년까지 실시되었다. 남부지방 사회과학연구소는 꺼종갓 유적의 중앙 지역과 동쪽, 동북쪽(A구역)에서 6개의 발굴피트와 13개의 탐사트렌치를 포함한 2,819m²에 대한 조사를 실시하였다. 2018년 말에는 남부지방 사회과학연구소가 꺼종갓 유적의 중앙에 위치한 H1에서 H4로 표시된 4개의 발굴피트를 조사하였다. 2019년 7월 남부지방 사회과학연구소는 말러렛이 기록한 K건물지의 흔적이 발견된 지역을 연구하기 위한 재발굴조사를 진행하였다. 고고학연구소는 꺼종갓 유적의 서쪽(B 구역)에서 발굴조사를 실시했다. 이 조사에서 2018년에 고고학연구소는 H1에서 H4로 표시된 4개의 발굴피트 720.69m²를 발굴했다.

꺼종쫌 유적은 1983-1984년 안장성 박물관이 전문 기관들과 협력하여 발굴 작업을 수행하여 벽돌로 건설된 종교 건물지의 흔적을 발견하였다. 건물지의 연대는 5~7세기로 추정된다. 2018.3월부터 고고학연구소는 꺼종쫌 유적의 발굴 지점에서 추가적인 연구를 수행하여 이 유적지의 특정, 기능 및 연대를 더욱 명확하게 밝히기 위한 발굴조사에 착수하였다. 고고학연구소는 북쪽과 남쪽에서 총 면적이 907.7m인 2개의 피트(H1 및 H2)를 조사하였다.

룽런(Lung Lớn)은 현재는 매몰되어 더 이상 존재하지 않는 옥에오 고대 도시 중앙을 흐르던 고대 운하였다. 이 운하는 꺼종갓, 꺼종쫌을 가로지르며 꺼까이띠, 꺼옥에오를 가까이 지나 넨쭈어 유적 방향으로 12km가 이어진다. 룽런 유적은 운하의 넓이, 깊이와 함께 그 시대의 배의 적재 능력, 운하 주변의 주거지 형태 등을 밝히기 위한 중요한 발굴 및 연구 지점으로 선정되었다. 연구를 위해 문화층, 유물 및 분석 샘플을 통해 룽런의 연대를 확인하고, 이곳에서 발생한 상업 활동을 입증하는 것이 조사의 목표이다.

2018-2019년에 남부지역 사회과학연구소는 룽런 유적에서 발굴 작업을 진행하였다. 작업 지역은 A구역(꺼옥에오 근처)과 B구역(꺼종갓 근처)이었으며, 총 14개의 발굴 구역과 5개의 탐사 구역이 있었다. 총 면적은 1,041m²이었다. 고대 도시 옥에오 내부의 지역 간의 차이점을 연구하고 비교하기 위해 룽런의 두 끝 부분인

고대 운하에서 발굴 지점이 선택되었다. 이를 통해 이 운하의 특징과 역할을 파악하고자 했다. A구역에서는 강변과 운하의 가로 방향으로 발굴 구역 8개가 있었으며, 총 면적은 464m²였다. 이 지역에서는 수류 특징과 이 지역의 주거 특성, 그리고 이와 인접한 꺼옥에오 유적과의 관련성을 연구하였다. B구역에서는 강변과 운하의 가로 방향으로 발굴 구역 6개와 탐사 구역 5개가 있었으며, 총 면적은 577m²였다.

토지가 주민들의 밭이기 때문에 발굴조사가 가능한 지형이 많지 않은 상황에서, 운하 바닥의 특성을 파악하기 위한 고고학적 발굴 외에 지질조사, 지구물리조사 등의 보조적 방법을 접목하여 결과를 도출하기도 한다. 지질조사는 일본 와세다 대학과 카나자와 대학이 실시하였다. 2017년 롱런 B 지역, 2019년 롱런 A 지역에서 지질 표본을 수집하고 AMS 방법을 통해 연대를 조사하기 위해 운하 하부의 퇴적층과 화석을 분석하였다. 전자기학 방법(EM)을 이용한 지질조사는 호치민시 자원지리연구소에서 현대의 퇴적으로 인해 경관과 지형이 변화된 운하의 하부 폭과 깊이를 확인하기 위해 운하 구간에서 수직으로 6개의 조사선을 설치하여 수행되었다(호치민시 자원지리연구소, 2019). 그 결과 롱런 고대 운하는 폭이 30m에서 45m 사이이며, 평균 깊이는 약 2m로 확인되었다.

## 2.1. 꺼종갓 유적

꺼종갓 유적은 말러렛의 도면에 따라 듀얼댐 또는 꺼런이라고도 불리며, 넓고 평평한 옥에오 평지 가운데 높은 언덕이며 여러 건축 유적이 발견되었다. 꺼종갓은 꺼까이티 유적에서 동북쪽으로 약 650m, 서북쪽으로 꺼종쫌 유적과 인접하며, 남쪽으로 꺼자, 동쪽으로는 롱런 고대 운하 유적이 있다(그림 41).

1980년대 초반에 남부지역의 옥에오 문화 유적을 전반적으로 조사 및 확인하는 프로젝트에서, 호치민시의 고고학 조사 담당 부서-남부지역 사회과학연구소 소속의 고고학자들은 옥에오-바테 유적지에서 조사를 진행하며, 꺼종갓 유적의 상태를 확인했다. 이 유적은 당시에도 규모가 넓고 주변 밭 높이보다 약 5m 높게 위치하고 있었다. 동서 방향으로 약 50m, 남북 방향으로 약 45m 규모이다. 지표는 대나무 덤불, 야생 식물로 덮여 있으며, 때때로 콩, 참깨, 땅콩, 파인애플 등의 밭으로 이용되기도 한다. 그러나 1980년대 초반에 도굴이 진행되면서 고지대, 구릉의 비탈 및 다리 부분이 모두 파괴되었고, 거의 모든 건축 유적이 심각하게 훼손되었다.

40년 가까이 지난 지금, 꺼종갓 유적의 풍경은 많은 사람들의 생활활동으로 인해 상당히 변화했다. 남쪽에는 유적으로 향하는 길을 따라 북쪽에서 남쪽으로 이어지는 두 개의 꽤 큰 양어장이 있다. 꺼종갓 유적 전체에는 경작지 사이에 서로 교차하는 많은 도랑이 있다. 유적의 표면에서는 석재나 도기, 도자기의 파편이 많이 발견된다. 유적 아래 쪽에는 유적에서 나온 석재와 벽돌을 재료로 1986년에 건립된 민가가 있다. 이 민

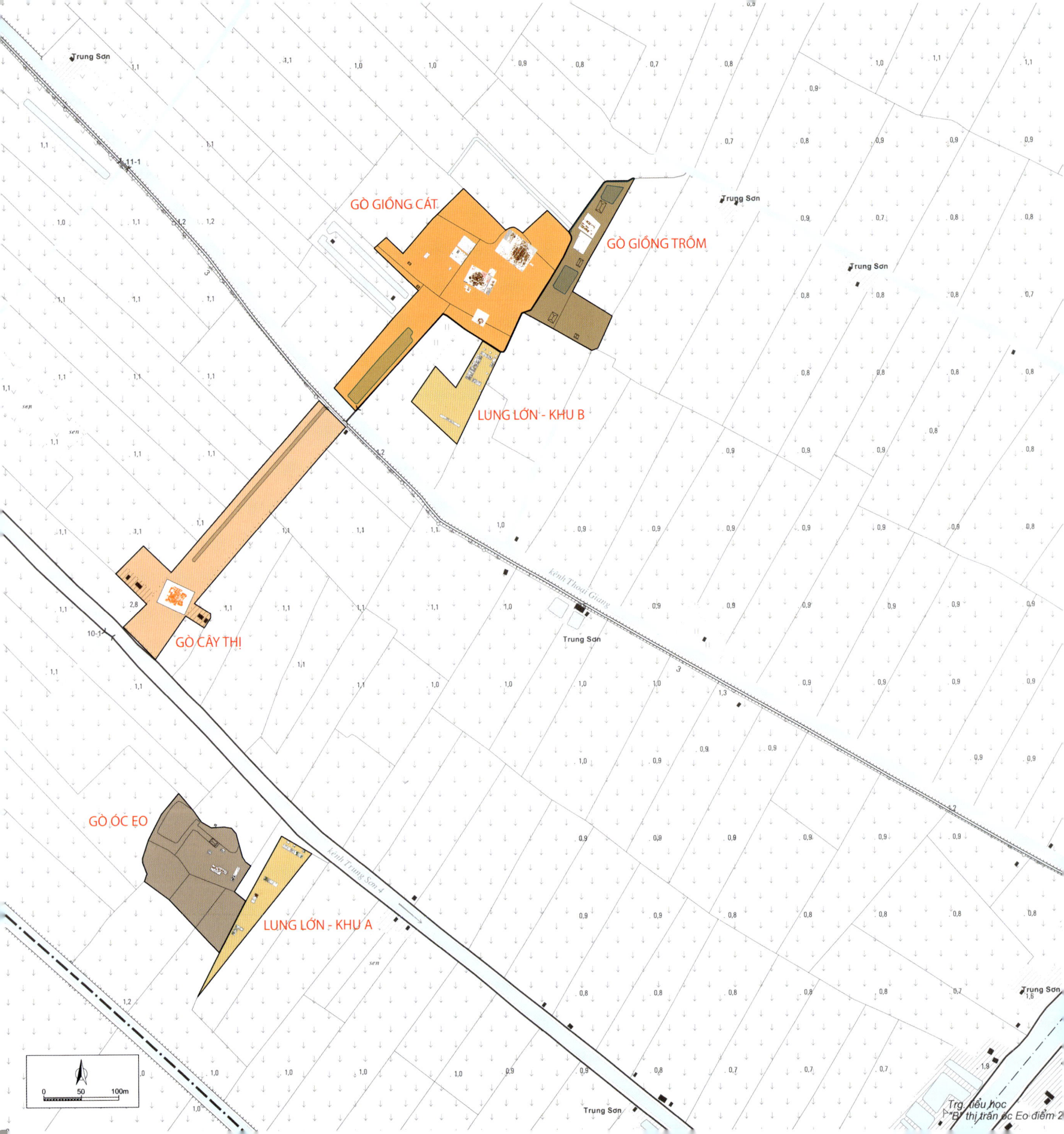

GÒ GIỒNG CÁT

GÒ GIỒNG TRÔM

LUNG LỚN - KHU B

GÒ CÂY THỊ

GÒ ÓC EO

LUNG LỚN - KHU A

0    50    100m

**그림 40**    2017-2020년 옥에오 평지의 조사구역 분포도

사진: 탕농팡성연구소

**그림 41**    꺼종갓-꺼종쯤—룽런 전경

사진: 응우옌칸쭝기엔

가의 동쪽 약 5m 지점에는 석재로 지어진 종교시설물이 있었던 흔적이 있으며, 현재는 생활용 우물로 개조되어 있다. 동쪽 약 13m 지점에는 구릉의 윗 부분도 평평하게 개간하여 구릉이 주변 들판보다 1.0~1.5m 정도 높이에 위치하게 되었다.

꺼종갓 유적 동북쪽에는 1940년대 초반에 말러렛이 기록한 K유구가 있다. 당시 유적의 지표면에서는 서로 다른 여러 형태의 다양한 바위 덩어리와 동서방향으로 장방형의 벽돌 구조물 흔적이 발견되었다. 이곳에는 K1과 K2라 불리는 두 개의 부속 건물지가 있었는데, 북쪽과 남쪽 끝에 위치하고 있으며, 모두 화강암 할석으로 덮여져 있다. 현재 이 지역의 동쪽과 북쪽 부분은 경작과정에서 상당히 훼손되었다.

2018년 꺼종갓 유적의 3,539m² 면적이 두 개 구역으로 나뉘어 발굴되었다. 중앙 구역과 동북 구역으로 구성된 A구역은 남부지방 사회과학연구소가 총 6개의 발굴 피트와 13개의 시굴트렌치를 포함하여 총 2,819m²의 면적에 대한 조사를 실시하였다(그림 42). B구역은 고고학연구소가 조사하였으며, 서쪽 측면에 위치한 4개의 발굴 피트로 총 면적이 720m²이다(그림 53~54).

### 2.1.1. 층위
A구역과 B구역의 토층의 가장 공통된 특징은 황색점토 위에 있는 상층부터 교란이 매우 심하다는 점이다. 교란층 아래에는 안정된 옥에오 문화층이 있다.

표토층부터 7번째 퇴적층까지 교란층이 형성되어 있으며, 두께는 평균 1.2m이다. 약 1.2m 아래에는, 옥에오 주민들의 주거와 생활 흔적을 찾을 수 있는 문화층이 확인된다. 표토층의 도기는 전형적인 옥에오 시기(4~7세기)의 것이지만, 1~3세기의 초기 옥에오 시기의 도기도 많이 발견되었다.

발굴 피트 간 퇴적양상은 거의 일치하며, 다음과 같은 두 개의 주요 층으로 구성된다

- 1층: A구역에 위치하며 1980년대 초에 주거 및 도굴, 대규모 고고학 조사로 인해 꺼종갓뿐 아니라 옥에오 평지 및 바테산 주변의 여러 지역에서 진행된 발굴 작업으로 인해 교란되었다. 하지만 유구의 잔존 흔적은 확실하게 확인되는데 석재 더미, 벽돌 덩어리, 도기편 및 현대의 생활용품 등이 섞여 있다. B구역은 흑색 점토층으로 이 층에서는 안정적인 다수의 유물이 발견되었다. 주로 냄비, 뚜껑, 그릇 및 굽이 달린 잔류 등 주황색과 검정색의 표면이 매끈한 도자기와 도기가 발견되었다. 이것은 생토층을 굴착한 주혈의 흔적이 등장하는 층이다.
- 2층: 옥에오 문화 시대에 속하며, 발굴조사 결과 연속적으로 문화가 형성되고 발전되는 과정을 보여준다. A구역의 H1, H2, H3, H4 및 H5 발굴 피트 대부분에서 주거지의 기반층인 점토층이 확인된다.

**그림 42** 꺼종갓 유적(A 구역)
발굴 장면

사진: 남부지방 사회과학연구소

이 문화층에서는 H1 피트에서 종교적인 성격을 가진 건물지와 주변 목재 건물지 흔적, H3 피트에서 벽돌로 축조된 원형 우물, H4 피트에서 벽돌로 축조된 방형 우물, H5 피트에서 석조건물지 및 주혈 흔적 등이 조사되었다. B구역에서는 그릇, 냄비, 컵, 뚜껑, 부뚜막 및 유리로 만든 장신구, 건축 재료 인 벽돌, 석재와 함께 다양한 도기편들이 다량 출토되었다.

### 2.1.2. 유구

꺼종갓 유적의 대부분은 1980년대의 발굴조사 및 주민들의 생활에 일부 영향을 받았다. A구역에서 는 석재로 축조된 대형 건물지인 K(H5 피트) 건물지와 중앙 건물지(H1 구덩이) 두 기가 모두 심각하게 파괴 되어 구조와 주변과의 관계를 인식할 수 없게 되었다. 또한, 꺼종갓 유적에서 확인된 녹특한 유형의 유구인 방형 우물과 원형 우물도 있다. 우물 옆에는 주거지가 위치한다(그림 43~45). B구역의 4개의 발굴 피트에서 는 10기의 유구가 확인되었다. 유구는 석조 담장의 기초부, 벽돌 구조물의 기초부(2군데), 주혈(2개군, 25기)

및 수혈(10기)이다. 그 중, H2 피트의 주혈(GGC18. B. H2. KT. 02)은 옥에오 문화의 초기에 속할 수 있다(**그림 53~54**).

**2.1.2.1. K 건물지**

말러렛의 이름에서 따온 K건물지는 H5 피트에서 발견되었다. 이 건물지는 이전에 말러렛이 기록한 것과 다르게 훼손되고 변형되었다. 석재더미 아래에 있는 모든 벽돌 구조물은 완전히 사라졌으며 지표면이나 교란층에서만 벽돌편이 산재한다. 여기에는 다양한 기술을 사용한 6점의 작은 석재 조각이 있다(**그림 46~48**).

유구(OE. 19. GGC. A. H5. KT01)는 약 21m(북-남) 및 23m(동-서)의 범위 내에 분포한다. 이 석재더미는 평균 두께가 1.4~2.0m인 교란층에 위치해 있으며, 대부분 사암 덩어리와 부서진 벽돌로 구성되어 있는데 서로 뒤얽히거나 쌓여 있어 규칙성이 없다. 그 속에서는 몇 점의 기와편이 발견되었는데, 그 중 하나는 한쪽 끝에 큰 갈고리가 달린 대형 장방형 기와이며, 동체부에 두 개의 작은 홈이 있거나 동체부 중앙에 큰 홈이 있는 기와이다. 이 기와는 6~7세기 경에 발견된 꺼옥에오, 꺼뜨쩜 유적에서 발견된 기와와 유사하다

H5 피트의 남서쪽 모서리 근처에서 동서 방향으로 놓인 약 2.74m의 길이의 벽돌로 지어진 작은 건물지가 조사되었다. 이는 다른 유구의 아래에 존재하는 벽돌층이었을 가능성이 있으며, K 건물지보다 훨씬 늦은 연대를 가진 것으로 추정된다. 이 구역에서는 대지를 평탄화하는 과정에서 사용된 갈색과 황색의 점토 바닥도 발견되었다. 이 바닥 위에는 목재 구조물이 있었던 것으로 추정되었다. 이 유구는 본문에서 언급된 석재 구조물과 관련이 있을 수 있다. 동시에, H5 피트의 서북쪽 모서리에서 옥에오 도기편들이 두께 약 10~15cm의 층으로 발견되었다. 이러한 도기편들은 3~4세기의 연대를 가지고 있다.

그림 43 꺼종갓 유적(A 지역)

사진: 응우옌황박린

II 발굴 유적의 고고학적 성과 **109**

KHU VỰC
NGOÀI VỊ TRÍ KHAI QUẬT

GÒ GIỒNG CÁT

HỐ 4

HỐ 1

GIẾNG CỔ

HỐ 2 TS

HỐ 3 TS

0          10m

**그림 44**  꺼종갓유적의 조사 결과(A지역)

사진: 남부지방 사회과학연구소

**그림 45**  꺼종갓 유적 K건물지 (A지역)

사진: 남부지방 사회과학연구원

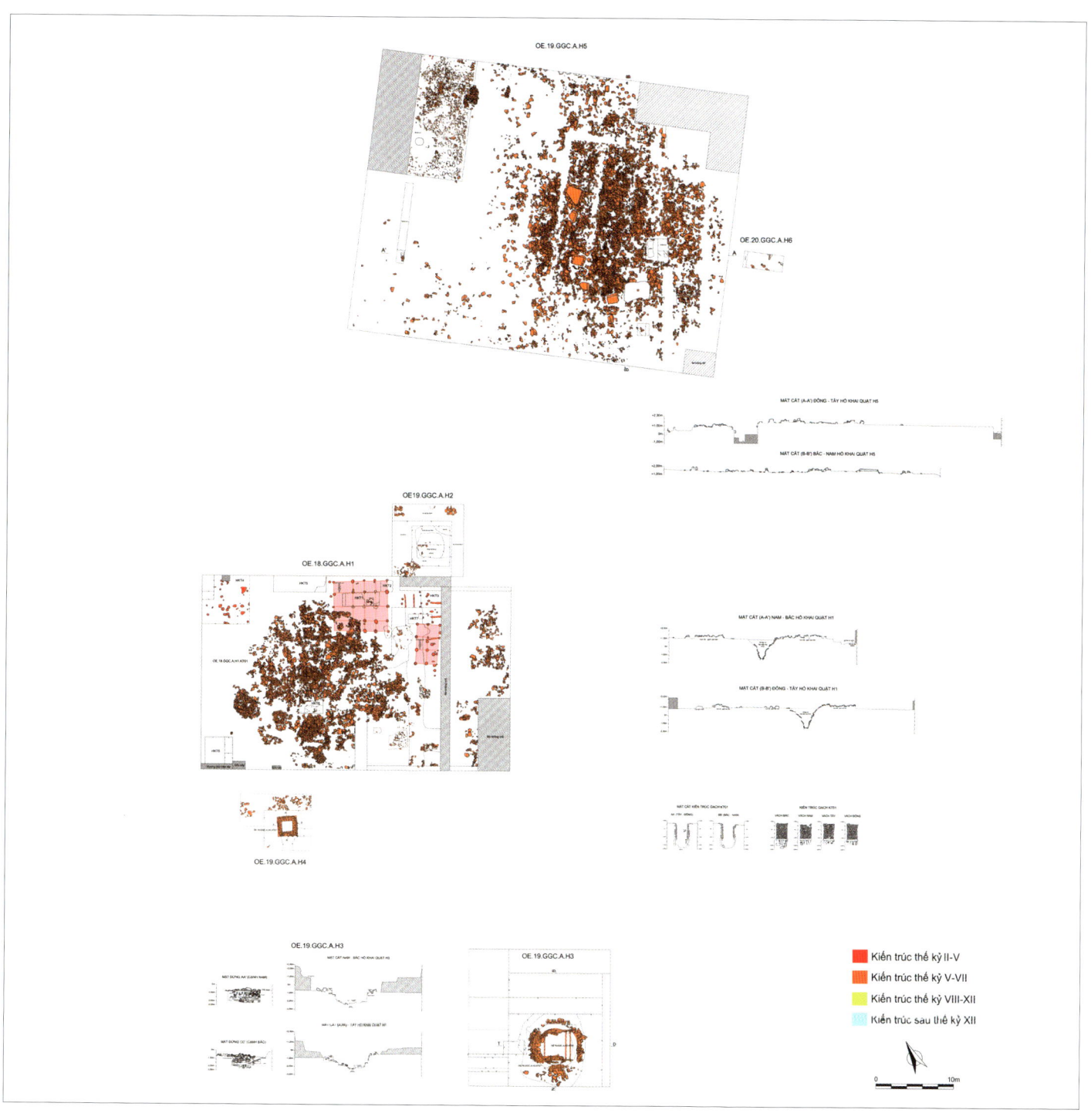

**그림 46**  꺼종갓 유적의 K 유구 발굴 장면 (A지역)
사진: 남부지방 사회과학연구원

**그림 47** 꺼종갓유적, K건물지

사진: 응우옌황박린

**그림 48**　꺼종갓 유적(A 지역), K건물지의 대형 석재

사진: 남부지방 사회과학연구원

**그림 49**　꺼종것유적, 석조 신전

사진: 응우옌황박린

## 2.1.2.2. 노천 석조 신전

이 신전은 OE. 19. GGC. A. H3. KT01로 명명되었으며, 구릉의 중심지에 축조되었다. 이 유구는 두 부분으로 이루어져 있다. 지하부는 단면은 역제형, 평면은 장방형이며, 기반층을 굴착한 후 석재로 둘러쌓았다. 이 유구의 중심에는 인도 종교의 의식에 따라 황금 잎이 있는 벽돌로 만든 신성한 기둥이 있었을 것으로 추정된다. 그러나 이 기둥은 파괴되어 기둥을 구성하던 벽돌은 해체되었다. 발굴 과정에서 종교적인 문양이 새겨진 황금 잎 1점이 출토되었는데, 이 유구와 관련성이 있을 가능성이 있다(**그림 49**). 건물지의 윗면은 다양한 크기의 화강암 할석으로 구성되어 있으며, 방형 또는 장방형의 평면을 둘러싸고 있다. 약 18m의 길이와 1~2m의 높이를 가지고 있다. 이 건물지는 석조 사원일 수 있으며, 현재 남부의 오에오 문화 유저에서 알려진 것 중 가장 독특하고 내규모이나. 힌두교 사원으로 추정되며, 비슈누신을 나타내는 바퀴 모양을 들고 있는 오른손의 일부가 발견되어 이를 입증하였다(**그림 65**). 이 구조물의 연대는 5~7세기 경으로 추정된다.

### 2.1.2.3. 고상 건물지

A구역의 석조 신전 아래에 위치한 H1 피트에서, 4개의 문화층(NĐĐ01, NĐĐ02, NĐĐ03 및 NĐĐ04)을 확인하였다. 이 문화층은 유물이 소량 확인되는 점토층이다. 그 중 1층은 2~3세기, 2~4층은 4~6세기에 해당한다. 특히, 2층과 3층에서는 주혈과 목재 기둥의 흔적이 확인되어 이를 통해 원위치에 남아 있는 고상 건물지를 확인하였다.

NĐĐ02에서 발견된 고상 건물지는 33기의 주혈과 7점의 목재 기둥, 그리고 6기의 수혈을 통해 확인할 수 있었다. 이 중 규칙적으로 배치된 주혈/목재 기둥은 최소한 북남쪽 방향으로 3개의 열로 구성되어 있으며, 각 열간 거리는 1.3~1.4m이다. 각 열은 최소한 4기의 목재 기둥/주혈로 이루어졌으며, 기둥 간 평균 간격은 1.6~1.7m이다. 이 목재 기둥은 작은 지름(10~13cm)을 가지며, 끝부분은 뾰족하게 다듬어 땅에 고정하였다. 이것은 지붕 뼈대를 세우기 전에 목재 기둥을 땅에 박아 만드는 기술로 지어진 고상 건물지의 흔적이며, 그 시대는 4~6세기로 추정된다(그림 49~50).

NĐĐ03에 축조된 고상 건물지 구조는 갈색과 황색이 섞인 점토 위에 발견된 11개의 목재 기둥과 16기의 주혈로 확인되었다. 잔존면적은 최소 45.7m²(북남 방향 6.3m, 동서 방향 7.26m)이며, 발굴구역의 밖으로 연결되어 전체적인 양상을 확인할 수 없었지만, 평면상으로는 동서 축을 따라 4개의 목재 기둥으로 이루어진 5개의 열이 있는 것으로 추정된다. 목재 기둥/주혈은 매우 규칙적으로 분포되어 있으며, 개조나 교체되지 않았던 것으로 보인다. 목재 기둥은 지름이 18~25cm이며, 견고한 목재로 만들어졌다. 목재 기둥은 기둥을 묻어서 세웠으며, 기둥의 밑바닥은 역 U자 형태의 나무 막대로 서로 연결되어 구조의 안정성과 무너짐을 방지하는 역할을 한다. 이 건축 기술은 지하 기둥 기술 또는 숨겨진 기둥 기술이라고 하며, 위에서 언급한 토지 바닥에 기둥을 박는 기술과 완전히 다르다(그림 50~52). 고상 건물지의 연대는 4~6세기로 확인되었다.

B 구역에서는 명확한 경계와 주변 지역과의 관련성을 가지는 주혈이 남-북, 동-서 방향으로 균등하게 배열되어 일정한 패턴을 이루고 있다. 이것은 가장 아래 위치한 문화층에서도 확인되었다. 이 중 대표적인 것이 GGC18. B. H2. KT. 02이다. 이 유구는 14기의 주혈이 40m²(8×5m)의 범위 내에서 확인되었다. 주혈은 형태가 명확하지 않지만 대체로 타원형이며 크기는 평균 10×18cm에서 32×50cm 사이이다. 이 주혈군은 남-북 방향으로 5열(길이 8m, 발굴피트, 북쪽과 남쪽 벽면을 따라 연속될 수도 있다)과 동-서 방향으로 3줄(길이는 5m이며 구덩이 밖으로 확장될 수도 있다)로 배열되어 있다.

구조적으로, 남-북 방향으로는 5줄의 기둥 구멍이 4개의 간격으로 배치되어 있다(이것은 건축물 간의 간격일 수 있다). 이 중 가장 넓은 간격은 1.9m이고 가장 좁은 간격은 1.6m이다. 동서 방향으로는 3줄의 기둥 구멍이 2개의 간격으로 배치되어 있으며, 이 간격의 크기는 각각 1.6m와 1.7m이다(상호 동등한 크기이다).

이 지역에서 발견된 지형과 찾아낸 유적을 고려하면, 이것은 이 지역에서 가장 초기의 건축물일 수 있으며, 땅속에 깊이 매립하는 목재 기둥으로 구성된 맞배식 형태의 거주 구조물의 유적일 수도 있다. 이후 어떤 이유로 건축물은 파괴되었고, 목재 기둥들은 사람들이 제거하려고 노력하여 타원형 모양의 구덩이를 만들어냈을 것이다.

이것은 옥 에오(Óc Eo) 문화의 초기 단계에서 꺼종갓(Gò Giồng Cát)의 특성을 연구하는 데 기여하는 다른 발견들과 함께 의미있는 발견이다. 이 문화는 1~3세기 사이에 존재했다.

### 2.1.2.4. 우물 유적
#### (1) 원형 우물
원형 우물은 OE. 19. GGC. A. H3. GI02로 명명되었다. 이것은 옥에오 평지에서 발견된 가장 크고 독특한 우물이다. 이 우물은 매우 견고하고 과학적으로 축조되었다. 우물 바닥면에는 견고한 5단의 목재구조물이 있으며, 그 위에 벽돌로 원형 벽을 쌓아올렸다. 유구는 상당히 훼손되어 남쪽 벽과 동남쪽 모퉁이, 북쪽 벽 및 동쪽 벽의 몇몇 나무 부분만 남아 있다(그림 55~56).

우물의 몸체는 벽돌로 지어졌으며, 평균 벽 두께는 56cm, 외부 지름은 약 6.3m, 내부 지름은 약 5.3m이다. 상당부분 유실되어, 3~4층의 벽돌만 남아 있고 한쪽 남쪽 벽의 약 1/2, 서쪽 일부가 남아 있다. 벽돌은 연한 황색이며 크기가 불규칙하다. 벽돌은 수직-수평 방향으로 교차하면서 쌓았으며 중간에는 공간을 채우기 위해 반으로 절단한 벽돌이 놓였다. 우물의 외부는 평균 너비 50cm, 높이 약 60cm 정도의 석재로 보강되어 있다. 우물의 외부 벽은 흙으로 덮여있는데 우물의 구조를 둘러싸고 보강하기 위해 사용되었다. 이 우물의 연대는 5~7세기로 확인되었다.

#### (2) 방형 우물
방형 우물은 OE. 19. GGC. A. H4. GI01로 명명되었다. 이 우물 역시 구덩이를 파고 점토 바닥 위에 목재 구조물을 설치한 후 상단부에는 원형 우물과 마찬가지로 벽돌을 쌓았다. 완공 후에는 우물 주변을 점토로 덮고 다져서 단단하게 만들었다(그림 57abc). 이 유구는 도굴로 인해 훼손되었다. 맨 위의 벽돌 층과 가장자리가 모두 무너지거나 위치를 벗어나 있어 벽의 모서리가 처음 크기와 모양을 유지하지 못했다. 상대적으로 온전하게 잔존한 부분을 기반으로, 우물은 방형으로 확인되었다. 외부 규모는 2.45~2.47m(동서)×2.5~2.51m(남북)이며, 내부 규모는 1.37m(동서)×1.51m(남북)이다. 우물 벽면의 평균 두께는 50~56cm이며, 우물 깊이는 약 2.9m이다. 이 우물은 동서 방향으로 건설되었으며, 동쪽은 남쪽으로 23도 기울어져 있다. 이 우물은 위에 언급된 노천 사원의 종교적 활동에 사용된 것으로 추정되며, 연대는 5~7세기이다.

**그림 50** 꺼종것유적, 고상 건물지와 목재기둥
사진: 응우옌황박린

**그림 51** 꺼종것 유적, 목재기둥 단면
사진: 응우옌황박린

**그림 52** 꺼종것 유적, 목재기둥의 단면 세부
사진: 응우옌황박린

**그림 53** 꺼종것유적(B구역), H2 내 고상 건물지 (2018. GGC. B. H2. L6. KT. 02)

사진: 고고학연구원

**그림 54** 꺼종것유적(B구역), H2 서벽 퇴적양상

사진: 고고학연구원

**그림 55** 꺼종것유적, 원형 우물, 2018년 재발굴 전경

사진: 응우옌황박린

**그림 56** 꺼종것유적, 원형우물, 1984년 발굴전경

사진: 안장박물관

**그림 57**  꺼종컷유적, 방형 우물 및 세부 축조양상

사진: 응우옌황박린

그림 57 　꺼종것유적, 방형 우물의 목재 구조물 및 벽돌 축조양상

사진: 응우옌황박린

### 2.1.3. 유물

A 구역에서는 5,608점의 건축 자재, 203,639점의 도기편을 포함하여 209,247점의 유물이 발견되었다. 이 중 364점이 등록되어 있으며, 이는 도기 267점, 금속 유물 10점, 자기편 11점, 석조물 63점, 동물 뼈 1점, 금속 슬래그편 1점 및 유리 제품 11점을 포함한다.

B 구역에서는 332,293점의 도기편이 발견되었다. 그 중에는 생활용기편 326,801점, 부뚜막편 3,716점, 켄디의 주구편 808점, 뚜껑편 968점이다. 또한 석기, 도자기, 금속 및 보석류 등의 다양한 유물이 많이 발견되었다. 그 중 일부는 이 유적 초기, 2~3세기의 대표적인 도기의 특징을 가지고 있다. 특히 이 문화층에서는 난딘 소 장식이 있는 황금반지와 기원 후 1~2세기 동한 시대의 거울도 발견되었다.

### 2.1.3.1. 토도류

#### (1) 옥에오 도기

옥에오 도기는 A구역과 B 구역에서 다량 발견되었다. 총 498,425점 중 A구역에서는 201,597점, B구역에서는 296,828점이 발견되었다. 이 도자기는 거친 부류와 매끄러운 부류로 분류된다. 도기를 대략 분류해보면, 거친 부류는 380,830점, 매끈한 부류는 117,595점이다. 매끈한 부류는 대부분 양질의 점토로 만든 그릇류로 구성되어 있으며, 항아리, 병, 켄디, 굽잔, 뚜껑 등이 있다(**그림 59**). 특히, A구역에서는 2,951점의 굽잔과 909점의 켄디 주구편이 발견되었다. 각 주구가 한 개체에서 떨어진 것으로 추정해볼 때, 유적에서는 909점의 켄디가 발견되었다. 거친 부류는 일상 생활 용품 및 조리 용기로 주로 다량의 모래가 혼입된 점토로 만들어지며, 주로 납작한 냄비, 둥근 냄비, 항아리, 병 등이 있다(**그림 58**). 두껍고 무거운 뚜껑 또는 대형 주전자의 주구도 소량 발견되었다.

유적에서 발견된 도기는 옥에오 주민들의 생활용기로, 연대는 기원전 1세기부터 7세기 사이이다.

#### (2) 수입도자기

현지 제작 도자기 외에도, 조사 과정에서 꺼종갓 유적에서 일부 외국산 도자기편을 확인할 수 있었다. 이 중에는 중국 한나라 시대(2~3세기)의 사격자문 도자기편 25점, 이슬람-서양 도자기편 2점 등이 있다(**그림 60**). 또한 일부 편들은 인도에서 생산된 것으로 추정되는 것들이 있으며, 이들은 옥에오 초기, 즉 1~3세기에 해당한다.

고고학연구소의 보고서에 따르면 B구역에서도 3,488점의 흑색의 매끈한 도기를 발견했다. 이 도기 중 일부는 미세한 광택이 있다. 이러한 도자기는 인도의 전형적인 흑색의 광택이 나는 도기로 추정된다. 그러나 고고학 연구팀은 아직 이러한 유형과 양에 대한 비교 연구를 수행하지 않았기 때문에 정확한 내용을 알 수

**그림 58** 꺼종갓 유적(B지역) 출토 도기

사진: 고고학연구원

0    5cm

0    5cm

**그림 59**    꺼종갓유적 출토 옥에오 도기 뚜껑

사진: 응우엔칸쭝기엔

**그림 60**    꺼종갓유적(A지역) 출토 한대의 중국 도자기편

사진: 응우엔칸쭝기엔

**그림 61**    꺼종갓유적 출토 귀걸이 주물

사진: 응우엔칸쭝기엔

없다.

### 2.1.3.2. 건축 재료

꺼종갓 유적(A구역)에서 발견된 건축 재료는 총 5,608점이다. 유물 종류는 기와편 2,654점, 벽돌 2,925 점, 건축석재 7점, 목재 기둥 22점이다. 특히, H5에서 출토된 벽돌은 인도에서 유래되거나 인도 양식을 따르는 장방형의 벽돌과 옥에오 문화의 후기 단계에 속하는 머리에 장방형 모양의 갈고리가 있는 벽돌 등 두 종류이다.

또한, A구역의 H1, H4, H5에서는 22점의 목재 기둥이 점토층에 묻혀져 있으며, 일부 목제는 역 U자 모양의 가공흔과 지면에 수직으로 기둥을 고정하기 위한 방법이 확인된다. 이는 고상 건물지의 목재 기둥으로 매립된 주 기둥과 보조 기둥으로 나뉜다.

### 2.1.3.3. 보석류

A구역의 H1에서 발견된 17점의 유물이다. 이들 보석은 다양한 재료로 만들어졌는데, 이 중에는 완형 토제품 1점, 금속유물 7점(납-주석 합금 귀걸이 3점, 구리 구슬 2점, 납-주석 합금 팔찌 1점, 금구슬 1점) 및 유리 구슬 9점(녹색 4점, 검은색 4점, 파란색 1점, 하얀색 1점)이 포함되어 있다.

B구역에서 발견된 장신구는 옥에오 문화에 속하는 난딘 모양의 금반지와 한나라 시대 중국의 구리 거울이다. 이것은 옥에오 평지에서 발견된 가장 특별한 유물이다.

#### (1) 난딘 모양의 금반지

반지는 원형이며, 다리를 꼬고 누워있는 모습의 난딘상을 주조하여 만들어졌다. 소의 몸은 오른쪽으로 기울어져 있으며, 머리는 높게 들어올려져 정면을 쳐다보고 있다. 왼쪽 다리는 앞쪽을 지지하고, 등은 높이 솟아올라 튀어나와 있다. 목 주위에는 장신구가 달려 있다. 반지 양 옆면은 연꽃 무늬가 장식되어 있으며 반지의 크기는 높이 2.6cm, 지름 1.8cm이다. 반지 위의 난딘상은 인도의 신전에서 볼 수 있는 원형과 유사한다(그림 62).

#### (2) 구리 거울

거울은 원형이며, 세 조각으로 깨졌으나 완형으로 복원된다. H2 6층에서 발견되었다. 거울 표면은 매끄럽고 약간 볼록하게 휘어 있다. 거울 뒷면에는 매우 복잡하고 정교한 문양이 새겨져 있다. 가운데에는 구멍이 뚫린 원형 손잡이가 있다. 원형 손잡이의 주위에는 내부에서 바깥쪽으로 6개의 문양이 있다. (1) 당시 동전의 모양, (2) 예복 차림의 여러 음악 악기의 연주자 4쌍(8명), (3) "일일천왕"이라는 적혀있는 한자 4자,

그림 62 꺼종갓 유적 H2 출토 황금 반지
사진: 고고학연구원

그림 63 꺼종갓 유적(B구역) H2 출토 구리 거울
사진: 고고학연구원

(5) 양식화된 동물 문양, (6) 살짝 휘어진 한자가 있다.

거울의 직경은 14cm, 두께 0.5cm, 뒷면 중앙에 지름 2.9cm의 손잡이가 있으며, 손잡의 높이는 1.1cm 이다. 이 구리 거울은 중국에서 유래한 것으로, 연대는 1~2세기의 동한 시대에 속한다. 이것은 한나라와 초기 옥에오 간의 상업 교류 제품 중 하나일 수 있다(그림 63).

### 2.1.3.4. 생산 및 생활 도구
꺼종간 유적의 A구역에서는 H1과 H5에서 생산 및 생활 도구 111점을 발견했다. 이 중, 도기 46점, 부뚜막 25점, 어망추 13점, 방추차 4점, 뚜껑 2점 및 소형 냄비 2점이다. 석기는 갈돌 32점, 절구 10점, 공이 10점, 갈판 1점, 금형 2점(그림 61), 조각 2점, 석부 1점 및 사용흔이 있는 석재 1점으로 구성된 59점이다. 또한, 가공흔이 있는 1점의 뿔 조각, 금속 슬래그 1점, 용해 유리 덩어리 1점 및 유리 슬래그 1점도 발견되었다. B구역 에서는 3,716점의 부뚜막편을 찾았다.

### 2.1.3.5. 종교 유물
위에 언급된 종류의 유물 외에도 꺼종갓 유적에서는 종교와 관련된 7점의 유물을 발견했다. 이들은 잎사귀와 줄무늬 모양으로 장식된 1점의 도기 제단; 사자 형상으로 제작된 신화 동물 중 하나인 찐태(그림 64); 인물상이 새겨진 금 조각 1점(그림 174); 원기둥 모양의 차돌 1점; 4~7세기에 해당하는 태양의 상징인 오른손에 수다르샨 차크라라는 바퀴 형태의 무기를 들고 있는 비슈누의 동상 1점; 4~7세기에 해당하는 청회색 사암으로 제작된 동상의 지지대 파편 1점으로, 왼손에 산카라 조개를 들고 있는 비슈누의 동상으로 추정된다(그림 65~66).

### 2.1.4. 평가 및 분석
### 2.1.4.1. 특성
꺼종갓 유적은 종교적인 건축물이 계획적으로 구축된 유적으로, 유구는 서로 교차로 배치되어 있다. 그 중 A구역에서는 단순한 구조의 고상 건물지가 조사되었으며 주변에는 기와 흔적이 없어 식물 잎으로 지붕을 덮은 고상거물지일 가능성이 있다. 그 연대는 2~5세기로 추정된다. B구역은 남쪽에 위치하며 고상 건물지의 흔적인 평행하게 배치된 주혈군이 조사되었으며 연대는 1~3세기로 추정된다. 연대 추정의 근거는 한나라의 동경과 도기이다.

5~7세기 사이에, 유적에서는 대규모 사원 건축이 축조되었다. 이 중에서 대표적인 것은 유적의 중앙 지역에 위치한 석조 사원과 동북쪽에 위치한 K건물지, 룽런 고대 운하와 연관된 두 기의 우물이다.

그림 64　꺼종갓 유적 출토 테라코타 사자 동상

사진: 응우옌황박린

그림 65　꺼종갓 유적 출토 석재 비슈누상의 손

사진: 응우옌칸쯩기엔

그림 66　꺼종갓 유적 출토 석재 비슈누상의 손에 산카라 조개껍질이 있는 모습

사진: 응우옌황박린

중앙의 석조 건축물은 힌두교 사원일 가능성이 있다. 이 사원은 심각하게 파괴되어 원래 구조를 거의 알아볼 수 없다. 그러나 동쪽과 동북쪽의 고상 건물지와의 관련성을 고려할 때, 이 석조 건축물은 이후에 건설되었을 것으로 보이며, 고상 건물지 옆에 연이어 지어져 대략 5~7세기의 연대로 추정된다.

말러렛은 K건물지를 확인한 후 난쭈어, 동남 자소(서인도)에 굽타 초기(4~5세기)의 신전의 탑 구조와 비교했다. 그러나 그는 K건물지가 대략 5~7세기 사이에 만들어진 것으로 추정했다. 유감스럽게도 최근 몇 십 년 동안 K건물지는 많이 파괴되어 특징과 특성을 식별할 수 없게 되었으며, 대형 화강암 조각으로 조립된 상자 모양의 구조물이며, 구멍을 뚫어 조립하여 만들어졌다는 것만 알려졌다. 7세기 경으로 추정되는 삼보르 프레이 쿡에서 발견된 석조 구조물인 N17과 비교 결과 K건물지와 유사한 양식으로 만들어졌으며, 지붕 가장자리 주위에 인간 형상의 쿠두 장식이 있다. 이는 인도 예술의 특징이며, K건물지와 기술적으로 유사함을 보여준다. 또한 꺼종갓 유적에서는 굽타 시대부터 7세기 이후 인도 건축물의 장식용 쿠두와 유사한 특징을 가진 토제 쿠두가 발견되었다(Bùi Minh Trí, 2020). 이러한 쿠두는 이 지역의 종교 건축 유적과 관련이 있을 가능성이 있다.

특히, 원형과 방형의 우물 2기가 조사되었으며, 매우 견고한 건축 기술과 전통적인 특징을 갖고 있다. 이것은 종교 건축 유적에서 보통 사원 건물 옆에 우물이 있음을 나타내며, 정화된 물을 제공하여 이 지역의 종교적 행사 또는 활동에 사용한 것으로 보인다.

꺼종갓 유적의 우물은 남부지방의 옥에오 문화 유적에서 발견되지 않았으며 매우 견고하고 독특한 건축 기술을 가지고 있다. 이러한 우물은 매우 과학적인 기술에 의해 건설되는데, 시공하기 전에 먼저 점토층까지 넓고 깊은 수혈을 설치한 후, 목재 기둥이나 견고한 목재 구조물을 수혈 바닥에 놓았다. 그 위에는 견고한 벽돌 벽을 쌓아올렸으며, 벽돌을 밀어 넣는 기술로 구조를 만들었다. 우물의 벽을 완성한 후, 주변을 흙으로 채우고 지면에 다짐처리하여 우물 벽을 견고하게 하였다. 도자기와 벽돌의 종류 및 건축 기술에 따라 이러한 우물의 연대는 5~7세기 사이로 추정된다.

꺼종갓 유적의 중요한 발견 중 하나는 건축 구조물 중 목재 기둥을 이용한 2~5세기 옥에오 주민들의 거주 흔적을 확인한 것이다. 그 중에서, 주목할 만한 것은 고상 건물지로, 목재 기둥을 땅에 박아 바닥을 만든 후, 윗 부분은 넨쭈어 유적의 고상 건물지와 같이 목재 뼈대를 이용해 축조한다. 목재 기둥을 땅에 묻고 상부 구조물을 설치하는 목재 건축 기술은 기둥 숨겨진 기술로도 불린다. 이는 옥에오의 고대 도시에서 목재 건축에 대한 연구를 진행하는 데 매우 중요한 자료를 제공한다.

그러므로 꺼종갓 유적은 종교, 신앙 건축물과 함께 안정적인 주거지를 찾을 수 있는 곳으로, 가장 큰 규모의 힌두교 사원 건축물이 있다. 이는 옥에오 고대 도시 연구에 중요한 의미가 있는데 말러렛의 설명과 같이 꺼종갓 유적과 꺼옥에오 유적은 옥에오 고대 도시의 룽런 운하 옆 중심 축에 위치하기 때문이다(Malleret, 1959). 동시에 이 발견은 옥에오-바테 유적군의 특징과 연대에 대한 이해를 위한 새로운 자료를 제공한다.

### 2.1.4.2. 연대

꺼종갓 유적의 연대에 대해서는 다음과 같은 각 단계에서 연속적인 발전 과정을 인식할 수 있다.

- 꺼종갓 유적의 주거 문화층은 옥에오 초기(1~3세기)에 형성되었으며, 암갈색 점토층에서 축적된 다양한 유형의 도기(주황색 및 매끈한 검은색)와 이 시기를 대표하는 동한 시대의 거울이 있다

- 대규모 초목으로 덮은 지붕 구조와 목재 기둥을 이용하여 축조된 고상 건물지는 4~6세기 경에 건설되었다. 이는 유구 내에서 출토된 옥에오 도기를 근거로 한다.

- 벽돌, 목재, 석재 등(우물 등) 또는 석재로(K건물지와 석조사원 등) 건설된 종교 건축물은 몇몇 유형의 유물, 예를 들어 숭배 상, 작은 조각 등과 비교해 볼 때 5~7세기 경에 건축되었다.

## 2.2. 꺼옥에오 유적

꺼옥에오 유적은 약 16,427m²의 장방형 형태의 구릉으로, 옥에오 평지에 있으며 지리적 좌표 10°13′34″N, 105°09′36″E에 위치하고 있다. 이는 말러렛이 1944년 "옥에오 문화"를 명명한 계기가 된 가장 유명한 고고학 유적이다.

2018년 고고학연구소는 총 면적 350m²의 네 개 피트(GOE18. H1, GOE18. H2, GOE18. H3, GOE18. H4)의 발굴조사를 실시하였다(그림 67~68). 발굴 결과 꺼옥에오 유적은 꺼종갓 유적과 마찬가지로 1980년대 도굴 및 주민들의 활동으로 인해 상당히 교란되었던 것을 확인할 수 있었다. H1, H2 및 H3에서는 건축 유구 및 유물을 찾지 못하고 교란층에서만 유물을 찾았다. 그러나 H4에서 벽돌 건물지의 기초와 남쪽 방향으로 무너진 일부 벽돌이 남아 있는 것을 발견하였다.

### 2.2.1. 층위

꺼옥에오 유적의 문화층은 다음과 같이 위에서 아래로 두 개의 문화층으로 구성되어 있다(그림 69~74).

- 첫번째 문화층은 30~100cm 두께의 혼합 문화층이다. 상단에는 흙과 모래가 섞인 층이 있으며, 그 다음은 흑색 점토층, 암갈색 사질점토층, 마지막으로 얼룩진 황흑색 진흙층이 있다. 이 문화층에서는 옥에오 문화의 벽돌 조각, 돌, 도기류와 함께 일부 현대 물건도 발견되었다.

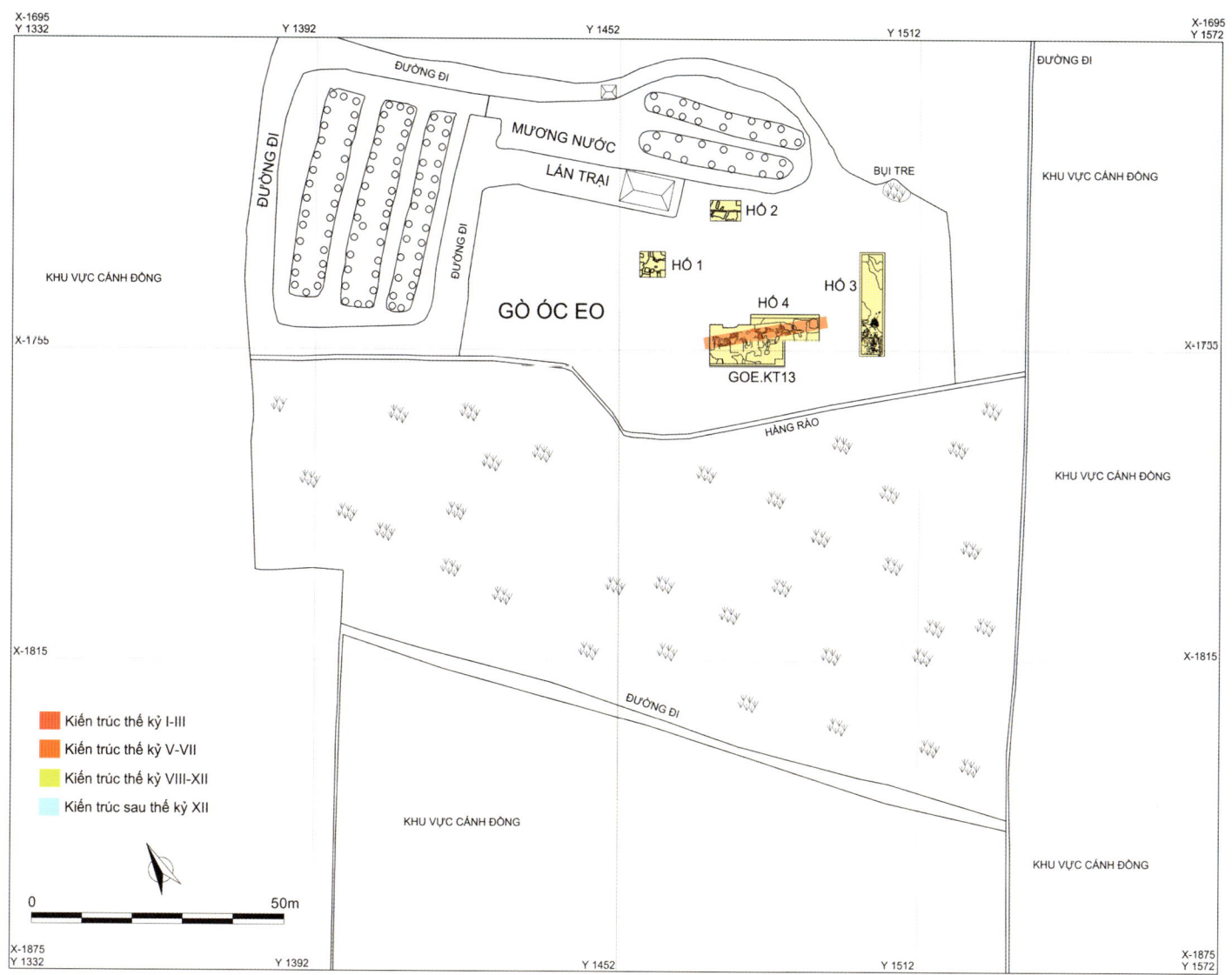

텍스트 영역의 좌표 라벨 (지도상):

- 좌상단: X-1695 / Y 1332
- 상단 중앙: Y 1392, Y 1452, Y 1512
- 우상단: X-1695 / Y 1572
- ĐƯỜNG ĐI
- MƯƠNG NƯỚC
- LÁN TRẠI
- BỤI TRE
- KHU VỰC CÁNH ĐỒNG
- HỐ 2
- HỐ 1
- HỐ 3
- HỐ 4
- GÒ ÓC EO
- GOE.KT13
- HÀNG RÀO
- X-1755
- KHU VỰC CÁNH ĐỒNG
- ĐƯỜNG ĐI
- X-1815
- KHU VỰC CÁNH ĐỒNG
- KHU VỰC CÁNH ĐỒNG

범례:
- Kiến trúc thế kỷ I-III
- Kiến trúc thế kỷ V-VII
- Kiến trúc thế kỷ VIII-XII
- Kiến trúc sau thế kỷ XII

- 0 ───── 50m

- 좌하단: X-1875 / Y 1332
- 하단: Y 1452, Y 1512
- 우하단: X-1875 / Y 1572

**그림 68**  꺼옥에오 유적 조사현황도

사진: 고고학연구원

**그림 67**  꺼옥에오유적, H4피트의 현재 상태

사진: 고고학연구원

**그림 69**  꺼옥에오 유적 H1피트 남벽 퇴적양상

사진: 고고학연구원

**그림 71**  꺼옥에오 유적 H4피트 TV2층

사진: 고고학연구원

**그림 70**  꺼옥에오 유적, H4피트 점토 바닥 및 건축관련 유물

사진: 고고학연구원

**그림 72**  꺼옥에오 유적, H4피트 TV2. 5층

사진: 고고학연구원

**그림 73** 꺼옥에오 유적, H4피트 TV2. 6층

사진: 고고학연구원

**그림 74** 꺼옥에오 유적, KT13HD9D9 단면의TV2. 6층

사진: 고고학연구원

**그림 75** 꺼옥에오 유적의 담장, KT13 및 벽돌군CG14c

사진: 고고학연구원

- 두번째 문화층은 옥에오 시대의 문화층으로, 평균 2m의 두께를 가지며 7개의 작은 문화층으로 구성
  되어 있다. 특히, TV2.2 문화층에서는 H4피트의 남쪽에서 CG14벽돌군을 발견하였으며, 또한 TV2.3
  -TV2.5 문화층에서는 KT13 벽돌담장의 흔적을 발견하였다. TV2.6 문화층에서는 약 40cm 높이의
  성토층을 발견하였다. TV2.7 문화층은 흑색 점토로, 평균 20cm의 두께를 가지며 일부 도기편이 포
  함되어 있다. 특히, H4피트의 동쪽에서 34개의 주혈과 하나의 목재 기둥이 생토층까지 깊이 박혀 있
  는 것이 발견되었다.

## 2.2.2. 유구

발굴 구역에서는 옥에오 문화 시기에 속하는 수혈, 벽돌군, 주혈 및 목재 기둥을 포함해 다양한 유구가
발견되었다. 그 중 가장 주목할 만한 것은 H4에서 발견된 벽돌 담장이다.

담장은 GOE. 18. H4. KT13로 명명되었으며, 장방형 벽돌로 축조되었다. 직선으로 매끄럽게 연결되어
있으며 일부 위치에서는 5~6단으로 쌓여 있다. 상부 열은 남쪽으로 기울어져 있다. 담장의 기초부는 2.3m
이며, 동서 길이는 16m이다. 건축에서 사용된 벽돌은 모두 점토로 만든 벽돌로 외면은 빨간색이며 내면은
검은색이다. 벽돌은 대형으로, 길이는 39~46.5cm, 너비는 23~28cm, 두께는 8~11cm이다. 이 담장은 건설
선에 섬토다짐하여 지반을 강화하였다(그림 75~76).

문화층에서 발견된 위치와 벽돌의 특징을 기반으로 하면, 이 담장은 5~7세기 경에 축조된 것으로 추정
된다.

## 2.2.3. 유물

꺼옥에오 유적의 4개의 발굴 피트에서 건축 자재, 도기(17,227점), 유리 및 금속유물(6점) 등 다양한 유
물이 발견되었으며, 특히 유리 구슬은 가장 두드러지고 가장 많은 수(약 730,619점)를 차지했다.

### 2.2.3.1. 옥에오 도기

옥에오 도기는 17,227점이다. 그 중에는 5,129점의 매끄러운 도기와 12,098점의 거친 도기가 있으며,
구연부, 문양이 있는 동체부, 문양이 없는 동체부, 저부, 뚜껑, 부뚜막, 항아리 등 다양한 종류의 편으로 구성
된다. 도기 중 대부분은 냄비의 저부 또는 낮은 굽이 있는 그릇편으로 식별된다. 도기의 문양은 주로 항아리,
용기의 어깨, 몸통 및 바닥에 위치하며, 일반적으로 파상문, 선문 등으로 이루어져 있다. 이 두 종류의 도기
는 모두 1세기부터 7세기까지의 시대에 제작된 것으로 추정되었다.

GOE.H04

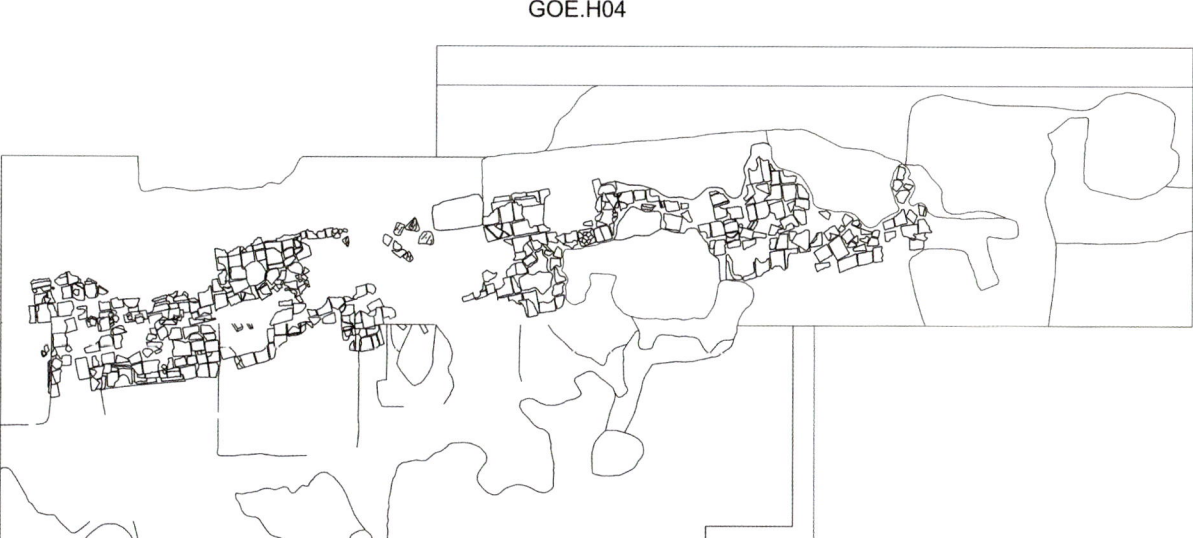

GOE.H04

GOE.KT13

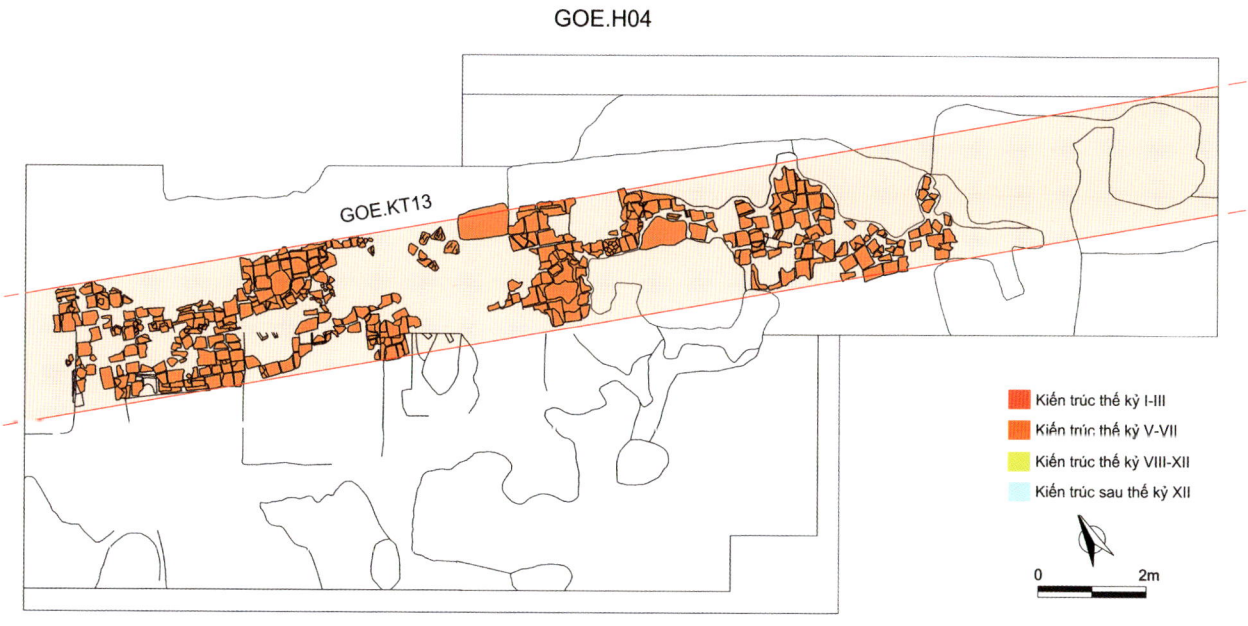

Kiến trúc thế kỷ I-III
Kiến trúc thế kỷ V-VII
Kiến trúc thế kỷ VIII-XII
Kiến trúc sau thế kỷ XII

0          2m

**그림 76**   꺼옥에오 유적의 벽돌담장의 현황도 및 복원도

사진: 고고학연구원

### 2.2.3.2. 보석류

보석류는 다양한 유형과 색상의 유리 구슬이 가장 많은 수를 차지한다. 그 중 원통형 구슬은 676,789점으로 가장 많은 수를 차지한다. 원형(5점), 타원형(2점), 육각형(54점), 직사각형(2점), 사각기둥형(1점), 제형(1점), 원기둥형(1점) 및 육각기둥형(3점)의 구슬도 있다.

구슬의 색상은 빨강색(219,181점), 줄무늬 빨강색(56,752점), 검정색(176,345점), 줄무늬 검정색(4,801점), 초록색(68,643점), 파란색(109,117점), 노란색(62,602점), 주황색(23,571점), 보라색(8,402점) 및 흰색(1,205점)이 있다. 발굴조사 전 큰 유리 구슬은 도굴되어 이번 발굴에서는 평균 크기 약 6mm의 작은 구슬만 수집할 수 있었다.

이전 연구들은 모두 꺼옥에오 유적이 옥에오 문화의 유리 생산 중심지로 추정하였으며, 발굴조사에서 유리 재료 30,382점과 미완성 상태로 붙어 있는 313점의 구슬이 발견되었는데, 이것들은 꺼옥에오 유적에서 유리 생산 과정을 입증하는 증거이다(그림 77~78)(Ngô Hồ Anh Khôi, cs, 2020.63-69).

꺼옥에오 유적에서 발견된 구슬은 모양과 색상 등의 비교 연구를 통해 태국 남부의 중심지에서 발견된 유리와 많은 유사점이 있음을 확인할 수 있다(Phukaoluan, Phukaoluan; Thawachchai, 2014).

### 2.2.3.3. 금속류

유적지에서 발견된 금속은 주로 1~3mm 크기의 작은 금 조각들이며, 형태나 용도를 판단하기 어렵다. 또한, 1~3mm 크기의 다면체 모양의 금 목걸이 구슬 3개와, 한 쪽 끝이 날카로운 6mm 길이의 정사각형 단면의 금 못이 있다. 이러한 금 유물들은 유리 장신구들과 함께 나타나며, 벽돌 구조물이 무너진 후 나타나는 시기에만 발견된다. 또한, 혼재된 흙층에서 1개의 링가(linga)와 1개의 탬버린을 포함한 작은 구리 유물 2개가 발견되었다.

### 2.2.4. 평가 및 분석

### 2.2.4.1. 특성

퇴적층 조사 및 유구, 유물 조사 내용을 토대로 꺼옥에오 유적은 두 단계로 나누어 볼 수 있다.

1~3세기, TV2.4에서 생토층과 가까운 TV2.7에 해당하는 기간 동안, 꺼옥에오 유적은 주거유적으로 이용되었다. 이 층에서 옥에오 특징을 갖는 많은 도기가 포함되어 있었는데, 매끈한 도기와 거친 도기 모두 다양한 종류의 냄비나 항아리 등이다. 이 기간 동안 유리 구슬은 아직 등장하지 않았지만, 위층에서 아래층으로 이동된 것으로 추정되는 작은 크기의 구슬이 있다. 남쪽에는 주혈들이 다수 확인되었으며, 이것들은 아

직 연결되지 않았지만, 2002년 발견된 자료와 함께(Manguin, 2002:11-13) 고상 건물지와 같은 주거용 구조물들이 이미 존재했음을 확인할 수 있다. 따라서 이 시기에 꺼옥에오는 주로 주거 지역으로 사용되었던 것으로 추정된다. 하지만 이 지역의 주민들 사이에서 무역 및 교류 활동은 아직 제한적이었다.

4~7세기는 TV2.3과 상부층, KT13 석조 담장이 해당한다. 이 시기는 꺼옥에오 유적에서 두드러진 무역 활동을이 나타나는 시기이다. 이 시기에는 소량의 도기편이 확인되었는데 대부분 파손된 상태이다. 주된 건축 재료는 벽돌, 기와, 석재 등이 사용되었다. 유물은 다양한 모양과 색상의 유리 구슬이 다량 출토되었는데, 태국 남부에서 발견된 유리 구슬과 유사한 특징을 가지고 있다. 이번 발굴 자료와 1999~2002년 발굴 결과(Manguin, 2002: 11-13)는 이 시기 꺼옥에오 거주자들이 두드러진 무역 활동을 가졌던 시기임을 보여주며, 특히 유리 구슬 상품의 판매가 중요한 역할을 했음을 알 수있다. 이 지역에서는 보다 견고한 건축물들도 건설되었을 가능성이 높다.

### 2.2.4.2. 연대

꺼옥에오 유적은 말러렛에 의해 1942~1944년에 처음으로 연구되었으며, 그 이후에는 만구인의 1999~2002년 연구 및 2018~2020년 고고학연구소의 발굴조사에서 유물 및 유구가 확인되었다. 이를 통해, 꺼옥에오의 연대는 다음과 같이 두 단계의 형성과 발전으로 확인된다.

- 1~3세기까지의 첫 단계: 발견된 주요 유물은 거친 도기와 매끈한 도기다. 이 외에도, 유적에서 목재 기둥이나 주혈(1999~2002년 발굴)은 GOE1-0 피트에서 발견되었다. 목재 기둥 2점의 연대측정 결과는 180년과 182년 경으로 추정되었다(Manguin, 2002). GOE02-01에서 채취된 목탄 및 목재의 연대측정 결과는 92년과 150년 경으로 추정되었다(Manguin 2002). 이것은 꺼옥에오 유적의 초기 시기로, 주거지 조성이 두드러진 시기이다.
- 4~7세기까지의 단계: 옥에오 평지의 발전 기간으로, 옥에오 도시의 최대 전성이다. 룽런 운하는 구릉의 남동쪽 가장자리를 따라 흐르며, 구릉 위에 건축물이 지어졌다. 아쉽게도 KT13으로 알려진 벽돌 담장만이 조사되었기 때문에 이 유구가 어떤 구조물과 관련이 있는지는 알 수 없다. 2002년 C2-C6 수로에서 발견된 5점의 목재 샘플의 연대측정 결과는 4세기(362년)와 5세기(462년)로 확인되었다. 이 시기는 무역 요소적 성격이 우세했다.

## 2.3. 꺼종쯤

꺼종쯤 유적은 옥에오 평지에 위치하고 있으며 지리 좌표는 북위 10°13′60.00″, 동경 105°9′51.00″이다. 이 유적은 룽런 운하의 왼쪽 둑가에 위치하며, 서쪽으로 약 100m 거리에 꺼종갓 유적, 남서쪽으로 약

0                                1cm

**그림 77-78**    꺼옥에오 유적에서 출토된 붙어 있는 구슬

사진: 고고학연구원

그림 79 옥에오 평지의 꺼종갓과 꺼종쫌 유적의 전경        그림 80 꺼종쫌 유적의 발굴 현황도

사진: 고고학연구원

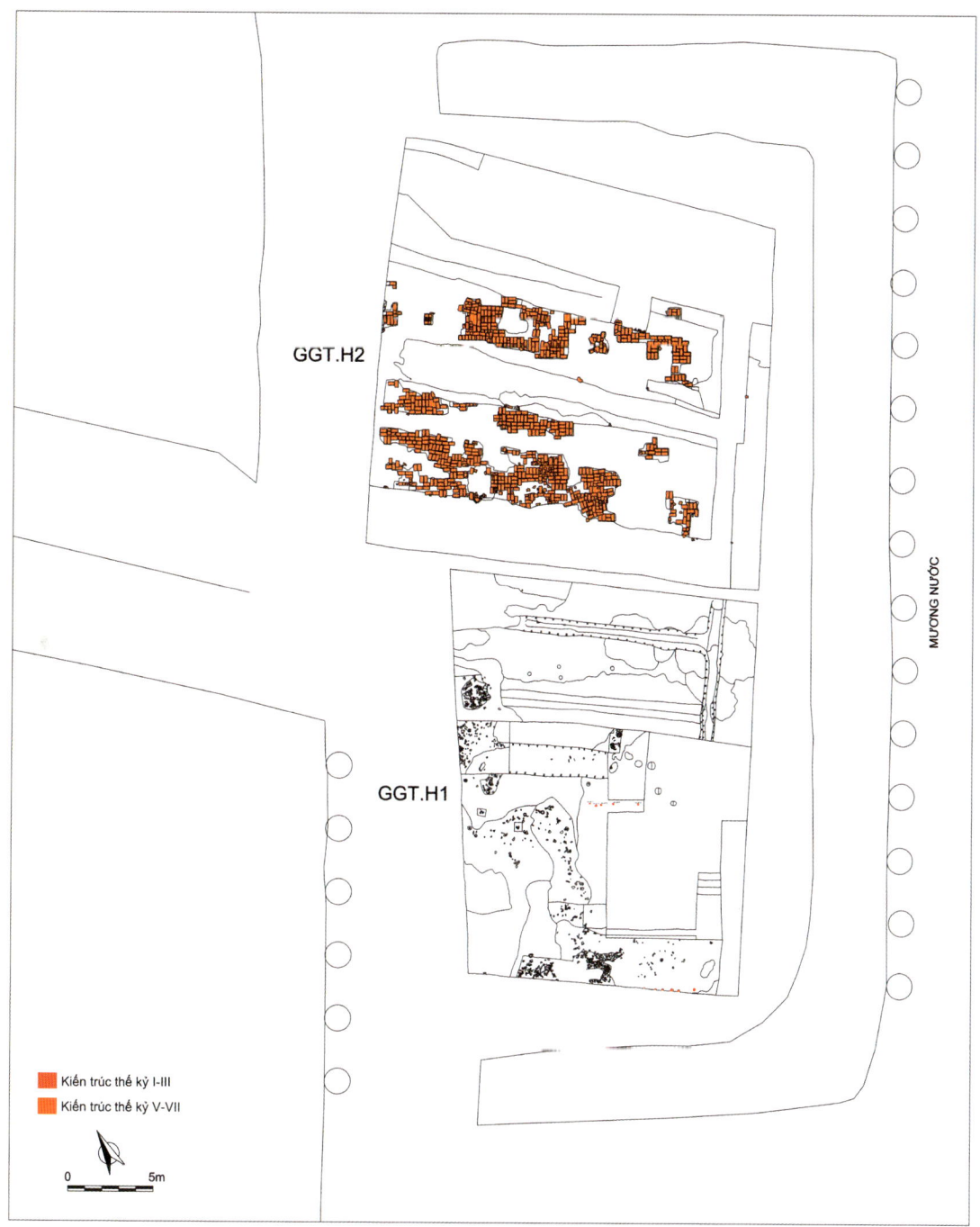

GGT.H2

GGT.H1

MƯƠNG NƯỚC

Kiến trúc thế kỷ I-III
Kiến trúc thế kỷ V-VII

0          5m

**그림 81**　꺼종쯤 유적, H02북벽의 퇴적양상

**그림 82**　꺼종쯤 유적, H01 서벽의 퇴적양상

**그림 83**　꺼종쯤 유적, H1 서벽의 퇴적양상

사진: 고고학연구원

700m 거리에 꺼까이티 유적, 약 900m 거리에 꺼옥에오 유적이 있다(그림 79).

1942년 꺼종쫌 유적에서 말러렛이 서부 남쪽의 구릉 기슭에 있는 1.7m 크기의 사실적인 양식을 가진 석조 링가 1점을 발견하였다. 1944년 말러렛이 트렌치 조사를 실시하여 북서쪽에서 3단으로 된 벽돌 구조물과 동쪽으로 연속된 벽돌 담장열을 발견했다(Malleret: 299-338). 1983년 고고학 센터(남부지역 사회과학연구소)가 유적을 발굴하여 규모가 큰 벽돌 구조물을 노출시켰다. 도면을 참고할 때, 이 구조물은 약 450m²의 범위 내에서 분포하며, 동서 길이 약 30m, 남북 너비 약 15m의 규모를 가지고 있다(Đỗ Đình Truật, 1984.206-212). 현재 주변에 민가가 들어서면서 평탄화되었으며, 발굴구역은 폭 1,950m 정도로 더 넓어졌고, 주변 논보다 약 80cm 정도 높아지게 되었다.

고고학연구소는 총 면적 907.75m²의 두 개의 피트에 대한 발굴조사를 실시했다. 이 중, 첫 번째 피트는 구릉의 남쪽 반대편에 위치하며, OE. 18. GGT. H1로 명명되었고, 면적은 384.5m²이다. 두 번째 피트는 구릉의 북쪽 반대편에 위치하며, OE. 18. GGT. H2로 명명되었고, 면적은 523.25m²이다. 두 피트 사이에는 80cm 폭의 둑이 설치되었다(그림 80).

### 2.3.1. 층위

꺼종쫌 유적에서 조사된 두 피트의 퇴적양상은 4개의 토양층을 포함하여 공통적이고 통합된 특성을 가지고 있다(그림 83~84).

- 표토층: 교란 및 경작층으로, 두께는 10~23cm이다.
- 첫번째 문화층: 두께는 50~60cm이며 얼룩진 회색의 모래와 점토가 혼합되어 있다. 불규칙한 모양의 크고 작은 벽돌편과 모래가 섞여 있으며 건축물의 표면을 덮고 있다. 이 층은 하부 문화층의 건물이 폐기된 후 형성되었으며, 평평하다.
- 두번째 문화층: 모래와 다양한 크기의 석재로 이루어진 벽돌 건축물이 포함되었으며, 3개의 서로 다른 층으로 구성된다. 첫 번째 층은 빨간색 벽돌 조각들이 섞인 흰색 모래가 단단하게 퇴적되었으며, 평균 두께는 18~34cm이다. 두 번째 층은 회갈색 점토층으로, 유물이 없으며, 평균 두께는 12cm이다. 세 번째 층은 유물이 없는 침전된 모래층이다. 건축물 내부 층으로 교란되었다.
- 세번째 문화층: 상단에 위치한 벽돌 탑 건축물의 기초부를 구성하기 위해 성토된 점토층이다. 그러나 이 층은 건축물 내부와 외부에서 차이가 있다. 건축물 외부에서는 노란색과 빨간색이 섞인 얼룩진 점토층으로, 종종 도기편과 벽돌편 등 유물이 섞여 있으며, 평균 두께는 80cm 정도이다. 그러나 벽돌 건축물 내부에서는 색조가 밝은 검은색, 연한 갈색, 노란색이 섞인 얼룩진 점토층이 확인되며 평균 두께는 1.1m 정도이다. 이 점토층에는 벽돌 조각과 얇은 모래층이 일부 포함되어 있다.

## 2.3.2. 유구

### H1과 H2 피트

총 46기의 유구가 발견되었다. 주혈, 건축용 벽돌 바닥, 석조 기단, 도기 집중부, 석재 집중부, 수혈 등이 포함된다. 이 중 벽돌 바닥과 석조 기단은 5~7세기 경으로 연대가 확정되었다. 하지만 도기 집중부, 수혈, 목재 기둥 등의 유구는 아직 정확한 연대를 알 수 없다.

### 2.3.2.1. 말뚝/목재 기둥과 주혈

유구는 H1의 남서쪽 룽런 운하의 둑 근처에서 발견되었다. 이 목재 기둥은 지름 4.5~8.0cm로 29개의 작은 기둥으로 구성되어 있으며 부식되어 있다. 목재 기둥은 일직선으로 놓여 있지 않고 지그재그형으로 구불구불하게 배치되어 있으며 청회색 점토층 내부에 놓여 있다. 기둥은 북쪽에서 남쪽으로 기울어져 있고 서쪽 방향으로 이어지며 동쪽 끝에는 노란색 점토 생토층이 있다. 기둥과 주혈을 연결할 수 없어 건축구조는 확인할 수 없다. 문화층 순서를 고려하면, 유구의 연대는 1~3세기 사이로 추정된다(**그림 84**).

### 2.3.2.2. 사원과 탑

유구는 1983년 조사에서 발견되었다(Đỗ Đình Truật, 1984.206-212). 현재 건축물은 여러차례의 조사로 인해 일부 불연속한 바닥 구조만 남아 있으며, "재사용" 흔적이 있는 1~2단의 벽돌을 포함한, 잔존부가 연결되지 않아 전체 유구의 흔적을 확인할 수 없었다. 유구는 조사 당시 발견된 벽돌 바닥과 건축물의 기초부로 식별되었다.

OE18. GGT. SG08로 명명된 벽돌열의 흔적은 오래된 건축물의 구조 및 몇 개의 바닥 구조의 가장 하단부에 위치한 벽돌만 일부 남아 있다. 상당히 훼손되어 건물지의 규모와 축조 방식을 복원하는 것은 매우 어려울 것으로 추정된다. 1983년 발굴 자료에 따르면 길이 30m(동서 방향), 폭(남북 방향) 15m의 벽돌 구조물이 있으며, 이것은 다양한 크기의 직사각형 모양의 벽돌로 구성되어 있었다(Đỗ Đình Truật, 1984: 206-212). 그러나 이 남아 있는 유구의 양상은 1983년 조사결과와 마찬가지로 건물지의 구조를 식별하는 데 충분한 데이터가 되지 못했다.

건물지의 석열은 OE18. GGT. MK09로 명명되었다. 모래층 내에 놓여진 석재 및 지반을 굴착한 후 채워 넣은 점토층으로 이루어져 있으며, 상면을 모래로 덮어 평평하게 한 후 벽돌을 올려 놓았다. 사용된 석재는 지역 주변의 산(투옹산, 트로이산, 바테산 등)에서 채굴되었다(**그림 85**).

건물지의 석재 기단부는 현대 수로 및 SG08 벽돌 바닥 아래 완전히 파내어진 지점 주변에 위치한다.

**그림 84**　꺼종쯤 유적, H01의 목조 기둥

사진: 고고학연구원

**그림 85**　꺼종쯤 유적, H2의 Mk09구조물의 바닥

사진: 고고학연구원

**그림 86**　꺼종쯤 유적, 옥에오 도기 항아리

사진: 고고학연구원

**그림 87**　꺼종쯤 유적, 옥에오 도기 뚜껑

사진: 고고학연구원

**그림 88**  꺼종쭘 유적, 옥에오 도기, 소형 항아리

사진: 고고학연구원

**그림 89**  꺼종쭘 유적, H1의 옥에오 도기, 다리가 긴 컵

사진: 고고학연구원

**그림 90**  꺼종쭘 유적, 옥에오 도기, 박자

사진: 고고학연구원

**그림 91**  꺼종쭘 유적, 석재 귀걸이 금형

사진: 고고학연구원

**그림 92**  꺼종쯤 유적 출토 유리구슬
사진: 고고학연구원

동쪽 벽면과 수혈의 절단면을 기반으로 볼 때, 석재 기단은 15m의 넓은 범위에 걸쳐 설치되어 있으며, 이는 1983년 발굴에서 확인된 벽돌 구조물의 폭과 일치한다.

### 2.3.3. 유물

꺼종쫌 유적에서 발견된 유물들은 도기, 건축 재료, 석재 그리고 유리제품 등이 포함되어 있다.

### 2.3.3.1. 도기

76,476점의 토기편이 있으며 주로 항아리, 켄디병, 부뚜막, 병, 굽이 높은 컵 등과 같은 생활 용품으로 구성되어 있으며, 두 가지 주요 재료인 거친 도기와 매끈한 도기가 있다(그림 86~87). 그 중 매끈한 도기편은 21,113점(전체의 27.60%)을 차지하며, 거친 도기편은 55,363점(전체의 72.39%)을 차지한다. 또한, H1에서는 지름 7.8cm의 토제 박자가 발견되었다. 이것은 옥에오 문화 유적에서 매우 일반적인 도기 생산 도구이다.

### 2.3.3.2. 건축 재료

꺼종쫌 유적의 건축 재료는 건축의 기반이 되는 바닥을 깔기 위해 사용된 직사각형 벽돌과 건축용 할석으로 구성되어 있다. 벽돌은 꽤 크며, 평균 길이는 37~40cm, 폭은 17~21cm, 높이는 6.5~8cm이다.

### 2.3.3.3. 석재 금형

유적에서 석재로 만든 금속 장신구를 만드는 두 개의 금형을 발견했다. 첫 번째 금형은 명갈색 석재를 이용하여 직사각형으로 제작되었으며, 한 쪽 모서리가 깨졌다. 금형의 표면에는 두 개의 직선으로 이루어진 프레임 내부에 반개 모양의 연꽃무늬가 새겨져 있다. 크기는 길이 10.3cm, 너비 5.7cm, 두께 1.4cm이다. 두 번째 주형도 밝은 검정색의 석재로 제작되었으며 깨졌다. 주형의 표면에는 말발굽 모양이 새겨진 두 개의 귀걸이 틀이 있다. 크기는 길이 8.25cm, 너비 4.6cm, 두께 2.25cm이다.

### 2.3.3.4. 보석류

유적에서 발견된 보석은 다양한 재료의 구슬이며, 그 중 유리 구슬은 209점으로 가장 많은 수를 차지하고 있으며, 금속 구슬 1점, 토제 구슬 1점, 석재 구슬 2점, 그리고 용해 유리 한 점도 있다. 이러한 구슬들은 문화층, 도기 집중부, 석재 집중부, 수혈에서 발견되었다(그림 92).

꺼종쫌 유적에서 발견된 유리 구슬 대부분은 납작하고 평평한 원 모양이며 매우 작다. 이 구슬들은 보통 "반짝이는 구슬"이라고 불리며, 흰색, 검정색, 주황색, 금색, 빨간색, 초록색, 청록색, 파란색 등의 단색 유

**그림 93**  꺼종쯤 유적 출토 테라코타 두르가 여신상

사진: 고고학연구원

리로 만들어졌다. 그 중에서도 가장 많은 색상은 빨간색과 청록색이다. 유리 구슬은 옥에오 문화 유적에서 일반적인 유물 유형이다.

### 2.3.3.5. 종교 유물

H1에서 발견된 회색 테라코타 두르가 여신 조각상이다. 이 조각상은 목 부분부터 머리가 없어졌으며, 양 팔도 없다. 높이 6.85cm이며, 앞쪽 가슴은 둥글고, 허리 둘레는 작으며, 양쪽 몸통 하단부는 깨진 흔적이 있으며, 팔 부분이 부러진 흔적으로 추정된다(그림 93).

### 2.3.4. 평가 및 분석

### 2.3.4.1. 특성

1~3세기 경 옥에오 시기에 해당하는 꺼종쫌 유적의 H1에서 고상 건물지의 목재 기둥 및 매끈한 노란색 도기 등이 발견되었다. 이 자료는 이 시기 꺼종쫌 유적이 거주 지역이었을 가능성을 보여준다.

4~7세기 경 꺼종쫌 유적에 출현한 종교 건축물은 내부에 장방형의 많은 구획이 있는 벽돌 구조물이다(꺼까이띠 건물지 내부와 유사). 1983년 및 2018~2020년의 발굴 작업에서 건축물의 흔적이 발견되었다.

그러므로 꺼종쫌 유적 2개 문화층의 특성은 옥에오 항구 도시의 형성 및 번성과 관련하여 옥에오 평지의 다른 유적과 유사하다.

### 2.3.4.2. 연대

1~3세기의 초기 시기에서 H1.4~5층, 7층, 8층에서 발견된 목재 기둥은, 주로 매끈한 도기 또는 거친 도기의 생활용기, 목재 건축물을 통해 초기 주거 유형과 관련된 것으로 추정된다.

4~7세기에는 꺼종쫌 유적에서 벽돌 건축 양식이 형성되었다. 이 건축 양식은 1983년 발굴된 건물지가 해당되며, 대략 450m² 규모이다. 많은 벽돌 층이 계획적으로 구획된 칸으로 구성되어 있으며, 꺼까이띠 유적과 유사하다. 이전 연구에서 말러렛은 꺼종쫌 유적을 L지역으로 지정하고, 발견된 건축물을 G건물지로 지정했다. 따라서 이 유적의 건물지는 꺼종갓 유적의 K건물지와 떨어져 있으며, 매우 큰 건축물 군집이 룽런 운하의 양쪽으로 분포하고 있다. 이 시기는 옥에오 도시가 매우 번성한 때이다. 이 기간 동안, 많은 종교적인 건축물들이 높은 구릉에 건설되었다. 유감스럽게 현재 유적은 매우 심각하게 파괴되어 1983년에 볼 수 있었던 지도와 다른 양상이다. 지금은 린선박 유적의 KT17 건축물과 동일한 크기와 특징을 가진 벽돌 1~2층만 남아 있다.

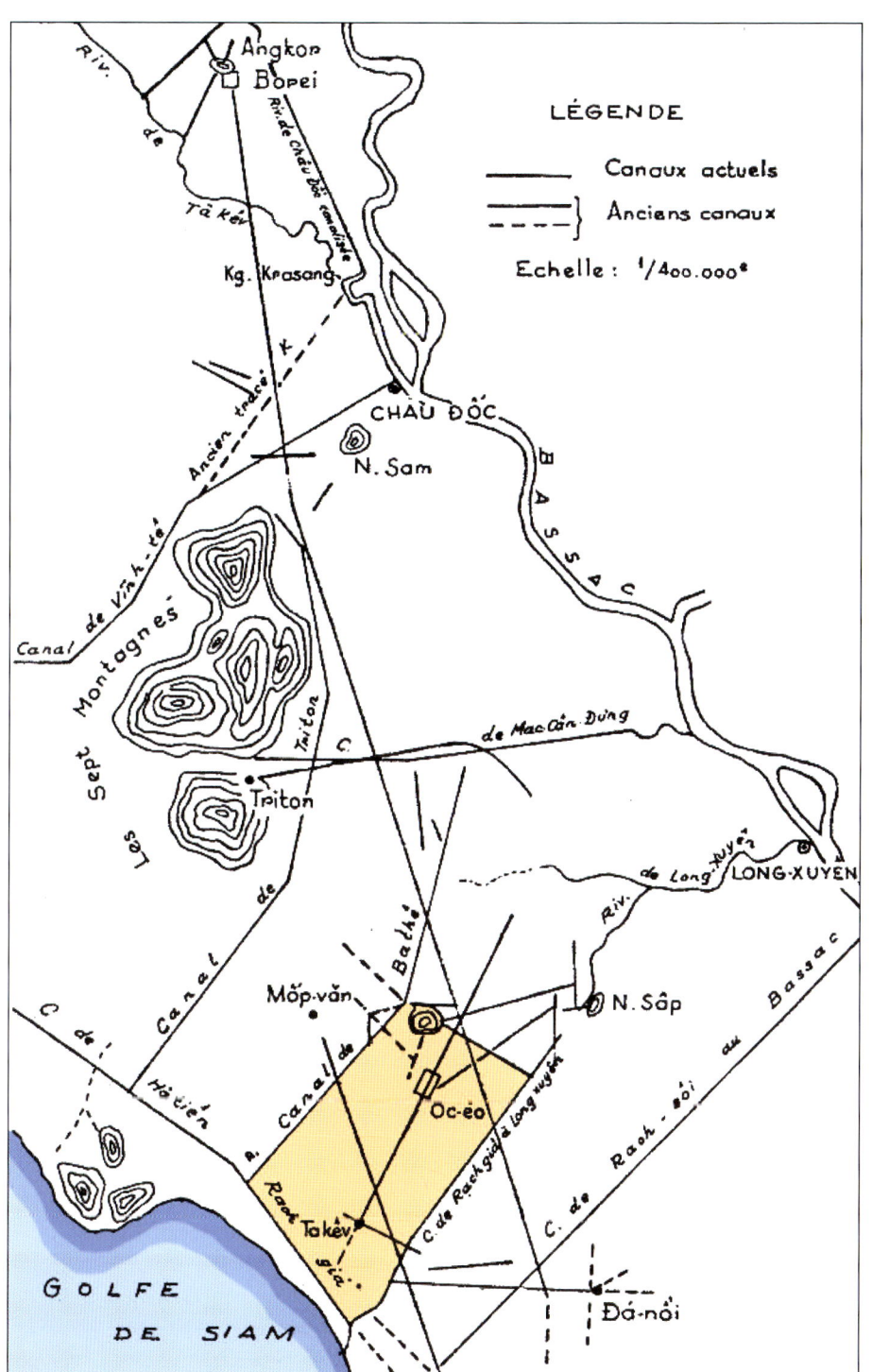

그림 94 메콩강의 고대 운하 시스템

사진: Malleret, L., 1959. Planches. Pl. XII

## 2.4. 룽런 유적

룽런 또는 룽지엥다는 고대 운하의 지명으로, 1928년부터 1953년까지 말러렛이 실시한 항공조사에서 발견되었다. 이 고대 운하는 꺼종갓 유적 및 꺼옥에오 유적의 동쪽에 위치하며, 북동쪽에서 남서쪽으로 흐른다. 이 유적은 2002년 호치민시 사회과학연구소(현재 남부지방 사회과학연구소)와 프랑스 EFEO의 공동 연구 프로젝트를 통해 처음으로 발굴되었다(Manguin, 2002). 이 프로젝트에서는 옥에오와 다른 지역 간의 무역 경로에 대한 발굴 및 연구를 위해 룽런 유적이 중요한 지역 중 하나로 확인되었다.

옥에오 문화의 형성과 발전 과정에서 고대 운하들은 지역의 특징을 형성하는 데 매우 중요한 역할을 했으며 나아가 메콩 삼각주 지역의 고유한 특성을 형성하는 데 기여했다. 옥에오 지역은 고대 도시인 옥에오-바테를 통해 바다에서 앙코르 보레이(캄보디아 타케오)까지 연결되는 고대 운하의 한 가운데에 위치하고 있다. 말러렛(1962)에 따르면, 이 운하 체계는 자연적인 물줄기와 인공적인 운하들이 연결되어 있다(그림 94). 이러한 고대 운하들은 지금까지 항공사진을 통해서만 볼 수 있었고 정확한 좌표가 파악되지 않은 채로 사라졌다. 특히 1980년대 이후 지형과 경관이 크게 변화하여 확인하는 것이 매우 어려워졌다.

따라서 옥에오 시대 룽런 운하의 특징으로 운하의 폭과 깊이, 선박이 운항할 수 있는 규모와 하중을 확인하고, 수변지대의 주거지와 무역을 연구하기 위해 2018년, 2020년 남부지역 사회과학연구소는 룽런A와 룽런B 유적 발굴을 실시했다. 발굴 위치는 말러렛이 1953년 작성한 지도와 1984년 지형도 및 EFEO의 2001년 지형도를 참고하여 결정되었다.

룽런 A구역은 약 7헥타르의 면적을 가진 넓고 평평한 논밭 지대이다(그림 95). 룽런 A구역은 해발 70~100cm에 위치하며, 꺼옥에오 유적에서 서쪽으로 50m 떨어져 있다. 북쪽은 쭝선4 운하(이전에는 웃홍 운하)와 맞닿아 있으며, 남쪽은 란 운하와 인접한다. 이 구역에서 총 8개의 발굴 피트가 조사되었으며, 총 면적은 464m$^2$이다.

룽런 B구역은 약 5헥타르의 면적이며, 룽런 A구역에서 동북쪽으로 약 800m, 서쪽으로 꺼다 유적에서 30m, 서북쪽으로 꺼종갓 유적에서 60m 떨어져 있다. 동쪽은 바테3 운하와 약 80m 떨어져 접하고 있다(그림 96). 유적의 지형은 평지로 해발 약 1.2~1.7m이다. 이 구역에서 총 6개의 발굴 피트와 5개의 트렌치가 설치되었으며 총 면적은 577m$^2$이다.

### 2.4.1. 층위

룽런 유적의 A구역과 B구역의 문화층은 두 개의 문화층으로 구분되며 현재의 평지 퇴적층과 매우 유사하다(그림 97~100).

- 현대 퇴적층은 두께가 60~90cm이며, 최근의 경작과 침식 등으로 퇴적된 층이다. 이 층의 토양은 꺼옥에오 유적에서 침식된 것으로 보인다. 이러한 이유로 인도-태평양 구슬과 여러 시기의 도기편을 많이 발견할 수 있다.
- 첫번째 문화층은 평균 두께가 40~60cm이며, 이것은 운하변에 위치한 주거층이다. 이 층은 A구역의 H2, H4, H5, H6, H7과 같은 몇 개의 피트에서만 발견된다. 문화층에서는 목재기둥, 주혈흔과 같은 주거 흔적을 찾을 수 있다. 주민들이 폐기한 일상 생활 용품과 함께 깨진 도기편들도 찾을 수 있다. 또한 다양한 크기와 색상의 유리 구슬도 모래층에서 많이 발견된다. 이곳에서 발견된 도기는 일반적으로 5~7세기의 옥에오 문화의 특징적인 형태이다.
- 두번째 문화층은 평균 두께가 40~50cm이며, 흑갈색 토양으로 식물 유체가 많이 포함되어 있다. 이것은 운하 바닥의 퇴적층이다. 이 층의 표면 위에는 보통 10cm 정도의 두꺼운 모래층이 있으며, 그 안에는 인도-태평양 유리 구슬들이 많이 포함되어 있다. 이 층 아래에는 다양한 형태와 재질의 고고 유물과 함께 씨앗, 동물 뼈 및 물고기 뼈와 같은 다양한 유기물이 많이 포함된 퇴적층이 있다. 이것은 룽런과 옥에오 유적의 고대인의 활동 기간 중 2~4세기에 해당하는 가장 특징적인 층이다.
- 생토층은 홀로세의 삼각주 퇴적층(Lê Xuân Thuyên, 2005)으로, 깊이 약 3.0~4.5m에 위치한다. 이 깊이는 룽런 운항의 바닥이자 경계로 간주될 수 있다.

### 2.4.2. 유구

룽런 유적에서는 다양한 문화층에서 145기의 유구가 조사되었는데, 그 중 최근 교란된 층에서 30기, 5~7세기의 옥에오 문화층에서 28기, 2~4세기의 초기 옥에오 문화층에서 77기이다.

옥에오 문화층의 유구들은 대부분 5~7세기 경의 주거 흔적으로, 도기군, 동물 뼈와 목재 기둥 등 식생활과 관련된 흔적들이 주를 이루고 있다. 룽런 A구역의 H4, H5, 집수지와 H7에서 발견된 이 유구들은 일상 생활의 흔적들이 명확하게 드러나, 이 구역이 고대 운하변 주변의 주거지였을 것으로 추정되었다. 특히 H4에서는 지름 10~15cm의 작은 목재 기둥이 여럿 발견되었는데, 직선적으로 배치되어 있지 않았으나 뾰족한 머리 부분이 깊숙히 묻혀져 있어 강변에 건물지를 세웠을 가능성이 높다.

H6피트는 H4피트와 유사한 생활 유구이다. 거의 모든 발굴 지역에서 일상 생활 용품의 작은 도기편과 물소, 돼지, 코끼리, 닭 등의 동물 뼈가 많이 발견되었다. 특히 이 구역에서는 단단한 점토층 위에 장방형의 구조물이 만들어진, 높이가 20~25cm, 폭은 40cm의 남북축을 따라 긴 변의 길이가 약 7m인 도기 집중지역이 있는 것이 특징이다.

그림 95 룽런 유적(A구역)과 꺼옥에오
유적의 전경

사진: 응우옌칸쭝기엔

그림 96 룽런 유적(B구역)-꺼종갓-꺼종
쫌 유적의 전경

사진: 응우옌칸쭝기엔

**그림 97–99**  룽런 유적(B구역)–꺼종갓–꺼종쯤 유적 발굴 장면

사진: 응우옌칸쭝기엔

100

**그림 100**  룽런 고대 운하의 흔적 (B구역)

사진: 응우옌칸쭝기엔

**그림 101**  룽런 유적(A구역), 고상 건물지의 흔적

사진: 응우옌칸쭝기엔

**그림 102**  룽런 유적(B구역), 선박고정용 기둥의 흔적

사진: 레황퐁

**그림 103**  운하변의 무너진 고상 건물지의 흔적 (룽런-B구역)

사진: 레황퐁

101

102

H7피트에서 유구는 동쪽에서 발견되었으며, 넓은 평면 위에 꽤 균일하게 집중된 도기층이 약 20cm 두께로 형성되어 있다. 그 중 대부분은 일상 생활 용품인 병의 구연부, 병, 컵, 잔, 뚜껑, 부뚜막, 깨진 벽돌, 나무 조각 및 각종 동물 뼈의 작은 조각이다(그림 101). 도기층 아래에는 지름 10~15cm의 5개의 목재 기둥이 일직선이 아닌 상태로 위치한다. 그 중 하나는 사각형의 목재 기둥으로, 원형 기둥 바로 옆에 위치하여 고상 건물지 유형의 주거지가 있었음을 보여준다.

2~4세기 경 옥에오 유구들은 보통 목재 기둥과 매립 기둥으로, 운하 주변의 고상 건물지 주거 지역에서 흔히 발견된다. 목재 기둥들은 룽런 B구역에서 집중적으로 발견되었으며, 거의 70개의 목재 기둥이 생토층 표면 위에 또는 생토층 내부에 삽입되어 있다. H3과 H4 피트의 매립 기둥 유구군에서는 총 33개의 목재 기둥이 발견되었으며, 이들은 평균 지름이 10~15cm이다. 직선 방향으로 동서쪽 축을 따라 경사면 위에서 물가로 내려가는 지역의 황색 점토층(생토층) 내부에 위치해 있다. 이 목재 기둥들은 서로 균일한 간격으로 분포되어 있으며, 평균적인 간격은 1.5m이다. 목재 기둥은 운하 바닥을 향하고 경사로 방향으로 설치되어 있으며, 평균적으로 점토면의 하부 1.7~2.0m 깊이에 존재하여 대부분 동일한 시기와 기능을 가진 것으로 판단되었다. 이는 선박의 정박지 또는 운하 둑을 막는 제방의 역할을 할 수 있다(그림 102). H3피트 내의 목재 기둥군은 경사로와 내륙의 경계에 위치하며, 깊이 1.2m에 존재한다. 평균 지름 약 15cm인 5개의 큰 목재 기둥으로 구성되어 있다. 가장 긴 기둥의 길이는 약 2m이며 나머지 막대의 길이는 1.3~1.5m이다. 이 기둥들은 수평으로 놓여 있으며 무너진 흔적이 있다.

측면에는 지름 약 5cm, 길이 약 1m 정도의 많은 작은 목재 기둥들이 있으며 큰 목재 기둥들과 섞여 있다. 큰 목재 기둥군 중 2점은 양 끝에 돌출부가 있고, 1점은 구멍이 있어 연결되는 세트일 가능성이 있으며, 나머지 기둥은 모두 한쪽 끝을 뾰족하게 다듬었다. 작은 목재 기둥들이 발굴 지역에서 찾아진 작은 규모의 무너진 고상 건물지의 일부를 이루고 있다(그림 103). 주거지의 흔적 외에도, 고대 옥에오(Óc Eo) 주민들의 생활 흔적은 도기와 동식물 유체로 남아 있다(그림 104).

### 2.4.3. 유물
룽런 유적의 유물은 총 821,707점의 도기편과 288,576점의 유리 구슬이다. 그 중 등록된 유물은 1,021점으로, 완형으로 복원된 409점의 도기, 25점의 목재 기둥, 266점의 보석류(유리, 귀금속으로 만든 장신구), 274점의 생활, 생산용품, 7점의 종교 유물, 10점의 동전, 그리고 30점의 미확인 유물이다. 또한 검은 매끈한 도기편 2,679점, 유약이 없는 도기편 624점, 시유도기편 743점, 그리고 주거지층에서 찾은 청자편 2,955점이 함께 발견되었다.

**그림 104**  룽런 유적-B구역, 옥에오 도기
사진: 레황퐁

### 2.4.3.1. 도자기

#### (1) 옥에오 도기

완형으로 복원된 도기 409점 이외에, 룽런 유적에서 발견된 옥에오 도기편은 821,707점으로 두 가지 재료 그룹으로 구성된다. 그것은 매끈한 도기편 263,608점(32.08%)과 거친 도기편 551,098점(67.07%)이다.

매끈한 도기군은 미세한 점토로 제작되었으며, 일부는 소량의 모래가 혼합되었지만 매우 드물다. 이것들은 상대적으로 높은 온도에서 소성되었으며, 색상은 주로 연한 핑크, 주황색 또는 상아색이다. 기종은 주로 항아리, 그릇, 컵 및 뚜껑 등이다. 초기 분류 결과에 따르면 구연부편 23,705점, 저부편 8,664점, 켄디병의 주구편 1,581점, 손잡이나 갈고리가 있는 오목한 모양의 뚜껑편 11,616점, 굽이 높은 잔편 15,323점이 있다. 흥미로운 점은 매끈한 도기군은 종종 무문인데, 202,719점의 몸체 동체부 중 24,150점 만이 문양이 있으며 나머지 178,569점은 문양이 없다. 문양은 대개 선문, 곡선문, 거치문 또는 동심원문으로 구성된다.

거친 도기는 혼합물은 모래와 식물의 2종류가 있으나 명확하게 구분하기는 어렵다. 주요 기종은 생활용기로 일반적으로 사용되는 도구들이다. 가장 널리 사용되는 것은 13,378점의 부뚜막(전체의 2.42% 차지)이다. 특히, 부뚜막은 독특하고 눈에 띄는 다양한 문양으로 장식되어 있으며, 매우 높은 미적 감각을 표방한다. 거친 도자기의 대표적인 유형은 요리하는데 사용되는 냄비로 납작한 냄비, 깊숙한 냄비 및 병 등이 있다.

#### (2) 수입 도자기

옥에오와 룽런 유적에서의 문화 연구에서 중요하고 매우 가치 있는 발견은 외국에서 생산된 도자기이다. 특히 인도에서 가져온 도자기들이 그렇다.

그 중 대표적인 것은 진주 사슬 문양으로 장식된, 비나를 연주하는 인물을 새긴 주황색 도기 병의 동체부편이다. 이 유물은 끼엔장 박물관에 전시되어 있으며, 넨쭈어 유적에서 우연히 발견된 것이다(그림 105:3). 이것은 옥에오 문화에서 발견된 가장 유명하고 독특한 도자기 중 하나이다. 부이민찌 박사의 연구에 따르면, 끼엔장 박물관의 병 동체부편은 굽타 예술 양식을 따르고 있으며, 이는 인도에서 유래한 물품으로 4~5세기 경에 제작된 것으로 보고 있다(Bùi Minh Trí, 2020: 43-62).

주목할만한 것은 룽런 유적에서도 인도 양식의 그림이 그려진 도자기편들이 몇 점 발견되었다는 점이다(그림 105:4~6). 이것은 구연부가 넓고, 경부가 크며, 동체가 둥글고 일정하게 좁아지는 타날문 도기의 편이다. 이 도기의 중요한 특징은 몸통 외부에 주홍색 유약이 시유되어 있으며, 그 위에 검은색으로 무늬를 그린 것이다. 이것은 선명한 색상 대비를 만들어 낸다. 부이민찌 박사는 이것을 채색 도자기라고 부른다. 그가 북인도의 라티야, 손크, 사헷, 랑마할, 다브리 라트나, 아샬 보하르 마즈라 유적에서 발굴된 자료를 비교하면

1

4

2

5

3

6

**그림 105**　롱런 유적에서 발견된 인도 도자기편
사진: 응우옌칸쭝기엔

서, 넨쭈어와 룽런 유적에서 발견된 채색 도기편들은 북인도의 랑마할 도기와 유사한 특징을 가지고 있는 것을 발견했다. 그것은 인도의 쿠샨 시기와 대응하는 기원전 4~3세기 사이의 연대를 갖는 것으로 파악되었다 (Bùi Minh Trí, 2021; Uesugi, 2014)

인도 도자기에 대한 아주 중요한 발견은 매끄럽고 흑색 시유 도자기가 발견된 것이다(그림 105:1~2). 이 도자기편은 2,679점이다. 북부 인도의 우타르 프라데시의 라티야와 손 유적에서 발견된 인도 도자기와의 비교 연구 결과, 부이민찌 박사는 넨쭈어와 룽런 유적에서 발견된 흑색 시유 도자기편이 인도에서 생산됐을 가능성이 있으며, 그 연대는 기원후 1세기 전후 또는 그보다 조금 늦은 시기일 것으로 추정된다(Bùi Minh Trí, 2021; Mani, 2010).

룽런 유적에서는 도기뿐 아니라 2,955점의 벽돌편도 발견되었다. 이들은 주황색 또는 밝은 노란색이다. 일반적인 형태는 몸통에 세로줄 또는 홈이 많은 직사각형 모양의 벽돌이며, 인도에서 유래하거나 인도 양식을 따른다. 이 발견은 옥에오 고대 도시와 인도 문명 사이의 관계를 좀 더 생생하게 밝혀주며, 이 관계는 1~2세기부터 4~6세기의 굽타 시대까지 이어진다.

위에 언급한 인도 도자기의 발견은 옥에오의 문화 역사와 고대 룽런 운하의 발전과 존재에 대한 보다 세밀하고 직접적인 역사적 증거를 제시하였으며, 옥에오 고대 도시의 국제 무역에 관한 역할과 중요성을 보다 명확하게 확인시켜 주었다.

### 2.4.3.2. 보석류

#### (1) 유리 보석류

룽런 유적에서 발견된 유리류는 주로 옥에오에서 생산된 구슬과 수입된 구슬로 구성되어 있는데, 이는 대부분 목걸이로 사용되었다.

#### a) 인도-태평양 유리구슬

인도-태평양 유리구슬은 가장 일반적인 보석류이다. 형태가 정해지지 않으며, 라다 드로잉 기술로 만들어지는데, 단색으로 지름은 6mm 미만이다. 룽런 유적에서 발견된 구슬은 색상에 따라 분류되며, 주요 색상은 빨강, 주황, 노랑, 검정, 남색, 보라색, 초록색, 세로줄이 있는 빨강, 그리고 흑색, 백색, 빨간색이 함께 있는 것도 있다. 구슬의 크기는 대형(5~6mm), 중형(3~5mm) 및 소형(3mm 이하)으로 나눌 수 있다.

룽런 운하에서, 채질을 통해 인도-태평양 유리 구슬 288,576점을 발견하였으며, 그 중 A구역에서 264,381점, B구역에서 24,195점의 구슬이 있다. 이는 유리 구슬의 분포 밀도가 꺼옥에오 유적과 가까운 A구역에 집중되어 있음을 보여준다. 이 구슬들은 룽런 유적의 두번째 문화층에서 발견되었다. 이는 이 고대 운하가 운영된 시기와 일치한다(그림 106~107 참조).

룽런 유적의 A, B 두 구역에서 발견된 유리 구슬의 색상별 비율은 명확한 차이를 보이다. A구역에서는 빨간색이 우세한 비율(39%)을 차지한다. 이어서 청록색, 노란색 및 검정색(13~14%), 녹색, 줄무늬 빨간색 및 주황색(약 6~7%)이 있다. 반면, B구역에서는 빨간색(29%), 청록색(20%)이 많으며, 줄무늬 빨간색 및 노란색(11~13%) 및 녹색과 주황색(7~8%)은 적게 나타난다.

### b) 수입 구슬

꺼옥에오 유적에서 생산되는 구슬 뿐만 아니라 룽런 유적에서 수입된 구슬도 발견되었다. 이는 옥에오 고대 도시의 연대 및 상업망을 확인하는 데 매우 중요한 자료이다. 이러한 구슬의 종류는 다음과 같다.

- 로마의 금박 유리 구슬은 3점으로, 얇은 황금으로 된 표면이 벗겨지고 옅은 상아색 유리 층만 남아 있으며, 약간 흐릿하다. 이것은 고급 구슬로, 2~3세기 경 로마 제국 시기에 매우 유행하였다. 이 구슬은 수입품이거나 로마 상인이 가져온 것으로 추정된다(그림 108:4).
- 샌드위치 모양으로 쌓인 구형 금심이 있는 유리 구슬은 호박색을 띤 구슬로 1점이다. 내부에 금박층이 보인다. 1~6세기에 제작된 것으로 추정된다(그림 108:3).
- 아게이트 유형의 다색 유리 구슬은 3점으로, 외부에서 수입된 것으로 추정된다.
- 로마의 유리 모자이크 구슬은 타원형의 파편 1점이다. 이는 희귀한 샘플이며, 기원후 2세기 경 로마와 접촉한 증거이다(그림 108:1).
- 두쪽의 끝을 조인 크리스털 구슬은 1점으로 인도 아리카메두 유적에서 기원전 4세기 이전에 생산된 특징적인 구슬 중 하나이다(그림 108:2).

### c) 금박 금속 구슬

룽런 유적에서 발견된 금제 유물은 많지 않다. 대부분 얇고 작은 금 파편, 제작 과정에서 발생한 2점의 재료 실 /부산물, 그리고 납작한 원형 장식 세부 요소로 쓰인 2개의 구슬과 다면체 형태의 작은 5점의 구슬(그림 108:5), 꽃 모양으로 연결된 구슬들이 대부분이다.

### (2) 귀금속, 장신구

구슬 외에 45점의 금속 장신구가 발견되었다. 주된 재료는 납과 주석 합금으로 귀걸이(그림 108:9), 반지(그림 108:8), 부적 등 지역적인 장신구 및 제작 과정에서 나온 폐기물이다. 이러한 폐기물은 금이 간 팔찌, 스프링 금속 줄, 얇고 둥글게 말린 금속 줄, 재료 덩어리, 얇은 금속 조각, 꼬인 금속 줄 등이 있다. 탬버린과 장

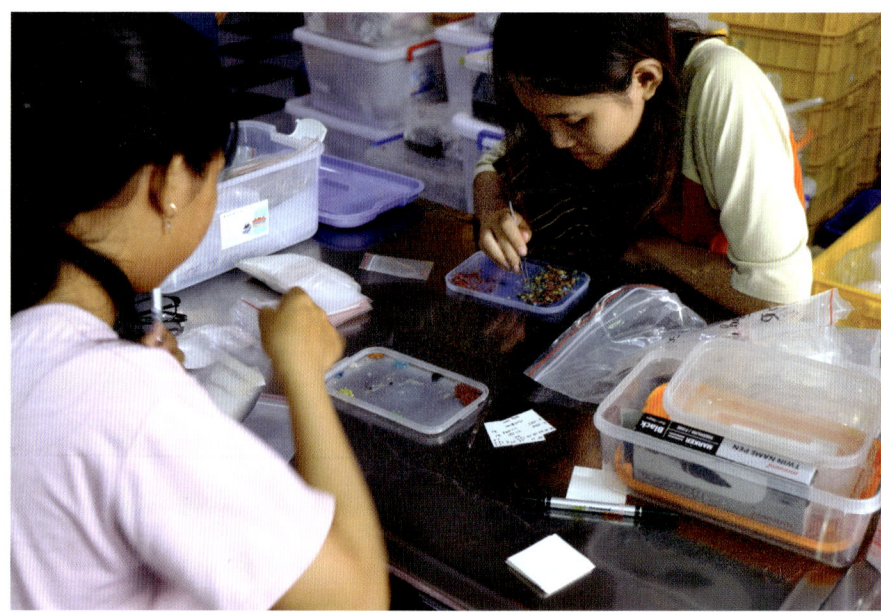

그림 106-107    룽런 유적에서 출토된 유리
구슬의 분류 및 연구

사진: 레황퐁

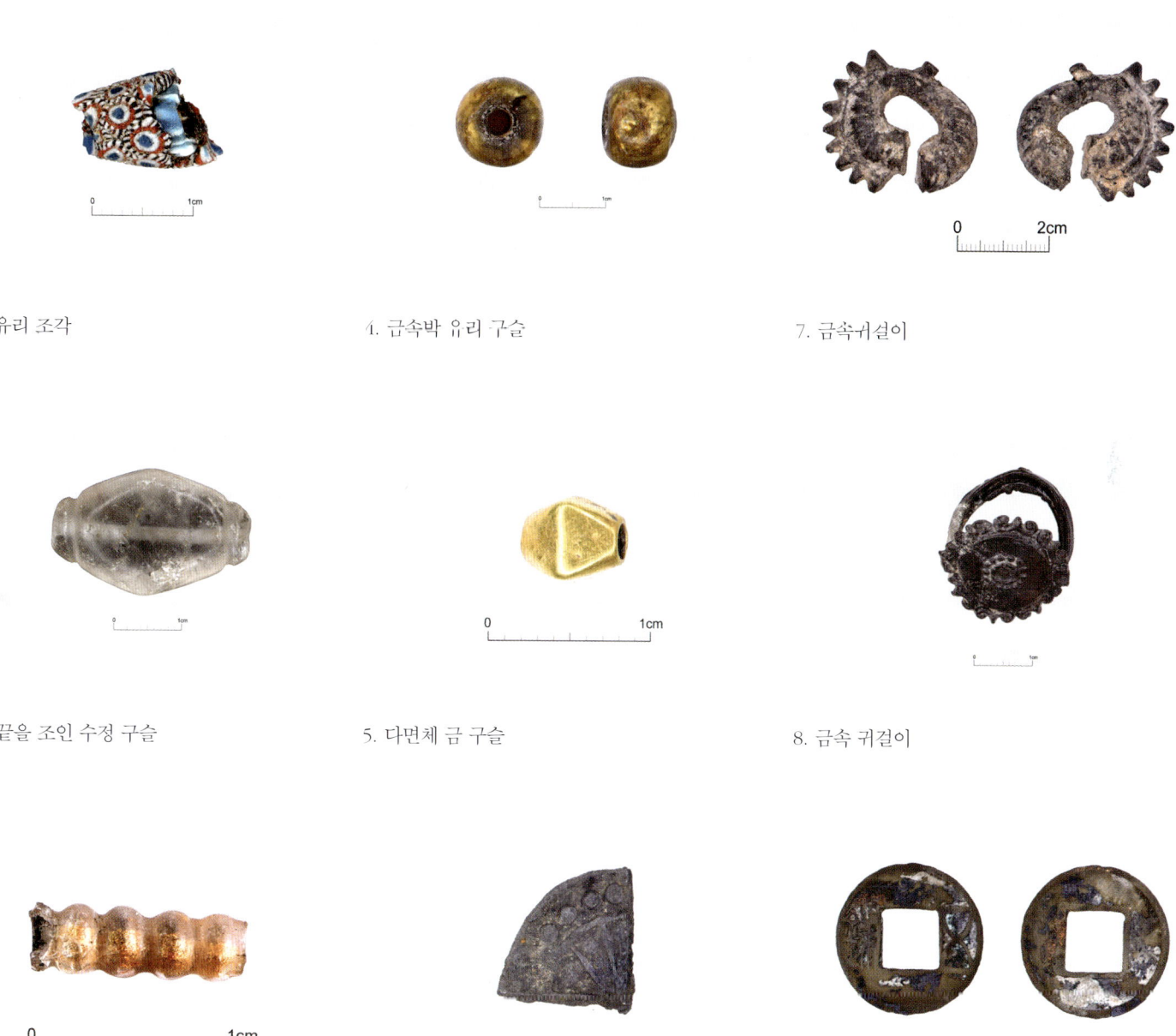

1. 로마 유리 조각

4. 금속박 유리 구슬

7. 금속거설이

2. 양쪽 끝을 조인 수정 구슬

5. 다면체 금 구슬

8. 금속 귀걸이

3. 금박 유리 구슬

6. 푸난 동전(제1사분면)

9. 중국 한나라의 동전(오수전)

**그림 108**    룽런 유적 출토 보석류와 동전

사진: 남부지역 사회과학연구소

그림 109  코끼리와 사자 장신구

그림 110  싱어 이빨로 만든 장신구
사진: 응우엔꾸옥만

식인 옷감 등도 발견되었다. 특히 코끼리와 사자의 모습이 새겨진 원형이며, 갈고리가 있는 장신구가 있는데, 이는 가네샤 신과 사자의 싸움을 묘사한 것이다(그림 109).

### (3) 귀금속 제작 재료

재료와 생산과정의 부산물로 109점의 유물이 있으며, 그 중 가장 많은 것은 금이 간 귀걸이로 42점이다. 여러 겹으로 감고 잘라 납작하고 얇은 금속편 3점, 2점의 금박선, 둥근 금속 막대 4점은 길고 꼬이게 끌어 늘어진 후 스프링처럼 감겨진 형태로, 귀금속 제작 과정에서 목걸이를 만드는 데 사용되었을 것이다.

그리고 납과 주석 합금과 원시 은을 소재로 한 6점의 덩어리도 있다. 일부는 평면 원형 또는 팔각형과 같은 기본 모양으로 정제되고 귀금속 장인에게 분배하기 위한 덩어리로 주조된 것일 수 있다. 또한 얇고 납작하며 주름이 있는 금속 조각 25점과 13점의 보석 부산물이 있으며, 이는 길게 늘어지거나 꼬여 있는 형태이다. 금속 주조 과정에서 형성된 부산물 중에는 융해과정에서 물방울 모양으로 형성된 것이 12점이 있다.

### (4) 뼈와 연체 동물 장신구

장신구로 사용된 일부 뼈와 연체 동물들도 발견되었다. 그들은 관 형태의 구슬, 동물의 이빨과 송곳니로 만든 부적, 물고기 척추뼈로 만든 귀걸이 등이다. 이 귀걸이는 두 면에서 연마되고 외곽 모서리가 깎여 있으며, 중심 부분의 구멍에 줄을 꿰어서 착용한다. 또한 상어 이빨로 만든 장신구가 발견되었다(그림 110). 룽런 유적에서는 조개껍질도 발견되었는데, 이는 잎 모양으로 잘려 있으며 줄을 끼워서 장신구로 착용할 수 있다.

### 2.4.3.3. 생산 및 생활 도구

(1) 룽런 유적에서 발견된 금속 도구 및 생활 용품은 47점이다. 이 유물들은 다양한 기능을 가지고 있으며, 주로 납-주석 합금, 은, 구리, 금, 철 등 다양한 소재로 제작되었다. 생활 도구는 주로 낚시바늘, 바늘, 자, 구리 동전 등이다. 일부 유물은 오수전(중국), 열쇠(그리스), 동으로 코팅된 조각(인도)과 같은 외부 수입품이다. 생활 도구 중 가장 많은 수를 차지하는 것은 21점의 바늘이다(그림 111). 추가로, 주조 기술로 만든 6점의 낚시바늘도 발견되었다. 이들은 작은 원통형으로, 끝 부분은 둥글게 굽히고 날카롭고 모퉁이가 있다. 한쪽 끝은 줄을 묶어 작은 타원형 고리를 만들기 위해 구부러져 있다(그림 112).

동전은 푸난 동전과 중국 오수전의 두 종류가 있다. 푸난 동전은 원형의 금속 동전으로 4조각 또는 8조각으로 잘린 7점의 동전이 있으며 문양으로는 태양과 달, 둘레에는 선과 점을 새긴 것이 돋보인다(그림 108:6). 오수전은 지름이 2.5cm인 원형 동전으로, 중앙에는 1cm의 정사각형 구멍이 있으며, 주변에는 약간 돌출된 테두리가 있다. 한 면은 매끄럽고, 나머지 한 면에는 "오수"라는 글자가 새겨져 있다(그림 108:7). 이것은 동한시대 중국에서 보편적으로 쓰이던 동전으로, 1~3세기에 생산되었다.

**그림 111**　룽선 유적의 낚시바늘

사진: 응우옌칸쯩기엔

**그림 112**　룽선 유적의 망치

사진: 응우옌칸쯩기엔

**그림 113**　룽선 유적의 바늘

사진: 응우옌칸쯩기엔

**그림 114**　룽선 유적의 자(?)

사진: 응우옌칸쯩기엔

다른 생활 도구는 원통형 모양의 "목수의 자"로 추정되는 유물이 포함된다. 양 끝단이 둥글고 길쭉하며 상단은 뾰족하다. 몸체의 중앙과 두 끝에 오목한 선이 새겨져 있다(그림 114). 또한, 이곳에서는 끝이 점점 작아지고 밑면이 둥근 두 개의 작은 망치 2개가 발견되었다. 중앙에는 직사각형 구멍이 있어 자루를 결합하였다(그림 113).

주목할 만한 것은 완형 청동 열쇠의 발견이다. 이 열쇠는 손잡이와 자물쇠 몸통의 두 부분이 한 덩어리로 주조되었다. 이 유물은 기원전 1~4세기의 로마 자물쇠와 유사하다. 이에 따라 발굴팀은 이 자물쇠가 로마에서 유입된 것으로 추측하고 있다.

### (2) 목새 유물

룽런 유적에서는 고상 건물지에 사용된 기둥 이외에도, 고대 옥에오 문화의 하천 생활과 밀접한 관련이 있는 70점 이상의 목재 유물이 발견되었다. 그 중 가장 주목할 만한 발견은 3척의 작은 보트/배 노가 출토된 것이다. 이 중 한 척은 노가 달린 상태로 발견되었다.

여기서 노의 특징은 나뭇잎 모양으로 머리 부분은 뾰족하며, 몸통은 볼륨이 있고 몸통 끝에 작은 구멍이 있다는 점이다. 형태는 고대 인도 또는 동인도네시아 동쪽의 파푸아뉴기니 원주민들의 노와 매우 유사하다(그림 116). 노의 한 면은 평평하고, 다른 한 면은 몸통 중앙에 약간 돌출된 부분이 있으며, 몸통 위에는 8개의 구멍으로 몸통의 중앙에 3쌍의 구멍이 있고, 뾰족한 머리 부근에는 2개의 구멍이 있다. 노와 함께 원형의 긴 막대기가 있으며 길이는 약 1.6m이다(그림 115).

룽런 유적에서는 배를 지탱하기 위한 44개의 목재군을 발견했다. 이는 새롭게 발견된 자료이며, 옥에오-바테 지역의 매우 독특한 하천의 생활을 뒷받침하는 추가 자료이다. 대표적인 것은 "Y"자 모양의 머리를 가진 배를 지탱하기 위한 목재 기둥이며, 아래쪽에는 대나무 막대에 부착하기 위한 쇠핀이 있으며, 20~30cm 길이이다(그림 117).

룽런 유적에서 목재로 만든 다양한 도구들을 발견할 수 있었으며, 이는 고대 주민들의 일상 생활을 보여주는 것이다. 그것들은 말끔하게 깎인 나무조각으로 이루어져 있었는데, 그 종류는 망치, 작은 병이니 항아리의 뚜껑 등에서부터 어린이들의 나무 팽이와 기능이 알려지지 않은 둥근 나무공구에 이르기까지 다양했다. 특히 장식이 새겨진 원형 목재 막대가 발견되었는데, 이것들은 배나 집의 장식 요소로 사용되었을 수 있다. 이러한 유물들은 오래전에 고대 운하의 물 속에 잠겨 있었다.

그림 115　룽선 유적의 노

사진: 응우엔칸쭝기엔

그림 116　룽선 유적의 잎모양 노

사진: 응우엔황박린

그림 117　룽선 유적의 노받침

사진: 응우엔황박린

그림 118 룽선 유적의 갈돌
사진: 응우옌황박린

그림 119 룽선 유적의 갈판
사진: 응우옌황박린

（3）석재 유물

외부에서 수입된 보석 목걸이를 제외하면, 룽런 유적에서 발견된 석재 유물은 총 24점으로, 주로 갈돌과 갈판, 절구와 절구방아 등 생활용품이다.

갈판(페사니)은 조미료, 곡류 등을 잘게 갈아 부드럽게 만드는 전용 도구로, 3가지 유형이 있다. 갈판은 진회색의 석암으로 만들어져 있으며, 평면 사용면과 하부 굽의 2 부분으로 구성된다. 사용면은 직사각형 모양으로 평평하고 납작하며, 한쪽 끝은 점점 좁아지며 연꽃 잎 모양으로 장식되어 있다. 하부 굽은 직사각형 모양으로,  내부가 울퉁불퉁하고 하부 굽은 네 개의 다리가 H 모양으로 형성되어 있으며, 길이가 달라 몸체가 비스듬하게 유지된다(그림 119).

갈돌은 7점으로 갈판과 함께 사용되어 향신료, 곡식류 등을 분쇄하고 가는 데 사용된다. 갈돌은 두 가지 유형이 있다. 첫 번째는 양쪽 끝이 구부러지고 많이 사용되지 않는 원통형이다. 두 번째는 양쪽 끝이 버섯 모양으로 사용 과정으로 인해 원통형 몸체의 중간 부분이 분리되어 양쪽 끝단보다 매끈하고 작아졌다(그림 118).

절구는 진한 청색으로 5점이다. 원기둥 형태로, 굽과 몸통 부분으로 이루어져 있으며 몸통 중앙에는 홈통 모양의 허리 부분이 있고 사용 흔적이 많이 있다. 절구의 바닥은 평평하고 벽은 두껍고 내부는 U자형의 공간이 형성되어 있다. 절구는 농업사회에서 곡물류, 조미료, 향신료 및 색소 등을 갈고 분쇄하는 여러 목적으로 사용된다. 사암의 절구와 함께 사용되는 방아는 갈돌과 다르게 원통 모양이 불규칙하며 손잡이 부분은 얇고 넓은 절단면이 있다. 사용 흔적은 일반적으로 끝 부분에 집중되어 있다.

이러한 도구들은 특별한 유물로, 형태에서 통일성을 보이며, 인도 문화가 보급되면서 등장하기 시작했다. 인도에서는 향산료 가루를 만드는 등의 목적으로 사용되었다.

2019년 남부지역 사회과학연구소[7]는 호주 국립대학 연구팀과 협력하여 이러한 유형의 유물에 부착된 성분을 연구했으며, 다양한 종류의 식물이 고대 주민들에 의해 사용되었다는 것을 밝혔다. 대부분은 뿌리와 덩굴 식물의 성분으로 생강, 토란과 같은 식물에서 추출된다. 생강과 관련된 성분은 다양한 종류가 많이 발견되며, 주로 울금, 모래 생강, 갈랑가 등으로 확인된다. 또한 인도네시아 동쪽의 말루쿠 반도에서 비롯된 귀한 향신료인 정향 나무의 성분도 확인되었다. 토란의 성분도 샘플의 총량에서 큰 비중을 차지하는데, 알로카시아와 아모르포팔루스 두 종으로 식별되며, 동남아시아 열대 지역에서 광범위하게 사용된다. 기존 데이

---

**7**  중앙 고고학 센터(남부지역 사회과학연구소)는 Hsiao-Chun Hung 박사 및 호주 국립대학원 석사 연구생들과 함께 수행하였다.

터베이스로는 확인되지 않은 다양한 종류의 성분이 존재하며, 이는 고대 옥에오 주민들이 여러 가지 식물을 조미료에 사용하기 위해 계속 사용하고 있다는 것을 보여준다. 이 결과는 옥에오의 석재 분쇄 도구가 조미료, 곡물, 향신료, 색소 등을 분쇄하고 재료를 만드는 데 사용되었음을 보여준다. 이러한 재료는 고대 주민들의 음식, 의학 및 종교 등에 사용될 수 있다. 이 발견은 옥에오-바테의 고대 주민들이 동남아시아의 해양 지역에서 수입되는 다양한 종류의 조미료를 사용했거나, 이 고대 도시의 상업 제품 중 하나였음을 보여준다 (Nguyễn Khánh Trung Kiên, 2019).

### (4) 동물의 뼈

룽런 유적의 발굴 구역에서는 동물 뼈가 매우 많이 발견되었다. 발굴 과정에서 수집하거나 흙을 채질하는 과정에서 수집되었으며, 대부분은 인간이 생활하는 과정에서 버려진 폐기물이다. 연구결과는 아직 발표되지 않았지만, 대부분은 가축(소, 물소), 돼지, 개, 고양이, 조류이며, 사슴, 코끼리, 거북이 및 일부 물고기 종류 등의 야생동물은 희귀한 편에 속한다.

유적에서 발견된 뼈 중에는 구멍이 뚫린 8조각의 거북이 등딱지 뼈가 있다. 일반적으로 성체 거북이의 등딱지 뼈이며, 끝이나 가장자리 부근에 약 1cm 크기로 뚫린 구멍이 있다. 구멍 안쪽면은 광택이 나고 뼈가 치유된 흔적이 있어 거북이를 애완용으로 키울 때 구멍을 뚫었음을 보여준다.

룽런 유적에서는 뿔로 만든 6점의 예리한 도구와 병 뚜껑을 찾을 수 있었다. 도구는 일반적으로 길고 예리한 사슴뿔로 제작되었으며, 끝 부분이 뾰족하다. 몸통 부분은 대체로 원통형으로, 가로로 잘린 흔적이 있으며, 몸통에는 자연스러운 홈이 있다.

작은 3점의 병 뚜껑은 기름이나 향수 병과 같은 종류의 것으로, 뚜껑 부분은 원통형이고, 목에 딱 맞게 작은 높이로 절삭하였다. 윗 부분은 점차 줄어들어 중앙에 지름 약 2.5mm의 아주 작은 구멍이 있다. 이 뚜껑은 쉽게 증발하는 유류나 향수 등을 담는 데 사용되며, 작고 좁은 입구로 사용 시 작은 양을 쉽게 덜어 낼 수 있도록 구성되어 있다.

유적에서는 또한 기능이 분명하지 않은 뼈나 뿔로 만든 유물이 있다. 예를 들어 코끼리의 상아나 큰 동물의 갈비뼈로 만들어진 원통 모양의 유물 등이 있다.

### (5) 토제품

토제 방추차 22점이다. 납작한 원형으로, 양면이 약간 곡면이고 서로 대칭되며, 가장자리는 둥글게 형성되었다. 중앙에는 양면이 연결되는 원형 구멍이 있다. 그외에는 17점의 마름모 형태의 어망추로 몸통에는 끈이 통과할 수 있는 구멍이 있다. 41점의 토제 구슬과 19점의 둥근 도기편은 어린이들의 전통적인 장난감이다.

### 2.4.4. 평가 및 분석

### 2.4.4.1. 특징

2018-2020년 대규모 발굴조사에서 말러렛이 언급한 옥에오 고대 도시 내 룽런운하의 위치를 명확히 확인했다(Malleret, 1959). 동시에, 다양하고 귀중한 유물과 유구를 다수 발견하여 룽런 운하가 고대 옥에오 도시 주민들의 생활, 문화, 사회에 미치는 역할과 위치를 입증하였다. 문화층에서 확인된 변화양상은 운하의 위치와 규모 뿐만 아니라, 운하 양쪽 주민들의 생활과 생활 방식을 묘사하고 있다. 특히 운하 바닥 속에서 발견된 다양한 수입 유물들은 옥에오 고대 도시와 아시아, 인도, 로마 제국과의 무역 활동에서 룽런 운하가 가진 특별한 역할과 중요성을 증명하고 있다.

옥에오 고대 도시를 통해 동남아시아, 아시아 및 인도 지역과 연결된 수로 및 항구 시스템을 연구하는 것은 장기적인 연구가 필요하다. 룽런 유적의 고고학적 발견은 고대 해상 무역 및 옥에오 고대 도시와 다른 지역을 연결하는 주요 교통 수단을 연구하는 데 매우 중요한 의미가 있다.

룽런 유적의 A구역과 B구역의 발굴조사와 지질 탐사(전기 탐사 방법-EM)를 통해 이 운하가 현재 지면으로부터 약 1.5~2.0m 정도 깊이에 있다는 것을 확인하였다. 현재 운하의 폭은 정확하게 결정할 수 없지만, 룽런 유적의 고고학 조사와 지질 탐사 결과에 따르면 이 운하의 폭은 약 30~45m 사이라는 것을 알 수 있다. 그 중에서도 A 구역은 발굴 피트의 퇴적층 자료를 기반으로 운하의 폭이 30m 정도로 추정된다. B구역에서는 발굴 피트에서 운하의 서쪽 둑에서 트렌치 조사를 실시하였는데, 이곳의 운하 바닥은 깊지 않고 비교적 평평한 것으로 확인되었다.

운하의 바닥에서 발견된 유물은 배의 노, 노와 배를 고정시키는 기둥 등이다. 이는 룽런 운하의 가장 중요한 기능이 수송 수단으로서의 기능임을 보여준다. 또한, 운하의 가장자리에 위치한 고상식 건물지의 기둥 흔적과 함께 대규모로 확인되는 도기편, 유기물의 잔해, 동물 뼈 등은 이 운하 양쪽에서 고상 건물지가 매우 보편적이었던 것을 보여준다.

기원후 초기 몇 세기 동안 무역 네트워크의 급속한 발전은 세계 다양한 지역 간의 무역 관계를 형성했다. 그 중에서도 동남아시아 해안 지역은 상품 교류의 활동에서 중요한 역할을 담당했다. 이와 함께 무역과 관련된 집단이 생겨났으며, 천연 섬유, 금속, 도자기, 보석 및 향신료와 같은 중요한 상품에 특화된 상업 집단이 등장하여 당시 시장의 증가하는 수요를 충족시켰다.

이러한 시대적 배경 속에서, 옥에오 지역은 매우 중요한 역할을 담당하고 있었으며, 그 역할은 중계 무역, 원자재, 완제품, 도자기, 보석 등을 공급하는 장소이다. 이러한 무역품 운송은 옥에오 지역과 캄보디아의 앙코르 보레이, 옥에오와 넨쭈어 유적을 연결하는 운하 시스템과 깊이 연관되어 있다. 룽런 유적에서 발견된 수입된 유물은 옥에오 주민들의 동남아 해양 및 육지, 인도, 서아시아, 로마 및 중국 지역과의 넓은 관계를 반영한다.

### 2.4.4.2. 연대

발굴 결과 룽런 유적은 형성 단계, 발전 단계 및 쇠퇴(폐허화) 단계로 구분할 수 있다. 각 단계는 발굴 구역에 남겨진 문화층과 대응한다.

운하 형성 단계: 대지 표면이 습지, 강, 호수 환경에서 축적되는 퇴적층으로 지질학자들이 삼각주 평원으로 간주하는 단계이다. 이 과정에서 수평으로 퇴적된 얇은 모래층이 남아 있으며, 이는 동북-서남 방향의 유로가 형성되었음을 보여준다. 이 얇은 모래층은 물의 움직임을 보다 명확하게 나타내며, 바닥층에서 유기물 층이 나타난다. 시추 방법을 사용한 지질 코어 분석에 따르면 룽런 유적의 B구역에서 이러한 층은 현재 경작면에서 약 3.5m의 깊이에 위치해 있다. 이것은 룽런 유적이 처음에는 자연적으로 형성된 물길이었을 수 있으며, 이후에는 고대 옥에오 주민들에 의해 물길을 개발하고 개조하여 이동과 생활에 필요한 목적으로 사용했다는 것을 보여준다.

운영 단계: 옥에오 주민들이 운하를 조성하고 운하 가장자리에 거주한 시기이다. 운하 바닥에서 유물을 발견하여 기원후 2~5세기 동안 긴 시간에 걸쳐 운하가 운영되었음을 입증했다. A구역 및 B구역에서 채취한 지질 샘플은 일본 연구팀에 의해 분석 중이며, 룽런 운하가 어느 시점부터 사용되었는지에 대한 답변이 곧 얻어질 것이다. 주거용 고상 건물지의 목재 기둥 흔적은 운하 양안에서의 주거 활동을 명확하게 보여준다. 따라서 높은 언덕에 거주하는 형태와 함께 옥에오 시대 주민들도 현재 메콩 델타의 주민들과 유사하게 운하를 따라 건설된 고상 건물지에 거주하였던 것으로 확인된다.

운하 가장자리에서는 짧은 목재 기둥들을 발견했는데, 기둥의 각도가 운하의 중앙을 향하고 있어서 룽런 운하의 수상 교통 기능을 설명하는 것으로 생각된다. 운하는 폭이 넓지만(약 30~45m), 깊이(1.5~2.0m)는 얕았다. 이는 중국 고문서에 기록된 대형 선박의 활동을 제한하는 요소였다. 룽런 운하의 발굴 작업에서는 대형 선박의 흔적을 찾을 수 없었다. 이러한 자료를 통해 볼 때, 룽런 운하의 수상교통 활동은 작은 배들이 큰 상선들이 닻을 내린 옥에오 도시로 상품을 운송하는 것으로 추측된다.

운하 매몰 단계: 현대의 활동으로 인해 주로 발생하는 현상이다. 충전 과정은 꺼옥에오(룽런 유적 A구역)와 꺼종갓(룽런 유적B구역) 일대가 침식되면서 운하가 매몰되었다. 이는 다양한 시기에 발생할 수 있으며, 주로 1975년 이후부터의 시기이다. 말러렛이 발표한 1928년 및 1953년 항공 사진에서는 룽런 운하가 매우 명확하게 식별되며 꺼옥에오와 꺼종갓 유적도 원래대로 보존되어 이 일대가 평탄화되거나 해안으로 침식되지 않았다.

2001년 룽런 유적을 발굴한 베트남-프랑스 공동연구에서 K건물지와 꺼종쫌 유적사이의 운하 부분에서 2개의 목재 기둥에서 추출된 2개의 분석 샘플이 있었다. 탄소 동위원소(C14) 연대 분석 결과 각각 1650 ± 50BP(250-540 AD)와 1600 ± 50BP(340-600 AD)로 확인되었다. 또한 발굴 구역에서 발견된 한 점의 노는 C14 분석으로 1780 ± 50BP(210-340 AD)로 연대가 측정되었다(Manguin, 2002). 유물들의 분석을 통해, 켄디, 뚜껑, 부뚜막, 컵, 귀걸이, 반지 등이 모두 옥에오 문화의 전형적인 특징을 가지고 있으며, 시기는 2~5세기경이다. 인도, 중국에서 유입된 도자기, 룽런 A구역과 룽런 B구역에서 발견된 오수전을 통한 연대 역시 2~5세기 경이다.

지형과 유구, 발굴된 유물들을 바탕으로 볼 때, 룽런 운하는 기원전 초반부터 5~6세기까지 운영된 것으로 나타났다. 이는 옥에오 도시가 형성되고 번성하며, 이 지역이 대규모 주거 및 상업 중심지가 되었던 시기이다.

룽런 유적의 수중 유물들은 이 운하가 옥에오-바테 도시를 다른 지역과 연결하는 주요 교통로였음을 보여준다. 다양한 종류의 노는 이 지역이 전 세계의 다양한 장소에서 온 여행객을 맞이할 수 있는 능력을 가졌음을 보여준다. 선적용 배를 사용하는 것 외에도 룽런 운하화 같이 얕은 물 위를 이동하기 위해 고정시키는 기능도 있다.

룽런 운하는 당시 무역의 주요 동맥으로, 옥에오 도시와 넨쭈어 지역을 지나는 깊은 물길에서 멈추는 대형 선박까지 다양한 화물을 운반하는 수송로로 사용되었다. 이 운하를 따라 지어진 마을들은 주거지로 사용되었으며, 상품 생산과 교류가 이루어졌다. 이러한 형태는 현재 메콩델타에서 아직도 유지되는 수상 시장의 형태로 확인할 수 있다.

# III. 발굴 성과에 대한 평가

최근 3년간(2017~2020) 옥에오-바테 유적에서의 고고학 발굴과 연구로 많은 유구, 중요한 유물들이 발견되었으며, 이로 인해 새로운 학술적 자료가 제공되어 옥에오 고대 도시의 성격, 규모, 연대에 대한 더 깊은 규명과 해석에 기여하게 되었다. 또한 옥에오의 종교 중심지가 위치한 바테산 지역에서는 대규모 종교 유적이 발견되었다.

옥에오 고대 도시의 범위 안에 위치한 많은 유적이 파괴되었지만 꺼종갓, 꺼종쫌, 꺼옥에오, 룽린 유적의 재조사 결과 총 발굴 면적 5,816m²에서 많은 새로운 고고 자료가 수집되었다. 총 2,376,466점의 유물은 이 지역의 특성과 연대를 더욱 명확하게 확인시켜주었다. 이 지역은 2~5세기에 높은 언덕과 고대 운하를 따라 번화한 주거 지역이었다. 5~7세기 후반 이 지역은 강한 변화를 겪었는데, 다양한 종교적 건축물들의 중심지가 된 것이다. 대규모 발굴조사가 이루어진 룽린 운하는 그 역사와 역할을 보여주었다. 이는 옥에오 도시와 넨쭈어를 통해 외부 세계와 연결되는 중요한 수송 경로였으며, 밀집한 운하, 강 등의 하천 체계를 통해 지역 내부 공간과 밀접하게 연결되었다. 룽런 운하 양쪽은 옥에오 주민들의 활발한 거주, 생산, 무역 및 생활 활동이 일어나는 번화한 지역이 형성되었다. 지하에서 발견된 다양한 유물, 특히 인도, 로마, 중국, 서아시아서 유래한 유물과 재지 도기, 보석류, 공예품 등을 조사한 결과, 고대 도시 옥에오는 농업, 공예 산업 및 국제 해상 무역으로 번영하며, 특히 2~5세기에 세계의 많은 지역과 연결되어 활발한 활동을 펼쳤음을 보여준다.

바테산 기슭에서 린선, 린선박, 꺼사우투언 및 꺼웃짠 등 4곳의 유적에서 재조사 및 신규 발굴 결과 총 10,185m² 면적에서 종교 건축물군이 발견되었다. 이 건축물군은 견고하게 축조된 건축물들이 대규모로 계획되어 들어섰다. 건축물군은 제사당, 문, 벽, 행렬길, 신전과 같은 시설들을 갖추고 있으며, 종교적인 의식과 행사를 위해 사용되었다. 이 건축물들은 인도 문화의 영향을 받았으며, 약 1~12세기의 212,068점의 유물이 발견되었다. 이 중 린선-린선박-린선남 유적과 꺼사우투언 유적은 종교 중심지로 간주된다. 또한 린선 (Nguyễn Gia Đối, cs, 2020: 12-24) 유적에서 1~3세기 문화층, 꺼사우투언 유적에서 2~6세기 문화층이 발견되었다. 이 것은 바테산 기슭 지역에 많은 문화층이 겹쳐져 있으며, 꽤 오랜 시간 동안 안정적으로 존재하고 발전해온 것을 보여준다.


# 1. 바테산 지역

## 1.1. 유적

평원의 중심, 눈에 띄는 위치에 있는 바테산은 높은 고도와 인도 문화의 신성한 메루산의 이미지로 간주된다. 이곳은 중요한 종교적 중심지이자 현대 옥에오 주민들도 신성한 땅으로 인식하고 있다.

바테산 기슭의 린선, 린선박, 꺼사우투언과 꺼웃짠 유적의 발굴 결과 다양한 시기에 많은 종교 건축물이 건설된 곳으로 밝혀졌다(그림 169).

바테산에 위치한 린선, 린선박 및 꺼사우투언, 꺼웃짠 유적은 산 기슭을 따라 다양한 높이에 위치한다. 유적이 위치한 해발고도에 따라 퇴적층의 차이가 있다. 대부분의 유적은 주민들의 생활로 인해 많은 부분이 훼손되었다. 많은 건축 유적은 도굴되거나 벽돌, 석재 등을 이용하여 최근 건축 등에 사용되어 원형이 훼손되었다.

프랑스 학자들이 발표한 항공사진을 통해 고대 도시 옥에오의 공간이 내부의 구획들과 함께 방형으로 규칙적으로 구성되어 있음이 확인되었다. 이는 당시 옥에오 주민들이 도시계획을 인식하고 있었음을 보여준다. 실제로, 남부평야의 다양한 취락을 연결하는 수십 킬로미터의 직선 운하 체계를 구축한 것은 옥에오 주

민들의 능력이나 사고력을 보여주는 것이다.[8]

새로 발굴된 유적과 이전에 발굴된 유적에서 건축물의 방향을 조사한 결과, 옥에오 평지뿐만 아니라 바테산 지역의 종교 건축물들도 "옥에오 도시"의 공통된 기준에 따라 규격화되었다. 이 규격화된 축은 시기에 따라 두 단계로 변화되었다. 5~7세기 경에는 이 축이 동서 방향으로, 동쪽이 남쪽보다 약 21.5~23° 정도 기울어진 형태이다. 해당하는 유구는 바테산 기슭, 옥에오 평지, 넨쭈어 유적에서 확인되었다. 8세기 이후에는 꺼사우투언의 입구가 동서 방향으로, 동쪽이 남쪽보다 약 27° 정도 기울어지게 재건되면서 이 지역에 새로운 축이 설정되었다. 따라서 옥에오 평지에서 고대 도시뿐만 아니라 바테산 기슭의 종교 건축물들도 매우 명확한 축선을 따라 축조되었으며, 표준화 수준이 높은 건축물들이 건설되었다는 것을 알 수 있다.[9]

린선 유적의 조사 결과 이곳은 종합 계획에 따라 각각의 군집으로 조성된 많은 건축물을 포함한 큰 유적 집합체임이 드러났다. 최전성기에 린선 유적의 중앙 사원은 약 200m의 행렬길과 함께 대문과 대광장을 에워싸는 대규모 종교 중심부가 형성되었다.

린선 유적의 건축물군은 중앙부터 북쪽과 남쪽으로 100~150m, 린선박과 린선남 유적으로 확장된다. 이들은 다수의 벽돌과 석재로 건축된 다양한 건축물로 구성된 군집체로, 대부분은 노천 건축물이며, 일부는 기와를 사용한 작은 건축물이다. 바테산 기슭 지역에도 있지만, 북쪽과 남쪽으로 약 350~400m 떨어진 곳에는 과거에 조사된 몇 기의 독립적인 종교 건축물이 있다. 북쪽에는 꺼사우탕 유적이 산 기슭에 있으며(린선남 유적과 동일한 지역), 꺼사우투언 지형과 유사한 지형에 위치한 꺼웃냔 유적이 있다. 린선 유적의 남쪽에는 꺼웃짠, 꺼하이럽 유적이 있으며, 이들은 석재와 벽돌로 구성된 3기의 건축물이 계획적으로 건설되었다.

2017~2020년의 새로운 발굴 결과는 린선 유적의 핵심적인 특징을 더욱 명확하게 파악할 수 있게 해주었다. 이 발굴조사를 통해 3세기 경 바테산 기슭에서 종교적인 몇몇 건축물들이 등장하기 시작했으며, 특히 고고학연구소에서 조사한 린선박 유적에서 가장 분명하게 드러났다.

5~7세기에는, 넓은 공간에 일련의 종교 건축물들이 지어졌는데, 린선, 린선남, 린선박 유적으로 알려진 산 기슭의 유적에서부터 꺼웃짠과 꺼사우투언 유적의 산기슭까지 약 300m에 걸쳐 있다.

---

**8** 홀로세 후기 및 옥에오 문화 시기에 메콩델타의 고지형 지리 환경(2019년 옥에오–바테, 넨쭈어 유적: 발굴, 연구, 보존 및 가치 활용 학술대회 논문집) 자료에서 레쏸뚜옌 박사는 직선적으로 연결된 운하 체계를 통해 교통망을 구축하는 데 대한 푸난 주민의 능력이 매우 뛰어나다는 것을 밝혔다. 이 기술은 주로 바다를 배타는 경험이 있는 사람들에게서만 발견된다.

**9** 건축물의 연대를 구분하는 것은 일시적인 것으로, 지층과 관련된 기록 및 유물들을 비교함으로써 이루어진다. 과학적인 방법(AMS, 14C, 얼루미네센스–TLD)으로 분석 결과가 나올 때 더 높은 신뢰성의 근거가 추가될 것이다.

꺼사우투언 유적에서는 6~7세기에 건립된 다양한 종류의 종교 건축물이 발견되었다. 노천 신전, 종교 의식에 사용된 우물, 장방형 벽돌 건축물, 출입구가 없는 폐쇄적인 벽으로 둘러싸인 건축물 등이 포함된다. 이 시기의 건축물들은 규격화되어 있으며, 석재 기초부와 벽돌을 사용하며, 조각 기술로 벽의 몸체를 장식한다. 8세기 이후 꺼사우투언 유적은 완전한 형태의 문지로 재건되었으며, 이어서 바테산 기슭에 위치한 주요 신전으로 연결되는 행렬길이 축조되었다. 이 기간에 꺼사우투언은 문지의 특성 뿐만 아니라, 일부 건축의 재건 방식으로 이전 시기 건축물의 기능 변화도 있었다. 이전 시기의 장방형 건축물에서, "U"자 형태의 건축물로 개조되었으며, 린선남과 린선박 유적과 같은 벽돌 배수로가 추가적으로 건설되었다.

기능이 변경된 건축물은 우물과 관련된 종교 의식 수행과 관련이 있을 수 있다. 8세기 이후, 특히 10세기 이후에는 건설 기술의 쇠퇴가 뚜렷하게 나타났다. 건축물들은 견고한 토대를 갖추지 않았으며, 깨진 벽돌을 이용하는 현상이 있었다. 또한 어떤 구조물의 문틀, 석제 제단과 같은 구성 요소들이 유실되기 시작했다.

꺼웃짠 유적에서는 힌두교 건축물 축조 규범에 따라 석재와 벽돌을 혼합하여 지어진 신전 형태의 종교적 건축물군의 전체적인 공간이 발견되었다. 이 건축물군은 3기의 건축물로 구성되어 있으며 높이가 가장 높은, 메루산의 이미지를 상징하는 벽돌로 만들어진 탑, 전체 유적을 둘러싸고 있는 낮은 담장과 석조 마당으로 구성되어 있다. 이는 대양을 둘러싸고 있는 낮은 산들과 우주의 중심축인 메루산을 상징하는 것이다. 3기의 주요 건축물은 힌두교 최고의 신인 브라마(창조주), 비슈누(보호자), 시바(파괴자)를 나타낸다.

## 1.2. 유물

바테산 지역은 종교적 건축물이 많기 때문에 유물의 양은 주거유적보다 적다. 이곳에서 발견된 유물은 건축에 사용된 다양한 건축 재료(벽돌, 대나무, 석재), 건축 부재(계단, 쉐마 기둥) 및 종교적 유물(조각상, 제단)이다.

꺼사우투언 유적의 유물은 대부분 도기편, 청자, 자기, 다양한 유형의 기와편 등이다. 또한 일부 생산 및 생활 도구, 건축 재료, 보석류, 종교적 유물이 있다. 가장 많은 유물은 6~7세기 옥에오 문화 기간부터 7~9세기의 후기 옥에오 문화 기간까지 속하는 도기로 대부분이 거친 도기와 매끈한 도기로 분류된다. 수입 도자기 유물은 극소수이며, 대부분은 유적의 최상층에 분포한다. 북송시대의 중국산 도자기가 대부분이다.

꺼웃짠 유적에서 수집된 유물은 수량은 적지만 대부분이 생활용 도기편이다. 거친 도기가 주로 사용되었으며 일상 생활 용품과 조리용 도구, 큰 항아리와 뚜껑, 둥근 목패 형태의 무거운 손잡이가 있다. 매끈한 도기는 1점의 목이 높은 켄디병 1점이 있다. 이전에 이 유적의 동쪽에서는 2011년 카넬리안 귀걸이와 반지 등의 보석류와 7~8세기 양식의 특징을 지닌 건축 구조(반달 모양의 문턱, 창문 부분의 조각)도 발견되었다.

## 1.3. 특정

2017~2020년 발굴 결과 바테산 지역은 종교 건축물의 밀집 지역이었으며, 핵심 지역으로서 지속적으로 계획되고 발전하였다. 이 지역에는 산 기슭의 사원에 가는 행렬길과 문지 주변으로 신성한 공간이 만들어졌다. 이 지역은 린선 사원을 중심으로 확장되어 북쪽과 남쪽으로 린선남과 린선박 유적과 함께 꺼사우투언 유적이 위치한 문지와 함께 인식되었다.

꺼사우투언 유적의 새로운 발견은 건축물이 건설되기 전에 유적 동쪽 지역에 주거지역이 있었음을 보여준다. 이는 꺼뜨쩜 유적에서 북동쪽으로 약 100m 정도 떨어진 곳에 위치한 유적과 관련이 있을 수 있다. 출토 도기를 비교했을 때, 주거지는 2~6세기 경에 있었으며, 건축물의 바닥 석재 아래에 50cm~2.0m 정도의 깊이에 위치한다.

이 지역의 6~7세기 초에는 산기슭을 향하여 서쪽으로 약 50m 더 높은 지형에서, 주거 지역보다 조금 더 뒤에 있는 몇몇 건축물이 건설되기 시작했다. 유구는 중앙에 벽돌 기둥이 있는 방형 석재군(BT. 17. GST. H3. KT08)과 벽돌로 축조된 두 기의 장방형 건물지(BT. 17. GST. H4. KT09 및 BT. 18. GST. H8. KT07)가 있다. 이 구조물들은 주축은 동서 방향이며, 동쪽에서 남쪽으로 약 21.5~23° 방향으로 기울어졌다. 또한 동쪽에서 남쪽으로 약 13° 방향으로 만든 방형 우물이 있다. 이 건축물들은 바테산의 종교 의식을 수행하기 위한 것으로, 바로 사원의 동쪽에 위치해 있다. 이 단계에 문지와 의례 행렬로는 아직 건설되지 않았다.

8세기 경 출입구가 없는 벽돌로 축조된 장방형의 폐쇄적인 행렬길이(BT. 17. GST. H1. KT01) 건설되면서, 두면이 석재로 축조된 두 기의 낮은 담장(BT. 17. GST. H3. TB03와 BT. 17. GST. H3. TB04)이 등장했다. 이 구조물은 간단한 게이트 구조이며, 린선 유적에 위치한 주요 사원을 향해 벽으로 둘러싸인 11.5m 폭의 행렬길로 폐쇄적인 공간을 형성한다. 이 시기의 건축 계획은 동-서방향으로, 동쪽이 남쪽으로 27도 기울어진 방향으로 구성되었다.

옥에오 문화와 옥에오-바테 유적에서 자주 볼 수 있는 건축 양식은 내부에 벽돌 기둥이 있고 금색 잎사귀가 매납된 구조로, 고지대에 지면을 파고 내려가 건축되며 외부는 석재로 이루어진 방형 테두리를 형성한다.

## 1.4. 연대

꺼사우투언과 꺼웃짠 유적의 발굴 구역에서 옥에오 초기부터 후기까지 다음과 같은 발전 단계를 확인할 수 있었다.

2~6세기까지는 바테산 기슭의 주거 단계로, 생토층 위에 주거지의 흔적이 나타난다. 이 층은 종교 건축물의 기반 강화층이 약 50cm~2.5m 깊이에서 확인되며, 이곳에는 생활 유물, 목탄, 동물 뼈, 도기편 등이 포함되어 있다. 도기편과 기와편의 특징을 기반으로, 이 곳의 주거지는 2~4세기 경에 시작되어 6세기까지 이어졌음을 알 수 있다.

6세기 말부터 옥에오 문화의 발전기에 속하는 종교적인 건축물이 나타났다. 이러한 건축물은 동서 방향의 축에 따라 지어졌으며, 동쪽에서 남쪽으로 약 21.5~23° 정도 기울어졌다. 이 시기에는 중앙에 벽돌 기둥이 있는 종교 건축물이 등장했으며, 외부에 돌을 붙여 방형 블록을 만들었으며, 꺼사우투언 유적에서 발견된 우물도 있다. 이 우물은 생토층을 파내어 자연 암반 위에 만들어졌으며, 그 다음에는 벽돌을 쌓아 바닥쪽으로 점점 작아지는 형태의 벽을 세웠다. H10피트의 퇴적층은 우물이 발견된 곳으로, 옥에오 문화 단계에서부터 후기 옥에오 문화 단계까지 연속적인 발전 단계로 이루어져 있다. 우물이 나타난 것은 옥에오 문화의 초기 단계에서 종교 활동을 위한 구조물이 있음을 나타내는 중요한 증거이다. 이 단계에서는 꺼웃짠 유적의 석재-벽돌로 만든 3기의 노천 사원이 건설되어 힌두교 건축 양식을 따르는 하나의 건축군을 구성했다. 이 건축군은 바테산의 산기슭을 따라 축조되었다.

7세기 초 일부 직사각형으로 장방형 건물지가 벽돌로 축조되어 입구가 없이 폐쇄된 형태로 나타나게 된다.

이 층에서 발견된 유물들은 목탄이 혼입된 흑색 점토의 매끈한 도기, 모래가 혼입된 도기, 부뚜막, 냄비, 항아리, 태토에 식물이 섞인 다양한 형태의 도기 등 옥에오 문화의 대표적인 유물들로 구성되었다. 따라서 이 유적은 발견된 유물들의 연대와 크게 다르지 않으며 같은 시기에 건설된 것으로 추측된다.

8~9세기 경 꺼사우투언 건설 시기에는 대문 지역으로 발전하여 간단한 행렬도로 체계가 갖춰졌으며, 두 개의 낮은 성벽으로 둘러싸인 통로로 구성되어 바테산 중심에 위치한 본당으로 연결되었다. 이 시기에는 건축물들을 위한 축 플랜이 동서 방향으로, 동쪽에서 남쪽으로 27° 정도 기울어져 있었다. 꺼웃짠의 신전도 이 시기에 보수되었다. 이 시기에는 건축 기술적으로 퇴보가 있었으며, 이전 시기 건축물 새료(파손된 벽돌, 구조 부품)의 재사용 현상이 발생하였다.

10~11세기에는 꺼사우투언 유적의 건축 유구들이 수리, 보강, 증축되는 과정을 거쳐 3기의 건축물이 있는 게이트 지역이 형성되었으며, 린선 사원으로 올라가는 행렬길도 새롭게 건축되었다. 이 기간의 건축 계획은 8세기 경에 설정된 주축은 동서 방향, 동쪽에서 남쪽으로 27° 기울어진 기본 계획축을 따른다. 이 기간에 새롭게 건축되거나 재건축된 건축물들은 이 계획으로부터 약간 벗어나게 되었는데, 이는 이 기간 동안 규범이 부재하였기 때문이다. 건축 기술 역시 명확하게 쇠퇴하고 있음을 보여준다. 석재와 모래는 벽 위에 단순히 형태를 만들기 위해 쌓여 있으며, 기초부는 튼튼하지 않다. 선축된 건물지에서 사용된 깨진 벽돌은 다양한 종류로 재활용되어 경계를 만들기 위해 가로로 쌓았다. 벽돌을 서로 연결하는 접착제는 없다. 몇몇 위치에서 석재로 된 건축 부재와 부서진 형태의 석상이 공간을 채우기 위해 필요한 위치에 쌓였다. 이 시기의 특징적인 유물은 잎 모양의 기와와 다양한 도자기와 청자이다.

12세기 이후부터 이 지역은 버려진 채 방치되었으며, 산악 기슭 지역에서 자연적으로 발생한 침식과 퇴적에 강하게 영향을 받았다.


## 2. 옥에오 평지 지역

### 2.1. 유적

옥에오 평지에서 발굴된 유적은 꺼종갓, 꺼종쫌, 꺼옥에오, 룽런 유적으로 서로 떨어져 있으며 지형적인 차이(높은 언덕, 매몰된 운하 등)가 있다. 각 유적은 특징적인 지형과 퇴적층을 가지고 있다. 옥에오 평지의 유물들은 최근 몇십 년간 이루어진 생활 및 경작 등의 행위와 함께 도굴, 무분별한 발굴조사로 인해 교란과 훼손이 상당히 진행되었다. 따라서 꺼종갓, 꺼종쫌, 꺼옥에오와 같은 유적에서 문화층을 찾는 것은 매우 어렵다. 1980년대 초반에는 꺼종갓 유적이 옥에오 평지에서 가장 큰 규모의 언덕으로 여겨졌으며, 주변 경작지의 높이보다 약 5m 이상 높았다. 그러나 현재는 그 구릉이 주변 밭보다 약 1.5~2.0m 정도의 차이만 보인다.

꺼종갓 유적은 일부 중요한 건축물들이 많이 파괴되어, 그 특성과 관련된 과학적 정보를 파악하는 것에 어려움을 겪고 있다. 그러나 남아 있는 흔적을 통해 이 지역이 당시 옥에오 도시의 중심지였다는 것을 상상할 수 있다. 룽런 운하와 가깝고, 옥에오 평지에서 가장 높은 곳에 위치하고 있기 때문에, 이 지역은 대형 건축물들이 석조 신전의 형태로 다수 축조되었으며, 대표적으로 H1피트에 있는 석조 건축물, K건물지, 1980년대 주변에서 발굴된 Gò A1, Gò A3과 같은 건축물들이 집중되어 있다.

유적의 재발굴 결과 독특한 건축 기술로 만들어진 원형과 방형 우물을 확인했다. 우물의 건축 기술은 그 당시의 높은 건축기술을 보여준다. 목재, 석재 및 벽돌 등 다양한 건축 재료를 결합하여 약한 토양 위에 견고하고 튼튼한 우물을 만들었으며, 목재 구조와 수평 수로를 통해 물을 여과하는 기능도 충분히 수행할 수 있었다. 이러한 용도에도 불구하고, 우물의 기능은 아직 연구 중에 있다. 그러나 고대 문서에 따르면 푸난 주민들은 거주지역의 연못에서 물을 사용하였으며, 생활용수를 얻기 위해 우물을 파지 않았다. 하지만 유적 내에서 우물들은 대규모 제단 건물(K건물지) 옆에 축조되었다. 이 두 가지 양상으로 볼 때, 이 유적의 우물들은 당시 옥에오 고대 도시의 종교적 활동에 필요한 신성한 물 공급 지점으로 추측된다.

옥에오 고대 도시의 역할, 기능 및 특성 연구에서 중요하고 의미있는 결과는 옥에오 평지의 유적에서 외국의 종교유물이 다양하게 확인된 것이다. 꺼종갓(B구역)의 주거지 발굴에서는 2~3세기 경 동한시대 거울, 난딘 소 형상의 금반지가, 룽런 유적에서 로마 제국에서 유래된 고급 장신구 등이 발견되었다. 이 발견은 꺼종갓 유적이 옥에오 고대 도시의 공간에서 매우 중요한 위치에 있다는 것을 나타낸다. 이것은 이 유적이 옥에오 고대 도시의 중심부에 위치한 대형 사원을 건설한 장소일 뿐만 아니라, 당시 사회에서 지위가 높은 다양한 계층의 밀집된 거주지일 수 있다는 가능성을 제시하였다.

꺼종갓 유적에서는 중앙에 위치한 석조 구조물 외에도, 장방형의 건축 구획과 함께 일정한 간격으로 놓인 다수의 목재 기둥으로 구성된 건물지, 목재 기둥의 아래를 받치는 가로 방향의 목재판이 있는 구조물이 조사되었다. 이는 선진적인 건축 기술로, 기원 후 초기 몇 세기에 문화 교류와 무역 과정에서 이 지역의 고대 주민들에게 전달되었던 것으로 추정된다. 향후 AMS 방법을 이용하여 기둥 구조물의 연대를 분석하면 옥에오 주민들이 위의 건축 기술을 수용하고 발전시킨 시기를 인식하는 데 중요한 역할을 할 것이다.

주목할 점은, 옥에오 고대 도시에서 종교적인 건축물을 건설하기 위해 돌과 벽돌을 사용하는 것 외에도, 부식성 토지와 약한 토양 위에 주거지를 세우기 위해 나무를 이용하는 방법을 사용해왔다는 것이다. 이 방법은 지질적인 문제를 해결하는데 도움이 되었을 뿐만 아니라, 운하 가장자리에 위치한 뾰족한 목재 기둥 위에 고상 건물지를, 언덕 위에 목조 건물지를 세움으로써 건축 형태를 창조하는 데도 사용되었다.

## 2.2. 유물

분류 결과를 통해 파악한 유물의 총 수량은 2,376,466점이며 다양한 종류와 재료로 이루어져 있다. 인도-태평양 유리 구슬은 대량으로 확인되었는데 1,038,131점으로 다양한 색상과 크기를 가지고 있다. 도기편은 1,337,910점, 종교 유물 17점, 395점의 생활 및 생산 용품과 거울, 악기와 같은 특별한 유물이 포함되어 있다. 수집된 유물은 주로 생활용품, 생산용품 및 장신구, 종교인물상 등으로 무기류는 거의 없는 것으로 나타났다. 이는 옥에오-바테 유적의 농업 및 상업 활동에 기초한 도시의 특성을 명확히 반영하고 있다.

발굴 과정에서 발견된 유물들은 발굴 구덩이와 문화층 내 깊이에 따라 위치가 결정되어 중요한 학술 정보가 된다. 이러한 자료들은 상세하게 연구 및 분류되며 옥에오-바테 유적 및 전반적인 옥에오 문화에 대한 연구 및 평가를 위한 중요한 자료가 된다. 바테산 기슭과 옥에오 평지의 특성이 다르기 때문에 각 지역에서 발견된 유물들도 유형과 재료에 있어서 뚜렷한 차이점을 가진다.

옥에오 평지에서 꺼종갓, 꺼종쫌, 꺼옥에오, 룽런 유적에서 발견된 유물들은 주로 생활용기와 일상적인 생활 용품으로, 다양한 재료(석재, 흙, 목재, 금속, 유리, 보석)과 음식 잔해(동물 뼈, 물고기 뼈, 식물 씨앗)가 함께 발견되었다. 재지 도기(옥에오 도기)가 가장 많이 발견되었으며, 특히 많은 수량의 켄디병과 굽이 높은 잔이 눈에 띄었다. 이전에는 켄디병과 굽이 높은 잔은 고급 제품으로 종교 의식에서 사용된 것으로 추정되었다. 그러나 최근 많은 수량이 발견되어, 이 도기류는 옥에오 도시의 상업 제품이었을 가능성도 있다.

해당 지역 도기의 일반적인 유형은 주로 매끈한 도기와 거친 도기로 분류된다. 매끈한 도기는 주로 병, 그릇, 컵, 잔 및 뚜껑과 같은 종류이며, 대개 장식이 적다. 소량이지만 평행문, 파상문, 거치문 또는 동심원문이 확인되는 도기편도 있다. 거친 도기는 부뚜막, 접이식 냄비, 구형 냄비, 항아리, 병 등과 같이 일상 생활 용품에 사용된다.

이 유적에서는 현지 도기뿐만 아니라, 인도 도자기(1~6세기), 한 도자기(2~3세기) 및 이슬람 도자기(서아시아, 8세기) 등 수입 도자기도 발견되었다. 수입 도자기는 소량이지만, 일부 검은 유약 도자기, 태토가 아주 고운 도자기가 초기 층에서 나타나며, 2~4세기 경 인도에서 유래되었을 수 있다(Bùi Minh Trí, 2020). 황갈색 또는 노란색의 타일은 인도에서 비롯되었거나 인도 양식을 따르며, 룽런 유적의 초기 단계에서 희소하게 발견되었다. 흙으로 만든 지붕 재료(석재, 기와)가 아주 드물게 발견되었기 때문에 이 지역의 주민들은 식물 원료에서 비롯된 지붕 재료로 이루어진 건물에 살았을 가능성이 높다.

보석, 유리, 귀금속 등 다양한 재료로 만든 장신구가 유적지에서 많이 발견되었다. 꺼종갓 유적의 장신구류는 소량으로, 팔찌, 귀걸이, 반지, 금과 유리로 만든 구슬 등의 종류가 있다. 부뚜막, 어망추, 방추차, 뚜껑, 작은 냄비, 자, 갈돌, 갈판, 돌절구, 금형 등과 같이 생활 및 생산에 사용되는 다양한 도구가 있다. 또한 종교와 관련된 일부 유물(제단상, 동물상, 신상편)도 발견되었는데, 이들의 연대는 약 4~7세기이다.

가장 일반적인 보석은 유리 구슬로, 현지에서 생산되며 꺼옥에오 근처에서 생산되었다. 유리 구슬은 상업 상품일 가능성이 있다. 룽런 유적에서는 막대한 양의 유리 구슬을 찾을 수 있었다. 로마 제국 시대 2~3세기에 유행한 금박유리 구슬(금박을 코팅한 유리 구슬, 다색 유리 구슬 등)도 있다. 룽런 유적에서는 금을 찾기 어렵다. 대부분은 얇고 작은 금 조각이나 제작 과정에서 발생한 부산물이다. 납-주석 합금은 귀걸이, 반지, 악세사리, 코끼리와 사자(가네샤와 탈 동물) 모양의 장식, 탬버린, 철검/칼 위의 금속 장식 등을 만드는 데 사용되었다. 이외에도 이 유적에서는 뼈와 이빨로 만든 보석류도 발견되었다. 원통형 구슬 모양의 보석, 동물 이빨로 만든 부적 목걸이와 상어 이빨로 만든 귀걸이 등이 있다.

금속으로 만든 생활 용품과 생활 도구는 다양하며 풍부하다. 낚시바늘, 바늘, 자, 태양 문양이 있는 동전(푸난 화폐), 장식구 제작용 소형 망치 등이 포함된다. 이들 중 일부는 중국의 오수전, 로마의 열쇠, 인도의 동전 조각 등과 같은 수입품이다. 목재는 중요한 재료로, 고대 옥에오 주민들의 하천 생활과 밀접한 관련이 있다. 주목할 만한 것은 배의 노와 함께 나오는 배를 고정하는 목재로 만든 기둥이다. 또한 목재로 만든 막대기, 절구방아, 작은 병의 뚜껑, 어린이들의 장난감, 배나 노를 장식하는 부속품, 부서진 건물의 장식품 등 다양한 목재 도구가 있다. 석재 유물은 조미료, 곡물을 분쇄하는 데 사용되는 분쇄도구인 절구, 갈돌, 갈판, 절구방아 등과 같은 생활 용품이 있다.

## 2.3. 특징

꺼종갓 유적의 발굴은 동쪽의 룽런 유적과 접하고 있는 곳에서 종교와 관련된 건축물들이 건설되었다는 것을 보여준다. 많은 건축 유적들이 없어졌지만, 남아 있는 기초 흔적을 통해 그것들이 대규모로 건설되었으며, 옥에오 고대 도시 주민들의 정신문화 생활에 매우 중요한 역할을 했다는 것을 알 수 있다.

K건물지는 완전히 붕괴되고 교란되어, 말러렛이 언급한 벽돌 구조물은 더 이상 존재하지 않는다. 그러나 잔존된 상태로 볼 때, 이 곳이 대형 화강암 석재로 구성된 구조물을 건설하기 위해 원석에서 분리되고 결합되어 고인돌 형태의 석조 구조물을 조립한 곳이었을 가능성이 있다. 유적은 파괴가 심각해 기능과 구조를 판단하고 복원하는 것은 거의 불가능하게 되었다.

꺼종갓 유적의 중앙부에서, H1피트의 발굴조사에서 큰 규모의 석조 건축물이 드러났으며, 중앙 부분은 도굴과정에서 파괴된 것으로 보인다. 구덩이 내부에서, 인간/신의 모습이 새겨진 금조각 한 점이 발견되었다. 이를 통해 이 건축물의 중앙 부분이 방형 또는 벽돌로 쌓인 기둥 형태로 구성되어 있으며, 인도 문화에 영향을 받은 제사당에서 제사를 지내던 황금잎들이 놓여져 있을 가능성이 있다는 것을 알 수 있었다. 석조 건축물 동쪽의 지반 위에서 5열의 대형 목재 기둥흔을 발견했다(직경 18~25cm). 이 기둥들은 일정한 간격으로 일직선으로 놓여 있으며, 구조물을 튼튼하게 하기 위해 하부에 가로 막대가 묻혀져 있다. 이들은 주거지의 형태일 수도 있고, 석조 건축물과 연관있는 지붕 구조물일 수도 있다.

꺼종갓 유적에서 발견된 새로운 유형의 유구인 우물은 방형과 원형으로 나뉘며 벽돌, 석재 및 목재로 결합하여 만들어졌다. 이 우물들은 종교 의식에서 깨끗한 물을 가져오는 데 사용된 것으로 추정되며, 종교적 지위가 높은 상징적인 종교 건축물 근처에 건설될 때 더욱 그러한다. 이 우물들은 생활용수를 제공하는 것보다 종교적인 목적으로 사용되는 것이 더 많다.

꺼종갓 유적에서는 식물유체를 혼합한 검은 도기, 황갈색 도기 컵, 동한 거울, 난딘 소 형상의 금 반지 등 다양한 유물이 초기 주거의 시기에 발견되었다. 주거는 주로 구릉 서쪽(구역 B)에서 시작하며 연대는 1~3세기 사이로 추정된다. 이 시기에는 운하 양쪽의 고상 건물지에서 거주하는 것 외에도, 높은 언덕 위에 거주하는 형태가 있었으며, 난딘 소 형상의 금 반지나 구리 거울과 같은 귀중품이 출토되어 지위가 높은 사람이 거주했던 장소도 확인되었다.

룽런 유적 A, B구역의 발굴결과는 옥에오 고대 도시의 운하가 외부와 내륙을 연결하는 특징을 보여준다. 운하의 양쪽면은 고대 주민들의 거주지였으며, 운하 변에 세워진 고상 건물지들과 운하 가에 정박한 배를 고리를 이용해 고정한 경관을 보여준다. 운하 바닥에서 발견된 노를 보면 당시에 적어도 두 가지 유형의 보트 및 배가 다양하게 사용되었음을 보여준다. 노를 저어 배를 움직이기 위해 "Y"자 모양으로 된 끝 부분이 있는 노 고정도구가 발견된 것은 물이 많은 습지 지역에서 작은 배를 타고 이동하는 옥에오 주민들이 큰 배보다는 작은 배를 이용하여 내륙 지역에서 더 흔하게 이동했음을 보여준다. 이는 고고학 및 지리학 조사를 통해 발견된 운하의 특성과도 일치한다. 다량의 인도-태평양 유리 구슬이 룽런 유적(A구역)에서 발견되어 꺼옥에오 유적에서 유리 구슬을 제작하고 판매하거나 외부와 거래하기 전에 보관한 장소가 아닐까하는 의문을 제기할 수 있다.

## 2.4. 연대

옥에오의 문화 연대 분류 체계는 고고학적 발굴조사의 퇴적층 자료, 유물의 특성 및 푸난 왕조의 연표와 결합하여 구축되었으며, 세 시기로 나뉘어진다.

기본적으로, 연구과제의 최근 연구 결과는 옥에오-바테 유적의 연대 구간에 대한 이전의 판단과 일치함을 보여준다 이번 연구에서 유적의 연대에 대한 차이점이나 두드러진 젊은 지층 자료를 보완한 껍과 일부 유적과 유물 유형의 특징을 통해 7세기 후반에서 11~12세기 사이의 연대 구간을 자세히 설명하는 데 기여했다는 것이다.

2017~2020년의 발굴조사를 통해 발견된 자료들은 기본적으로 현장에서의 관찰에 기반하여 초기 연구 단계에 있다. 보다 깊이 있고 다양한 측면에서 분석을 계속 진행해야 하며, 특히 자연과학적 분석을 수행

하고 비교 연구를 진행하여 과학적으로 가장 설득력 있는 결론에 도달해야 한다.

옥에오 평지에서 룽런 유적과 꺼종갓 유적을 발굴한 결과 종교 건축물, 주거지 및 다양한 재료로 만들어진 다양한 종류의 유물이 많이 발견됐다. 퇴적층 및 유물-유적의 구조 특성을 분석하여, 꺼종갓과 룽런 유적에서 거주 및 건축 과정의 대략적인 연대를 다음과 같이 결정할 수 있다.

1~3세기, 즉 초기 옥에오 시기는 흙과 점토 구조의 층으로 남겨진 진회색 문화층이며 많은 나무 씨앗과 식물 유체가 포함되어 있다. 이 단계에는 지하에 기둥을 이용하여 기초부를 조성한 주거 흔적(꺼종갓), 또한 기둥 구조(룽런 유적 주변)를 사용하여 지어진 고상 건물지도 발견되었다. 이 시기의 유물은 고급스러운 주황색 매끈한 도자기, 인도양식의 기와, 목재 및 뼈-뿔 조각품, 주석, 납, 은, 금 등의 금속 장식품, 다양한 원산지의 유리 제품 등 다양한 곳에서 수입된 제품이 특징이다. 1~3세기의 대표 유물들은 이 문화층에서 발견되었으며, 동한 동전, 오수전, 구리 그릇편, 지중해식 청동 열쇠, 난딘 소 형상의 금반지, 종교 상징이 새겨진 도기군, 인도식 기와 등이 포함된다.

4~7세기, 즉 옥에오 발전 기간에 해당하며 흡습성이 높은 회색모래층에서 문화층이 발견되었다. 룽런 유적에서와 같이 과도기의 특징적인 유구가 확인되었다. 이 기간의 유구는 넓은 공간에 분포하는 종교 건축물로, 무거운 재료(벽돌, 석재)나 목재로 축조한 종교 건축물의 토대, 꺼종갓 유적에 건설된 우물 등을 포함한다. 룽런 운하변에는 고상 건물지들이 있다. 이 기간의 대표적인 유물은 다양한 재료와 형태로 벽돌, 기와, 도기 등이 옥에오 문화 발전의 특징을 나타낸다.

다양한 특성을 지닌 기와, 금속 동전, 코끼리 모양의 장식품, 페사니, 갈돌, 고급스러운 도기 등이 있으며, 일부 도기는 재료, 형태 및 제작 기술(병, 부리있는 병, 뚜껑, 구체 모양의 항아리, 부뚜막 등) 등을 통해 이 기간의 특징을 여러 측면에서 확인할 수 있다. 이 기간은 4~7세기 경으로 추정할 수 있다.

문화층의 양상에 따르면, 옥에오 평지는 기원전 초반부터 7세기 경까지 지속되었다. 7세기 이후로는 이 지역에서 유물의 흔적이 거의 발견되지 않았으며, 유적은 분산되어 있고 규모가 작은 흔적들만 발견되었다. 이는 6세기의 해상 침식이 이 지역의 생활 조건에 영향을 미쳤을 수 있다.

옥에오-바테 유적 발굴 및 고고학 연구 프로그램은 2017~2020년에 시행되었다. 이전까지의 유적 발굴과 연구 중에서 가장 대규모이며 종합적인 연구 방법을 적용하여 건축물, 주거지 유적 및 고대 운하 체계 등을 종합적으로 연구하였다. 이 프로그램에서 얻은 발굴 및 연구 결과를 통해 많은 새로운 자료를 얻게 되어, 옥에오 도시, 종교 중심지 및 바테산을 비롯한 옥에오 문화와 푸난 왕조의 깊은 이해를 돕는 데 중요한 역할을 하였다. 이 중에서, 이번 연구 프로그램의 중요한 결과는 두 구역, 즉 바테 종교 중심지와 옥에오 고대 도시의 특성 및 기능에 대한 새로운 연구 결과이다. 이러한 새로운 발견과 연구는 옥에오 사회에 대한 이해를 돕는데 기여한다: 물질적 생활과 정신적 생활, 건축 유적의 특성, 룽런 운하의 역할, 거주 형태 및 옥에오 주민들의 문화적 관계, 당시 해상 무역 시스템과 옥에오 주민들의 문화 등 그 연구 결과로 옥에오-바테 유적이 남부 옥에오 문화의 중요한 도시, 경제, 문화, 종교 중심지라는 결론을 내릴 수 있다.

제3부

# 넨쭈어 유적에 대한 새로운 고고학적 발견

# I. 넨쭈어 유적에 대한 개요

끼엔장성 혼덧군 미프억현 잠녕 마을에 위치한 넨쭈어 유적은 미프억 인민위원회에서 동쪽으로 5km, 락자시에서 동북쪽으로 15km 떨어져 있다. 유적지의 지리 좌표는 북위 10°6'42"와 동경 105°6'27"에 위치하며 해발 20cm~1m 높이에 위치한다

넨쭈어 유적은 끼엔장성의 옥에오 문화와 관련된 12개의 유적 중 하나이며 최대 규모의 발굴조사가 이루어진 유적이다. 넨쭈어 유적은 옥에오-바테(안장성) 유적에서 12km, 쫑소아이 유적에서 서남쪽으로 10km 떨어져 있다(그림 120~122).

1975년 이전, 유적지 주변 지역은 천연 멜라루카 숲이었다. 현재는 멜라루카 숲이 없지만, 잠녕, 족잠 마을 같은 일부 지명은 예전 멜라루카 숲의 모습을 떠올리게 한다. 넨쭈어 유적지 주변은 해수면에 비해 20cm~1m 정도 높은 평지에 조성된 논과 낮고 깊은 운하들이 있다.[10] 옥에오 유적에서 북동쪽과 남서쪽 방

---

10  옥에오 문화 지도의 넨쭈어 지역, 끼엔장성, 5번 지도에 따른다.

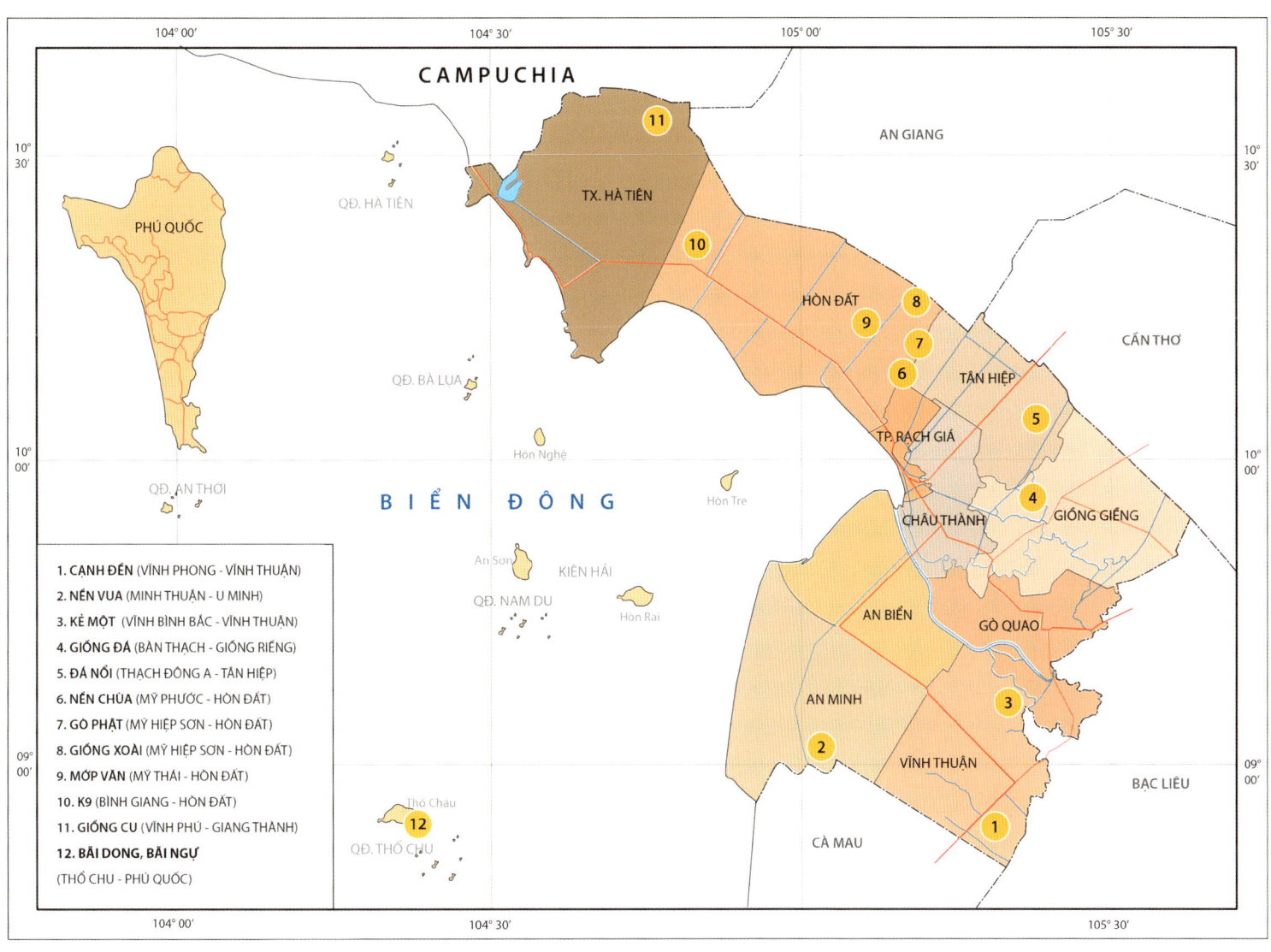

1. CẠNH ĐỀN (VĨNH PHONG - VĨNH THUẬN)
2. NỀN VUA (MINH THUẬN - U MINH)
3. KẺ MỘT (VĨNH BÌNH BẮC - VĨNH THUẬN)
4. GIỒNG ĐÁ (BÀN THẠCH - GIỒNG RIỀNG)
5. ĐÁ NỔI (THẠCH ĐÔNG A - TÂN HIỆP)
6. NỀN CHÙA (MỸ PHƯỚC - HÒN ĐẤT)
7. GÒ PHẬT (MỸ HIỆP SƠN - HÒN ĐẤT)
8. GIỒNG XOÀI (MỸ HIỆP SƠN - HÒN ĐẤT)
9. MỚP VĂN (MỸ THÁI - HÒN ĐẤT)
10. K9 (BÌNH GIANG - HÒN ĐẤT)
11. GIỒNG CU (VĨNH PHÚ - GIANG THÀNH)
12. BÃI DONG, BÃI NGỰ
(THỔ CHU - PHÚ QUỐC)

TỶ LỆ 1 : 500 000          5   0        10      20km

**그림 120**   끼엔장성의 옥에오 문화 유적 분포도

사진: 탕롱황성연구소

**그림 121–122**   넨쭈어 유적의 발굴현황도 및 전경

사진: 탕롱황성연구소

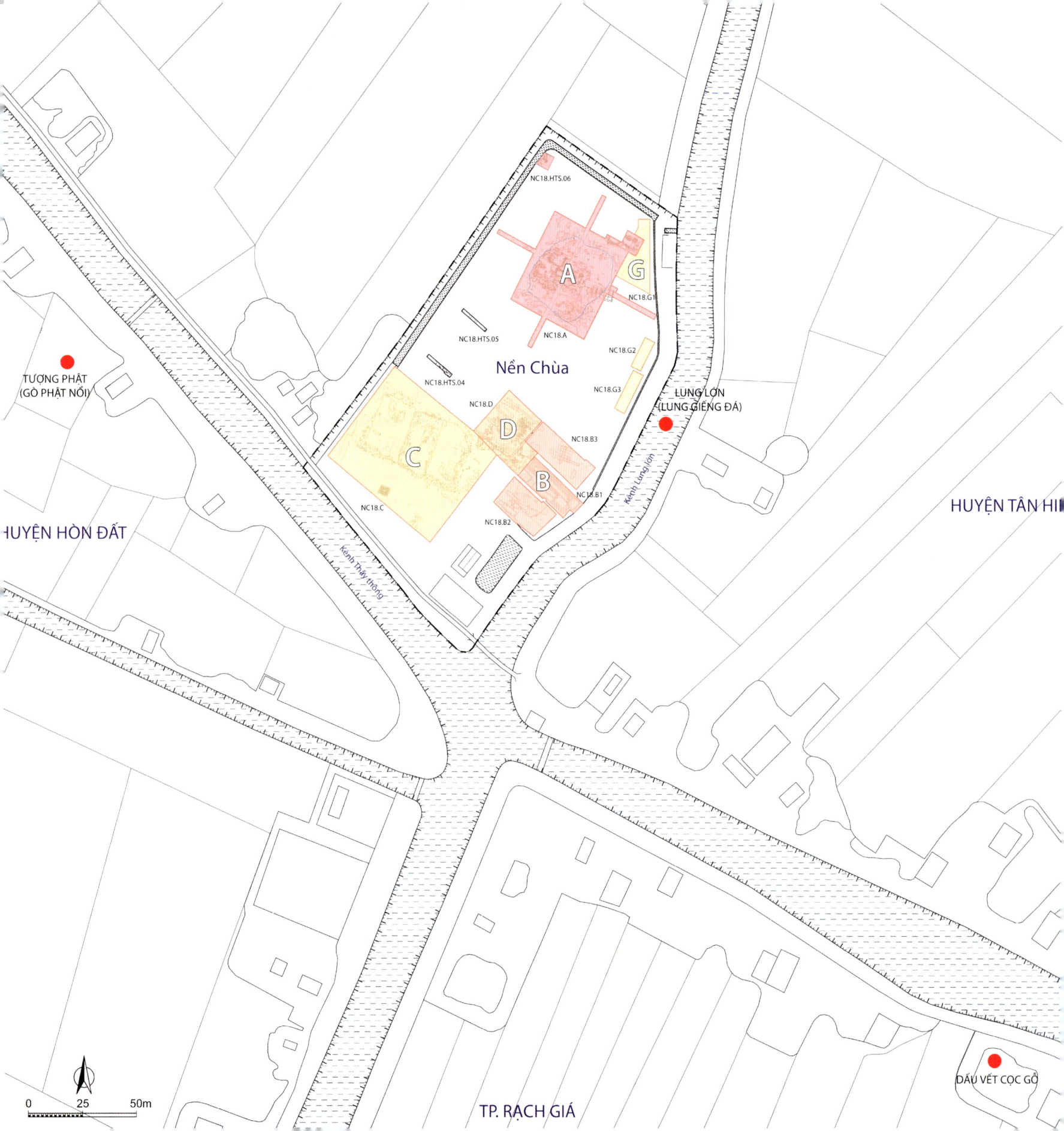

TƯỢNG PHẬT
(GÒ PHẬT NỔI)

HUYỆN HÒN ĐẤT

HUYỆN TÂN HI

NC18.HTS.06

A

G

NC18.G1

NC18.HTS.05

NC18.A

Nền Chùa

NC18.G2

NC18.HTS.04

NC18.G3

LUNG LỚN
(LUNG GIẾNG ĐÁ)

NC18.D

D

NC18.B3

C

B

NC18.B1

Kênh Lung lớn

NC18.C

NC18.B2

Kênh Thầy thống

DẤU VẾT CỌC GỖ

0    25    50m

TP. RẠCH GIÁ

향으로 흐르는 룽런 운하는 옹자이 운하(넨쭈어 운하)와 만나서 북서쪽에서 동남쪽 방향으로 두 갈래로 갈라진다. 동쪽 갈래는 룽샌 운하(현재의 터이통 운하)이며 서쪽 갈래는 룽낭(현재의 남레우 운하)이다. 이외에도 유적 주변에는 저지대에 형성된 다른 많은 운하가 있다. 여기에는 말러렛이 1940년대 이후 발견한 2개의 고대 운하, 즉 16운하(현재 남레우 운하와 연결되는 룽런 운하)와 18운하(현재 옹자이 운하와 연결되는 터이통 운하, 넨쭈어 유적지에서 16 운하와 교차한다)가 있다. 룽런 운하와 남레우 운하는 넨쭈어 운하를 교차하며 터이통 운하의 물길의 사거리를 형성하고 있다. 교차지점의 북서서쪽이 넨쭈어 유적지이다.

**그림 123** 넨쭈어 평지에서 바라본 바테산의 전경 및 발굴 전 넨쭈어 유적의 전경

사진: 부이민찌

넨쭈어 유적은 저지대로 이모작이 이루어지는 논과 저수지에 위치해 있다. 유적의 북쪽에 위치한 꺼넨쭈어 및 현재 주민들이 거주하는 남동쪽과 남서쪽 지대만 높다. 꺼넨쭈어는 바나나가 경작되며 룽런 운하를 따라 흐르는 물길의 교차로 주변은 호수를 파고, 주거지를 만들거나 과수와 채소를 심어 운하 저지대를 만들었다(**그림 123**). 주거지 조성, 채소와 과일 경작, 수목 식재 등의 활동으로 인해 유적의 퇴적층이 상당히 심하게 교란되었다.

제3차 발굴(2018~2020) 이전에는 넨쭈어 유적에 대한 지식이 많지 않았다. 넨쭈어 유적은 1930년대에 처음 프랑스 학자 말러렛에 의해 발견되었다. 1938년과 1942~1944년까지, 말러렛과 그 동료들은 메콩강 삼각지 지역에서 어러 조사를 통해 새로운 유적을 나수 발견하였다. 그 중 끼엔장성에서는 타케오(넨쭈어), 다노이, 몸반 등(Malleret, 1956: 150-153) 3개의 유적이 발견되었다

1946년 옥에오 지역과 메콩강 삼각지 지역에 대한 항공조사에서 말러렛은 옥에오 고대 도시와 이 도시에서 북동-남서 방향으로 흐르는 수로가 있음을 확인하였으며, 북쪽의 앙코르 보레이 유적과 남쪽의 타케오(넨쭈어) 유적이 운하를 통해 연결되어 있는 것을 발견하였다. 그에 따르면 넨쭈어가 룽지엥따 운하(룽런 운하)의 끝 지점이며 옥에오에서 12km 떨어져 운하 끝에 위치한 고대의 해안 주거지이다. 그는 타케오(넨쭈어) 지역을 상세히 설명하기 위해 5개 위치로 구분했는데 그 중 첫 번째 위치는 꺼넨쭈어이다. 그는 다량의 바위가 분포한 지점 위에 있으며, 서쪽·북쪽·남쪽에 화강암 성벽이 있다고 설명했다. 남쪽에는 우물이 있으며, 많은 대형 벽돌이 우물 형성 단계에서 제거되었다. 벽돌 구조물의 가장 넓은 부분이 1m를 넘지 않았다. 구릉 위에는 절과 2기의 보조 건축물(웅따 사원)이 있으며, 이들은 2~3단의 높은 화강암으로 만들어진 벽 또는 몇 개의 사암 조각으로 구분되어 있다. 이 중 하나는 벤치에 놓여져 있는 사람 형상(길이 23cm)의 조각상 파편(두께 90cm)이며, 1점의 갈판 다리편(높이 16cm)과 3점의 화강암 돌판(두께 30~36cm)도 있다. 두 번째 위치는 동쪽 꺼넨쭈어에서 약 50m 떨어진 곳에 위치한 고상 건물지이다. 이 곳은 14개의 기둥이 있는 고상 건물지로 확인되며, 기둥의 상부는 지면으로부터 10~15cm 정도 튀어나와 있다. 이 기둥은 옥에오 주거지의 기둥과 같은 종류의 목재로 만들어졌으며, 기둥 사이의 간격은 60cm에서 2m 사이이다. 여기서 목재는 주로 동쪽에서 서쪽방향으로 6쌍을 묻었으며, 길이는 2.5m이다. 네 번째 위치는 바쭈어스 A와 바쭈어스 B 두 지역으로, 북동-남서 방향으로 배열된 4개의 구릉이 있다. 이 구릉은 고지대에는 화강암이 분포하며 지형이 원형이고 많은 암벽으로 둘러싸여 있으며 지름은 약 4m이다. 세 번째와 다섯 번째 지역은 주거 지역이다 (Malleret, 1959: 150).

이 시기에, 말러렛은 넨쭈어에서 룽런 운하를 따라 썹산까지 탐사를 진행하여, 붉은색을 띠는 동으로 만든, 모자를 쓰고 4개의 손을 가진 모습으로 앙코르 시대 이전 시기의 비슈누편 1점, 3층으로 된 링가 1점,

석조 기둥 1점 및 석조 조각상 상체 1점을 수집하였다. 그는 이 모든 유물은 옥에오 문화와 관련이 있다고 여겼다.

이 시점의 조사결과는 1950년 말러렛에 의해 옥에오 유적과 하우강 지역의 푸 유적에 대한 논문으로 발표되었다. 그 중 타케오(넨쭈어) 유적은 본격적으로 옥에오 유적의 외부 유적으로 간주되었다.[11]

베트남 전쟁 이후, 넨쭈어 유적에 대한 관심이 고조되면서 발굴과 연구가 이루어졌다. 1978년, 호치민 시의 고고학 연구회(현재 남부지역 사회과학연구소)와 남부지방의 박물관은 말러렛이 서남부지방에서 발견한 다수의 고고유적을 대상으로 여러 차례의 조사 및 발굴을 실시했다. 이는 옥에오 문화의 내용과 가치를 보다 면밀하게 인식하기 위한 목적을 지니며, 그 중에 넨쭈어 유적지가 포함된다.

1981년 넨쭈어 유적이 재조사되었다. 서쪽 꺼넨쭈어에서는 흔적(NC81-N1), 도기 및 1점의 링가가 발견되었다. 지표 아래로 깊이 80cm 지점에서 수습된 목재 기둥은 베를린 고대사 및 고고학 센터에 의한 방사선탄소연대측정 결과 연대값이 1,500 ± 50BP(450AD)이었다. 이 조사는 옥에오 문화 연구의 장기적인 발전 가능성을 제시한 것으로 간주된다(Võ Sĩ Khải, Đỗ Đình Truật, 1980: 198-200).

넨쭈어 유적은 1982년 처음으로 발굴되었으며 1983년 이루어진 2차 발굴에서 옥에오 문화의 대표적이고 특징적인 4가지 유구가 발견되었다. 그 중에서도 말러렛의 설명에 따르면, 룽런 운하의 둑 옆에 있는 82NC-N1의 주거지가 주목할 만한다. 이곳에서는 50cm 깊이에서 11개의 목재 기둥과 일부 가로로 놓인 목재 바닥을 발견하였다. 50cm에서 2m 깊이의 문화층은 흑색 점토로 구성되어 있으며, 많은 도기편과 다양한 과실수(빈랑나무, 코코넛 나무 등)가 포함되어 있다. 또한, 고상 건물지 바닥에 사용된 목재 기둥과 도기편은 구릉 근처의 논밭 저지대 및 혼딧(넨쭈어 운하) 방향으로 수십 헥타르의 고대 운하 둑을 따라 발견되었다(Dương Văn Truyện, Võ Sĩ Khải, 1984: 177-183; Lê Xuân Diệm, cs, 1995: 42-48).

꺼넨쭈어에 위치한 NC82. NC 건축유구는 주축이 동서 방향으로 25.6×16.3m의 장방형 석재 기초형태로, 안쪽에는 작은 기초 축선이 있으며 세 개의 칸과 두 개의 별도 복도로 구분된다. 건축물의 서쪽 칸 아래쪽에는 석재와 모래가 쌓인 방형 구조물이 발견되었다. 이 건축물의 바닥의 수혈에서는 두 부분으로 나뉜 연꽃 그림이 새겨진 원형의 황금 잎이 출토되었다. 수혈의 아래층은 갈색 모래로 덮여 있으며, 황금 반지의 1/4, 동전의 1/8과 함께 소, 거북이 등이 새겨져 있는 금박들이 채워졌다. 뱀과 목화 모양은 검게 그을린 자

---

**11** 게시물 제목: "The burial towns of 옥에오 and the Founanese site, Transbassac in Indochina" [La ville enfouis d'옥에오 et les site Funanais du Tranbassac au sud Viet Nam]

국 또는 도금 흔적이 있다. 위쪽 부분은 하얀 모래로 덮여 있으며, 작은 직사각형 모양의 황금 잎이 있으며 인체, 중첩 사각형 및 여러 가지 모양이 새겨져 있다. 이러한 발견을 통해, 꺼넨쭈어 건축물은 브라만 사원으로 추정되며, 죽은 사람과 돌을 숭배하고, 화장의 관습과 관련있는 것으로 보인다. 이것은 1983년부터 현재까지 발견된 옥에오 문화의 건축물 중에서 가장 큰 석조 건축물이다. 건축물의 토층에서 추출한 7개의 목재 및 목탄 샘플은 베를린 고대사 및 고고학 센터(독일)에서 방사선 탄소연대측정 분석을 수행하여 420-530AD의 결과를 도출했다(Võ Sĩ Khái, 1984: 199-206).

바쭈어스 A·B(꺼펫노이), 타케오 유적과 그 주변에서는 석재로 지어진 19기의 무덤이 발견되었다. 이는 모두 화장한 무덤이며, 높은 구릉 위에 흙을 성토하여 조성되었다. 이 유적에서는 장방형, 방형, 그리고 깔때기 모양의 무덤이 발견되었다. 그 중 중앙에 위치한 방형 무덤은 석재, 벽돌, 목재로 만든 정사각형 기둥이 있다. 일부 무덤은 나무 가지를 이용해 작은 구멍을 만들거나, 기둥 없이 땅을 직접 파서 만들었다. 백색 모래나 갈색 모래로 채워진 수혈 안에는 금이나 보석이 묻혀 있는데, 이 깔때기 모양의 윗 부분은 흰색 모래와 작은 돌 덩어리로 채워지고, 그 아래는 검은색 점토층에 거친 도기편, 목탄과 부서진 뼈가 섞여 있다(Đào Linh Côn, 1983: 212-215; 1984: 197-201). 이 무덤들의 연대는 방사선 탄소 연대 측정을 통해 270AD~480AD년 사이로 추정된다. 깔때기 모양의 무덤의 경우 270년과 330AD년 사이이며, 사각형 모양의 무덤은 5~6세기 경으로 추정된다. 이 자료는 넨쭈어 유적과 옥에오 문화 유적의 다른 곳들과 관련된 여러 학술적 문제를 구체적으로 이해하는 데 도움이 되는 추가적인 자료를 제공해주었다.

또한 넨쭈어 유적에서 발견된 두 개의 고대 수로가 보고되었다. 하나는 남동 방향으로 길을 따라 이어지다가 타케오 마을을 통과하여 락자-하띠엔 운하로 향하고, 다른 하나는 북서쪽 방향으로 흐르며 혼덧으로 향하여 결국 바다로 흘러간다. 현재, 이 두 개의 고대 수로는 넨쭈어 유적의 남서쪽에 위치한 넨쭈어 운하와 동쪽에 위치한 룽런 운하로 알려져 있다.

이 시기의 발굴과 연구 결과는 레쫜디엠, 보시카이(1995)의 "옥에오 문화의 새로운 발견"과 최근에는 부이찌황의 "초기 역사시대 남부의 고고학 조사"(2018), 당반탕의 "옥에오 및 푸난 고고학"(2019)과 같은 여러 연구 논문을 통해 발표되었다.

위의 발굴 및 연구 결과는 넨쭈어 유적이 옥에오 문화의 중요한 고고학 유적이라는 것을 설득하고 입증했다. 그러나 넨쭈어 유적의 기능과 특성에 대한 다양한 의견이 등장하고, 특히 바쭈어스 A 및 B의 "건축물-무덤" 장소에 대한 의견이 다양하게 제시되고 있다. 이는 이번 유적 발굴 및 연구가 끝난 후 해결해야 할 실질적인 과제이다.

그림 124 2018–2019년에 넨쭈어(Nền Chùa)유적의 고고학 발굴 현장

사진: 응우옌따이린(Nguyễn Tài Linh)

지난 1982년과 1983년의 최초 발굴 이후, 넨쭈어 유적에서는 발굴조사가 이루어지지 않았으며, 옥에오 계획의 건설 이전에만 조사되었다. 현재 넨쭈어 유적의 환경은 최초 발굴 때보다 많은 변화가 있다. 1982~1983년 발굴 보고서에 기록된 유적 이름과 위치인 바쭈어A 및 바쭈어스B는 더 이상 알아볼 수 없게 되고, 모두 논, 과수원 및 현대 무덤으로 변모되었다. 따라서 넨쭈어 유적 연구소와 제국성채연구소는 각 지점을 발굴하기 전에 사전 조사로서 이전 탐사, 발굴 결과를 확인해야 한다고 결정했다.

2018~2020년, 옥에오 프로젝트를 수행하면서, 제국성채연구소는 넨쭈어 유적지의 고고학적 발굴과 연구를 맡았다. 넨쭈어 유적지의 3차 발굴의 목적은 다음과 같다:

(1) 꺼넨쭈어, 꺼바쭈어스A 및 꺼바쭈어스B 유적을 재발굴하여 1982년과 1983년의 발굴 결과를 검증하며, 유적의 형태, 규모, 특성 및 연대를 명확히 밝혀내고자 한다;

(2) 유구, 유물 조사 및 발굴을 통해, 남부지역의 옥에오 문화 역사에서 넨쭈어 유적의 특성, 연대, 형성과 발전 과정을 보다 명확하게 밝히고자 한다.

(3) 고대 도시의 문화 역사에서, 넨쭈어 유적의 위치, 역할 및 관련성을 조사한다.

(4) 넨쭈어 유적의 가치를 보존하고 활용하기 위한 방안을 제시하여 지역문화 유산의 가치를 대중에게 홍보하고, 관광을 발전시키며, 지역사회의 자부심과 보존의식을 자극하고 유적의 가치를 유지하고 보호하며 발전시키는 것을 목표로 한다.

(5) 옥에오-바테 지역에서의 발굴 및 연구 결과를 종합하여, 유네스코 세계문화유산 등재를 위해 옥에오 문화 유산의 가치를 유네스코에 제안하는 학술적 자료를 제공한다.

만반의 준비를 한 후 제국성채연구소에서는 2018년 12월 26일부터 넨쭈어 유적의 발굴 작업을 공식적으로 시작했다. 프로젝트의 총 계획면적은 24,900m²이며, 조사와 탐사 작업을 통해, 유적지는 ABCDG 5개의 발굴 지역으로 나눠졌다. 제국성채연구소에서는 총 8,024.6m²의 면적을 발굴했다. 이는 이전까지 넨쭈어 유적에서 수행된 발굴 작업 중 가장 대규모이다(그림 122, 124). 13개월간 지속된 현장 작업 후, 2020년 1월 10일에 넨쭈어 유적의 발굴 작업이 성공적으로 마무리되었으며, 프로젝트의 목표를 뛰어넘는 많은 새로운 과학적 결과를 얻게 되었다.

# II. 발굴 유적의 고고학 성과

## 1. A구역

A구역은 꺼녠쭈어로 유적의 북쪽에 위치하며, 초기 연구 및 프로젝트에서 석조 건축군 구역으로 지칭된다. 이 구역은 유적 전체 및 인근 지역에서 가장 높은 구릉이다. 발굴 작업은 꺼녠쭈어 유적에서 집중적으로 이루어졌으며, 유적 북쪽 경계에서 22m, 동쪽의 룽런 운하와 남쪽의 D구역에서 약 40m 떨어져 있다. 발굴 및 고고학 조사 이전에 구역은 주변 밭보다 약 0.8~1m 정도 높았다.

A구역은 전체 꺼녠쭈어를 포함하는 1개의 큰 발굴 트렌치로 총 면적은 2,098.9m²이다. 이 중 발굴 구역은 1,840m²로 평면 방형이며, 남-북 방향으로 46m, 동-서 방향으로 40m이다. 트렌치의 토층 조사를 위한 4개 피트의 총 면적은 164m²이며, 각각의 면적은 북쪽 피트(RKT, B)는 36m²(18m×2m), 남쪽 피트(RKT, N)는 32m²(16m×2m), 서쪽 피트(RKT, T)는 42m²(21m×2m), 동쪽 피트(RKT, Đ)는 54m²(27m×2m)이다. 이

**그림 125** 꺼넨쭈어 유적 제단 건축물의 전경(A구역)

사진: 응우엔따이린

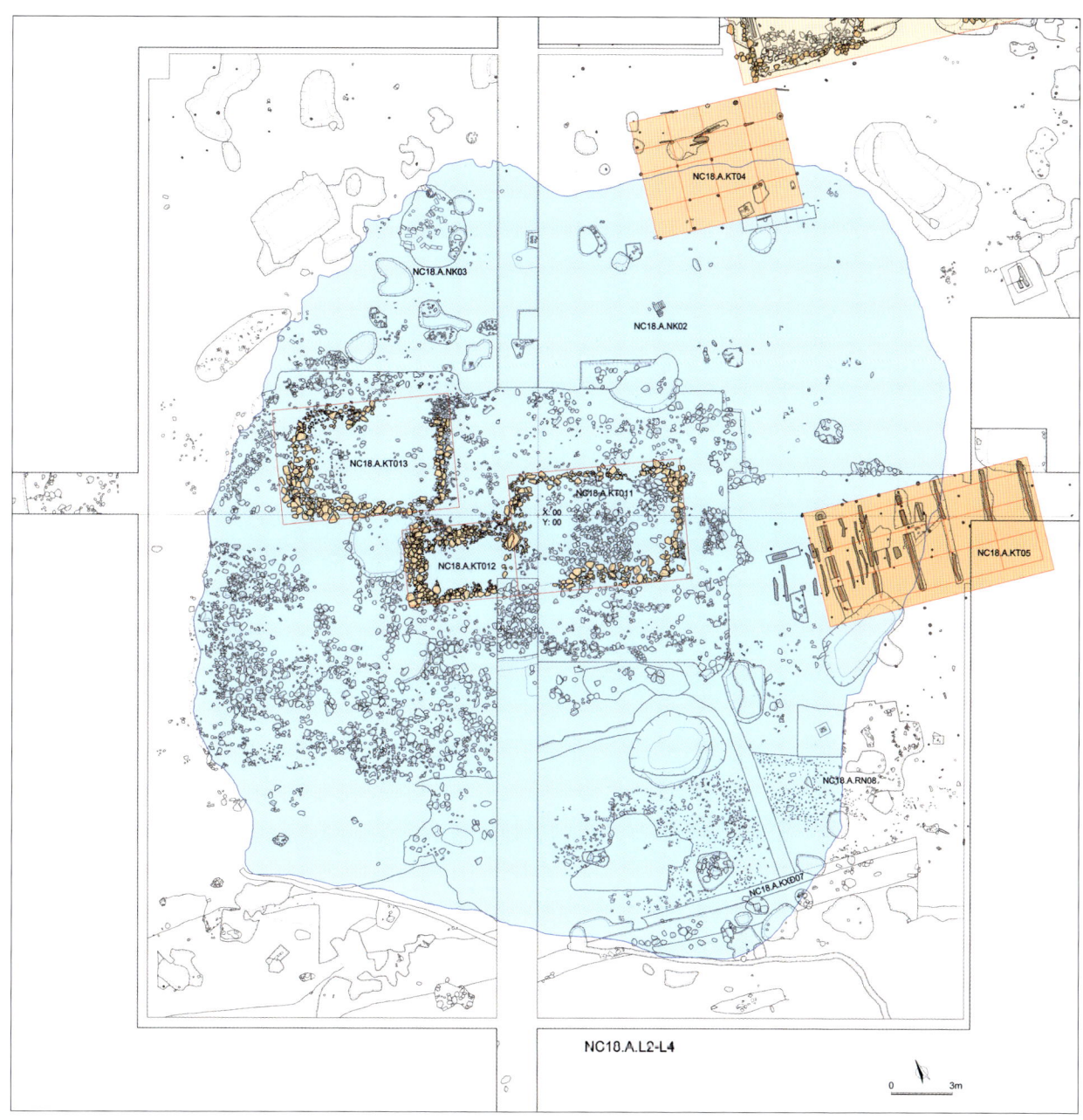

그림 126 꺼넨쭈이 유적 제단 긴축물의 기초 평면도(A구역)

사진: 탕롱황성연구소

와 함께 A 구역의 서북쪽 모퉁이에는 추가로 NC18. A. HKT1 기호로 표시된 1개의 테스트 트렌치가 있으며, 면적은 39m²(6.7×5.9m)이다(그림 125~126).

## 1.1. 층위

꺼넨쭈어 유적의 퇴적층은 2개의 문화층을 포함하여 4개의 층으로 나뉘며, 꽤 선명한 발전 과정을 확인할 수 있다. 넓은 발굴 트렌치 조사가 다수 이루어져 각 위치의 지층은 완전히 동일하지 않다. 많은 지역이 교란되었지만 공통된 특징과 상당히 안정적인 지층 구조를 바탕으로 네 개의 층을 구분할 수 있으며 다음과 같은 특징을 보여준다:

- 첫 번째 층(표토층): 암회색 경작토, 결합력이 좋고, 유물(석재, 벽돌, 옥에오 도기)을 많이 포함하지 않으며 대부분의 출토품은 현대용품이다. 이 층은 두께가 20~40cm이며, 구릉의 전반적인 표면에 분포한다.
- 두 번째 층(1~2발굴 층 해당): 다양한 종류의 유물이 출토되었으며, 그 중에서도 대부분은 화강암 석재와 부서진 벽돌, 옥에오 도기 및 현대적인 도구들로 이루어져 있다. 이 층의 두께는 10~40cm이며, 훼손된 건축문화층이다.
- 세 번째 층(3~4 발굴 층 해당): 건축용 석재 하부에 나타나며 회색 토양, 옥에오 도기, 벽돌편, 석재 등이 산재해 있다. 이 층은 구릉 정상은 두껍고 동쪽과 북쪽으로 갈수록 얇고 넓게 분포한다.
- 네 번째 층은 생토층이며, 높은 지역(동쪽, 동남쪽)에서는 노란 점토가, 낮은 지역(북쪽)에서는 푸른 점토가 나타난다.

A 구역의 문화층은 건축과 주거로 구성되며 다음과 같이 시간에 따라 변화했다.

주거 문화층은 건축 문화층 아래에 위치하며 도굴로 인해 손상된 상태이다. 안정된 지역에서는 고상 건물지와 옥에오의 유물, 특히 도기가 발견되었다.

상부에 위치한 건축 문화층은 많은 파손을 입어 석재와 깨진 벽돌로 이루어진 울퉁불퉁한 표면으로 변했다. 여기에서는 5기의 건축 유구가 확인되었으며, 이 중 3기의 기초는 서로 인접한 구조의 평면(NC18. A.KT01)으로 구성되었다.

각 피트의 토층은 발굴된 피트 벽면으로부터 측정한 경우, 남쪽 도층 피트(RKT. N)를 제외하면 두개의 층(경작층과 생토층)으로 구성되어 있으며, 주거 문화층은 나타나지 않았다. 나머지 3기의 트렌치(RKT. T, RKT. B, RKT. Đ)는 지표층, 거주 문화층, 생토층 등 3개의 지층으로 구성되어 있다. 이 중 동쪽 구간(RKT. Đ)의 거주 문화층은 상대적으로 안정적이며, 서쪽(RKT. T)과 북쪽(RKT. B) 피트 중 나머지 거주 문화층은 도굴갱에 의해 파괴되어 큰 의미가 없다.

동쪽 피트(RKT. Đ)의 문화층 및 토층 변화 양상을 근거로, 거주 문화층은 꺼녠쭈어 유적에서 룽런 운하 방향으로 연속적으로 개발된 문화층으로, 동쪽으로 내려갈수록 낮아지는 경향이 있다.

## 1.2. 유구

A구역의 발굴 결과 8기의 유구가 발견됐으며, 이 중 5기는 건축 유구(NC18.A.KT01; NC18.A.NK02, NC18. A.NK03, NC18.A.G106, NC18.A.KXĐ07), 3기는 주거지(NC18.A.KT04, NC18.A.KT05, NC18.A.RN08)였다.

꺼녠쭈어 유적을 중심으로 하면 KT01은 구릉 가운데 있으며, NKO2, NKO3은 북쪽, KT04, G106은 동북쪽, KT05는 동남쪽, KXĐ07을 둘러싸고 있는 벽돌 기초 유구와 RN08 피트 내 도기 구는 남쪽에 분포한 다. 각 유구의 현재 상태, 특징 및 구조는 다음과 같다.

### 1.2.1. 건축 유적

### 1.2.1.1. 힌두교 사원 건축물의 기초

꺼녠쭈어 유적의 중앙에 분포한 유구는 해발 1m에 위치하고 바위가 밀집한 가장 높은 지역이다. 이 유구 는 3기(NC18.A.KT01.1, NC18.A.KT01.2, NC18.A.KT01.3)의 건축 기초 흔적으로 구성되어 있다. 4면에 둘러싸인 진 흙과 벽돌을 쌓은 바닥이다. 모든 기초는 장방형이며 북쪽에서 동쪽으로 20도 기울어져 있다. 바닥은 다수 교 란된 상황이었다. 이러한 흔적들은 아래에 설명된 제사당 건축 전체의 지면에서 발견되었다(그림 125).

유적의 발굴 결과 완전히 석재로 쌓인 건축물의 기초부가 전반적으로 드러났다. 건축용 석재는 다양 한 크기와 모양으로 이루어져 있으며, 구릉 면적 약 1,840m²(길이 46m×폭 40m)에 빈틈없이 쌓여 있다(그림 127~128). 석재는 화강암, 조석, 사철암 등 3종류로 구성되어 있으며, 대부분은 화강암이다. 표면에 평행하 게 배열되고 겹치지 않고 교차하여 쌓았다. 고고학자들은 도굴과 농경으로 인해 건축용 석재가 원래 위치에 서 벗어나 있기 때문에 꺼녠쭈어 유적의 건축물 기초의 정확한 형태와 규모를 추정하는 것이 매우 어려웠다. 따라서, 예전에 존재했던 사원 건축의 모양과 규모를 정확하게 결정하는 것은 불가능하다고 판단하였다.

말러렛이 1942~1944년까지 수행한 조사와 1982~1983년 사이의 발굴 결과를 기반으로 한 때, 꺼녠 쭈어 유적은 완전히 석재로 된 기초 위에 건설된 대규모 사원 건축물의 흔적이다.[12] 말러렛의 설명에 따르

---

12  말러렛(L. Malleret)의 조사에 따르면 구릉 위에는 다양한 돌들이 있으며, 서, 북, 남쪽에는 화강암 벽돌이 있다. 남쪽에는 우물이 있으며, 많은

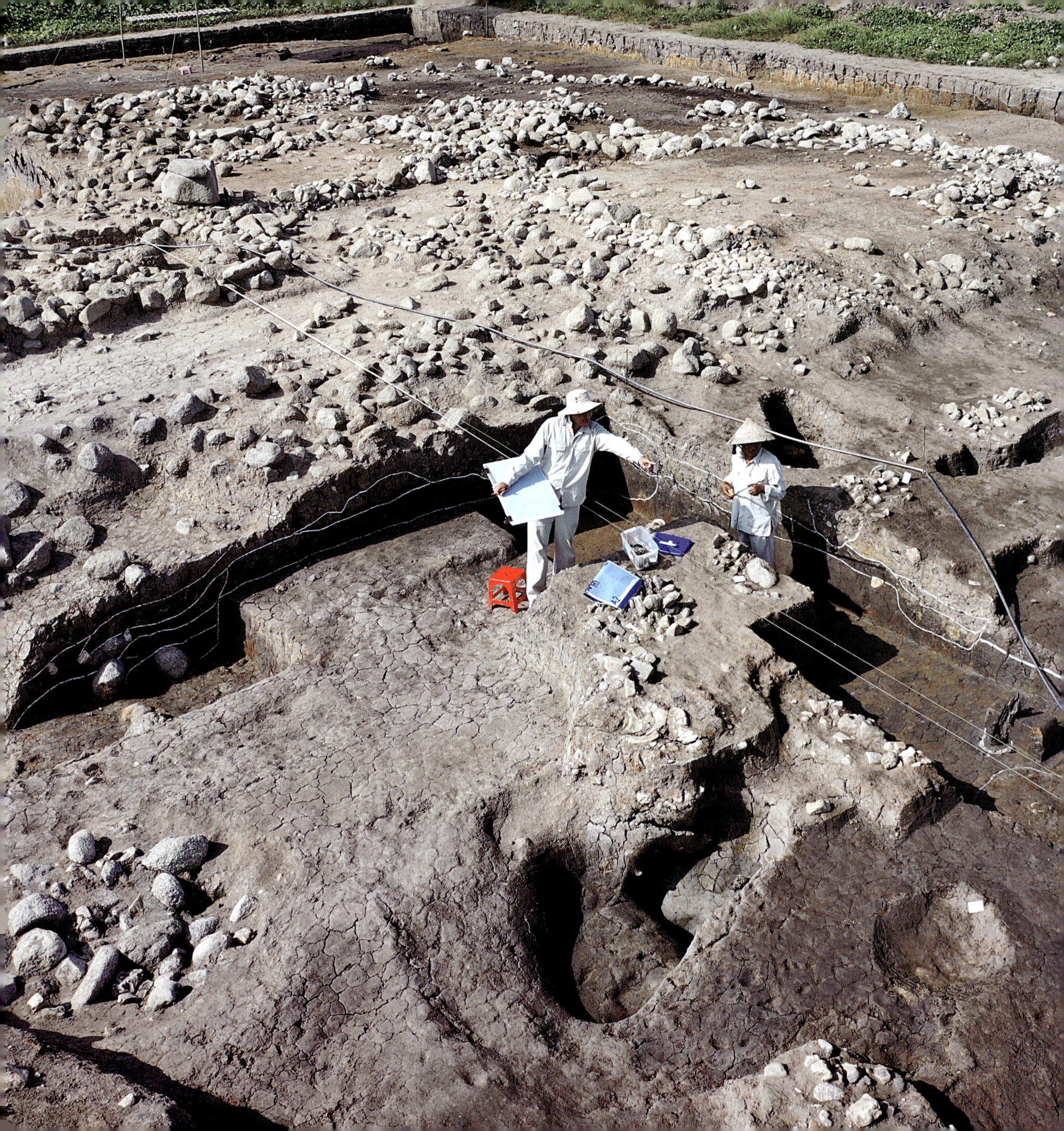

**그림 128**   꺼넨쭈어 유적의 구조물 흔적(A구역)

사진: 레딘응옥

**그림 127**   (앞면) 꺼넨쭈어(Gò Nền Chùa)에 구조물의 현재 상태(A 구역)

사진: 응우엔따이린(Nguyễn Tài Linh)

**그림 129** 꺼넨쭈어 유적에서 발견된 신전의 벽돌과 건축용 석재의 흔적 및 도자기

사진: 탕롱황성연구소

면 서·북·남쪽에 석조 벽이 있으며, 부서진 기반석(두께 90cm)에 놓여져 있는 인간 모양의 23cm 길이 조각상의 다리 부분이 발견되었다. 또한, 1982년에 고고학자들은 구릉 서쪽에서 5세기 경으로 추정되는 큰 석재 링가를 발견했다(**그림 130**).

이것은 꺼넨쭈어에 위치한 힌두교 신전의 존재를 확실히 입증하는 믿을만한 증거이다(Đào Linh Côn, 1983: 212-215; 1984: 197-201).

사원을 건설한 바위 아래의 구릉 밑과 주변 지역에서는 사원 건축보다 앞선 1~3세기의 주거지 흔적이 발견되었다. 이는 이 지역이 이전에 주거지였으며 그 후 사원이 건설되었다는 것을 반영한다(**그림 126, 129**).

유적에서 발견된 중국 동한시대 도자기(2~3세기), 인도 도자기(1~6세기), 링가(5세기) 등의 유물들과 420-530AD의 방사선 탄소연대 측정 값을 통해 사원 건축물 기초 흔적의 연대를 4~6세기 경으로 추정할 수 있다.

### 1.2.1.2. 우물

A구역에서 발견된 주목할 만한 새로운 유적은 꺼넨쭈어 유적의 북동쪽 사원 옆에 위치한 NC18.A.Gi06 우물이다. 이 우물은 제각기 다른 크기의 석재로 축조되어 단면 역삼각형 모양을 만들었다. 우물의 벽에는 20개의 목재 기둥이 견고하게 고정되어 무너짐을 방지한다. 우물 바닥은 강화되지 않은 진흙층이다. 우물의 길이(동-서)는 16.4m이고, 폭(남-북) 6.6m이며, 면적은 108.2m²이다(**그림 131~132**).

이 유적은 힌두교 사원 건축물 안에 위치하며 연대는 동일하게 4~6세기 경에 축조된 것으로 추정된다. 옥에오 문화에서 Gi06와 같이 많은 석조 우물을 발견했다. 이를 비교 연구한 결과 우물은 앞서 언급한 힌두교 사원에서 열리는 종교적인 의식을 위해 사용되는 깨끗한 물을 제공하는 역할을 전담하는 "신의 우물" 또는 "성스러운 우물" 유형에 속하는 것으로 추정된다.

### 1.2.1.3. 건축 기초

유적의 지면에서 NC18.A.NK02와 NC18.A.NK03이라는 2개의 작은 건축물의 흔석이 드러났다.

---

대현 벽돌이 우물 조성 단계에서 제기되었다. 이 벽돌은 가장 넓은 부분이 1m를 넘지 않았다. 구릉 위에는 절과 2개의 보조 건물(Ong Tà 사원)이 있으며, 이들은 2~3층의 높은 화강암으로 만들어진 벽으로 몇 개의 사암 조각에 의해 구분되어 있다. 그 중에는 서쪽에 위치한 1개의 물통(45×55cm)이 있으며, 짧은 호스와 직사각형 모양의 뚜껑이 있다. 부서진 벤치(두께 90cm)에 놓여져 있는 인간 모양의 조각상의 다리(길이 23cm) 석각이며, 또한, 1점의 갈판(페사니) 다리 석각 (높이 16cm)과 3점의 화강암 돌판(두께 30~36cm)도 있다(상세한 내용은 Malleret, 1959: 150 참조).

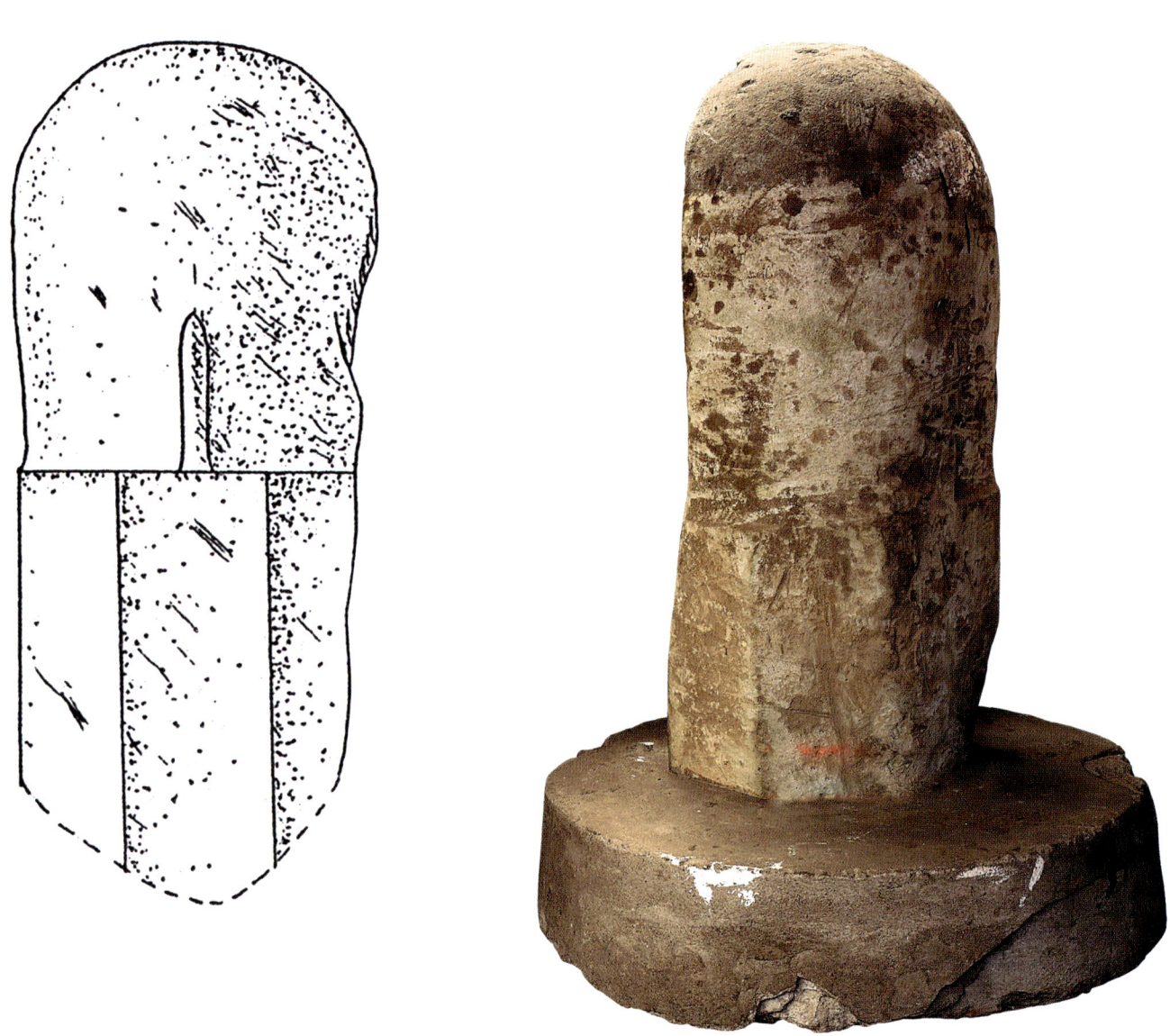

그림 130  1982년에 꺼넨쭈어 유적의 남서쪽에서 발견된 석소 링가(끼엔장 박물관)

사진: 보시카이 및 탕롱황성연구소

NC18.A.NK02의 건축물 기초는 남북 길이 2m, 동서 너비 50cm의 T-정방형에 평행 및 수직으로 묻힌 사각형 벽돌 2줄로 구성된다. 경사지게 축조하는 기술은 건축의 대를 만드는 과정에서 자주 사용되며, 따라서 이 흔적은 남동쪽의 전부가 파괴된 벽돌 건축물 중 북서쪽 부분의 일부일 수 있기에 규모를 결정할 수 없다. 나머지 유구는 1.0m²(2×0.52m)의 작은 규모로, 북쪽으로 2.5도 기울어져 있다. 이 흔적은 1982년 발굴 트렌치(Võ Sĩ Khải, 1982)에서 발견된 기울어진 벽돌 벽의 나머지 부분일 수 있지만 충분한 자료가 없어 연결할 수 없다.

NC18.A.NK03의 건축물 기초부는 꺼넨쭈어의 서북쪽에 대칭적으로 위치한 벽돌군으로, NK02건축물과 약 10.5m 떨어져 있다. 면적은 12m²(4×3m), 주거 문화층 위에 있다. 이 지역은 많은 벽돌 건물들이 다양한 방향으로 열을 이루며 집중적으로 조성되어 있으며, 기본적으로 벽돌은 동서 방향으로 놓여 있다. 이 지역의 벽돌은 옥에오 문화에서 흔히 쓰이는 건축 재료인 사각형 벽돌로, 연한 붉은색 또는 밝은 흰색을 띠고 있다. 모래를 혼합하여 만들어졌으며, 크기는 29×16×7cm, 28×15×6cm, 26×14×7cm의 세 범주로 나눌 수 있다.

잔존한 면적이 적어 유구의 유형을 판단할 만한 근거가 충분하지 않으나, 발굴 범위와 발견된 유물로 보았을 때, 이것은 꺼넨쭈어 유적에 위치한 힌두교 사원 건축과 관련된 유구이거나, 그 일부일 가능성이 있다. 유구의 연대는 석조 건축물 KT01, NK02와 대응되며, 4~6세기 경에 해당한다.

### 1.2.1.4. 환형 벽조 구조물 기단부
유적 NC18.A.KXĐ07은, RN0 도기 구 위에 놓인 진흙 지반의 트렌치 조사에서 확인되었다. 발굴 트렌치의 동남쪽 모서리에서 대각선 방향으로 뻗어나가며, 동쪽과 남쪽 끝 부분은 발굴 범위를 벗어나 확인되지 않는다. 발견된 부분의 길이는 동서쪽으로 29m, 남북쪽으로 1.17m이며, 면적은 34m²이다. 이 도랑의 단면은 그릇 모양을 하고 있으며, 유적의 길이를 따라 검은 흙에 모래, 벽돌, 돌 등이 섞여 있다.

발굴지역 경사면 상부에서 조사된 유구로, 도기 포함층과 진흙층으로 분리된다. 전반적인 관계, 특히 KT04, KT05 및 Gi06 건축물과 동일한 축을 기준으로 축조된 이 유구는 KT01 구조물과 근소한 차이가 있어, 주변과 꺼넨쭈어 건축물의 공간을 분할하는 역할을 하는 담장의 흔적일 가능성이 매우 높다.

해당 유구의 연대는 옥에오 문화의 발전기에 속하며 석조, 벽돌 건축 유적이 조성되는 4~6세기 경이다.

### 1.2.2. 주거지

### 1.2.2.1. 고상 건물지

꺼넨쭈어 유적의 하단에서 발견된 고상 건물지의 흔적은 2기로, NC18.A.KT04와 NC18.A.KT05로 표시된다.

(1) NC18.A.KT04는 북동쪽에 위치하며, 수직하게 땅에 고정된 목재 기둥 구조를 통해 인식된다. 목재 기둥 아래에는 토양 표면에 위치한 주혈을 가로 지르는 흔적과 수직으로 배치되어 있는 나무 기둥이 있다. 건축물은 장방형으로, 면적은 42.29m²(7.42×5.7m)이며, 22개의 목재 기둥과 3개의 기둥받침대가 남-북 방향으로 5열, 동-서 방향으로 5열로 배치되어 있다. 각 열은 각각, 1.2~1.7m, 1.8m 정도 떨어져 있다. 이 중 6개의 기둥에는 주혈이나 기둥을 가로 지르는 나무 기둥의 흔적이 있다. 이 가로 지르는 나무 기둥은 크기가 다르지만 기본적으로 건축물의 장축(북서-남동)을 따라 배치되어 있다. 이러한 수평 나무 기둥들은 열 사이에 서로 연결된 프레임 시스템을 형성하지 않으므로, 목재 기둥을 고정하거나 기울이는 기능을 할 수 있다. 일부 위치에서 기둥이 없거나 가로 지르는 나무 막대가 없는 것은 지질적 영향, 물의 흐름 및 시간적 영향 등으로 유적이 파괴되었기 때문이다(그림 133).

문화층의 주거유구로 A.KT05와 동일한 구역 남동쪽에 위치한 유구가 발견되었다. 이 유구는 북쪽에서 동쪽으로 13도 기울어져 있다. 꺼사우투언, 꺼옥에오 및 룽런 운하 A구역 및 B구역 거주유구와 비교, 1982년 주거지에서 발굴된 1550+30BP의 목재 기둥 샘플의 방사선 탄소연대 측정 결과 및 서쪽으로 80cm 지점에 위치한 꺼넨쭈어의 1.500+50BP의 목재 기둥의 연대 등을 참고했을 때, 이 건축물의 연대는 2~3세기로 추정할 수 있다(Lê Xuân Diệm 등, 1995; Nguyễn Gia Đối 등, 2020: 12-24; Nguyễn Khánh Trung Kiên, 2020: 25-38).

(2) NC18.A.KT05 유구는 동쪽에 위치하며, "펫목 받침대"(이하 목재 받침대라고 함)로 기둥 밑을 지지하는 매우 특별한 건축이다. 목재 받침대는 서북쪽에서 동남쪽 방향으로 배열되어 있으며, 기둥 또는 기둥의 흔적이 목재 받침대의 길이를 따라 분포하여 건축물의 폭을 형성하고 있다. 이를 통해 직사각형 모양의 바닥 면적을 가진 건축물의 길이는 11.3m, 폭은 5.5m이며, 면적은 62.15m²임을 알 수 있다(그림 134~135).

건축물의 바닥에 위치한 6개의 목재 받침대들은 동일한 간격인 1.9m로 묻혀 있으며, 북서-남동 방향으로 늘어서 있다. 목재 받침대의 길이를 따라, 중앙 또는 양쪽으로 약간 벗어난 위치에서 33개의 목재 기둥이 세워졌을 가능성이 있다. 이 중 6개의 기둥은 목재 받침대와 수직으로 세워져 있다. 목재 기둥과 주혈은 북동-남서 방향으로 5줄로 배치되어 있으며, 간격은 1.1~1.5m이다.

이와 같이 목재 받침대와 목재 기둥이 건축물의 하중을 지탱하는 구조체를 형성하였다. 또한 같은 평

그림 131　꺼넨쭈어 유적 동쪽에 있는 석조 장방형 우물의 흔적
사신: 낭뽕황성연구소

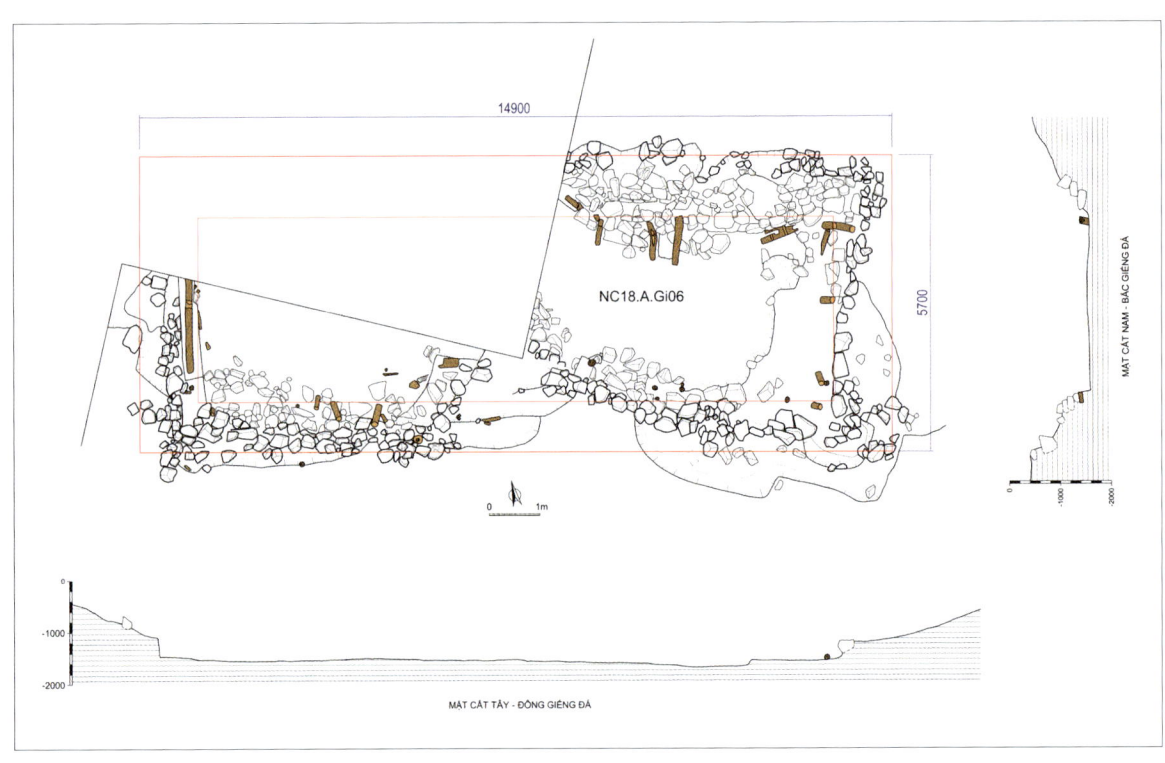

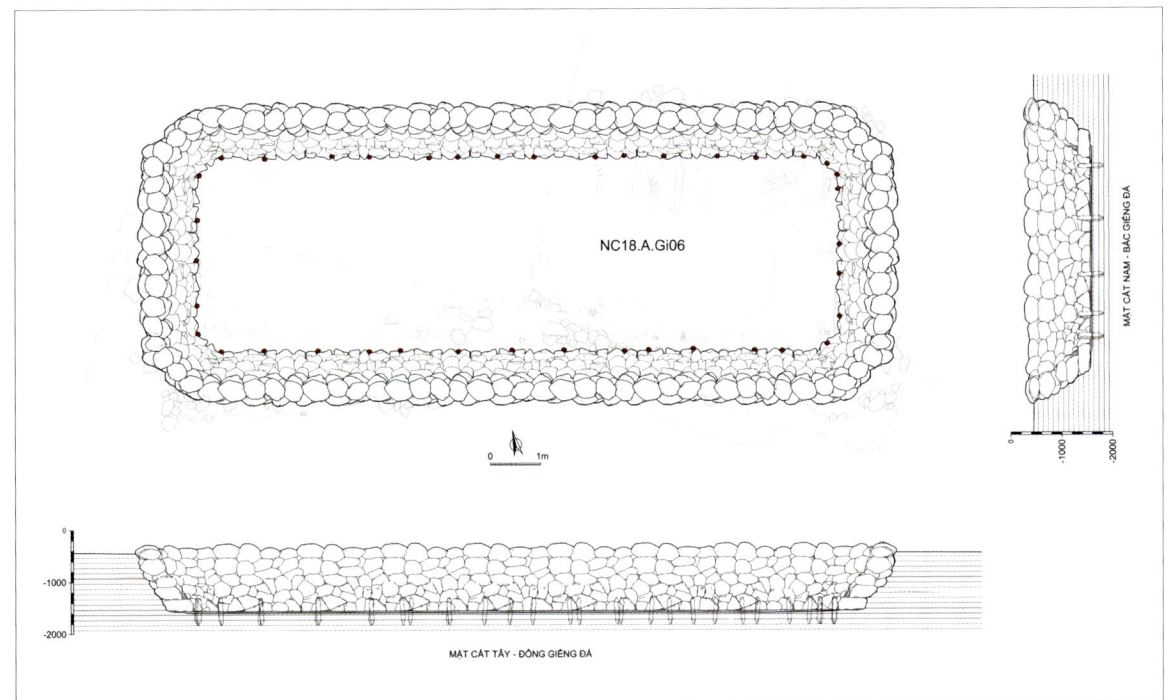

**그림 132** 꺼넨쭈어 유적 동쪽
의 우물의 평면·단면도 및 복원도

사진: 탕롱황성연구소

그림 133 꺼넨쭈어 유적의 기슭에 있는 고상 건물지(NC18.A.KT04)

사진: 레딘응옥

꺼넨쭈어 유적 동쪽의 목재 구조물의 흔적(NC18.Á.KT05)

사진: 응우옌따이린(Nguyễn Tài Linh)

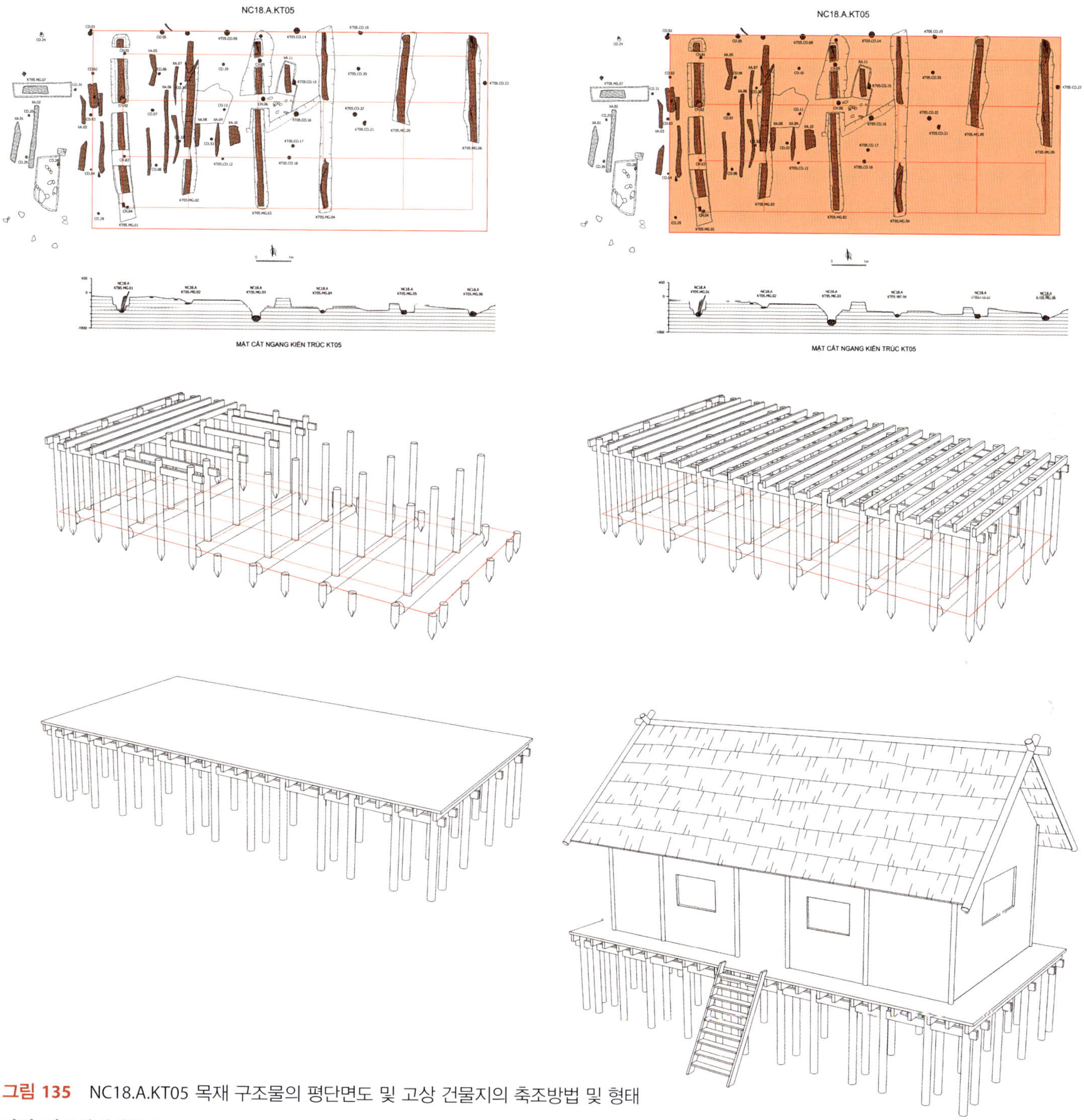

**그림 135** NC18.A.KT05 목재 구조물의 평단면도 및 고상 건물지의 축조방법 및 형태

사진: 탕롱황성연구소

면에, 목재 받침대와 동일한 방향으로 배치된 길이가 서로 다른 10개의 나무 판자도 발견되었다. 이들은 건축물의 기둥을 연결하는 가로 대들보와 같은 구조적 부분이 될 수 있다.

유구는 KT04 건축물(북쪽에서 동쪽으로 13도 기울어진 방향)과 같은 방향의 주거문화층에서 나타나므로 이 두 유적은 동일한 특징과 연대를 가진다.

### 1.2.2.2. 도기 구

꺼덴쭈어 유적의 남쪽에서 출토된 도기 구(NC18.A.RN08)는 북쪽에 위치한 환형 벽조 구조물 기단부(KXĐ07)와 인접하며 동서 방향으로 이어져 있다. 대체로 여물통 모양의 단면이나 불규칙하여 동쪽에서는 넓고 깊으며 서쪽에서는 얇고 좁다. 도랑 안쪽과 위쪽에는 옥에오 도기와 목탄이 두껍게 분포해 있다. 현장 조사 결과에 따르면 이것은 옥에오 유물들에 의해 메워진 고대 물길일 수도 있음을 보여준다. 그 중 대부분은 도기류이다.

새로 발견된 도기 구는 부분적으로 노출되어 있으며 길이 41.4m, 평균 폭 7.8m, 면적 323m$^2$이며, 주거유적으로 2~3세기 경으로 연대가 추정된다.

### 1.3. 유물

본 발굴 트렌치 외에도 A구역의 북서쪽 모서리에 위치한 토층 조사용 트렌치 4개와 1개의 테스트 피트가 추가로 조사되었다. 여기에서 수집된 유물은 수량이 많지 않았으며, 발굴 지역에서 수집된 유물과 동일한 것으로 판단되어 분류 및 정리과정에서 A구역의 유물로 통합되었다.

결과적으로 159,781점의 유물이 발견되었다. 이 중에는 85,122점의 토도류, 142점의 석기, 223점의 도자기, 72,057점의 건축 재료, 148점의 목재 기둥 또는 나무 말뚝, 2,058점의 보석류, 9점의 석재 도구, 1점의 악기 및 2점의 확인할 수 없는 유물이 포함되었다. 또한 19점의 동물 뼈 파편이 음식 흔적으로 발견되었다.

### 1.3.1. 토도류

1.3.1.1. 옥에오 도기는 총 85,122점으로 구성되어 있으며, 대부분은 파편으로 이루어져 있으나, 19점의 완형 유물도 포함되어 있다. 재료 측면에서, 기본적으로 두 가지 그룹으로 나눌 수 있다. 거친 도기는 50,494점이며, 매끄러운 도기는 34,628점이다. 용기, 조리 도구, 생산 도구 및 기타 유형이 포함된다(그림 136).

거친 도기는 주로 용기, 조리기구 및 생활용품으로 구분된다. 용기에는 켄디, 병/단지, 세라믹 병이 포

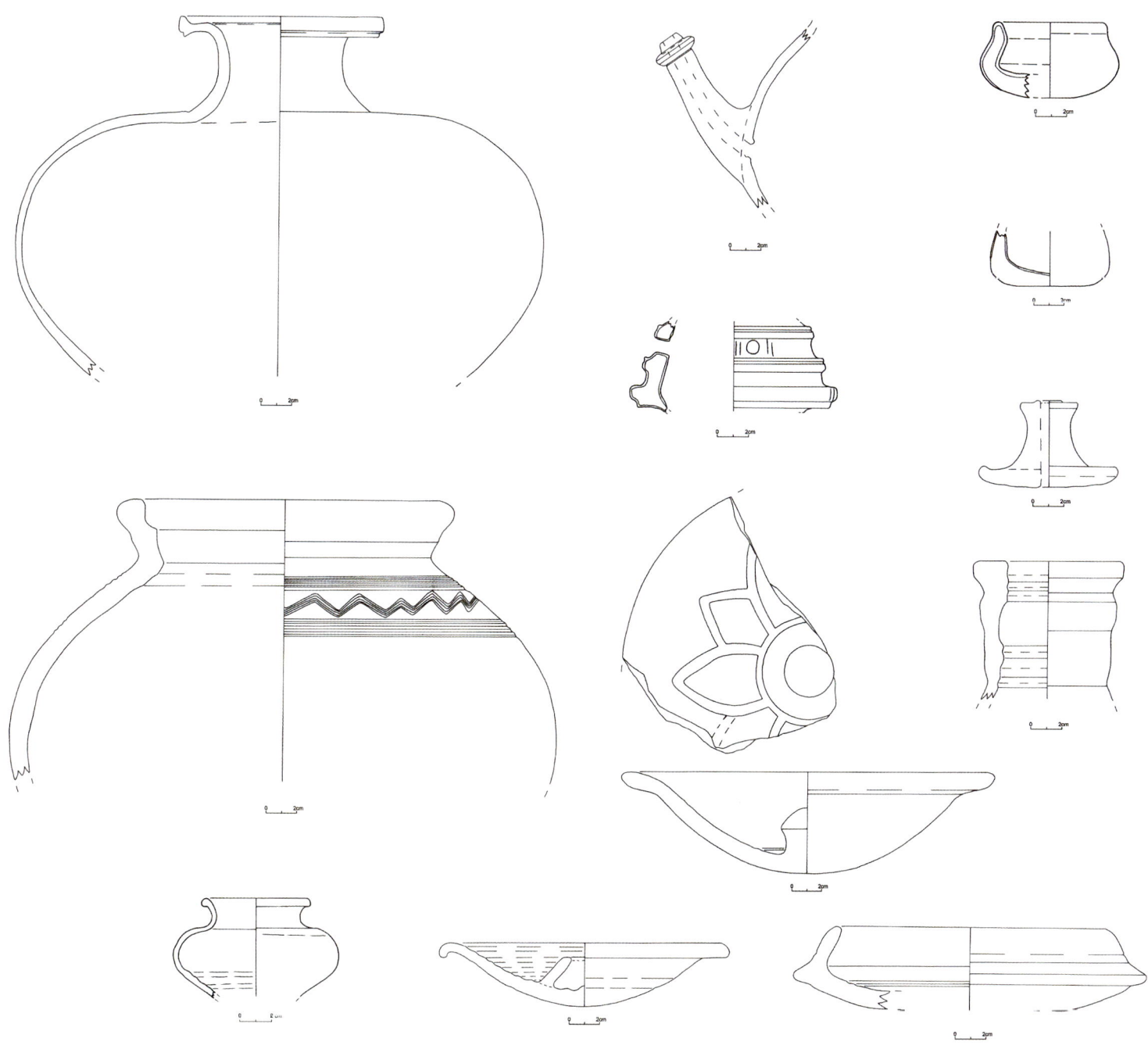

**그림 136**  넨쭈어 유적(A구역)에서 발견된 옥에오 도기 각종

사진: 탕롱황성연구소

1

3

2

4

**그림 137**   넨쭈어 유적(A지역)에서 발견된 외국 도자기편

1-2. 중국 도자기; 3-4. 인도 도자기

사진: 탕롱황성연구소

함된다. 켄디는 105점이 발견되었으며 그 중 49점은 구연부가 달렸다. 또한 219점의 병/단지, 544점의 세라믹 병이 발견되었다. 조리기구는 3종류로 구분되는 3,471점의 냄비편과 3,512점의 부뚜막편이 포함되어 있다. 생활용품은 1점의 완전한 형태의 기름병과 421점의 뚜껑(손잡이와 꼭지가 있는)이 포함되어 있다.

매끄러운 도기는 저장용과 생활용이 포함된다. 저장용에는 3,746점의 켄디편이 있으며, 그 중 843점은 구연부 또는 구연부 편이다. 생활용은 굽이 있는 컵, 합, 뚜껑 등이 있지만 수량은 많지 않다. 뚜껑만 107점이 있으며, 구슬이 있는 뚜껑, 꼭지가 있는 뚜껑 또는 피라미드형 뚜껑이 포함된다.

거친 도기와 매끄러운 도기의 장식적 문양은 모두 유사한 특성을 가지고 있으며 기술적 문양(기형을 만들 때 만들어짐)과 장식적 문양(기형이 완성된 후 조각됨)의 두 가지 범주로 나뉜다. 기술적 문양은 거칠고 미세한 선문, 그리고 털붓으로 만든 무늬가 포함되며, 장식적 무늬는 양각문, 음각문, 인화문 등이 있다. 가장 일반적인 테마는 기하학적 무늬로, 파도 모양, 삼각형, 사각형, 교차하는 대각선, 지그재그선 모양 등이 있으며, 연꽃 무늬, 깃털 모양 문양 등은 잘 관찰되지 않는다. 또한 매끄러운 도기 배경에 붉은색 선을 그린 것도 많이 있다.

## 1.3.1.2. 외국 도자기

외국 도자기에는 중국 도자기(362점), 인도 도자기(2점) 및 출처가 확인되지 않은 1점이 포함되어 총 365점의 유물이 있다. 그 중 동한 시대(2~3세기)부터 수-당 시대(6~8세기)까지의 중국 도자기가 가장 많다. 대표적인 것은 한 왕조시대의 화병편과 육조시대의 계수호 편이다(그림 137).

## 1.3.2. 건축재료

A구역에서 발견된 건축 재료는 석재, 벽돌, 기와 및 건축 구성 요소를 포함하며, 그 중에서도 가장 많고 보편적인 것은 석재이다.

여기서 수집된 석재는 매우 많은 양으로, 약 126.5m³에 이른다. 이것은 유적의 건축물에 포함되지 않은 것들로, 화강암·사암·석회암 등이 포함되어 있으며, 그 중에서도 화강암이 두드러진다.

여기서는 벽돌도 꽤 많이 발견되었는데, 71,968점이 있으며, 그 중 13점은 완형이다. 나머지는 절반에서 1/2~2/3 크기 정도의 파편이다. 모양에 따라 직사각형과 반달 모양의 두 가지 유형이 있으며, 그 중 직사각형 벽돌이 대부분으로, 반달 모양 벽돌은 1점 뿐이다.

발견된 기와의 수량은 매우 적었는데, 87점의 작은 조각편 밖에 없었고, 대부분은 지하층과 1층에서

1

3

2

4

**그림 138** 넨쭈어 유적(A구역)에서 발견된 보석류와 악기

1. 유리 구슬; 2. 유리 팔찌; 3. 금속 귀걸이 4. 동제 방울

사진: 탕롱황성연구소

발견되었다. 기와는 암키와와 수키와 두 가지 종류가 있으며, 유적 전반에 흩어져 있었다. 넨쭈어 유적의 성격을 확인하기에 충분한 증거는 없었다.

건축재료 외에도 건축 구성 요소로서 목재로 만든 것이 2개 발견되었다. 그 중 하나는 석재 우물(Gi06) 안에서 발견되었으며 또 하나는 북쪽 우물 벽 밑에서 발견되었다. 이것은 반전된 말 모양이 매우 정교하게 조각되어 있었으며, 중심에는 오목한 형태로 몸통을 통과하는 정사각형 구멍이 있다. 또한, A구역에서는 NC18.A.KT004 및 NC18.A.KT00의 건축에서 많은 목재 기둥, 목재 받침대가 발견되었다.

### 1.3.3. 보석류

총 2,058점의 유물이 수집되었으며, 대부분은 1층에서 발견되었다(2,032점). 재료에 따라, 금속과 유리 두 그룹으로 나뉜다. 금속 장신구는 2점으로 그 중 하나는 작은 구형의 금구슬이고, 나머지 하나는 검은색 금속 귀걸이이다. 유리 장신구는 크기가 다양한 9개의 모양과 10가지 색상으로 이루어진 2,056점의 구슬로 구성되어 있으며, 작은 반지와 팔찌도 있다(그림 138).

### 1.3.4. 생산 도구

생산 도구는 두종류로 나눌 수 있으며, 그 중 생활 도구는 석재로 만든 9점의 유물, 즉 연마대 1점, 갈판 1점, 절구 1점, 절구 공이 6점을 들 수 있다. 수작업 생산 도구는 15점으로 금속 조리용기 6점과 박자 9점이 있으며, 그 중 각각 3점은 완형이다.

### 1.3.5. 악기

구리로 만든 공모양의 방울 한 점이 발견되었으며 위쪽에 끈이 달려 있고 아래쪽 절반은 열려 있다(그림 138:4).

## 1.4. 평가 및 분석
### 1.4.1. 특성

A구역은 높은 구릉과 구릉 주변의 낮은 밭을 모두 포함하는 넓은 면적이 발굴되어, 각각의 위치에서 특징적인 토층구조가 나타난다. 유적의 현재 상황은 상층이 많이 교란되었고, 하층은 도굴갱을 제외하면 남은 면적은 상당히 안정적이다. 생토는 울퉁불퉁하고 뒤집힌 사발과 유사한 형태의 구릉으로, 토양의 형태와 색상은 구릉의 경사와 주변 평지의 지형에 따라 변화한다. 문화층은 형성 시기에 따라 2개의 층으로 나뉜다. 하층은 점토와 모래·자갈, 밀도가 높은 도기가 함유된 흑색 점토, 석재, 유리, 금속 등과 함께 고상 건물지의

흔적 등으로 구성된 문화층이다. 상층의 건축 문화층은 석재와 벽돌이 밀집되어 있다. 토층이 매우 교란되었음에도 불구하고, 건축물 5기를 확인할 수 있다.

특히 중요하고 의미 있는 발견은 A구역에서 조사된 힌두교 사원의 건축 기초 흔적, 동쪽에 위치한 석조 우물 및 북동쪽 구릉 아래에 위치한 고상 건물지이다.

특히 꺼넨쭈어 유적에서 석조 힌두교 사원의 흔적인 NC18.A.KT01 사원 유구는 가장 큰 규모의 중심 건축물로, 같은 위치에 있는 3기의 독립체로 구성되어 있다. 1942-1944년 엘 말러렛의 조사 결과, 특히 1982년 꺼넨쭈어 서쪽에서 큰 크기의 돌로 만든 링가를 발견하면서, 꺼넨쭈어 유적의 동쪽에 건설된 대형 석조 우물과 다양한 도구 및 유물 등을 함께 고려하여 건축물 흔적이 힌두 사원 건축임을 확인할 수 있다. 이 유적은 4~5세기 사이에 건설되었다.

넨쭈어 유적에서 종교적인 건축물과 신앙을 연구하는 데 있어 최근 가장 흥미로운 발견은 KT01 건축물의 북동쪽에 위치한 직사각형 평면의 돌로 지어진 우물(Gi06)이다. 이는 중앙의 힌두교 사원에서 종교 의식에 사용된 성수와 관련이 깊을 것이다. A구역에서는 목조 건축물과 구조물이 발견되었다. 이는 넨쭈어에서 처음으로 발견된 사례이다.

### 1.4.2. 연대

A 구역은 도기, 건축 자재, 건축 구조물, 금속 세공품, 장신구, 도자기 및 외국산 석기를 포함하여 159,781점의 고고학적 유물이 발견된 곳이다. 이들은 일상 생활, 농업 생산 및 공예품 제작 등에 사용되는 기능적인 도구들이다. 그 중 가장 대표적인 것은 옥에오 도기와 외국산 도자기로 이루어진 토도류이다. 특히, 부이민찌 박사가 발견한 중국 도자기, 인도 도자기 등의 연구 결과는 매우 중요한 많은 새로운 통찰력을 가져왔다. 즉, 아시아 국가들 및 인도와 넨쭈어 간의 경제 및 문화 교류의 역사를 연구하는 데 많은 학술적 정보를 제공한다. 이 자료는 옥에오 도기의 연대와 전통적, 지역적 특징을 해석하는 데 신뢰할 수 있는 과학적 근거를 제공한다(Bùi Minh Trí, 2020: 43-62).

유적과 유물의 특징을 바탕으로, A구역 유구의 연대는 서기 1세기부터 7세기까지로 추정된다. 그 중, 고상 건물지의 연대는 초기인 1세기에서 3세기 사이로 추정되며, 힌두교 사원 건축물과 우물은 후기인 4세기에서 6세기 사이에 건축되었으며, 7세기 이후까지 존재하였다.

## 2. B구역

B구역은 룽런 운하의 남동쪽에 위치하며, 서쪽에 C구역과 D구역이 있다. G구역에서는 29m, A구역에서는 동북쪽으로 120m 떨어져 있다.

B구역에서는 3개의 트렌치(NC18. B1, NC18. B2, NC18. B3)가 조사되었으며, 총 면적은 1,206.3m²이며, 그 중 B1트렌치는 364.7m², B2트렌치는 407.6m², B3트렌치는 434m²의 면적을 갖는다. 이 트렌치들은 서로 평행하게 위치하며, 남겨놓은 둑을 통해 구분된다(그림 139~140).

### 2.1. 층위

B구역에서 조사된 트렌치의 토층은 이 지역의 발굴 지점, 과거의 건설 및 농업에 따른 토지 활용 등, 상황에 따라 매우 다르다. 3개 트렌치 중 B1 트렌치는 퇴적층으로 인해 B2, B3 트렌치보다 더 깊게 발굴되었다(그림 141~142). 그러나, B1 트렌치의 퇴적층이 분리되면, 세 트렌치의 토층은 기본적으로 동일하며, 표면 토양, 문화층 및 생토층의 3개 층으로 구성된다. 3개 트렌치의 발굴 층도 동일하게 5개 층(표토층부터 4번째 층까지)으로 구성되며 다음과 같은 변화를 보이다.

- 표토층: B1과 B2 트렌치는 주거지와 정원의 지반으로, 두께가 균일하지 않으며, 현대적인 도구와 고고유물이 섞여 있으며, 55~75cm 깊이이다. B3 트렌치는 논밭으로 사용된 토양층으로 거의 유물이 없으며, 30cm 깊이이다.
- 문화층은 1부터 4까지의 발굴층과 대응되며, 1.45~1.55m의 두께를 가진다. 흙의 색, 구조 및 발굴층 내 발견된 유물에 따라 두 개의 작은 층으로 구분된다.
- 상부 문화층은 2~3층과 상응하며, 두께는 60~75cm이다. 위층은 회색 사질토양, 아래는 노란색, 회색이 섞인 흙으로, 동쪽(룽런 운하 방향)으로 약간 기울어져 있다. 벽돌, 석재, 그리고 꺼옥에오 유물 등이 섞여 있으며, 가장 많은 것은 도기이다. 수혈의 상층에서 드러나며 수혈은 생토층을 깊이 파고 내려간다. 서북쪽 끝에서는 몇 개의 목재 기둥이 발견되었다(그림 142:2).
- 하부 문화층은 3, 4층과 상당히 유사하며, 두께는 70~95cm이다. 검은 흙과 갈색 목탄이 섞여 있으며 많은 도기, 깨진 벽돌과 석재 등이 혼합되어 있다. 이 층에서는 목재 기둥이 드러나는데 하부로 내려갈수록 수량이 많아지며, 기둥 군이 밀집되어 형성된 지점이 있다.

또한 황색 점토층이 서북쪽에서 노출되며, 남동쪽으로 갈수록 유기물을 다량 포함한 흑회색 점토층으로 변화한다. 이 층에서는 목재 기둥흔이 토양 위에 나타나며, 해발고도가 낮은 남서쪽 방향으로 갈수록 목

그림 139 룽런 유적(B구역)서쪽의 발굴 트렌치 전경

사진: 응우옌따이린

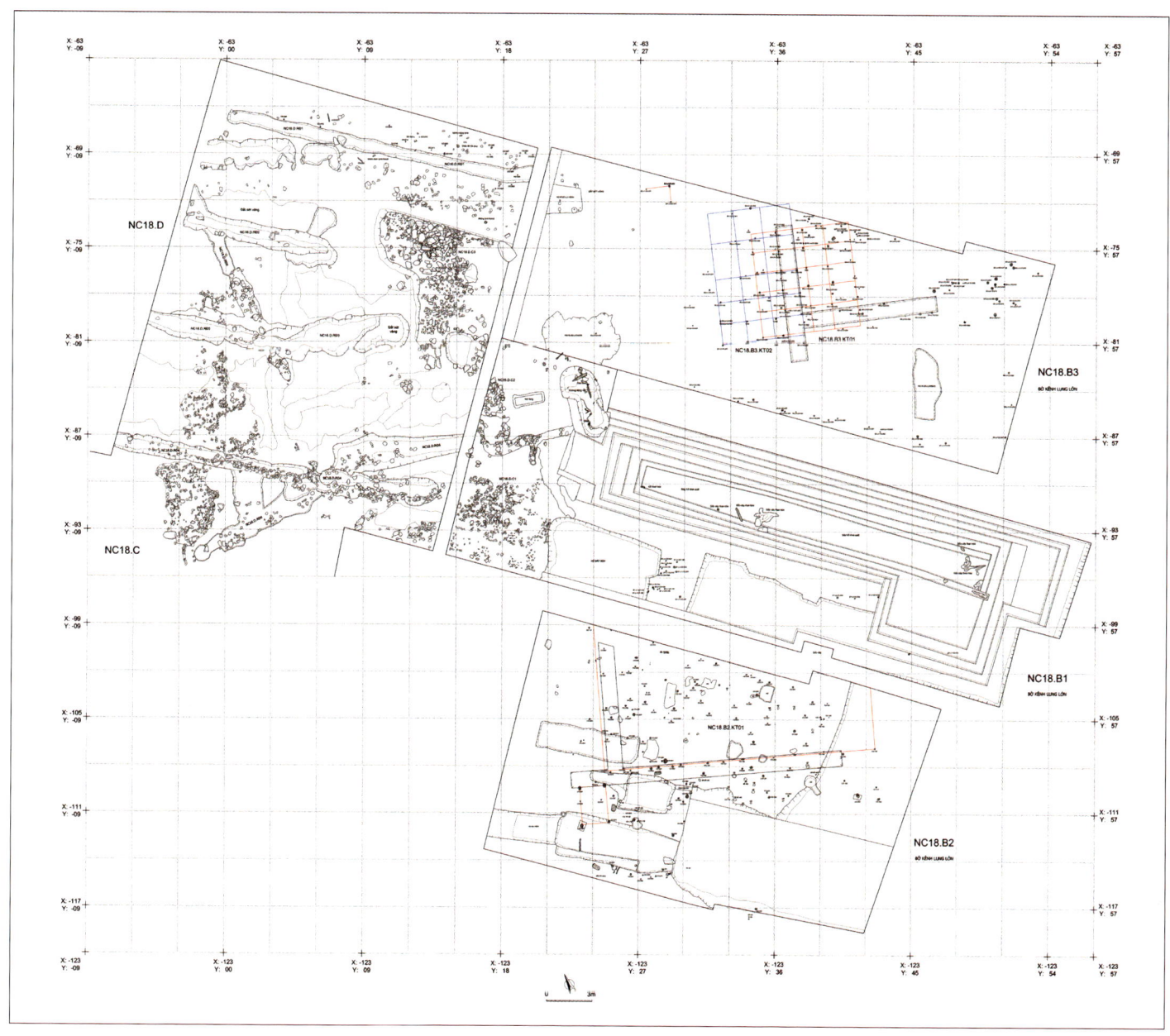

**그림 140**  넨쭈어 유적, D와 B구역의 평면도

사진: 탕롱황성연구소

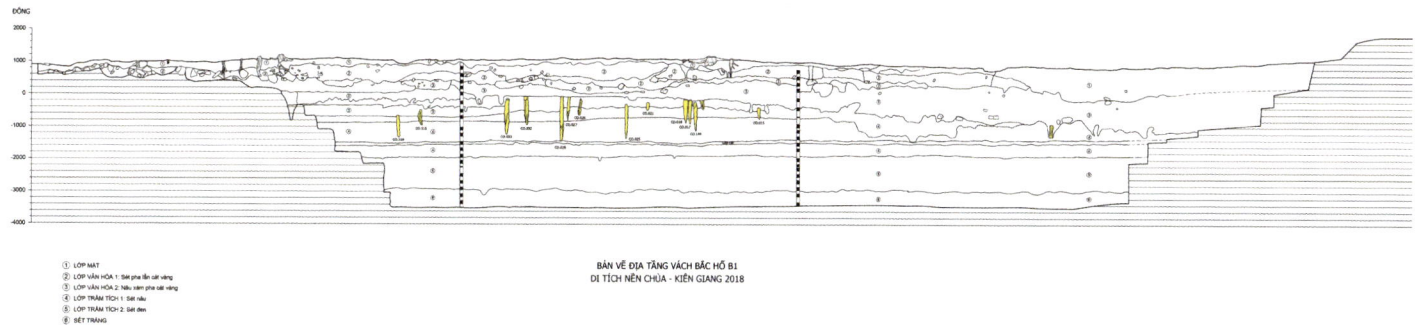

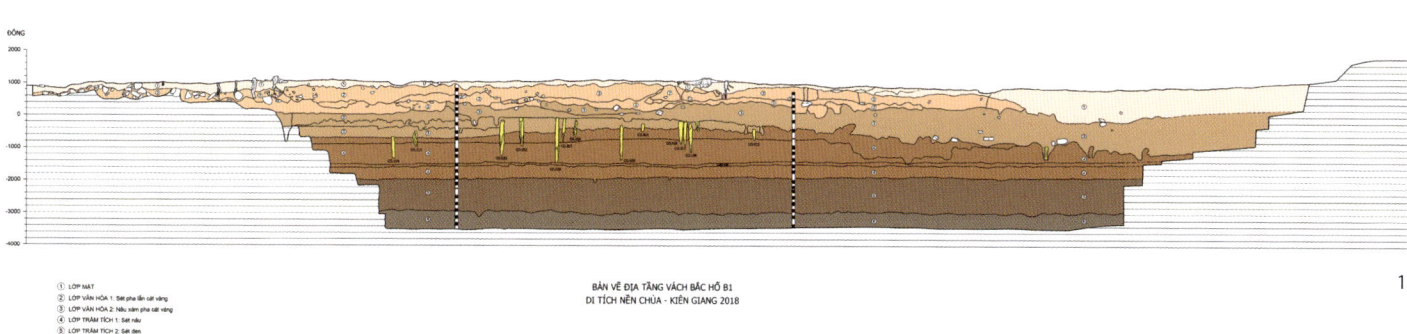

**그림 141**   넨쭈어 유적 B구역의 B3 트렌치 퇴적층

사진: 응우옌따이린

**그림 142**   넨쭈어 유적 B구역의 퇴적양상 및 고상 건물지의 흔적

사진: 탕롱황성연구소

재기둥의 잔존높이가 더 높다. 이 층에서는 생토 상층과 퇴적층 사이에 모래로 혼합된 회색 점토층이 나타난다. 그러나 이 현상은 서북쪽 고지대에서만 나타나며 점토층이 존재하지 않는 구역 밖에서는 보이지 않는다.

특히 B1 트렌치는 10층의 자연퇴적층이 확인되었으며, 3개의 퇴적단위가 확인된다. 퇴적층의 색상과 각 층 사이의 색상이 분명하게 구분되어 있다.

- 퇴적 1단계층은 두께가 75cm이며 회백색 점토와 모래가 혼합되며 몇 개의 목재 기둥이 깊숙이 파여 있고, 유물은 없다. 이 층의 하부 근처에는 갈색 점들이 나타나며, 이는 퇴적 1단계층(위)과 퇴적 2단계층(아래)의 경계를 구분한다. 이 경계층의 두께는 25cm이다.
- 퇴적 2단계층은 두께가 100cm이며, 검은색 점토에 식물의 잔해, 가지, 잎, 나무 줄기, 코코넛 열매 등이 혼합되어 있다. 바닥 부근에는 흰색 점이 보이는데, 이는 퇴적 2단계층(위층)과 퇴적 3단계층(아래층) 사이의 경계이다. 이 경계의 두께는 25cm이다.
- 퇴적 3단계층은 두께가 45cm이며, 회색 진흙, 섬유를 함유하고, 산호 조각들이 포함되어 있다. 발굴 트렌치는 이 깊이에서 조사가 중단되었다.

## 2.2. 유구

B구역의 발굴 결과, 지하에 위치한 고대 수로가 발견되었으며 이 수로는 보다 큰 룽런 운하와 같은 방향으로 이어져 있었다. 이 발견으로 인해 고고학자들은 넨쭈어 유적의 역사적 형성 및 발전에서 룽런 운하의 위치와 역할을 연구하였다. 그 중에서도, 운하의 흐름과 유적지와의 관계를 특히 이주, 주거지 건설, 신전 건립 및 경제, 문화, 종교적 활동 등의 과정에서 다루었다.

세 개의 트렌치에서 땅 깊숙이 목재 기둥의 흔적이 많이 발견되었다는 점은 주목할 만한다. 총 615개의 나무 기둥 흔적이 발견되었는데, 평균 9cm에서 25cm까지 다양한 지름으로 고대 물길 상의 표면에 밀집되어 있다. 이것은 고대 물길에 따라 위치한 고상 건물지의 나무 기둥이다(그림 143). 그러나 대부분의 나무 기둥이 일반적인 규칙에 따라 배치되어 있지 않기 때문에 건축계획을 정확히 파악하는 것은 매우 어려웠다. 고고학자들은 나무 기둥 배열의 규칙성을 연구한 끝에 여기에 4기의 고상 건물지가 있다는 결론을 도출하였다.

### 2.2.1. 고상 건물지

4기의 고상 건물지는 발굴 트렌치에서 일부분이 드러났으며 공통적인 특징으로 지하에서 수직 및 수평 직선 상에 직각으로 설치된 기둥으로 구성되어 있으며 상부 구조물을 지탱하는 기능을 한다는 점이다. B2구역에서 이러한 건축 계획이 C18.B2.KT01 및 NC18.B2.KT02 유구를 통해 드러나며, B3구역에서는

**그림 143**    넨쭈어 유적 B구역, 고대 운하 수변의 고상 건물지 흔적

사진: 응우옌따이린, 레딘응옥

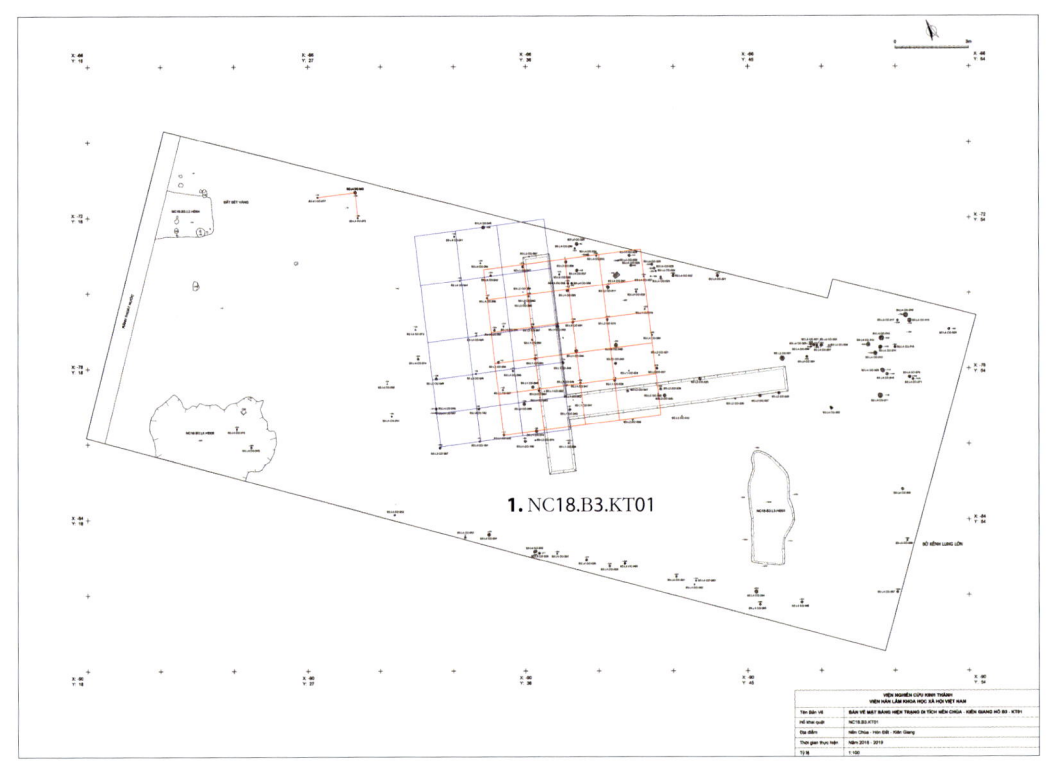

1. NC18.B3.KT01

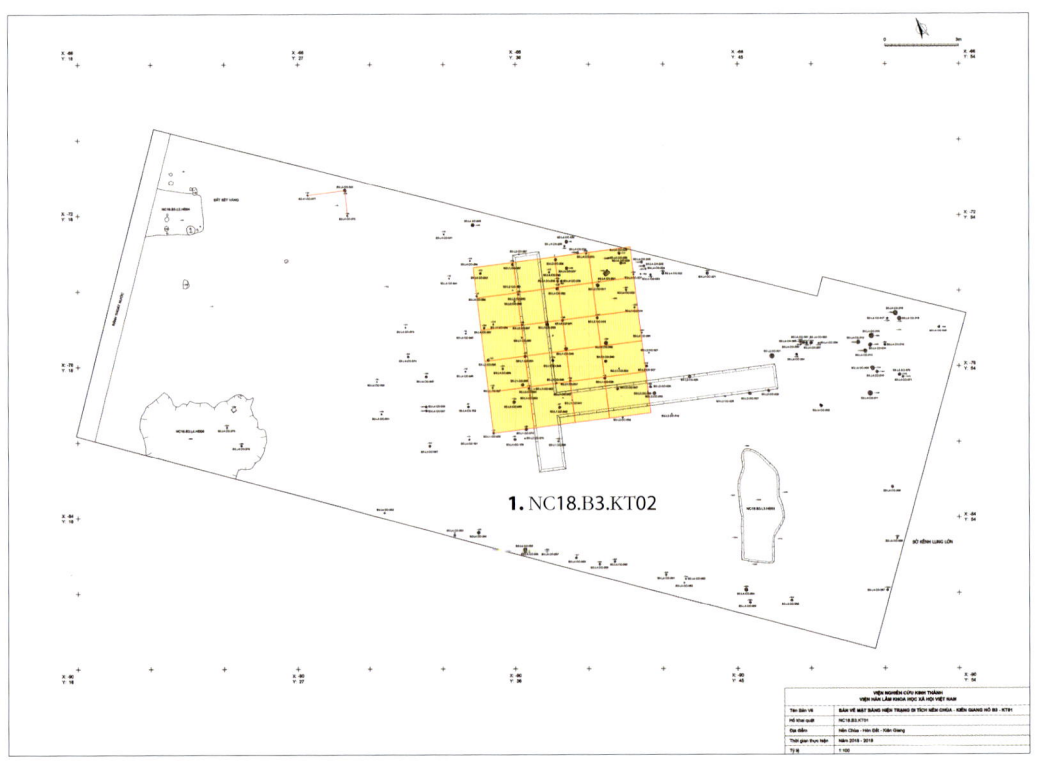

1. NC18.B3.KT02

제3부 넨쭈어 유적에 대한 새로운 고고학 발견

NC18.B3.KT01 및 NC18.B3.KT02 유구에서 그 계획성이 드러나게 된다.

### 2.2.1.1. NC18.B2.KT01 고상 건물지

넓이 95m$^2$(길이 14m×서쪽 방향으로 폭 9.2m/ 동쪽 방향으로 폭 4.6m) 내에서 83개의 목재 기둥이 확인되었다. 이 중 14개의 목재 기둥이 남북 방향으로 4열로 분포되어 있으며, 그 간격은 1.9~2.2미터이다. 또한, 동서 방향으로 5열이 분포되어 있으며, 간격은 1.3~1.4미터이다. 각 열의 목재 기둥 수는 다르다. 나머지 69개의 기둥은 건축물 내에 분포되어 있다. 이 건축물의 중축선은 동북-서남 방향(북쪽에서 동쪽으로 20° 기울어짐)이다(그림 144).

### 2.2.1.2. NC18.B2.KT02 고상 건물지

유구는 4개의 모서리에 위치한 4개의 목재 기둥을 통해 확인되며 4.17m$^2$(2.4×1.74m) 면적을 가진다. 기둥열은 동서 방향으로 서로 1.7m 떨어져 있는 2개의 열과, 서로 2.4m 간격으로 위치하는 남북 방향의 2열로 형성되어 있다. 이 건축물은 KT01과 같은 방향성을 가지며, 북쪽에서 동쪽으로 20° 기울어져 있다. 이 건축물 주변에는 몇 개의 기둥이 더 있지만, KT02와 연결되는 분포 규칙을 확인할 수 없다(그림 140).

### 2.2.1.3. NC18.B3.KT01 고상 건물지

유구의 바닥에는 83개의 목재 기둥이 존재하며, 그 중 43개의 목재 기둥은 직각으로 규칙성있게 배치되어 있다. 북서-남동 방향으로 1.5~1.8m 간격으로 5열, 동북-서남 방향으로 1.5~2.0m 간격으로 6열이 있다. 대부분의 각각의 주혈에는 1개의 기둥이 있지만, 일부 위치에는 기둥군이 존재한다. 각 열마다 다른 수의 기둥이 존재한다. 건축물은 면적 42.57m$^2$(6.6×6.45m)를 가지며, 북쪽이 동쪽으로 20° 기울어져 있다(그림 144:1).

### 2.2.1.4. NC18.B3.KT02 고상 건물지

서쪽 측면에서 드러난 고상 건물지 KT01은 31개 기둥으로 구성되어 있다. 평면 장방형으로 면적은 45.35m$^2$(8.43×5.38m)이고 동북-서남 방향(북쪽으로 20° 기울어짐)으로 위치하며 2문화층에 위치한다. 선축물의 바닥면은 18개의 기둥에 의해 구분되며 서북-동남 방향으로 4열의 기둥이 1.5~1.8m의 간격을 두고 있고 동북-서남 방향으로 6열의 기둥이 있으며 간격은 1.5~2.0m이다. 각 열의 기둥 수는 파괴로 인해 다르게 나타난다(그림 144:2).

**그림 144**  넨쭈어 유적의 B지역, 고대 운하 수변의 고상 건물지 평면도
사진: 탕롱황성연구소

위에서 언급한 유구 중에는 B구역에서 B1과 B2 트렌치 사이에 일직선으로 위치한 목재 기둥열이 있으며, 면적은 13.5m²(4.1×3.3m)이다. 이 중 30개의 목재 기둥은 NC18.B2.KT01 건축물과 관련성을 확인하기 위해 기반층에 대한 조사를 실시했으나 확인할 수 없었다. 한편, 구역별 기둥열의 배열 규칙을 따르는 목재 기둥으로 구성된 고상 건물지의 바닥면이 확인되는 유형도 발견되었다. B구역에서, NC18.B1 트렌치에는 327.8m²(28.5×11.5m)의 면적에서 131개의 목재 기둥이 분포하고 있으며, B3 트렌치에는 149.94m²(12.6×11.9m)의 면적에서 313개의 목재 기둥이 분포하고 있다. 각 지역은 고상 건물지의 가능성이 있다.

B구역의 건축물 구조에서 목재 기둥을 구성하고 보강하는 기술을 연구하기 위해 우리는 서로 수직하게 배치된 두 줄의 기둥 사이에 대해 하강조사를 실시하였다. 결과적으로, 구조물 내의 기둥, 기둥 가공 및 기둥 설치는 완전히 동일하다. 큰 목재 기둥은 일반적으로 표면을 깎아내고 자연스러운 파손 흔적이 있는 윗부분과 뾰족하게 깎아낸 아랫부분으로 구분되며, 지면에 직접 박힌 상태로 설치된다**(그림 143)**. 작은 기둥은 가공되지 않았다. 기둥군은 일반적으로 저지대에서에서 발견된다. 이는 보강 현상일 수도 있고 파손된 기둥을 대체하는 것일 수도 있다. 건축 구조물 내의 기둥 수는 주택 입지와 건설 방식을 반영하며, 높은 땅에서는 적은 수의 기둥을 사용하고 낮은 땅에서는 많은 수의 기둥군을 사용한다(NC18.B3.KT01 및 NC18.B3.KTO2의 경우). 이는 고대 옥에오 주민들이 환경 조건과 기후를 고려하여 건축 기술과 주거 형태를 창조하여 극한 환경에서도 오랜 시간 동안 안정적인 생활을 유지하기 위해 적절한 조치를 취했다는 것을 보여준다.

### 2.2.2. 수혈

총 16기의 수혈이 조사되었으며 그 중 B1에는 2기, B2에는 8기, B3에는 6기의 수혈이 있다. 이러한 수혈을 조사한 결과, 현대 구조물에서 8기, 문화층 내 주거지에서 8기를 확인했다. 문화층의 수혈은 형태가 명확하지 않고 크기도 다르지만, 전부 도기와 목탄을 포함하고 있다는 공통점이 있다. 이는 일상생활에서의 폐기장일 가능성이 있다**(그림 145)**.

### 2.2.3. 고대 룽런 운하

넨쭈어 유적 지역을 흐르는 룽런 운하의 길이는 약 300m이다. 1944년부터 말러렛은 이것이 중요한 수로이자 옥에오 항구의 출항지로 결론내렸다. 그러나 이러한 판단을 뒷받침하는 자료는 아직 매우 제한적이다. B구역에서 조사된 트렌치에는 여전히 많은 목재 기둥이 있는 생토 표면이 발견되었는데, 이는 옥에오 고대 주민들의 룽런 운하 기장자리에 세운 주거 건축과 관련이 있다고 여겨져왔다.

조사되었던 고상 건물지 및 기반층에서 관찰된 현상들은 고대 운하의 경사와 현재 상태를 파악하는 데

**그림 145**  넨쭈어 유적 B구역에서 발견된 옥에오 도기

사진: 레딘응옥

도움을 준다. 지형적으로 기반층은 현재 룽런 운하의 위치에 비해 북서쪽에서 남동쪽으로 내려가는 경향을 보인다. G구역에서는 기반층의 경사가 크지 않았지만, B구역에서는 경사가 비교적 가파르다. 기반층은 순수한 점토로 구성되어 있으며, 매끄럽고 유연하지만 고지대와 낮은 지역 사이에는 차이가 있다. 발굴 구역의 북서쪽에는 빨간-노란색 점토가 있으며, 때때로 검은색 점토와 섞여 있다. 밀도와 강도가 높다. 동쪽과 남동쪽으로 갈수록 색깔이 옅어지고 밝은 회색에서 검은색으로 바뀌며, 다양한 초목이 섞여 있다. 이러한 현상은 당시의 제방이 현재 운하의 제방보다 북서쪽으로 멀리 떨어져 있는 것을 보여준다. B구역에서 조사된 고대 운하의 흔적은 고대 운하 전체의 현황을 파악하는 데에는 한계가 있어서 크기를 측정하는 것은 불가능하다. 그러나 이러한 발견은 넨쭈어 공동체, 특히 옥에오 문화의 역사 형성과 발전 과정에서 고대 운하의 흔적에 대해 많은 새로운 연구 가능성을 제시했다.

## 2.3. 유물

B구역에서 찾은 유물은 총 143,192점이며, 이 중 도기편 110,175점, 석기 273점, 도기편 366점, 건축 재료 29,507점, 목재 기둥 615점, 보석류 2,228점, 석재 장식품 26점, 유리제품은 2점이다.

위의 유물 중에서 B1구역에서는 43,829점의 유물이 출토되었으며, 그 중에는 도기편 29,221점, 석기 87점, 도기편 95점, 건축 재료 13,721점, 목재 기둥 161점, 보석류 275점 및 11점의 석재 유물이 포함된다. B2구역에서는 64,935점의 유물이 출토되었으며, 그 중 도기편 53,583점, 석기 123점, 도기 140점, 건축 재료 8,453점, 목재 기둥 141점, 보석류 1,893점, 석재 유물 9점 및 유리 제품 2점이 포함된다. 마지막으로 B3구역에서는 35,434점의 유물이 출토되었으며, 그 중 도기편 27,371점, 석기 63점, 도기 131점, 건축 재료 7,333점, 목재 기둥 313점, 보석류 60점 및 석재 6점이 포함된다.

초보적 분류 결과에 따르면, B구역에서 발견된 유물 중 가장 대표적인 3개의 유물 그룹은 도자기, 보석 그리고 종교 유물이다.

### 2.3.1. 도자기

도자기는 110,814점으로, 가장 많은 종류의 도기(옥에오 도기)는 110,175점으로 71,249점의 거친 도기, 38,920점의 매끄러운 도기 및 6점의 토제품을 포함한다. 수입 도자기는 639개가 있으며, 중국 도자기는 동한 왕조 시대에서 수당 왕조 시대까지의 도자기를 포함한다. 인도 도자기의 연대는 1~6세기이다(그림 146~147).

옥에오 도자기는 형태에 따라 19종으로 나뉘며, 이 중에 많은 수를 차지하는 것이 독특한 형태의 캔디

병이다. 이들은 거치고 매끄러운 2종류의 재료로 만들어졌으며 발굴조사된 층에서 발견되었다. 만약 각 구연부가 1개의 개체라면, B구역에서는 950점의 캔디병이 발견되었다(그림 146:1).

넨쭈어 유적에서 처음 발견된 옥에오 유형의 도자기들은 총 12조각으로 일종의 제의과정에서 유입된 것으로 발견되었다. 이 중 1점은 B1트렌치, 8점은 B2트렌치, 3점은 B3트렌치에서 발견되었지만 모두 깨진 조각이기 때문에 원래 모양과 크기를 알 수 없다. 그러나 그것들은 모두 거친 회색 또는 김징 색상을 띠는 유사한 특성을 가지고 있다. 외면은 밝은 분홍색 또는 유백색이다. 형태가 다양하지만, 모두 직각 모서리, 평면 또는 약간 움푹한 면, 둥근 모서리 또는 면에 새겨진 무늬가 있다. 장식문양의 가장자리에는 짚단(작은 원형) 또는 V자 모양이 줄줄이 연결되어 새겨져 있다. 일부 조각에는 외면에도 작은 원 모양의 짚단이 새겨져 있다. 아래 면은 볼록하거나 오목하며 굽이 붙어 있다. 기능적으로 이들은 사각형 또는 직사각형 모양의 접시 또는 트레이일 수 있으며, 꽃무늬로 장식된 높은 모서리가 있다. 꽤 독특한 무늬가 새겨진 조각이 하나 있는데, 여전히 직각 모서리, 평면, 표면에는 조각된(음각된) 무늬와 손자국이 많이 남아 있다. 바닥면 모서리에는 뱀 머리 모양이 있으며, 이빨이 예리하게 튀어나와 상당히 잔인하게 보이다. 눈은 2개의 구멍으로 표시된다. 바닥면에는 짧은 대각선 줄이 있다.

유백색 도자기로 만들어진 요니 받침대는 거의 정사각형에 가까운 평면적인 블록 모양과 매끄러운 평면을 가지며, 모서리는 직각으로 각지고 평평하다. 넓은 면 중앙에는 작은 구멍이 파여 있으며, 그 깊이는 약 1.6cm, 지름은 2.5cm로 링가를 놓을 수 있다. 한 쪽에는 요니 받침대를 상징하는 물이 흐르는 부분을 조각해 놓았다. 이 유형은 2018년에 봉떼(안장성)에서 발견되었다(Đặng Văn Thắng, cs, 2018).

### 2.3.2. 보석류
B구역 유물 중 보석류로는 금속 두 종류(3점)와 유리(2,225점)로 제작된 것들을 들 수 있다. 그 중 B1트렌치에서 275점의 유물(금속 3점과 유리 272점)이 출토되었으며, 다른 두 구역은 모두 유리 보석이다. 유형은 2종류로 금속 귀걸이와 유리 구슬 목걸이이다. B1구역에서 출토된 금속 귀걸이 3점 중, 두 점은 검은 구리-주석 합금으로 만든 말발굽 모양이며, 하나는 구리로 만든 뱀 머리 모양이다(그림 146:2). 유리는 다양한 모양과 색산이 인도-태평양 구슬이다. 10가지 색깔 중 그 수가 많은 순서를 나열하면 주황색, 살색, 남색, 초록색, 노란색, 검은색, 흰색, 투명색, 자주색, 줄무늬 검은색이다. 형태로는 9가지가 있으며, 둥근 모양이 주를 이루고, 그 다음으로 원통 모양, 육각형, 호, 둥근 모양, 타원형, 구형이 있다.

석기로 만든 갈판, 절구, 절구 망치, 갈돌 등과 같은 도구 외에도, 낮고 넓은 직사각형 모양의 돌로 만든 귀걸이 주형을 발견했다. 이 주형은 1/3이 깨져 있으며, 매끄러운 표면을 가지고 있다. 회색에서 검은 색깔

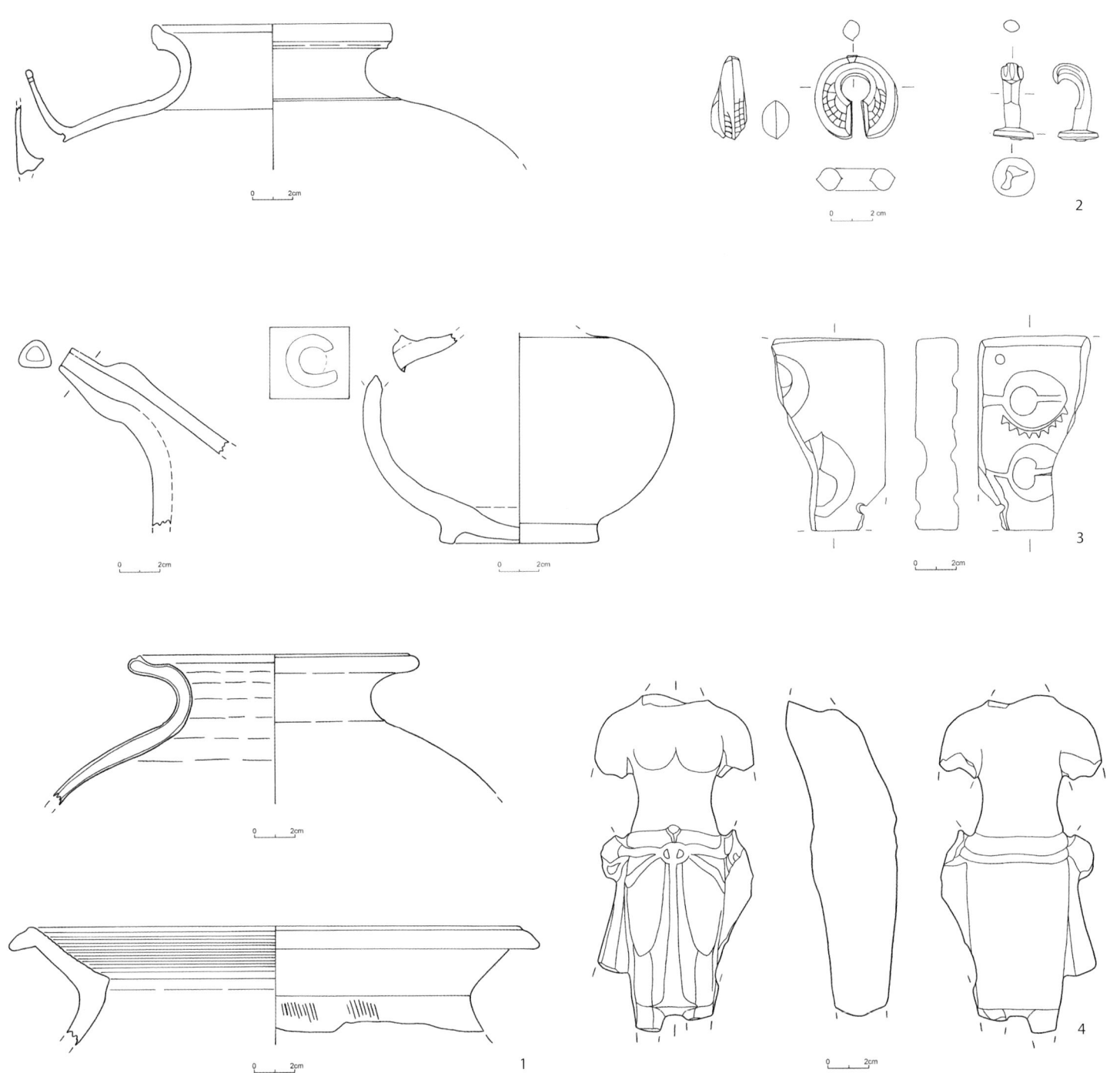

1

3

2

4

**그림 146**   넨쭈어 유적 B구역 출토 유물 각종

1. 옥에오 도기; 2. 귀걸이; 3. 귀걸이 주형; 4. 석조 두르가 조각상

사진: 탕롱황성연구소

**그림 147**   넨쭈어 유적 B지역에서 발견된 수입 도자기

1-2. 중국 도자기; 3-4. 인도 도자기

사진: 탕롱황성연구소

을 띄며 단단하다. 주형은 3면이 직각이며, 한 쪽 면과 두 쪽 큰 면은 모두 두 가지 다른 종류의 말발굽 모양이 음각되어 있다. 주형의 모서리에는 금속을 부어 넣을 수 있는 주입구와 공기가 흐를 수 있는 구멍이 있으며, 모서리에는 주형을 결합할 수 있는 2개의 구멍이 있다(그림 146:3). 이 발견은 넨쭈어에 보석 제작 작업장이 있을 수 있다는 것을 나타낸다.

### 2.3.3. 종교적 유물

B구역에서 발견된 발견된 유물 중, 종교적인 것으로는 머리, 팔, 다리가 유실되고 몸만 있는 작은 돌 조각상을 들 수 있다(그림 146:4). 이 조각상은 곧게 선 자세를 하고 있으며, 가슴이 둥글고 작고 탄탄한 몸매, 얇은 하의가 달려 있고 허리에는 양다리 사이에 끈으로 묶인 부드러운 천 조각이 있다. 머리가 부러져 있어 유형을 확인하기 어렵다. 그러나 가슴 부분의 특징을 기반으로, 여신상으로 추정된다. 비교 연구를 통해 보다 구체적인 추정이 가능한데, 몇몇 인도 전문가들과 응오반조안 박사의 견해에 따르면 이는 여신 두르가 조각상일 수 있다. 두르가는 샤크티 또는 데비로도 불리며, 우주를 수호하고 모성을 상징한다. 이는 힌두교의 가장 보편적인 신 중 하나로, 세상에서 가장 훌륭하고 조화로운 모든 것을 보호하는 자이다. 응오반조안 박사에 따르면, 이 조각상은 7세기 경에 만들어졌다.

또한 B1트렌치에서는 뾰족한 실린더 모양의 작은 물건을 들고 있는 조각상의 손 하나가 발견되었다. 이것은 여러 민족들이 숭배하는 신 중 하나인 수리아 신의 손일 수 있다, 특히 농업을 하는 민족들이 더 그렇다. 인도 종교에서 태양신은 베다에 따르면 힘을 생성할 수 있는 신들 중 가장 중요한 신의 하나이다(Đặng Văn Thắng, 2019: 47-48).

## 2.4. 평가 및 판단
### 2.4.1. 특성

B구역에 남아 있는 문화층은 꽤 두껍게 쌓여 있으며, 상대적으로 안정적이고 지속적으로 옥에오의 주거문화의 전형적인 특징을 반영한다. 이 주거층에서는 목재 기둥 615개가 발견되었다. 목재 기둥의 밀도는 꽤 조밀하지만 대부분은 규칙적으로 분포되어 있지 않기 때문에 구체적인 구조물을 확인하고 개체를 분리하는 것은 어렵다. 그러나 비교적 일렬로 놓인 기둥들은 서로 직각을 정연하게 이루고 있어 4개의 구조물의 바닥을 확인할 수 있다. 이러한 구조물은 다음과 같은 공통점이 있다. (1) 부분적으로만 발견되었다. (2) 북동-남서 방향이다(동쪽으로 20° 기울어진 주축선). (3) 발견 위치는 고지대에서 룽런 운하까지의 중간 정도에 있다. (4) 목재 기둥의 종류는 지역에서 찾을 수 있는 나무, 예를 들면 멜라루카, 맹그로브, 대나무, 소나무 등이다. (5) 가공 기술 및 원지반에 직접 박아 말뚝을 세우는 기술이 동일하다. (6) 각 주혈에는 1개의 기둥이

있지만 일부는 여러 기둥이 같이 박혀 있다. 이러한 특징들과 이전 조사, 발굴 및 연구 자료에 근거하여, 이 것은 운하 주변에 건설된, 기둥을 사용하여 상부 구조물을 지탱하는 구조의 고상식 건물지이다. 이것은 옥에 오 주민의 일반적인 주거 형태이며 오늘날에도 전통이 유지되고 있다.

상대적으로 안정적인 문화층에서 목조 주택 흔적이 발견된 것으로 보아, B구역은 옥에오 고대 주민들의 가옥이 대규모로 분포되어 있으며 장기간 거주가 이루어져 안정적으로 그 특징을 말할 수 있다.

### 2.4.2. 연대

B구역에서는 144,198점의 유물을 발견했나. 그 중에서 B1트렌치의 유물은 43,829점으로 30.4%, B2 트렌치의 유물은 64,935점으로 45.03%, B3트렌치의 유물은 35,434점으로 24.57%를 차지한다. 유물은 도 자기, 건축 재료 및 보석류의 세 종류로 나뉘며, 이 중에서 가장 많은 것은 도기다. 도자기 중에서 도기가 가 장 많은데, 옥에오 도기가 110,175점으로 99.42%의 비율을 차지하며, 수입 도자기는 639점(석기와 자기)로 0.58%의 비율을 차지한다. 외국 도자기 중에서는 중국 도자기가 가장 많으며, 그 다음은 인도 도자기와 로 마 도자기이다.

위의 수치는 B구역 발굴조사에서 대량의 다양한 재질과 형태를 가진 유물들이 있음을 보여준다. 그 중 에서도 가장 많은 것은 도자기류이며 옥에오 도기가 대부분이고, 소수는 수입 도자기이다. 옥에오 도기는 거 친 도기와 매끄러운 도기로 나눌 수 있으며, 19가지 유형으로 다양하게 나타난다. 이러한 도기 그룹은 장식 무늬와 기술 무늬 두 가지 종류의 기법으로 장식되어 있다. 매끄러운 도기는 색을 입히거나 문양을 새겨 넣 은 기술이 뛰어나다.

고대 도자기 자료, 특히 1~2세기 인도 도자기, 기원후 2세기경 로마 도자기 및 토층 자료를 기초로 한 결과를 참고할 때, 오래 전에 만들어진 고상 건물지는 고대 운하의 연안 지역에서 1~3세기 경에 건설되었으 며, 몇 세기 동안 존재하였던 것으로 추정된다.

## 3. C구역

C구역은 유적의 남서쪽에 위치하고 네쭈어 운하의 둑과 인접한다. 북동쪽은 D구역과 맞닿아 있으며, B3트렌치에서 동남쪽으로 약 25m 떨어져 있다(그림 121). 이 지역에서는 넓은 발굴 트렌치가 조사되었는데, 3,510m²(54×65m)의 면적으로 나누어져 있으며, 1.5m 넓이의 둑으로 구획되어 있다.

### 3.1. 층위

지표면 높낮이가 서로 달라서, 큰 나무뿐만 아니라 돌이 큰 줄기로 줄지어 나타나는 지역이 있으며, 대규모 인공집수지가 드러나 더욱 다채롭게 토층이 층층이 쌓인 거친 지형이 C구역에서 발견되었다.

인공집수지 외부에는 문화층이 없으며, NC18.C.Gi03 우물 유적, 일부 현대에 형성된 수혈과 구 등만 발견되었다. 인공집수지 안쪽은 시간에 따른 침전 과정의 결과이며, 일부 주거 문화층 유구와 유물이 남아 있다. 인공집수지의 돌과 벽돌 사이에는 회색과 검은 모래가 섞인 층이 있으며, 도자기와 목재 기둥 등이 포함되어 있다.

나머지 흔적들로 보아, C구역은 예전에는 주거문화층이었지만, 이후에 인공집수지가 건설되면서 파괴되었음을 나타낸다.

### 3.2. 유구

C구역에서 가장 중요하고 새롭게 발견된 유구는 두 기의 집수지와 벽돌 바닥 시설, 한 기의 우물, 그리고 집수지 아래 위치한 두 기의 주거 유구이다(그림 148).

#### 3.2.1. 집수지

집수지(NC18.C.AH01, NC18.C.AH02)는 평면 장방형으로 석재로 축조되었으며, 서로 인접하고 평행하게 배치되어 넓이 1,782m²(길이 54m×폭 33m) 내에 분포하고 있다. 두 집수지 사이에는 폭 15m의 둑이 있으며, 그 위에는 북동-남서 방향으로 직사각형 모양의 벽돌광장 또는 돌길의 흔적이 있으며, 북위 동쪽 20-22°에서 약간 동쪽으로 기울어져 있다(그림 149).

NC18.C.AH01로 명명한 첫 번째 집수지는 네 면이 서로 연결되고 서로 직각인 평면 방형의 집수지이다. 유구의 넓이는 613.8m²(33×18.6m)이며, 유구 중심부의 면적은 515m²(28×18.4m)로 더 좁다. 호수 바닥의 평균 깊이는 1.15~1.25m이다.

AH01 집수지는 집수지 주변과 4개의 석축 제방으로 둘러싸인 집수지 바닥의 두 부분으로 구성되어 있다. 바닥은 매끄럽고 순수한 갈색 점토층으로 작은 모래 띠가 혼합되어 있으며 바닥은 오목하며 호수 바닥과 아래 퇴적물을 분리하는 점토띠가 있다. 호수 내에서는 3개의 유구가 발견되었는데, 호수의 중심부 아래에 있는 고상 건물지와 수혈, 그리고 두 집수지 사이의 공간 위에 있는 도로 유적이다. 또한 이곳에서는 나무의 뿌리와 나뭇가지도 발견되었는데, 이는 집수지 주변으로 원래 많은 나무가 있었음을 보여준다.

집수지를 쌓기 위해 사용된 석재는 다양한 모양과 크기의 사암, 화강암, 석회암 등으로 구성되며 이 중에서도 대부분은 모서리가 뾰족한 석재이다. 일부 지점에서는 호숫가를 따라 배열되는 석재들이 작은 물웅덩이를 만들었다. 석재들은 노란색 또는 갈색 점토 바닥에 크고 작은 석재들과 섞어 교대로 자연스럽게 층을 이루며 배열되어 상당히 평평한 표면을 형성한다.

유물의 유형, 재료 및 기술적 유사성과 넨쭈어의 다른 유적 및 유물과의 비교 연구 결과로 이 집수지는 4~6세기경에 생성된 것으로 판단된다.

두 번째 집수지는 NC18.C.AH01로 명명되었다. 이 집수지는 동쪽으로 이어지는 AH01과 같은 평면상에 있으며, 형태, 구조 및 위치가 동일하다.

집수지 흔적은 발굴 구역의 지면으로부터 47cm 깊이에서 나타났다. AH02도 AH01과 마찬가지로 집수지 안, 밖, 집수지 둑 위의 3개 구역으로 분류되었다. AH01과 동일한 평면, 형태, 구조, 건축 기술을 가지며, AH01 집수지와 거의 같은 구조를 가진다. AH02는 AH01보다 약간 크며 면적은 752.4m²(33×22.8m), 깊이는 1.2~1.3m이며 바닥 면적은 456.4m²(28×16.3m)이다.

AH02와 AH01 집수지는 같은 시기에 건설되었고, 주거 문화층 위에 겹쳐져 있는데, 주거지는 약 2~3세기의 것으로 추정된다. 그리고 집수지의 연대는 조금 더 늦은 4~6세기쯤이다.

AH01과 AH02는 대규모이며 정연하고, 견고한 구조로 건설되었으며 깨끗한 물을 저장하였다. 남서부 지역의 하천 환경을 고려했을 때, 이 두 호수는 일상 생활용 물을 저장하지 않았을 것이다. 옥에오 문화 유적에서는 꺼탑과 같은 곳에서 일부 호수가 발견되었다. 이 호수들은 종교 의식을 위해 순수한 물을 가져오는데 사용된 것으로 알려져 있다(Đặng Văn Thắng, 2019: 47-84; Nguyễn Khánh Trung Kiên, 2019: 26-44). C구역에서는 남쪽에 NC18.C.Gi03 우물도 발견되었으며 아래에서 설명하는 종교 신앙과 관련된 몇 가지 유물이 함께 발견되었다. 이것은 C구역의 집수지가 신성한 성격이었다는 특성을 말해주는 증거 자료이며, 꺼넨쭈어의 신전 건축 유적과 관련이 있을 수 있다(A구역).

위의 두 집수지 사이에 위치한 둑에서는 NC18.C.SG05로 넝넝된 벽돌 바닥시설 흔석이 발견되었다. 이 유구는 바깥쪽과 중앙에 건설된 두 줄의 벽돌로 구분되며, 북쪽 끝과 남동쪽에 인접한 자리에 남아 있는 벽돌 조각들로 경계지어 진다. 여기에는 49.3m²(8.5×5.8m)의 면적을 갖는 장방형 평면의 6개의 벽돌 조각이 남아 있다. 시설을 만든 벽돌은 모두 직사각형 모양이며, 줄지어 배치되어 있고 접착제는 사용되지 않았다. 이 벽돌 바닥시설 흔적은 과거에 이 호수 주변에 꽤 규칙적이고 아름답게 벽돌바닥 마당을 설치했을 것임을

그림 148   넨쭈어 유직 C구역의 있는 집수지와 우물 전경

사진: 응우엔따이린

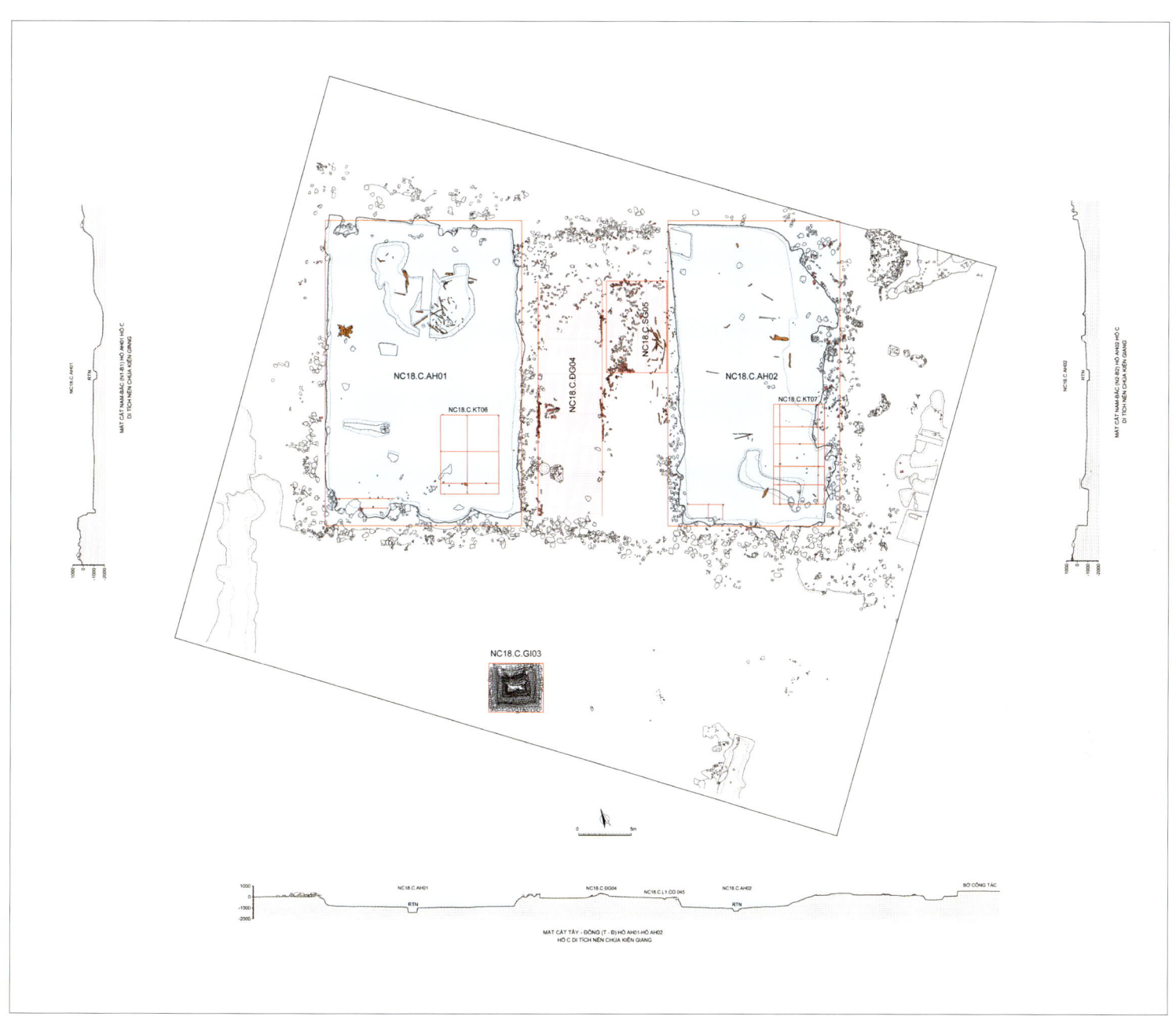

**그림 149** 넨쭈어 유적 C구역의 집수지와 우물 평면도

사진: 탕롱황성연구소

보여준다(그림 149).

### 3.2.2. 우물

NC18.C.Gi03 우물은 전체가 벽돌로 건설되었다. 이 우물은 발굴 트렌치의 남서 벽면 근처에서 발견되었으며, 위에서 언급한 AH01 및 AH02 집수지의 서남쪽에 위치한다(그림 149~150).

이 기반층에서 나타난 우물은 평면 장방형으로, 우물의 몸체는 지하에 깊이 파여져 깔때기 형태를 띠고 있다. 유구가 발견되었을 때 침식 및 산사태로 손상을 입었다. 북동쪽 벽체는 깊이 가라앉았으며 우물 내부로 무너져 있었다. 우물 몸체는 4개의 직각으로 이루어진 벽돌 벽으로 구성되어 있으며, 입구에서 바닥까지 갈수록 작은 간격으로 쌓인 28단의 벽돌 층으로 구성되어 있다. 직사각형 벽돌은 각각 다른 크기와 색상을 가지며, 각 층 간의 벽돌 간격 및 각 층 내의 벽돌 간격이 균일하게 배치되어 있다(그림 151~152). 우물의 바닥은 석재로 보강되어 있다. 깊이는 2.2m이며 안쪽에 항상 물이 있다. 우물의 크기는 다음과 같다: 입구 면적 22.6m²(5.07×4.46m), 깊이 2.2m, 바닥 폭 1.6m이다.

우물 바닥 속에서 발견된 자료, 건축 기술, 발견된 유물(도자기) 등을 꺼옥에오유적의 우물과 비교하면 C구역의 우물은 약 4~6세기에 축조되었다.

깔때기 모양의 우물을 인도의 고대 우물들과 비교한 연구에 따르면 이 유형의 우물은 힌두 사원이나 비슈누 사원 지역에서 꽤 흔한 종류의 우물이며 계단 우물 또는 성스러운 우물로 불리며 깨끗하고 순수한 물이 공급되어 종교 의식에 사용된다. 이를 통해 C구역의 우물의 기능은 힌두교와 관련된 성스러운 우물 종류에 속한다는 것을 확인할 수 있다(Bùi Minh Trí, 2020: 43-62 참조).

### 3.2.3. 거주 유적

집수지와 우물 외에도 C구역에서는 집수지의 하층에 위치한 2기의 고상 건물지 및 1기의 수혈도 발견되었다

### 3.2.3.1. 고상 건물지

첫 번째 고상 건물지인 NC18.C.AH01.KT06는 AH01 집수지 안에서 남동쪽과 남서쪽으로 각각 2.5~2.7m, 2.7~2.9m 떨어진 곳에 위치하고 있다. 이 유구는 집수지와 같은 방향으로 놓여 있으며 북쪽에서 동쪽으로 20°기울어져 있다(그림 149). 유구는 평면 장방형으로, 동쪽(룽런 운하가 있는 쪽)을 향하고 있다. 면적은 39.4m²(7.3×5.4m)이며, 15개의 목재 기둥이 서로 직각을 이루고 일정한 간격으로 배열되어 있다. 길이

는 북동-남서 방향으로 6.5m이며, 4줄의 기둥이 간격을 이루고 있다. 그 중 북동쪽의 2개 간격은 3.1~3.3m로 거의 동일하고, 세 번째 간격은 남서쪽에서 90cm이다. 유구의 폭은 북서-남동 방향으로 5m이며, 3줄의 기둥이 동일하게 2.54m의 간격이다. 이로 인해 건물지는 6개의 구획으로 분할되며, 그 중 동북쪽의 큰 구획 4개의 규모는 거의 동일하고(7.87~8.38m³), 서남쪽에 작은 구획이 2개 있다. 건축물의 길이에 따라 3번째 기둥 위치가 4번째 기둥 위치에서 90cm 떨어져 있으며, 모든 기둥은 곡선으로 구부러져 있고, 기둥의 머리 부분이 3번째 기둥의 방향으로 기울어져 있다. 이러한 현상을 볼 때, 4번째 줄의 기둥은 3번째 줄을 보강하고 지지하는 기능을 가지고 있다는 것을 나타낸다.

연대에 관해서는 조사된 유구와 주거문화층에 속하는 유물, 나른 발굴 지역의 수거중 유물들을 비교하여 분석한 결과 이들은 재료, 형태, 기술 및 성능 측면에서 일치하고, 따라서 이 유구들의 특성과 연대는 집수지가 조성되기 이전, 1~3세기 경에 존재했던 거주 문화층으로 추정된다.

두 번째 NC18.C.AH02.KT07 고상 건물지는 AH02 집수지의 남동쪽과 남서쪽 모퉁이 위치에서 발견되었다. 이 유구는 남서쪽으로부터 91cm 떨어진 곳에 위치하며, 일부는 노란색 점토가 발견된다. 즉, 남동쪽 제방의 기초 토양이 호수 바닥으로 쏟아져 나온 곳이다.

유구는 평면 장방형이며, 면적은 42.7m²이다(북동-남서 길이 9.1m, 북서-남동 너비 4.7m). 유구 내에는 규칙적으로 배치된 20개의 목재 기둥이 있다. 유구의 긴 면을 따라 6줄의 기둥이 5개의 간격으로 나뉘어져 있으며 간격은 1.6~2.0m이다. 건축물의 넓은 면을 따라 4줄의 기둥이 3개의 간격으로 나뉘어져 있다. 이 중 2개의 간격은 좁아 서로 60cm 정도 떨어져 있으며, 중간에 넓은 간격을 둔 것은 3.5m 정도 떨어져 있다. 만약 건축물의 면이 동쪽을 향하고 있다면, 앞뒤로 좁은 간격 2개와 중간에 넓은 간격이 있으며, 이는 앞뒤로 좁고 중간 공간이 넓은 건축물의 평면과 같다(그림 149).

KT06과 KT07은 위치, 현황, 평면, 목재 기둥 사용, 건설 기술, 건축 방향 등이 모두 같기 때문에, 이들은 모두 1~3세기 경에 건축된 주거 문화층에 속하며, 동일한 특성과 기능을 가지고 있다.

2개의 건축물 외에도 C구역에서는 불규칙적으로 배치된 다수의 목재 기둥들이 발견되어 건축물의 규모를 정확히 파악하지 못하였으나, 이러한 건축물은 전통적인 고상 건물지 양식에 속한다.

### 3.2.3.2. 수혈

HNC18.C.AH01.HĐ08으로 명명된 수혈은 AH01 집수지의 바닥에서 발견되었다. 암회색 내부토로 식별되고, 형태가 명확하지 않으며, 발굴 트렌치 밑바닥에서 120cm 깊이에 위치한다. 트렌치는 71.9m²의 면

**그림 150** 넨쭈어 유적 C구역의 벽돌 우물
사진: 응우옌따이린(Nguyễn Tài Linh)

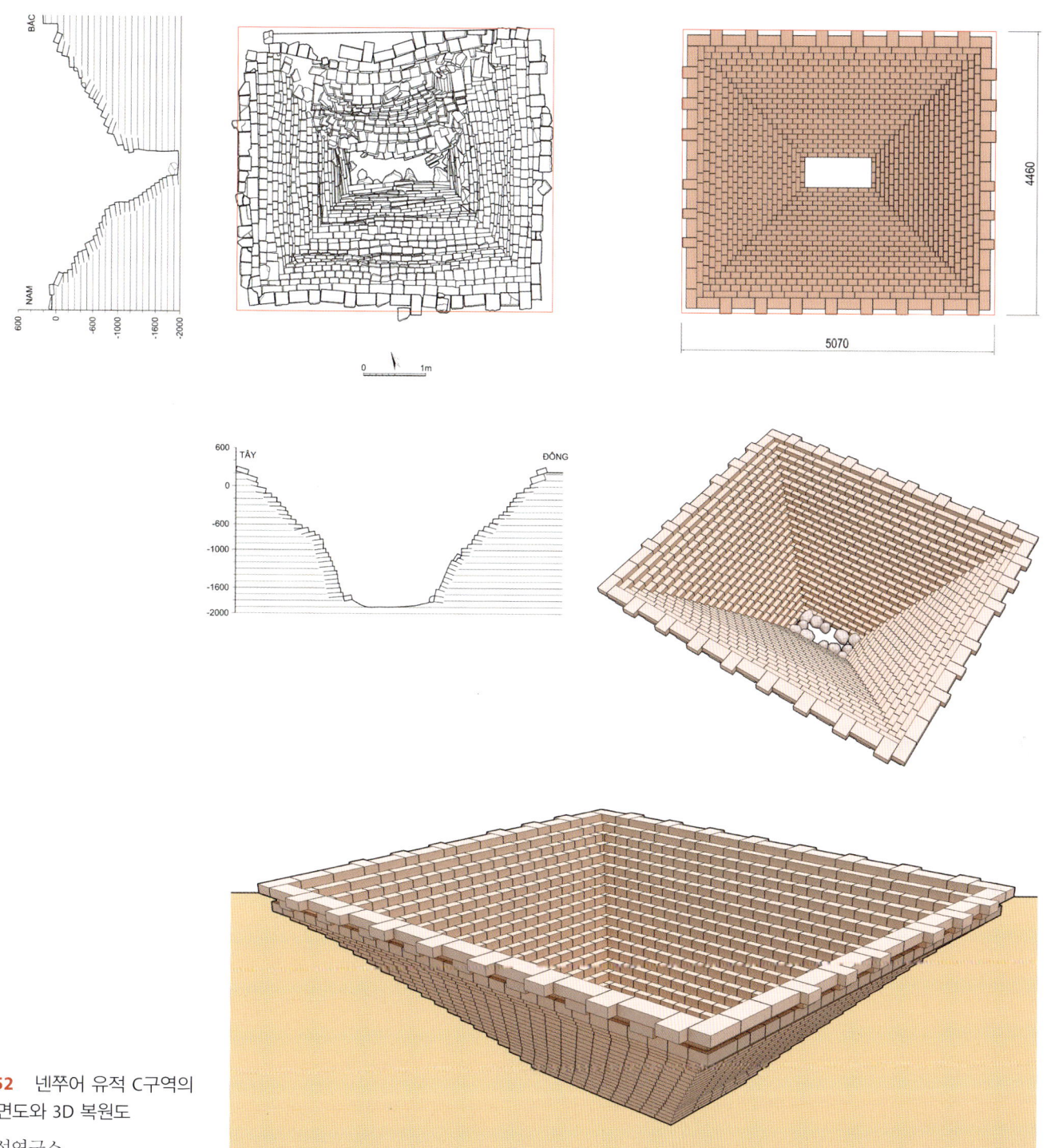

그림 151–152 넨쭈어 유적 C구역의
벽돌 우물 평면도와 3D 복원도

사진: 탕롱황성연구소

적(동서 길이 8.56m×남북 너비 8.4m)으로 트렌치의 바닥은 오목한 모양으로 가장 깊은 곳은 호수 바닥으로부터 85cm, 발굴 트렌치로부터 2.05m이다.

수혈에서는 총 85점의 유물이 발견되었다. 이 중 79점은 나무나 유기물로 된 것이며, 6점은 도자기이다. 그 중 대표적인 것으로는 2점의 목재 기둥, 1점의 도구(칼), 1점의 절구, 1점의 걸쇠, 그리고 1점의 코코넛 바가지가 있다. 도자기는 켄디와 항아리 그리고 용기류가 포함되어 있으며, 그 중 4점은 완형이다. 특히, 가장 큰 도자기 항아리는 중앙에 위치하고, 가장 아래쪽에 있다. 입구가 위쪽을 향해 향하고 있으며, 내부에는 수혈 내부토와 동일한 토양이 가득한 것으로 확인되었다(그림 153∼154).

HĐ08 수혈은 AH01 집수지 축조 시 기존의 거주 문화층으로, 내부에서 많은 도자기 유물들이 출토되었으며, 특히 중앙에 뒤집혀 놓인 대형 항아리를 포함하여 종교 의식과 관련한 것으로 추정되며, 이와 관련된 연구가 계속되어야 한다.

### 3.3. 유물

C구역에서는 29,820점의 유물이 발견되었다. 도기 8,443점, 건축 자재 20,207점, 보석류 883점, 석기 5점 및 외국 도자기 126점 등으로 구성된다. 이 중 옥에오 도기는 98.53%의 비율로 가장 많이 발견되었으며, 석제 그릇과 외국 도자기는 1.47%로 소수이다. 또한, 133개의 목재 기둥도 발견되었다.

### 3.3.1.

### 3.3.1.1. 도자기

C구역에서 발견된 옥에오 도기는 8,443점이다. 분류 결과에 따르면 도기는 17가지의 다른 유형이 있으며 2가지 재료로 인해 거친 도기와 매끄러운 도기로 구분된다. 이 두 가지 도기 유형은 발굴지의 같은 층에서 공존하며 생활 용품 및 생산 도구 등으로 쓰였다. 특별한 것은, 두 가지 유형의 도기 비율이 상당히 유사하다는 것이다. 거친 도기는 4,040점(47.91%)이며 매끄러운 도기는 4,393점(52.09%)이 있다. 거친 도기의 일반적인 유형은 부뚜막, 병, 도자기 냄비 및 큰 사이즈의 항아리이다. 매끄러운 도기의 일반적인 유형은 고급 도자기로 병, 항아리, 굽이 있는 컵, 켄디, 뚜껑 등이 있다. 여기에서 켄디는 2,707점(구연부 180점)으로 수량이 꽤 많으며 61.62%를 차지한다(그림 155).

C구역 도기, 특히 넨쭈어 도기는 물레나 손으로 성형하였으며, 일부 제품에서는 두 기술이 결합되어 있음을 보여준다. 도기 제작에 사용되는 주 원료는 순수한 점토 또는 종류와 기능에 따라 섞어진 고운 모래, 거친 모래 또는 유기물이다. 도기의 장식은 대부분 타날과 무늬 등으로 이루어졌다.

그림 153　넨쭈어 유적 C구역,
호수 바닥의 수혈 출토 옥에오
도기와 목공

사진: 레딘응옥

**그림 154**  넨쭈어 유적 C구역, 호수 바닥 수혈 출토 도기 냄비

사진: 부이민찌

**그림 155** 넨쭈어 유적 C구역 출토 옥에오 도기

사진: 탕롱황성연구소

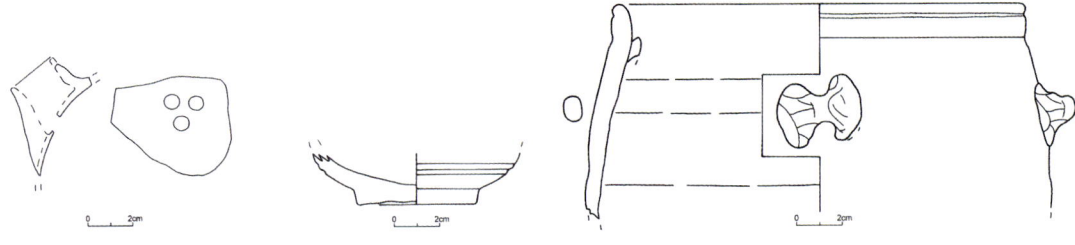

**그림 156**  넨쭈어 유적 C구역 출토 외국 도자기

1. Kundika병의 주구, 인도; 2. 백자, 중국, 수나라 시대; 3. 4개의 손잡이가 있는 도자기 냄비, 중국, 당나라 시대

사진: 탕롱황성연구소

1                      2                      3

### 3.3.1.2. 외국 도자기

여기서 발견된 외국 도자기는 총 126점으로 모두 파편으로 출토되었으며, 도기와 자기가 있다. 중국에서 유래한 것은 동한 왕조 시대(2~3세기), 육조 왕조 시대(4~6세기), 수 왕조 시대(6~7세기), 당 왕조 시대(7~8세기)의 것 등이 있으며 인도(4~6세기)에서 유래한 것도 있다(**그림 156**).

### 3.3.2. 건축 재료

C 구역의 건축 재료는 석재와 벽돌 2종류가 있다. 이 중 석재는 대부분 자연석으로 사암, 화강암, 녹색 사금석 및 자갈 등 여러 유형의 돌로 구성되어 있으며, 그 중에서도 사암이 가장 많이 사용되었다. 이러한 석재는 집수지를 축조하기 위해 다른 곳에서 운반되었다. 경작 과정에서 건축용 돌은 원래 위치에서 이탈하여 발굴 지역 전체에 흩어져 있었다. 이 지역에서 수집된 돌은 부피가 최대 11.3m³이다.

벽돌은 총 20,206점이 있다. 그 중 10,942점은 지표면에서 발견되었으며, 우물 내에서는 538개의 벽돌이 발견되었다. 여기서 사용된 벽돌은 대체로 직사각형 모양이며, 다양한 재질과 크기를 갖추고 있다. 이 중에 큰 사이즈의 벽돌(33~35×17~18×8~10cm)은 1,229점이며, 중간 사이즈의 벽돌(28~32×13~15×7~9cm)은 3,250점, 작은 사이즈의 벽돌(24~27×12~13×5~7cm)은 15,727점이다.

### 3.3.3. 건축 자재

C구역에서 발견된 건축 자재는 대부분 목재 기둥이다. 이러한 목재 기둥은 두 개의 집수지 범위 내에서 발견되었다. 총 133개의 기둥 중 15개는 AH01.KT06에 속하며, 20개는 AHO2.KT07에, 2개는 AH01.HÐ08에 속한다. 기둥의 평균 지름은 약 15~19cm이며, 지역 나무인 멜라루카, 맹그로브, 대나무, 소나무 등으로 만들어졌다. 대형 기둥은 끝 부분이 뾰족하게 깎여 있으며 땅에 박혀 있다. 작은 기둥 또는 말뚝은 종종 껍질과 가지가 그대로 남아 있으며 구조물을 형성하기 위해 땅에 직접 박혀 있다. 모든 기둥은 위 건축물에 대한 하중을 지탱하기 위해 토양에 직접 박혀 있다.

### 3.3.4. 보석류

보석류에는 883점의 유물이 있으며 대부분은 인도-태평양 유리구슬(880점)로 구성되어 있다. 이 구슬은 다섯 가지 모양(마름모, 원통, 구, 육각형, 연주형)과 여덟 가지 색상(주황색, 금색, 검정색, 남색, 청록색 그리고 검정-흰색-빨간색)으로 이루어져 있다(그림 157). 이러한 구슬은 발굴지역 전체에 골고루 분포하고 있으며, 가장 많은 수는 집수지2 범위의 첫번째 층에서 발견되었으며, 총 753점(84.71%)을 차지한다. 우물에서는 127점(14.38%)이 발견되었다. 또한, 금속 보석 3점(금색 2, 검정색 1, 모두 구슬 모양)도 발견되었다. 특히, 금으로 만든 구슬은 고운 조각과 숙련된 기술로 만들어졌으며, 매우 작게 만들어졌다는 것이 주목할 만한다.

**그림 157**  넨쭈어 유적 C지역 출토 구슬
사진: 부이민찌

### 3.3.5. 생산용 및 생활용 도구

생산 도구는 절구, 절구 망치, 갈돌, 그리고 방추차 세 가지로 이루어져 있다. 생활 용품으로는 HÐ08 수혈에서 4점이 발견되었는데, 그 중에는 칼, 걸쇠, 나무 결구 그리고 코코넛 바가지가 포함되어 있다. 수공업 제품으로는 금속 솥 2점이 있다.

## 3.4. 평가 및 분석

### 3.4.1. 특징

C구역에서는 집수지, 우물 그리고 고상 건물지 등 3종류의 유구가 발견되었다. 이들은 모두 넨쭈어 문화 유적뿐만 아니라 남부지방의 옥에오 문화 유적에 대해서도 새로운 발견이다. 그 중에서도, 두 개의 큰 장방형의 집수지를 발견한 것은 최근의 가장 중요한 발견으로 여겨지고 있다. 이 두 집수지는 상당히 규칙성있게 축조되었으며 공통의 둑은 두 호수 사이에 조성된 벽돌 마당 또는 벽돌 도로이다. 환경적 특징을 연구하고 동탑성에 위치하는 꺼탑의 신전 유적과 비교해 본 결과에 따르면 이는 종교 의식을 위한 성스러운 집수지이다. 두 개의 집수지 사이에서 남서쪽에 위치한 깔때기 모양의 벽돌로 지어진 계단식 우물을 발견하였다. 이 우물은 계단식 우물의 유형에 속하며, "성스러운 우물"로 기능했다. 이 발견은 C구역이 해당 지역에서 종교의식을 올리기 위해 신성한 집수지와 우물을 건설한 지역임을 보여주며, 그것은 꺼넨쭈어 유적 지역 북동쪽에 위치한 힌두교 사원 유적과 공간적, 시간적으로 밀접한 관계를 갖고 있다.

고상 건물지 두 기는 장방형 집수지의 중앙 남서쪽 모서리에 있으며, 동일한 방향에 있으며, 같은 종류의 나무와 목공예술, 기둥 건축 기술을 가지고 있다. 또한 B구역 및 G구역에서 발견된 고상 건물지와 동일하다. 이 발견으로 인해 집수지 건설 이전에, C구역은 옥에오 주민들의 거주지였음을 알 수 있다.

### 3.4.2. 연대

집수지와 우물의 흔적 외에도, C구역에서는 도자기, 금속, 유리, 목재 등 다양한 재질과 유형의 유물이 발견되었다. 그 중에 가장 눈에 띄는 것은 외국 도자기, 특히 동한 왕조 시대(2~3세기)부터 수당 왕조 시대(6~8세기)까지의 중국 도자기 유물과 매우 적은 양의 인도 도자기(1~6세기)이다. 도자기 및 토층 자료를 기반으로, C구역의 집수지 및 우물은 대략 4~6세기에 해당하며, 집수지 내부에서 발견된 고상 건물지는 보다 빠른 시기인 1~3세기에 해당한다.

## 4. D구역

D 구역은 넨쭈어 유적의 남서쪽에 위치하며, 동쪽으로는 B구역에 인접하고 남쪽은 C구역과 연결되어 있다(그림 158). 이 지역은 꺼바쭈어스B라는 지명에 대한 재조사를 목적으로 발굴되었다. 1982년 발굴 보고서에 따르면, 이 지역은 넨쭈어 유적지의 10개 발굴지점 중 하나로 꺼넨쭈어와 꺼바쭈어스 사이에 위치한 작은 구릉으로 설명하고 있다. 이 세 지역의 경계는 낮은 웅덩이(수심 30~40cm)로 구분되며, 서쪽으로 갈수

록 경작지가 이어지고 바쭈어스 지역은 경작지보다 50~60cm 정도 높은 곳에 위치한다(Võ Sĩ Khải, 1982: 43).

D구역에서는 총 682m² 면적의 큰 발굴 구역을 조사하였으며, 이 중 북서쪽 지역인 I구역은 면적이 570m²(26.4×21.6m)이고, 동남쪽 지역인 II구역은 면적이 112m²(14.2×7.9m)이다.

발굴 결과, 석재 퇴적층 아래에서 주거 문화층이 발견되었지만, 건축 유구는 발견되지 않았다. 주거 문화층의 분포 면적은 넓지 않지만, 다수의 수혈, 목재 기둥 및 다양한 유물(대부분은 도자기)이 발견되어, 넨쭈어 지역에서 이 지역을 옥에오 문화의 거주 전통을 대표하는 유적으로 설명할 수 있게 되었다.

## 4.1. 층위

D구역 지형은 높낮이가 다양하며, 발굴조사로 인해 토층이 복잡하고 교란이 이루어진 상태이다. 그러나 I구역과 II구역 모두 상당히 안정적이고 두꺼운 좁은 면적의 주거 문화층이 보존되어 있으며, 옥에오 문화의 특징을 지닌 유구 및 유물이 풍부한 층을 포함한다.

I과 II 구역에서는 지표면 인근에서부터 표면을 거의 뒤덮는 돌 무더기와 높낮이가 동일하지 않은 수혈이 나타나며, 이는 현대 무덤이나 목재 생산을 위해 나무를 심은 흔적, 그리고 이를 위해 가져온 돌무더기 등이다. 2층과 3층의 경계 부근에는 돌 무더기가 거의 제거되어 4개의 군만 남아 있으며, 각각 NC18. D. C1-C2-C3-C4로 명명하였다. 그러나, 많은 수혈의 표면을 가로지르며 다시 많은 구역으로 나뉘어져 있다. 돌무더기와 수혈을 제거한 결과 북동쪽(I구역)과 남동쪽(II구역)에서 주거 문화층이 발견되었다. 또한 기반층을 조사한 결과, 지형의 높낮이가 고르지 않으며 C3 석재군 아래에는 낮은 구릉이 있다.

너무 많은 교란으로 인해 토층조사는 주로 안정된 토양 부분에 의존해 이루어졌다. 토층 연구 결과, I구역과 II구역의 문화층은 모두 동일한 구성과 구조를 가지고 있으며, 검은색 점토와 작은 모래가 혼합된 갈색 점토에 목탄, 도기, 목재 기둥 및 옥에오 문화 유물이 포함되어 있다. I구역의 문화층은 42~98cm(평균 70cm) 두께이며, II구역은 100cm 두께이다. 두 구역 모두 상부가 부분적으로 손상되고 하부는 안정되어 있어 두 개의 작은 층으로 나뉘어 있다(그림 159:1).

- 첫 번째 문화층(하부)은 회갈색 점토로 구성되어 있으며 검은 목탄과 함께 흑회색 원시 도기가 많이 포함되어 있다. I구역에서 이 층의 밑면은 볼록하고, 여기에는 일부 벽돌, 석재 및 작은 목재 기둥이 불규칙하게 분포되어 있으며 II구역에서는 HĐ06로 명명한 수혈이 노출되었다.
- 두 번째 문화층(상부)은 노란색 모래가 혼합된 회색 점토로 이루어져 있으며 일부는 수혈(I구역)이나 C2 석재군(II구역)으로 인해 부분적으로 교란되었다. 나머지 부분은 안정적이며 많은 수의 도자기,

목재와 약간의 벽돌, 석재 등이 포함되어 있다.

층서적 상황, 특히 문화층의 변화를 통해, D구역에 꽤 두꺼운 문화층이 존재했을 가능성을 추측할 수 있다. 그 후 이 구역은 망자를 묻는 매장지로 사용되었으며, 식재와 벽돌 건축물을 축조한 곳으로 사용되었는데, 이는 1982~1983년의 발굴조사에서 발견되었다. 그러나 지금은 완전히 파괴되어 돌무더기만 남아 있다.

## 4.2. 유구

D 구역에서는 4종류의 구조물과 21기의 유구가 발견되었는데, 8기의 돌무더기, 6기의 수로, 6기의 수혈, 1기의 무덤으로 구성되어 있다. 발굴된 유구들은 다양한 지표면에 나타나며, 그 중 대부분은 현대의 것으로, 오직 NC18.D.HĐ06 수혈 만이 옥에오 문화층의 주거유적임을 확인할 수 있었다(그림 159:2).

HĐ06 수혈은 C2 돌무더기의 남동쪽에 위치한 II구역의 3층 바닥면 및 4층 표면(기반층)에서 나타났으며, 서북쪽 벽의 경계점에 위치한 B1 및 B3 트렌치 사이의 경계를 형성하는 바닥이기도 하다. HĐ06 수혈은 주변보다 회색을 띠어 점토와 목탄이 섞인 것이 확인되었으며 도자기 조각을 포함하고 있다.

이 유구는 거의 장방형으로, 길이 4.8m, 폭 1.82m, 깊이는 58~79cm이다. 벽은 오목하고 볼록하며, 일부는 수평이고 일부는 경사가 가파르다. 벽 주변과 입구 위에는 작은 목재 기둥 6개가 깊이 박혀 있다. 수혈 바닥에서는 도자기, 목재 기둥, 동물 뼈, 코코넛 껍질 편, 철을 함유한 돌 조각 등이 발견되었다. 조사 결과 이 수혈은 도자기, 나무 등의 소유자들이 이 지역에 거주하기 전에 이미 형성된 자연적인 구덩이일 가능성이 있다.

1982년과 1983년 발굴 결과와 달리, D구역에서는 건축물 또는 무덤을 발견하지 못했지만, 다음과 같은 주요 유구가 조사되었다. i) 도자기 문화층이 두껍고 안정적으로 형성된 주거 흔적과 목재 기둥을 이용한 고상 건물지의 흔적이 확인되었다; ii) 중앙에 위치하는 수혈은 여러 목재, 도자기, 금속 및 동물 뼈로 이루어진 많은 유물을 포함한다. 이러한 발견들은 넨쭈어 주변 구릉에서는 전통적으로 주거지가 형성되어 왔음을 입증하며, 넨쭈어 유적의 발전 단계를 역사적으로 확립하는 데 기여한다.

## 4.3. 유물

D구역에서 발견된 유물은 총 30,338점이며, 도자기 19,125점, 건축 자재 11,006점(석재, 벽돌), 보석류 93점, 목재 기둥 34점이다.

### 4.3.1. 도자기

#### 4.3.1.1. 옥에오 도기

옥에오 도기는 19,125점으로 대부분이 파편으로 이루어져 있다. 이것은 거친 도기와 매끄러운 도기의 두 유형으로 나누어진다. 그 중 거친 도기는 13,578점으로, 전체의 71%를 차지하고, 매끄러운 도기는 5,547점으로, 전체의 29%를 차지한다. 이 도기들은 대략적으로 17가지 종류로 분류된다. 이 중 가장 일반적인 것은 항아리, 켄디, 뚜껑, 냄비, 부뚜막, 병 등이다. 그 중 가장 주목할 만한 것은 켄디이다. 만약 각 구연부가 1점의 켄디라면, D구역에서는 176점의 켄디가 발견되었다. 그 중 거친 도기 켄디는 32점이며, 매끄러운 도기 켄디는 144점이다. 여기서 파편의 수가 최대 2,694조각에 이르기 때문에 켄디의 수가 더 많을 가능성이 있다.

#### 4.3.1.2. 외국 도자기

외국 도자기는 파편이 주를 이루며, 총 75점이 있다. 그 중 대부분은 중국 도자기(67점)이며, 동한 왕조 시대(2~3세기)에서 수-당 왕조 시대(6~8세기)까지의 연대를 가지고 있다. 소수의 도자기는 인도 굽타 시대(4~5세기)의 도자기이다.

### 4.3.2. 건축 재료

D 구역에서 수집된 석재의 양은 14.4m³에 달하며, 사암, 화강암, 녹색 사금석 및 자갈 등 여러 종류의 돌이 포함되어 있다. 그 중에서도 사암이 가장 많이 사용되었다.

발굴된 벽돌 수량은 11,006점이며, 직사각형 벽돌 11,003점과 반원형 벽돌 2점, 부채꼴형의 벽돌 1점으로 구성되어 있다. 직사각형 벽돌은 바위 덩어리들 사이에 분포하고, 반원형 및 부채꼴형의 벽돌은 기반층 상부에 있으며, 주거 문화층이 남아 있는 지역에서 발견되었다.

### 4.3.3. 보석류

D구역에서 발견된 보석류는 대부분 유리 구슬로, 수량은 많지 않지만 93점의 구슬이 발견되었다. 이들은 모두 인도-태평양 유리 구슬로 구성되어 있으며, 원통형, 마름모형, 구형 등 다양한 모양을 가지고 있으며 갈색, 주황색, 황색, 검정색, 남색, 그리고 초록색의 6가지 색상이 있다(그림 159:5).

### 4.3.4. 생산용 도구

이 지역에서 발견된 생활용품 및 생산용품은 매우 적은 양으로, 절구공이, 갈판, 돌절구, 금속 냄비와 도자기를 만드는 작업대 등이 있다(그림 159:3-4).

1

3

2

4

5

**그림 158**　넨쭈어 유적 B구역 서쪽과 D구역의 거주 흔적

사진: 탕롱황성연구소

**그림 159**　넨쭈어 유적 D구역 출토 거주의 흔적 및 유물

사진: 탕롱황성연구소

## 4.4. 평가 및 분석

### 4.4.1. 특성

인간 활동으로 인해 D구역의 토층은 심각하게 교란되었다. 1982~1983년 자료에서 기록된 것과는 달리 토층의 구조는 더 이상 안정적인 상태가 아니며, 무덤 유구도 발견하지 못했다(Lê Xuân Diệm, cs, 1995: 214-223). 2018~2020년 조사에서 발견된 유구들은 대부분 1975년 이후의 현대 생산 및 건설 활동의 결과이다.

그러나 D구역은 상당히 많이 교란되었지만 여전히 상당히 두꺼운, 안정적인 주거 문화층을 발견했다. 희소하지만 여기에서 발견된 건축 자료는 목재 기둥을 사용한 고상 건물지 흔적이다. 이 목재 기둥은 작고 수직으로 배치되며 일부 기둥 부분은 생토층에 가로로 무너져 내려 규칙적인 배치 여부는 알 수 없다. 건축 규모는 크지 않고, 건축물의 범위와 분포는 발굴 범위를 벗어나지 않는다.

기록된 흔적들을 바탕으로 할 때, 이 지역은 과거에는 높고 둥근 언덕으로 옥에오 주민들의 거주지였다. 이후 언덕은 개발되어 작물을 심고 현대의 무덤을 세우는 곳으로 변하면서 과거의 흔적들은 파괴되었다.

### 4.4.2. 연대

비록 건축물의 흔적은 많이 발견되지 않았지만, D구역은 상당한 수의 유물을 발견한 곳으로, 도자기, 돌, 금속, 유리 및 목재 재질의 물건들이 포함된다. 그 중에서도 가장 많이 발견되고 보편적인 것은 옥에오 도기와 외국 도자기이다. 여기서 가장 주목할만한 발견은 매끄러운 도기 켄디병과 동한 왕조 시대, 수당 왕조 시대의 자기, 인도 도자기 조각이다. 이러한 자료와 B구역, G구역과 유사한 목재 기둥 주거지의 흔적을 바탕으로, D구역의 연대는 유적 전체의 연대와 유사한 1~7세기 경으로 추정할 수 있다.

## 5. G구역

G구역은 유적지의 북동쪽 모퉁이에 위치하며, 룽런 운하 강변을 따라 91.4m에 걸쳐 있다. B구역과 평행하며 A구역에 인접한다. 이곳에서 연속적으로 연결된 3개의 트렌치 G1-G2-G3를 조사했으며, 총 발굴 면적은 527.4m²이다(그림 121).

G구역에서 발굴된 트렌치에서는 B구역과 마찬가지로 고대의 룽런 운하 둑 흔적과 물속에 깊이 박힌 252개의 목재 기둥이 발견되었다(그림 160:1). 이 발견은 운하 인근 평탄지에 위치한 옥에오 주민들의 고상 건물지 건축양식을 더욱 명확하게 입증한다.

## 5.1. 층위

G구역 토층은 트렌치의 표면에서부터 문화층의 바닥까지 측정했을 때 다음과 같은 깊이를 가지고 있다. G1트렌치는 1.3m, G2트렌치는 1.55m, G3트렌치는 1.25m이다. G2트렌치와 G3트렌치는 이 지역의 지질 생성 과정을 이해하기 위해 퇴적층 깊숙이 하강 조사했다(그림 160:2). G2트렌치는 9번째 층까지 하강하여 깊이는 2.1m이며, G3트렌치는 10번째 층까지 하강하여 깊이는 2.7m이다. G2트렌치와 G3트렌치의 퇴적층을 각각 분리하면 기본적으로 G구역의 퇴적층이 유사함을 알 수 있다. 세 개의 트렌치 모두, 1층과 교란층은 경작토이다. 2층에서 4층까지는 문화층이고, 5층은 생활면의 기반층이다.

G구역에서 발굴된 문화층은 두껍기도 하고 얇기도 하지만 기본적으로 동일한 구성 성분을 가지며 2개의 작은 층으로 구분된다. 2.1층(하부)은 안정적인 기반층에 인접하며, 2.2층(상부)은 부분적으로 교란된 층이다. 발굴 구역의 토층에서는 위에서 아래로 갈수록 점점 적은 양의 돌과 벽돌 조각들이 발견되었다. 이것은 다른 곳에서 미끄러져 내려와 토양층에 침전되는 현상이다.

2.1층(하부): G1 트렌치는 깊이가 30cm이며, 동쪽 트렌치의 약 2/3에 분포하며 교란되지 않았다. 검은색 점토로, 습하며 많은 도자기를 포함하고 있으며 바닥에는 많은 목재 기둥이 노출되어 있다. G2트렌치의 두께는 35cm이며 G3트렌치의 깊이는 30cm로 동일한 구조로, 밝은 갈색 점토과 목탄, 많은 도자기와 섞여 있으며, 생토와 가까운 곳에 목재 기둥이 있다. 지형에 따라 이 층은 서쪽이 얇고 동쪽으로 갈수록 두꺼워진다.

2.2층(위쪽): 트렌치 G1의 깊이는 20cm이며, 여러 재질과 색상이 혼합된 형태이다. 모래, 벽돌, 석재 그리고 꺼옥에오 도기를 포함한 다양한 유물이 존재한다. G2 트렌치의 깊이는 55cm, G3 트렌치의 두께는 20cm로, 각각 갈회색 흙과 목탄, 식물 잔해, 도자기를 포함하고 있으며, 밀도는 하층보다 더 낮다.

기반층의 끝에는 매끈한 회색 점토층이 있어, 아래 퇴적층과 구분된다. G2와 G3 트렌치의 3개의 퇴적층은 동일한 구조적 특성을 가지고 있으며, 각 층은 두께만 다른 중간층을 가지고 있다. 첫 번째 퇴적층의 깊이는 40~45cm이며, 밝은 회색 모래가 조금 섞인 점토층으로써 순도가 높고 아무 물질도 포함하지 않았다. 두 번째 퇴적층의 깊이는 1.1~1.25m이며, 식물 잔해, 즉 나무 줄기, 과수 껍질, 풀 등의 유기물이 많이 섞인 점토층으로, 부드러우며 공기와 접촉 시 검은색으로 딱딱해진다. 세 번째 퇴적층의 깊이는 20~50cm이며, 미색 미립자로 된 모래와 같은 점토층으로, 산호 조각들을 포함한다. 각각의 퇴적층 사이에는 두 번째 퇴적층의 갈색 흙과 섞인 중간층이 있다.

토층조사에서 가장 주목할 만한 것은 토층을 구분하는 2개의 퇴적층과 렌즈형 모래층과 목재 기둥 끝에서의 혼돈 현상과 같은 토층에서의 다른 현상이다.

1

2

**그림 160**　넨쭈어 유적 G구역 고상 건물지 흔적

사진: 레딘응옥

제 1층은 25~30cm 깊이에서 발견되며, 흙과 거친 노란색 모래, 식물 잔해(풀, 짚, 썩은 풀) 등이 혼합되어 형성되며 표토층과 문화층 사이를 분리한다. 이 층은 G2, G3 트렌치의 동쪽 벽과 북쪽 벽에서 5~10cm 두께를 가지고 나타나며 서쪽 벽에서는 얇게 존재한다. 제 2층은 밝은 회색과 세립질 모래이며 모든 발굴 구역에서 발견되고 트렌치 표면에서 1.3~1.4m 깊이에 위치한다. 이는 지질 형성 과정에서 자연적으로 형성된 퇴적층과 기반층 사이의 구분층이다. 이 층 위에는 기반층과 거주 문화층이 존재한다.

G구역 발굴층에서 흔히 볼 수 있는 두 번째 현상은 모래, 때로는 암석과 벽돌이 섞인 저지대 흙의 출현이다. 이는 높은 곳에 위치한 꺼넨쭈어에서 낮은 곳인 고대 룽런 운하로 석재, 벽돌 및 모래가 자연적으로 침전되고 흘러 내린 결과이다. 또 다른 현상은 생도 표면이 경사지고 울퉁불퉁하다는 것이다. 유물과 깊이 파인 목재 기둥이 아직 남아 있는 곳도 있다. 일부 기둥의 바닥에서는 집의 무게, 바람, 물 또는 주거지의 개·보수 작업의 영향으로 흙이 교란된 현상이 나타나기도 한다.

G구역 3개 발굴층의 층위는 2개의 층으로 구분될 수 있다. 상부는 현대에 형성된 문화 및 농업층이며, 하부는 퇴적층이다. G구역의 문화층은 꽤 두꺼우며, 상부는 부분적으로 교란되어 있지만 하부는 안정적이며 옥에오 문화층의 전형적인 특징을 갖고 있다. 세 개의 퇴적층은 모두 홀로세 시기, 약 6,000-4,000 BP에 발생한 해수면의 주기적 상승과 하강의 영향을 받아 형성된 토지라는 공통점을 가진다.

## 5.2. 유구

이 구역에서 가장 중요하고 값진 발견은 G구역에서 발견된 고대 운하 가장자리를 따라 지어진 고상 건물지의 흔적과 꺼넨쭈어의 동쪽에 위치한 종교적 의미의 "신성한 기둥"을 가진 유구이다.

### 5.2.1. 고상 건물지

G1트렌치에서는 B구역과 같이 고대 운하 깊숙이 박힌 목재 기둥을 통해 확인된 고상 건물지 2기가 발견되었으며, 이를 NC18.G1.KT01과 NC18.G1.KT02로 표시했다(그림 161).

NC18.G.KT01 건축물의 범위 내에는 121개의 목재 기둥이 있다. 이 목재 기둥들은 자연 목재로, 한쪽 끝은 예리하게 깎여 땅에 박혀 일직선으로 배치되며, 위쪽에는 고상 건물이 건설되었다(그림 162~163). 목재 기둥의 분포를 기반으로, KT01의 건축 유적은 장방형의 평면을 가지며, 면적은 123㎡(13.37×9.2m)로, 북쪽에서 동쪽으로 19° 기울어져 있다.

NC18.G.KT02는 일부만 조사되었으며 KT01의 북쪽에 위치한 두 번째 건축물로, 범위 내에는 22개의

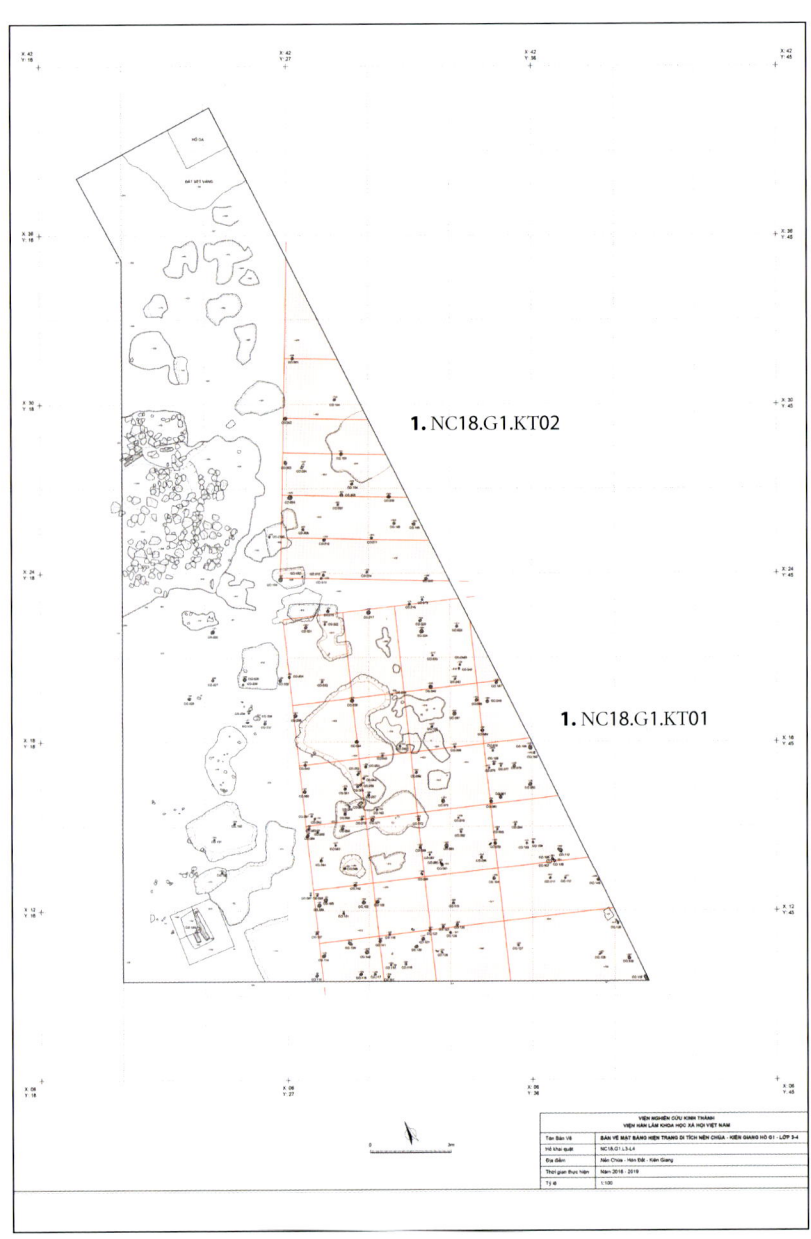

1. NC18.G1.KT02

1. NC18.G1.KT01

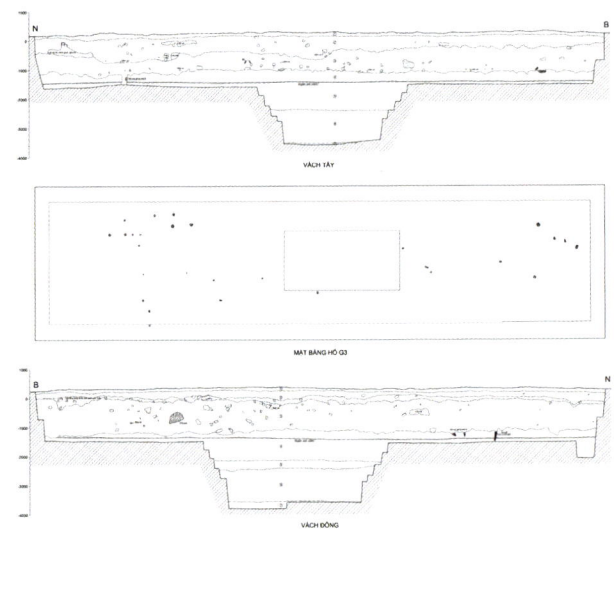

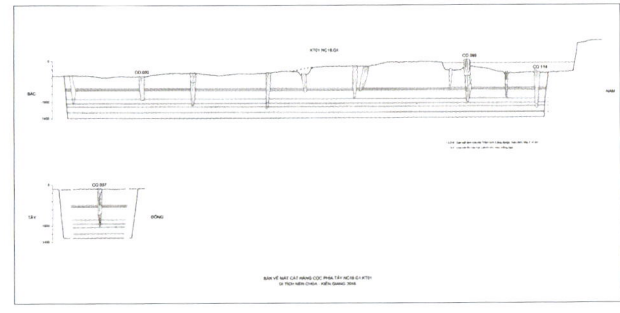

**그림 161**  넨쭈어 유적 G구역의 토층도 및 고상 건물지 분포도

사진: 탕롱황성연구소

목재 기둥이 있으며 직각삼각형 형태의 바닥면을 형성한다. 발굴 트렌치 내에서 노출된 부분은 1개의 직각 모서리를 형성하는 형태로, 면적은 $34m^2$(11×6.2m)이다. 건축 기술과 목재 기둥의 배열 규칙은 KT01과 유사하다. 이 건축물의 북쪽 방향은 동쪽으로 28° 기울어져 있다.

해당 발굴구역인 G2와 G3에서는 위에서 언급한 2기의 고상 건물지 외에도 북쪽과 남쪽 끝에서 많은 목재 기둥들이 발견되었다. G2에는 15개의 기둥이 있으며, G3에는 28개의 기둥이 있다. 발굴 구역이 좁기 때문에 이러한 기둥들의 전체적인 형태를 명확히 하지는 못했지만, 기술과 분포의 규칙에 대한 연구 결과로 이러한 기둥들도 이 지역의 큰 물길 가장자리에 위치한 고상 건물지의 구조체계와 관련이 있을 수 있다는 것을 시사한다.

### 5.2.2. "신성한 기둥" 유구

이 유구는 NC18.G1.CO133으로 명명하였으며, G1 트렌치의 북서 모퉁이에서 발견되었다. 이 유구는 높이 60cm, 지름 20cm의 땅속에 묻힌 기둥으로, 면적 $3.16m^2$(1.8×1.76m)의 직사각형 모양의 구덩이 속에 기둥을 묻은 형태로 축조되었다. 기둥 바닥 밑에는 기둥이 기울어지는 것을 방지하기 위해 1.05m 길이의 수평한 나무 막대 두 개를 놓았다.[13] 이 기술은 지하 기둥 또는 매립 기둥으로도 불린다. 기둥은 1개만 독립적으로 발견되었으며, 인근 주택 건축물과는 관련이 없고, 앞쪽(동쪽)에 위치하는데, 이는 꺼넨쭈어의 힌두교 사원 유적과 같은 방향과 위치에 있기 때문에 연구자들은 이것이 종교 의식과 관련된 특별한 종류의 기둥일 수 있다고 추정한다(그림 164).

목재 기둥에 대한 부이민찌 박사의 연구 결과에 따르면, 목재 기둥은 넨쭈어의 북쪽으로 약 10km 떨어진 종소아이 유적의 목재 기둥과 같이 독립적으로 서 있다. 이들은 종교적인 요소를 포함하고 있는 상징적인 기둥으로, 당시 종교적인 건축물 또는 종합 건축물의 구역 안에 위치하고 있다는 것을 보여준다. 이러한 종류의 목재 기둥은 인도의 신 비슈누를 찬양하기 위한 상징으로 세워진 기둥으로, 인도의 신들을 찬양하는 신전에서 일반적으로 볼 수 있다. 일종의 신성한 기둥(Sacred Column) 또는 상징적인 기둥(Symbol Column)으로 불리울 수 있다(Bùi Minh Trí, 2020: 347).

룽런 운하를 따라서 B구역에서 G구역까지 나란히 놓여 있는 목재 기둥 구조를 발견함으로써, 옥에오

---

**13** 매립 기둥 기술은 탕롱 황성 유적지에서 매우 많이 발견되었다. 특히 국회의사당 건설 구역인 E구역에서 2008~2009년에 이루어진 발굴조사가 두드러진다. 여기서 발견된 많은 기둥들은 대규모 건축물의 일부이다. 넨쭈어에서의 건축물들은 독립적인 기둥 구조이다. 탕롱 황성 유적지에서 발견된 지하 기둥 기술은 7~9세기부터 확인되었으며, 이 기술은 11세기 이후 쩐 레 왕조 시대까지 존재했다.

**그림 162** 넨쭈어 유적 G구역 고상 건물지의 목재 기둥 흔적

사진: 레딘응옥

**그림 163** 넨쭈어 유적 G구역 고상 건물지 축조 기술

사진: 레딘응옥

**그림 164** 넨쭈어 유적 G구역, 꺼넨쭈어의 동쪽에서 발견된 나무 기초 위에 세워진 기둥의 흔적

사진: 레딘응옥

주민들의 전통적인 주거 특징은 큰 강을 따라 집중적으로 거주하는 것으로 하천환경에 적응한 결과물이다. 이전까지는 단편적이고 불충분한 증거로 인해 고상 건물지의 규모를 확인하는 것이 어려웠다. 따라서 이러한 조사 결과는 오랫동안 존재하는 주거 흔적에 대한 의구심을 해소하는 중요하고 새로운 발견이다.

## 5.3. 유물

G구역에서는 51,623점의 유물이 발견되었는데, 유물의 종류별 수량은 옥에오 도기 41,091점, 외국 도자기 202점, 건축 재료 8,932점, 그리고 목재 기둥 201점, 보석 930점, 석기 3점 등이다.

### 5.3.1. 도자기

#### 5.3.1.1. 옥에오 도기

옥에오 도기는 총 41,091점으로 대부분이 파편이다. 그 중 9점은 완전한 모습을 유지하고 있다. 흥미로운 점은 3개의 발굴 구역에서 발견된 도기들은 재료, 모양, 조형 기술 및 장식 패턴에서 상당히 일관성이 있어, 같은 지역과 시기에 제조되고 사용되었음을 보여준다.

G구역에서 발견된 도기는 기본적으로 두 가지 유형의 재료로 만들어졌다. 이것은 거친 도기와 매끄러운 도기로 다른 발굴지역의 도자기와 유사하다(그림 165). 그 중에 거친 도기 28,665점, 매끄러운 도기 12,405점 및 21점의 도자기 조각이 포함된다.

분류 결과에 따르면, G구역의 도기는 다양하고 풍부하며, 20가지 유형으로 구성되어 있다. 그것들은 어깨가 구부러진 냄비, 어깨가 평행한 냄비, 합, 대야, 항아리, 켄디, 뚜껑, 병, 잔, 그릇, 녹로, 주범(새모양), 부뚜막, 도자기병, 방적 도구, 도자기 기둥, 어린이의 장난감으로 사용되는 둥근 도자기 조각(도기 구슬)이 포함된다(그림 186). 그 중 대표적이고 많은 수량은 켄디와 뚜껑이다. 만약 각 구연부가 1점의 켄디라면, G구역에서는 290점의 켄디가 발견되었으며, 그 중 28점은 거친 도기로 만들어졌고 262점은 매끄러운 도기로 만들어졌다.

또한 G 구역은 세 개의 버섯 모양의 주범 같은 독특한 유물들이 발견된 장소이기도 하다. 첫 번째 틀은 NC18.G2.L3.748로 명명되며 표면에는 부리에 물고기를 물고 서 있는 새가 새겨져 있다(그림 184). 두 번째 틀은 NC18.G3.L1.529로 명명되며 표면에는 동심원으로 배열된 반원(또는 C자)이 각인되어 있다. 세 번째 틀은 NC18.G2.L3.524로 명명되며, 표면은 태양 빛 같이 중앙에서 뻗어나온 두 개의 갈기가 새겨져 있으며 3개의 동심원을 결합하여 표면을 2개의 동일한 라인으로 나누어 놓았다. NC18.G2.L1.758은 특히 연한 분홍색의 매끄러운 도기 조각으로, 용으로 변화한 붕어와 작은 국화 꽃 모양이 새겨져 있다.

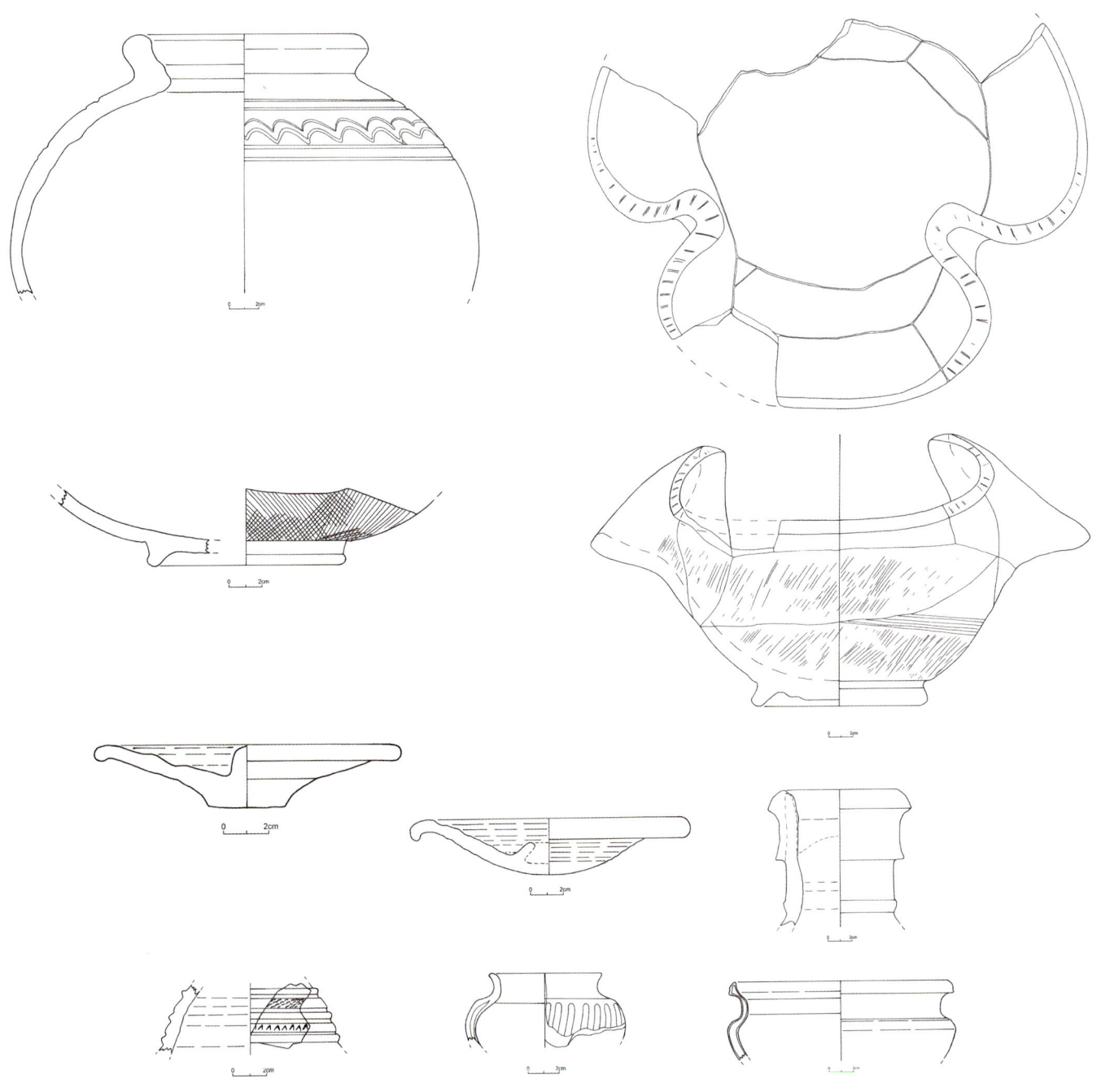

그림 165 넨쭈어 유적 G구역 출토 옥에오 도기

사진: 탕롱황성연구소

### 5.3.1.2. 외국 도자기

외국 도자기는 모두 202점이며, 모두 깨진 조각으로 구성되어 있다. 그 중 31점은 청자이고 171점은 자기이다. 대부분은 동한 왕조 시대(2~3세기)에서 수-당 왕조(6~8세기)까지의 중국 도자기의 깨진 조각이다. 1~4세기의 인도 도자기 조각과 서아시아 도자기 2점(이슬람 도자기, 8세기)도 발견되었다(그림 166).

### 5.3.2. 건축 재료

총 8,932점의 유물이 수습되었으며, 석재와 벽돌로 구성되어 있다. 그 중, 석재는 32.6m³의 양이 수습되었으며, 사암, 석영, 석회암 및 화강암과 같은 종류의 석재로 구성되어 있다.

벽돌은 모두 직사각형 모양이며 8,868점이다. 그 중 세 점은 완형이고 나머지는 모두 깨져 있다. 벽돌의 크기는 다음과 같은 3가지 유형이 있다. 큰 벽돌(33~35×17~18×8~10cm)은 241점, 중간 벽돌(28~3×13~15×7~9cm)은 919점, 작은 벽돌(24~2×12~13×5~7cm)은 7,708점이다.

최근 벽돌은 64점으로 모두 평평한 벽돌이며 1층에서 3층까지 분포되어 있다. 빨간색으로 단단한 현대식 벽돌이다.

### 5.3.3. 건축 구조물

G 구역에서는 목재 기둥과 목재 기초 구조물(지하 기둥) 등 두 가지 유형의 건축 요소를 발견했다. 발견

된 총 기둥 수는 201개로, G1구역에서 158개, G2구역에서 15개, G3 구역에서 28개가 발견되었다. 다른 발굴 구역과 마찬가지로, 목재 기둥은 땅 속에 삽입된 부분만이 날카롭게 조각되어 있으며, 윗 부분은 자연적으로 부러지고 상처가 나고 균열이 발생하였다. 각 기둥의 크기는 지역에서 발견되는 나무 종류인 멜라루카, 맹그로브 등과 같으며, 현재까지 건축 구조물 내의 부분을 연결하거나 조립하는 데 사용되는 판자 등의 구조물은 발견되지 않았다.

### 5.3.4. 보석류

보석류에는 930점이 있으며, 주로 유리 구슬로 926점이고 그 외 금속으로 된 4점의 보석류가 반지 3점과 귀걸이 1점을 포함한다. 여기서 발견된 3점의 반지 중에서 굵고 두꺼운 납으로 독특하게 만든 반지가 가장 주목할 만한데, 타원형의 면이 있으며, 문양이 새겨진 부분에는 산스크리트어 문자가 새겨져 있다(그림 167).

### 5.3.5. 생산용 및 생활용 도구

생산 및 일상생활을 위한 도구 5점, 수작업 도구 8점 등 총 13점의 유물이 발견되었다. 작업 및 생활 도구는 돌절구, 도자기 생산 도구는 박자, 금속 주조 관련 생산 도구, 방직 도구인 방추차가 있다(그림 184~188).

## 5.4. 평가 및 분석

### 5.4.1. 특성

G구역의 토층은 상대적으로 안정적이다. 문화층과 생토면 밑바닥에서는 B구역과 같이 고대의 운하가 발견되었으며, 서쪽에서 동쪽으로, 북쪽에서 남쪽으로 경사가 있다. 이 고대의 운하는 룽지엥따라고 불리며, 북쪽, 옥에오에 위치한 룽런 운하에 직접 연결된다. 이 운하는 엘 말러렛이 K16이라고 명명한 것이다.

G구역의 두 번째 중요한 발견은 옥에오 주민들이 고대 운하 지대를 따라 지은 전통적인 고상 건물지의 목재 기둥이다. 기둥은 현지에서 구할 수 있는 다양한 나무 종류인 멜라루카, 맹그로브, 대나무, 소나무 등을 사용한다. 사용하기 전에, 대형 기둥들은 표면을 뾰족하게 깎아내는 등 매우 섬세한 처리를 거친다. 기둥 건축 기술은 직접 땅 속에 박아 넣는 방식으로 이루어진다. 전통적인 기둥 구조의 고상 건물지를 발견한 것은 저지대 생태 환경 조건에서 옥에오 문화 시대에 넨쭈어 주민들의 거주, 생활 및 업무 방식이 수위와 매우 밀접하게 연관되어 있음을 보여준다. 이 기술은 약 3,000-3,500년 전의 청동기시대에 속하며, 옥에오 주민들의 오래된 전통이다.

3

4

2

5

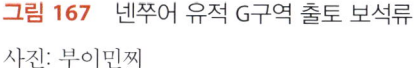

**그림 167**　넨쭈어 유적 G구역 출토 보석류
사진: 부이민찌

G구역에서 발견된 고대 운하 흔적과 운하 주변에 위치한 고상 건물지 흔적은 옥에오 문화 시기에 넨쭈어 주민들의 건축, 식생활, 생활조건 등에 대한 중요한 자료를 제공하였다. 이 발견은 룽지엥따 수로의 존재를 확인할 뿐만 아니라 이 지역의 일상 생활, 생산, 이동 활동, 무역 및 상업 활동 등의 위치와 역할을 파악하는 데에도 기여하였다. 특히 여기서 발견된 외국 도자기는 B구역 및 C구역과 마찬가지로 룽지엥따와 바다로 연결된 장거리 무역 활동 및 넨쭈어와 중국, 인도, 로마 등과의 경제, 문화 교류 활동을 상상할 수 있게 하였다. 이러한 문화 교류는 옥에오 문화의 발전에 깊은 영향을 미치었으며, 넨쭈어는 그 대표적 증거이다.

### 5.4.2. 연대

특징적인 유적과 외국 도자기를 바탕으로 G구역은 1~3세기에 옥에오 주민들의 안정적인 주거 지역으로 확인되었다.

# III. 발굴 성과에 대한 평가

말러렛은 조사 결과를 바탕으로 타케오(넨쭈어)유적이 옥에오와 마찬가지로 파괴되어 연구대상으로서
는 완전히 손실되었다고 생각했다. 그러나 1982~1983년의 고고학적 발견, 그리고 2018~2020년의 발굴조
사는 넨쭈어가 중요한 옥에오 문화 유적임을 보여주며, 아직 많은 발굴과 고고학적 연구 가능성이 있다는 점
을 보여주고 있다.

2018~2020년 3차 발굴작업에서 발견된 유구 및 유물들은 넨쭈어가 대규모 유적으로서 안정적이고 장
기적으로 사용된 주거지가 밀집되어 있음을 증명하고 있으며 광범위한 범위 내에서 규모가 큰 종교적 건축
물들이 종교적 신념 체계에 의해 계획적으로 구축된 곳임을 보여준다.

## 1. 층위

넨쭈어 유적의 토층은 두 가지로 구분된다. 구릉 위의 높은 지대와 밭 지역의 낮은 지대이다. 이에 따

라 토층의 두께도 다르지만, 일반적으로 지표층, 문화층, 생토층이라는 세 가지 주요 층으로 구성된다. 토층 탐사를 위해 파낸(B1, G2, G3) 트렌치에서 생토층 아래에는 밝은 회색의 미세한 점토로 구분되는 3층의 퇴적물이 있다.

넨쭈어 유적의 공통점은 다음과 같다.

- 최상층은 저지대에서 습식 벼 재배 활동을 하고 고지대에서 집과 무덤을 짓고 경작하는 경작지로 이루어졌다.
- 문화층은 인간 활동에 의해 상당한 영향을 받았으며, 특히 도굴 범죄로 인해 많은 피해를 입었다. 그러나 대부분의 발굴 구역에는 안정적인 문화층이 있으며, 유구 및 유물의 변화에 따라 2개의 문화층과 1개의 문화층이 있는 지역으로 나눌 수 있다.

2개의 문화층이 있는 지역은 A구역의 꺼넨쭈어에서 가장 뚜렷하게 드러나며, 부분적으로 D구역에서도 나타난다. C구역에도 흔적이 남아 있으며, 일반적으로 거주 문화층이 아래에 있고 건축 문화층이 위에 있는 순서이다. 별도의 층이 구분되지 않아 연속적인 발전이 있었음을 보여준다.

문화층의 토양은 모래, 목탄과 함께 다량의 도자기와 유물이 포함되어 있는 회갈색 층으로 나타난다. 특히 문화층의 바닥에서, 생토면 위 원지반에 직접 목재 기둥을 박거나, 목재 판자가 사용된 건축 유적이 발견되었다. 이것은 넨쭈어 유적에서 처음으로 발견된 것이다.

건축 문화층은 심각한 파괴를 입었다. A구역에서는 1982~1983년 발굴트렌치에서 발견된 건축물의 배치나 규모, 혹은 말러렛이 1940년대에 기술한 화강암 벽돌에 대한 설명과 맞는 건축물을 더 이상 알아볼 수 없다. 그러나 이전 발견들, 예를 들어 대형 석제 링가, 돌 받침대에 놓인 인간 형상의 발 조각 등과 이번 발굴에서 새로 발견된 것들, 예를 들어 2기의 성스러운 집수지 유적, 2기의 성스러운 우물 유적, 1점의 성스러운 기둥, 그리고 두르가 여신의 원형 조각상, 연꽃을 들고 있는 석제 수라 손 조각상, 도자기로 만든 요니상 등은 이 곳에 힌두교 사원이 존재했다는 증거이다.

B구역과 G구역에 주거 문화층이 있다. 이 지역은 현재 롱런 운하 둑을 따라 거의 150m에 걸쳐 발굴된 여러 개의 트렌치가 있는 지역이다. 이 지역의 문화층은 두께가 60cm에서 1.3m까지이며, 평균적으로 70cm이다. 지형은 서쪽에서 동쪽으로 낮아지는 경사를 가지고 있으므로 문화층의 두께, 구성 및 특성도 이에 따라 변화한다. 문화층은 거주 과정에서 형성되며 서쪽은 얇고(0.4m), 동쪽으로 갈수록 두꺼워진다(1.3m). 서쪽(고지대)에서는 갈색 흙과 모래, 석탄, 건조하고 부서지기 쉬운 모래 등이 혼합되어 있으며, 구슬, 깨어진

벽돌 및 작은 돌은 적다. 반면, 습지나 물이 많은 지역(동쪽)으로 내려갈수록 문화층은 목탄이 섞인 젖은 진흙으로 변하며, 많은 도자기와 일부 석재 조각, 벽돌 조각이 포함되어 있다. 생토의 경사지대에는 도자기와 마찬가지로 목재 기둥의 분포 밀도도 동일하게 높다. 다시 말해, 목재 기둥을 사용하는 고상 건물지는 토양에 집적 박혀 있기에 토양의 기울기(생토/고대 운하 유적 지대)에 따라 형태도 다르다.

구지표는 서쪽에서 동쪽 룽런 운하의 주변으로 경사가 있으며, 지표에서는 많은 목재 기둥들과 미끄러지고 가라앉은 석재와 벽돌 등이 드러난다. 지표는 인간과 환경의 영향이 매우 다른 것을 보여준다. 생토층은 옅은 회색 점토로 퇴적층과 구분된다.

## 2. 유구

이번 발굴에서 발견된 넨쭈어 지역의 유구들은 모두 새로운 유구들로, 1982~1983년의 발굴에서는 발견되지 않은 것으로 나타났다.

이번 발굴에서 24기의 유구가 발견되었는데, 그 중에는 꺼넨쭈어에 위치한 힌두교 신전 건축 유구, 꺼넨쭈어 신전 앞에 위치한 "신성한 기둥" 유구, 우물과 집수지 및 두 집수지 사이 호안 위에 깔린 벽돌 도로뿐만 아니라, 구릉 주변과 고대 운하에 따라 이어진 13기의 고상 건물지도 발견되었다. 이러한 새로운 발견들은 매우 중요한 것이며 남부의 옥에오 문화 역사에서 넨쭈어 유적의 특성과 광범위한 규모 및 다양성에 대한 명확한 이해를 우리에게 제공한다.

넨쭈어에서 첫 번째 중요한 발견은 B구역과 G구역에서 고대 운하 흔적과 함께 운하 옆에 세로 서 있는 목재 기둥 흔적들의 연속이 드러난 것이다. 이것은 옥에오 문화 연구에서 처음으로 각 건축물의 건축 기술, 건축 규모 및 형태에 대한 분명한 인식과 함께 목재 기둥 흔적들을 갖춘 운하 근처의 고상 건물지에 대한 설득력 있는 증거를 발견한 것이다. 땅속에 곧바로 목재 기둥 체계를 세워 목재 바닥을 만드는 건축 기술은 옥에오 주민들의 매우 창의적이고 전통적인 건축 기술이다. 이 건축 기술은 부서짐과 흔들림을 방지할 수 있어 외곽지대 지질환경에 적합하며 운하 근처 거주와 생활에 매우 편리하다. 이 지역에서는 물론 경작과 일상 생활 용품으로 사용된 다양한 재료의 유물들이 발견되었지만, 가장 많은 것은 도자기이다. 이를 통해 넨쭈어가 경제, 사회 및 문화가 발전한 곳으로 안정적이고 번영하는 주거지역임이 확인되었다. 넨쭈어의 고상 건물시들은 옥에오 문화의 초기 시기인 1~3세기 사이에 집중적으로 건설되었으며, 이후의 시기에도 계속 사용되었다.

넨쭈어에서의 두 번째 중요한 발견은 집수지와 우물 유적이다. 이것은 순수한 물과 신성한 물과 관련한 유구로, 종교적 의식을 위해 사용되었다. 여기 두 기의 집수지와 두 기의 우물은 넨쭈어에서 옥에오 주민들의 종교 문화 생활의 큰 요구를 반영하며, 자주 사용되었을 가능성이 크다. 따라서 이러한 구조물은 매우 대규모이고 견고하게 건설되었다.

꺼넨쭈어 유적의 재발굴 결과, 이곳이 힌두교 건축물의 기초임이 확인되었다. 이 기초는 고지대에 화강암으로 지어져 있으며, 고대 운하와 가깝다. 비슈누 신을 기리기 위해 조성된 신성한 기둥의 흔적과 동쪽의 사원에서 발견된, 목재로 고정하고 석재로 축조된 대형 우물은 꺼넨쭈어의 역사적인 특성과 중요성을 증명한다.

상기 언급된 집수지와 우물은 꺼넨쭈어 유적의 힌두교 건축물과 밀접한 관련이 있다. 이 유적들은 모두 4~5세기 경에 건설되었으며 6~7세기 이후까지 계속 존속했다.

공간 계획에 대한 종합 연구는 꺼넨쭈어 유적에 위치한 힌두교 사원 유적을 중심지로, 주변에는 집수지, 우물, 도로 및 정원 등이 형성되어 대규모 종교 건축 복합체를 구성하고 있다고 보았다. 특히 운하 근처 지역은 옥에오 주민들의 거주 지역 및 마을로서 역할을 하고 있다.

2018~2020년 고고학 발굴조사에서 여러 중요한 유구들을 발견하였으며, 종교 건축물의 공간 계획 주거 및 생활 공간, 고대 운하(룽런 운하 또는 룽지앵따)의 흐름과 옥에오-바테 고대 도시와의 관련성 등 넨쭈어 지역의 역할과 기능에 대한 새로운 연구 과제들을 제기하였다.

## 3. 유물

5개 구역(ABCDG)의 총 발굴 면적 8,024.6m²에서, 주로 발견된 것은 현지 유물(옥에오 문화 유물)이며, 해외 도자기 1,407점을 포함하여 총 414,446점의 유물이 발견되었다.

넨쭈어에서 발견된 유물은 재질, 유형 및 사용 용도가 다양하며 돌, 금속, 보석류, 도자기 등을 포함한다. 이들은 일상 생활 및 농업, 수공예 생산에 사용되는 도구 및 용품으로, 특히 돌로 만든 보석 제작틀, 도기 제작 도구, 방적기, 유리 원료 및 유리 보석 제작 부신물 등이 주목할 만한다. 이들은 넨쭈어가 옥에오 주민들의 수공예 및 예술 작품 생산지였음을 증명한다.

게다가 이번 넨쭈어 유적 조사에서 새롭고 중요한 발견은 외국 도자기이다. 이전에 옥에오 문화 전반에 걸쳐서, 특히 옥에오 도자기에 대한 연구에서, 베트남 연구원들은 외국 도자기에 대해 아직 많은 정보가 없었다. 부이민찌 박사는가 넨쭈어에서 발견한 외국 도자기에 대한 많은 새로운 중요한 인식을 제공했다. 이는 2세기의 로마 제국, 1~6세기의 인도, 2~8세기의 중국 및 8세기의 서아시아에서 온 도자기를 포함한다. 이러한 새로운 중요한 발견은 대양을 가로지르는 관계를 명확하게 보여 주었으며, 동시에 역사적으로 넨쭈어와 옥에오 도시의 경제 및 문화 교류에 대한 시간을 초월한 전체적인 이해를 제공한다. 이 발견은 옥에오 문화의 발전 단계에 상대적인 연대를 설정하는데 많은 과학적 근거를 제공하며, 동남아시아 및 아시아 고대 도자기 역사에서 옥에오 도자기의 본질적이고 전통적인 특성에 대한 보다 깊은 이해를 돕는다(Bùi Minh Trí, 2020 참조).

## 4. 특성

1982~1983년에 발견된 넨쭈어의 유구들과 최근의 연구 결과, 넨쭈어의 구조물들은 "옥에오 주민들의 일반적인 종교적 신앙과 관련이 있으며, 망자에 대한 숭배, 석상 숭배 및 화장의 관습과 관련된 신전일 가능성이 있다"(Bùi Chí Hoàng, 2018: 211); 그 유적들은 "모두 작은 구조물로 옥에오 초기의 힌두교적인 신전과 큰 건축물에 기초가 되는 성장기의 유적이다(Đặng Văn Thắng, 2017: 251).

2018~2020년의 발굴 결과를 통해 넨쭈어 유적은 넓은 공간에 건축물 복합체가 구성된 것으로 나타났으며, 고상 건물지와 힌두교 건축물의 복합체를 포함하여 인도 문화의 영향을 많이 받은 것으로 추정된다. 그 중 종교적 건축 복합체는 매우 중요한 역할을 한다. 고고학적 유적은 넨쭈어가 꽤 번성한 주거지역으로서 중요하며, 농업 생산, 수공예 및 예술 작품 제작과 같은 다양한 활동과 함께 경제 활동과 물품 거래도 이루어졌다는 것을 보여준다.

꺼넨쭈어에서 발견된 2기의 집수지와 2기의 우물, 그리고 힌두교 신전 건축물의 흔적은 넨쭈어가 예전에 북쪽의 옥에오 도시아 남쪽의 해안항구 사이에 위치한 종교 중심지로 작용했음을 보여준다. 이곳에 있는 종교 건물들의 존재와 연안 도로는 항구와 고대 도시 옥에오, 넨쭈어 간의 중개지점으로서 이 지역이 문화 교류 및 경제 활동을 연결하는 중요한 지점이었음을 확인시켜준다. 이 활동은 동남아시아의 해상 국가 및 육지와 중국, 로마, 인도와 같은 문명들과의 연결에서 매우 중요했다.

## 5. 연대

고상 건물지는 기원후 1세기부터 3세기까지의 연대를 가지는 것으로 확인되었다. 이러한 판단은 동한 시대(2~3세기)의 도자기 조각들, 로마시대(2세기)의 도자기 조각들, 인도(1~3세기)의 검은색 광택 도자기 조각들과, 1982년에 발굴된 주거지의 목재 기둥의 절대 연대(방사성 탄소 측정 연대: 1550+30PB) 등 연대를 확실히 밝힌 유물들에 근거한다.

꺼넨쭈어에 위치한 힌두교 사원 건축물과 주변의 호수와 우물 유적들은 기원후 4~6세기 경으로 연대를 매길 수 있다. 이 판단은 꺼종갓 유적, 린선박 유적 또한 꺼종갓 유적에 위치한 석재, 벽돌, 목재로 건설된 사각형 우물의 벽돌과 결합된 석조 건축물과의 비교 연구 결과를 기반으로 한다.

따라서 유적과 유물 자료들을 바탕으로, 특히 외국 도자기 수습품들의 연대를 바탕으로, 넨쭈어 유적은 기원전 2~1세기부터 기원후 7~8세기에 이르는 연대를 가지고 있다는 것이 밝혀졌다. 그 중에서도 4~6세기는 꺼넨쭈어와 그 주변 지역에서 종교 건축물과 신앙적인 건축물을 건설하는 안정적이고 강력한 발전기로, 인도 문화의 강한 영향을 반영하는 시기였다. 이는 옥에오 문화의 가장 융성한 발전 단계로도 알려져 있다.

2018~2020년에 진행된 제3차 넨쭈어 유적 발굴은 지금까지의 조사 중 가장 대규모의 발굴이라고 말할 수 있다. 8,000m² 이상의 면적에서 수 많은 유구와 유물을 발견하여, 기원 전후 시기에서 8세기까지 고대 옥에오 문화의 지속적인 발전과 역사적 실존을 증명하는 생생한 증거를 찾았다. 이 유적은 특히 옥에오 도시에 대한 역사적인 중요성과 위치를 갖고 있다.

제4부

# 2017-2020년의 고고학 발굴 및 성과에 대한 최종 평가

# I. 옥에오-바테 유적

이전부터 옥에오-바테 유적에서는 꺼까이티A, 꺼까이티B, 꺼데, 꺼옥에오, 린선남, 꺼까이메, 꺼웃냔과 린선, 중선, 꺼남토이, 꺼뜨쩜 지역에 있는 주거유적과 꺼종갓 지역을 흐르는 고대 룽런 운하 조사 등 많은 발굴 작업이 진행되어 왔다. 위의 발굴 및 연구 결과는 말러렛의 연구 이후 옥에오-바테 고대 유적에 위치한 문화유산을 대략적으로 인식하게 하고 많은 새로운 발견을 가져왔다.

2017~2020년의 기간 동안, 옥에오-바테 유적에서 대규모 발굴과 종합적인 연구가 수행되었으며, 대부분의 유형(건축물, 주거지, 고대 운하)에 대해 다학제적인 연구 방법을 적용하였다. 이 프로젝트에서의 발굴 및 연구 결과는 옥에오의 문화에 대한 보다 깊고 포괄적인 이해를 돕는 중요한 역할을 하였으며, 특히 바테 산 기슭의 종교 중심지와 옥에오 평지 위 고대 도시 구역의 성격과 기능을 인식하는 데에 기여하였다(그림 168). 이러한 새로운 발견은 주민들의 물질적, 정신적 생활, 건축물의 특성, 룽런 고대 운하의 역할, 주거 형태 및 고대 옥에오 주민들의 문화 관계, 그리고 그 당시의 해상 무역 거래망 등에 대한 더욱 선명한 인식을 가져왔다. 이를 통해 옥에오-바테 지역은 옥에오 문화의 중요한 인구, 경제, 종교 중심지였음을 알 수 있다.

옥에오 평지에서 꺼종갓, 꺼종쭘, 꺼옥에오 지역 발굴조사와 룽런 고대 운하의 조사를 통해, 기원전 1세기~기원후 7세기 사이의 고대 주민들의 생활이 명확하게 재현되었다. 이 지역은 초기에는 주거 지역, 농업 생산 활동이 있었으며, 이후 수공업 생산, 상업적 교류 및 물품 교환 활동, 종교 건축물 건설을 통해 도시화되었다. 이 도시 지역에서, 중앙 지역을 흐르는 룽런 운하는 당시의 내륙과 해외 거래망을 연결하는 중요한 수로 역할을 했다. 옥에오 고대 도시의 수로 시스템과 다른 지역 수로 시스템의 연결을 연구하는 것은 고대 항해 무역 활동과 옥에오 고대 주민들의 주요 도로 연결의 중요성을 연구하는 것이다.

바테산 지역에서 이전의 발굴 및 프로젝트에서는 옥에오 문화의 초기 거주지 흔적과 조합된 벽돌-돌로 지은 종교 건축물이 린선, 린선박 외곽 지역과 꺼사우투인에서 5~7세기 경에 건설되기 시작했다는 사실이 드러났다. 전반적으로, 이러한 유적은 규모가 큰 공간에서 다목적의 여러 구조물들이 계획적으로 지어지는 양상을 띠는데, 연못, 우물, 노천 사원, 종교 건축물, 대문과 의식적인 도로 시스템을 포함한다. 이러한 발견은 옥에오 고대 도시의 종교 중심지와 총체적인 도시 지도를 더욱 분명하게 인식하는 데 기여하였다.

출토된 유물들은 대체로 생활 용품, 생산 용품 및 보석류, 종교적인 물건들이 있지만 무기류는 거의 없다(그림 170~175). 이는 과거 옥에오-바테 유적의 농업 및 상업적 도시 특성을 선명하게 반영한다.

옥에오-바테에서 2017~2020년에 이루어진 고고학적 발굴 및 연구의 새롭고 중요한 기여는 옥에오 들판 아래의 "고대 도시" 핵심 지역과 바테산 기슭 지역의 "종교 중심지"의 문화적 공간 특성, 연대, 위치, 역할 및 관계를 인식한 것이다.

## 1. 바테 종교 중심지와 옥에오 고대 도시

옥에오 문화는 말러렛에 의해 푸난 왕국의 물질적인 기반과 항구 도시의 성격으로, 1~2세기부터 6~7세기 사이의 연대를 가지며, 8세기 말까지도 이어졌을 수 있다고 정의되었다(Malleret, 1962: 408-410). 이 문화의 주요 특징은 도시 구조(또는 주거 중심)를 가진 고고학 유적으로 메콩델타의 전역에 걸쳐 안장성의 옥에오-바테, 넨쭈어, 다노이, 몹반, 넙레, 잠포, 끼엔장의 꺼탑과 같은 대형 중심지를 포함하여 서로 긴밀하게 연결되어 있으며, 통합 시스템에서 국내 및 국제 무역과 생산 활동이 이루어진다.

이전에 옥에오-바테 유적에서의 발굴조사는 주거지, 건축물, 석성과 같은 다양한 유형의 유적과 유물을 발견하여 새로운 자료를 제공했다. 옥에오 평지의 유적들은 고대 도시 공간에서 인식된 것뿐 아니라 서로 다른 시간에 바테산과 산기슭 지역과의 관련성에서도 인식된다. 옥에오 들판의 유적은 도시 유적 또는 항구

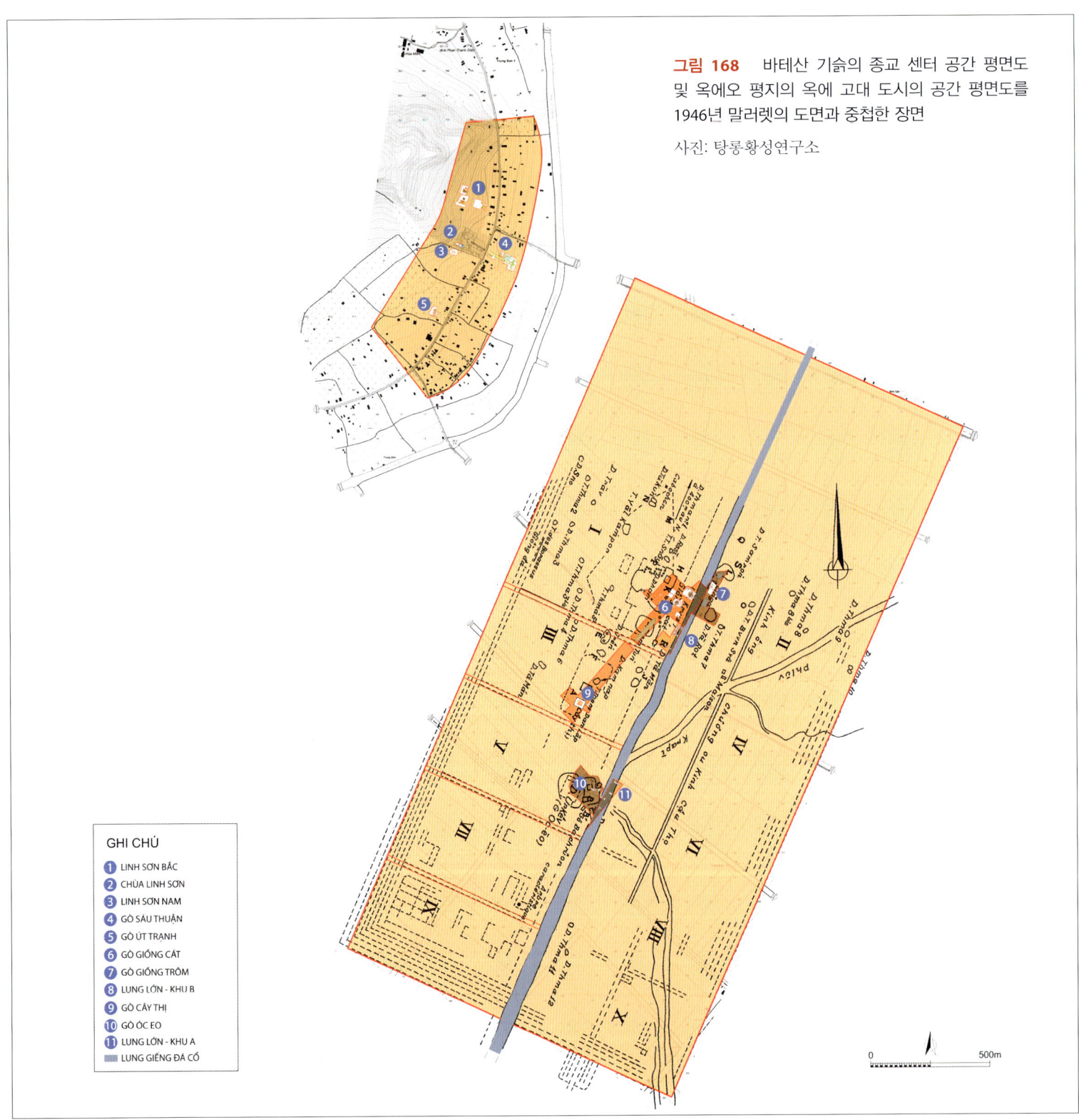

**그림 168**　바테산 기슭의 종교 센터 공간 평면도 및 옥에오 평지의 옥에 고대 도시의 공간 평면도를 1946년 말러렛의 도면과 중첩한 장면

사진: 탕롱황성연구소

GHI CHÚ

1　LINH SƠN BẮC
2　CHÙA LINH SƠN
3　LINH SƠN NAM
4　GÒ SÁU THUẬN
5　GÒ ÚT TRẠNH
6　GÒ GIỒNG CÁT
7　GÒ GIỒNG TRÔM
8　LUNG LỚN - KHU B
9　GÒ CÂY THỊ
10　GÒ ÓC EO
11　LUNG LỚN - KHU A
　　LUNG GIẾNG ĐÁ CỔ

0　　　　　500m

LINH SƠN BẮC

CHÙA LINH SƠN

GÒ SÁU THUẬN

LINH SƠN NAM

GÒ ÚT TRẠNH

kênh Thổ Mồ

kênh Vòng Đai

그림 169  바테산 기슭의 종교 유적 분포도

사진: 탕롱황성연구소

0  50  100m

도시 유적뿐만 아니라 약 5~7세기에 대형 종교 중심지 또는 종교 시설과 관련되어 있다는 것이 밝혀졌다(Lê Xuân Diệm, 1984: 215-220).

1998~2002년에 옥에오-바테에서 이루어진 베트남-프랑스 협력 프로그램은 꺼까이티, 꺼까이티B, 꺼데, 꺼옥에오, 린선남, 꺼까이매, 꺼웃난 건축 유적, 린선뜨, 중선, 꺼 남토이, 꺼뜨쩜의 주거유적 및 종갓 지역을 흐르는 룽런 운하를 발굴하였다. 이 연구 프로그램의 결과는 옥에오 문화에 대한 이해를 보다 명확하게 하였으며, 유적의 연대와 시기별 특징 및 옥에오 문화의 각 발전 단계에서의 특징을 보다 명확히 하였다.

린선지역에서 발견된 다수의 인도식 지붕 또는 인도식 양식의 기와로 덮인 구조물과 1~3세기로 편년되는 도자기는 옥에오 문화의 초기 시기에 해당하는 주거 지역에서 많이 발견되다. 이러한 발견은 옥에오-바테지역이 초기부터 전성기에 이르기까지 전체적으로 단일성과 동질성을 갖추며 변화해 온 지역이며, 옥에오 문화의 발전을 나타내는 주요 지점이라는 것을 보여준다. 현재까지의 연구 결과에 따르면, 바테산 기슭의 지형은 옥에오 도시의 옆에 위치하면서 대형 성역의 종교적 건축물을 구축하기 위한 단계적이고 연결성 있는 구조를 가지고 있으며, 대규모 성스러운 영역을 형성한 것으로 이해된다.

성역의 전체적인 지도를 그려보면 바테 지역은 중심점에서 거리가 동서 방향으로 약 285~375m, 남북 방향으로는 약 1,300m, 면적은 약 44헥타르이다. 그 중 린선 지역은 대규모 건축 유적과 담장, 인공적인 도로 시스템의 축조 흔적이 집중되어 있다는 것을 2017~2019년의 발굴을 통해 확인할 수 있다. 특히, 꺼사우투언 동쪽에는 린선 사원 중심 지역에서 이어지는 의도적인 도로 시스템과 문이 있어, 린선 지역의 사원 건축이 바테 중심 지역의 중요한 대형 예배시설임을 확인시켜 준다.

2017년에 린선 사원 근처의 발굴 작업에서 집수지와 단계적으로 건설된 담장이 드러나면서, 옥에오 시기에 존재했던 린선 사원 아래에 있는 대규모 종교 건축물을 상정하는 강력한 증거가 되었다. 이곳에서는 이전에도 두 개의 석조 문틀 구조물이 발견되었는데, 그 중 하나에는 고대 캄보디아 글씨가 새겨져 있으며, 현재 린선 사원 내부에 보존되어 있다. 이러한 발견을 통해, 당시 가장 중요한 건축물이었던 중앙 사원의 형태가 대형 벽돌로 건설된 건축물과 높은 담장 및 석조 문틀 구조를 갖춘 시설이었음을 상상할 수 있게 되었다.

2018~2020년에 린선박에서의 발굴조사를 통해 다양한 연대의 많은 사원 구조물이 드러났다. 노천 사원 구조물에서부터 평평한 인도형 기와로 지은 작은 지붕을 가진 구조물까지, 대략 4세기에 걸쳐 변화한 것이다. 사원의 중앙에 위치한 벽돌로 지어진 신전 구조물도 발견되었다. 이 고고학적 발견은 린선, 린선남의 대형 건축물과 유사한 구조물로, 벽돌과 석재가 함께 사용되어 축조된 구조물이 존재했음을 보여준다. 또한, 린선에서는 두 개의 유사한 사원군이 발견되었는데, 이는 주변에서 발견된 7세기로 비정되는 비문에 언급된

것처럼 불교 수도원일 가능성이 있다.

꺼사우투언에서 대규모 발굴을 통해 유적의 분포, 특성 및 연대가 명확해졌으며, 동쪽 지역과 린선 사원 중심 지역과의 연결성을 구체화하였고, 유적의 발달 단계, 규모, 공간 분포 및 이 지역의 고대 문화, 종교 생활을 연구하는 데 기여하였다. 꺼사우투언은 벽돌과 석재로 축조된 여러 건물로 구성된 대규모 유적으로, 바테산 기슭의 고대 건축물과 관련된 문 및 의례적인 도로 시스템으로 구성되어 있어 옥에오-바테유적지의 핵심 지역이자 종교 중심지로 여겨지고 있다.[14] 꺼사우투언에서는 다양한 유형의 유구가 발견되었으며, 그들 사이에는 기능과 축조 순서에 규칙성이 있다. 전형적인 건축 양식으로는 사원, 우물, 대문, 성벽, 배수로, 기와, 벽돌길, 돌길, 그리고 흙길 가운데 걸쳐 있는 예배 행렬 도로 등이 있다. 그 중 가장 중요한 발견은 다양한 시대를 거쳐 건설된 분지와 함께 이어지는 예배 행렬을 위한 도로이다. 이는 옥에오 문화 시기에서부터 후기 옥에오 시기까지 다양한 시기에 걸쳐 설계된 복합적인 건축물이다. 이 건축물은 문지와 그에 접한 예배를 위한 도로로 구성된 사원의 출입로와 결합되어 현재 린선 사원 아래 중앙 건축물로 향하는 약 200m의 행렬도를 형성한다. 전체적인 사원 건설 계획은 관문 구역을 포함한 많은 연속된 독립된 건축물들로 구성되어 있으며, 3단계에 걸쳐 건설이 이루어졌다. 이는 초기 단계(6세기 후반~7세기 초), 전환 단계(8세기 경) 및 후기 단계(9~12세기)이다. 건축물들의 건설 순서는 전반적으로 축조 당시 중축선의 편차, 재료 및 건설 기술의 차이점을 통해 인식된다. 초기 단계와 전환 단계 이후의 중축선은 약 5°의 큰 차이를 보인다.

바테산 지역에서 5~7세기 건축물의 기초 구조의 중축선을 연구 결과한 결과 그들이 동서 방향으로 상당히 일관된 축 계획에 따라 건설되었으며, 동향하며 남동쪽으로 약 21.5~23도 정도 기울어진 각도로 지어졌음을 보여준다. 이러한 중축선을 따르는 구조물에는 꺼사우투언 H3 트렌치의 벽돌 기둥이 있는 정방형 석축사원(BT17.GST.KT08); 꺼사우투언 H4 및 H8 트렌치에 건설된 벽돌로 지어진 장방형 건물지(BT17.GST.KT09 및 BT18.GST.KT07); 꺼웃짠에서 BT17.GUT.KT01-KT02-KT03으로 알려진 사원 건축; 린선박의 BT18.LSB. KT17 건축물; 린선남(Linh Sơn Nam)의 석축 건물지; 그리고 꺼종갓의 방형 우물이 포함된다.

위에서 언급한 규칙적인 중축선을 따르는 유구나 유적은 바테산 기슭의 신전 유적지나 옥에오 들판만이 아니라 주거유적에서도 명확히 확인할 수 있다. 2~6세기 경으로 연대가 산정된 몇몇 목재 기둥 위에 세워진 고상 건물지의 평면도 연구에서도 이러한 건축물들이 동서축(동남쪽으로 23° 기울어진 축)으로 건설된 것을 확인할 수 있다. 꺼종갓의 고상 건물지 중 H1 트렌치(A 구역)에 세워진 목재 기둥 건축물과 구멍 TS2(B 구

---

**14** 린선(Linh Sơn) 사원의 기초 아래에는 대규모 건축물이 있음을 나타내는 흔적들이 발견되었다. 이전에 발견된 석재 문틀들과 고고학연구소의 발굴 결과로 인해 유적지의 벽체가 드러나게 되었다.

역)에 세워진 복재 기능 건축물노 이와 같은 건축 기준에 따라 건실된 깃으로 나타났다.

2018~2020년에 넨쭈어 유적의 발견과 비교 연구로부터 이곳의 주민들이 C구역의 큰 집수지 두 기 (NC18.C.AH01 및 NC18.C.AH02), 우물(NC18.C.KT03) 및 B구역에 위치한 남동 방향(동남쪽으로 20-22° 기울어짐)의 고상 건물지(NC18.B2.KT01 및 NC18.B2.KT02)를 건설할 때 계획적인 중축선을 적용한 것을 보여준다. 이러한 유적들은 3세기부터 6~7세기 경에 사용된 것으로 추정된다(Lại Văn Tới, Lê Đinh Ngọc, 2019).

8세기 이후, 바테산 지역에서 중축선의 변화가 있었다. 이 시기의 건축물들은 동서 방향으로 건축되기는 했지만, 남동쪽으로 27° 기울었으며 이전 단계의 계획축선보다 남쪽으로 약 40~55° 정도 기울어져 있다. 이러한 변화는 꺼사우투언 동쪽에 위치한 문과 의례적인 도로 시스템에서 가장 뚜렷하게 나타난다. 이러한 변화를 설명하기 위해서는 더 많은 연구가 필요하지만, 각 시기의 태양의 위치나 종교적인 신념의 변화와 관련있을 수도 있다.

인도 문화는 동남아시아에 위치했던 고대 국가의 종교 건축을 포함한 여러 측면에 많은 영향을 끼쳤다. 옥에오 문화의 종교 건축도 인도의 건축 양식을 따랐지만, 한편으로 지역 특성이 반영되어 매우 다른 특징을 보이기도 한다. 꺼사우투언의 건축 대지 변천 연구에 따르면, 이곳의 종교 건축은 상대적으로 일찍 힌두교 사원의 건축 양식을 적용하기 시작했다. 대표적으로 석축의 정방형 건물과 중앙에 벽돌 기둥이 있는 사원 건축, 벽돌로 만든 우물 등이 6세기 전후에 건설되었다. 유적의 전체적인 양상을 볼 때, 린선 지역은 6세기 후반에서 7세기 초에 대규모의 종교 건축 건설 계획 하에 조성되었으며 옥에오-바테 지역의 종교 중심지로서 오랜기간 기능했다(그림 169). 이러한 건축물은 6~7세기에 건설되었으며 7~8세기에 발전기를 거쳐 완성되었으며 동쪽에서부터 문과 중앙 사원 지역으로 이어지는 의례적인 도로와 보조 구조물들로 구성된 하나의 통합체를 형성했다. 린선의 다른 건축물들 역시 이와 결합되어 인도 양식을 따르는 대규모 종교 복합체를 형성하였다. 따라서 린선, 린선박, 린선남 및 꺼사우투언 유적은 광대한 종교 중심지를 형성하며 내부는 다시 다양한 종류의 사원으로 구성되어 있다. 꺼사우투언 유적의 발견은 옥에오-바테 지역 주민들이 자신들이 속한 지역에 대한 상당히 창의적인 공간 설계 아이디어를 가지고 있었음을 보여준다.

이 꺼사우투언의 의례적인 도로의 발견으로 인해 린선박, 린선남, 꺼웃짠으로 이루어진 린선지역의 성스러운 공간적 연결에 대한 새로운 인식이 열렸다. 이 지역을 바테 종교 센터라고 부르는 고고학자들도 있다. 주목할 만한 것은 바테산과 옥에오 평지의 경계 지역에 위치한 밴런이다. 이곳의 고대 운하는 바테산의 성스러운 종교 건축물과 옥에오 도시 지역을 연결하는 통로이다. 이 문화 공간으로 인해 바테 종교 센터는 옥에오 고대 도시 공간과는 분리하여 이야기할 수 없는 공통 구조로 확인되었다.

0                      1cm

**그림 170**  룽런 유적 출토 작은 항아리의 목재 두껑

사진: 응우옌칸쭝기엔

2017~2019년에 린선, 린선박, 꺼사우부언과 꺼웃짠에서의 새로운 발굴 결과는 옥에오-바테 유적의 핵심 공간 지역을 인식하고, 특히 푸난 왕조의 역사에서 옥에오 도시의 특성, 기능 및 역할을 더욱 분명하게 하기 위한 중요하고 새로운 자료를 제공하였다.

또한 주목할 만한 것은 2017년부터 2020년까지의 유적 발굴 결과가 옥에오 평지의 유적에서 대형 종교 건축물의 건설 역사를 더욱 명확하게 하여, 옥에오 고대 도시의 공간이 대도시로서 기능했음을 보여주었다. 이 발견은 옥에오-바테 공간에 바테산과 옥에오 도시의 두 종교 중심지가 있었음을 보여준다(**그림 168~169**). 특히 이 지역에서 발견된 힌두교 신상과 불상은 두 종교의 융합을 반영한다. 아직 불교 건축물을 구체적으로 확인하지 못했지만, 꺼종소아이의 불상 또는 바테 산기슭의 불상의 출현은 이러한 공간에서 불교 사원과 힌두교 사원이 공존했다는 것을 입증한다.


## 2. 국제 무역 시스템에서 옥에오 도시의 역할

오늘날 옥에오 평지에 보존되어 있는 꺼종갓, 꺼종쫌, 꺼옥에오, 룽런 운하 유적은 옥에오 고대 도시의 황금시대를 기억하는 곳으로 간주된다. 그 중에서도 룽런 운하 유적은 유물을 통해 옥에오 고대 도시의 생활 활동을 보존하는 곳이다. 발굴 작업이 완료된 후 수습된 수백만 점의 도자기 조각은 이 고대 도시가 동서로 향하는 항해에서 담당했던 해상 무역 거래망의 수수께끼를 풀어내는 데 큰 역할을 했다.

거의 80년 간의 연구 기간 동안, 국내외 학자들은 기본적으로 옥에오가 동서양 해상 무역의 길 위에 위치한 고대 도시라는 견해를 공유했다. 옥에오 문화 유적에서 고고학자들은 로마 황제 안토니우스(Antonious, 138-161), 아우렐리우스(Aurelius, 161-180)가 새겨진 로마 금화, 페르시아의 동으로 만든 등, 동경, 중국 동한 시대의 오수전 그리고 한자, 브라흐미/산스크리트, 고대 말레이시아어 등의 언어가 새겨진 많은 유물들을 발견했다. 이러한 증거는 옥에오에서 동남아시아, 인도, 로마, 중국 등 고대 문화 교류가 매우 광범위하게 이루어졌음을 보여주며, 특히 인도 문명이 이 문화에 깊은 영향을 끼쳤음을 나타낸다(Malleret, 1959; 1960; 1962 Lê Xuân Diệm 등, 1995;Bùi Chí Hoàng 등, 2018; Bùi Minh Trí, 2020: 43-62).

옥에오-바테 유적에서는 옥에오 도기로 알려진 지역 제작 도기뿐만 아니라 여러 지역에서 유래한 다양한 종류의 도자기도 발견되었다. 특히 룽런 운하가 최고로 활발하게 운영된 기간에, 동한 시기의 중국 도자기(2~3세기)와 인도의 검은색 도자기와 채색도자기(1~4세기)도 발견되었다. 이러한 지역의 도자기는 해안으로부터 12km 떨어졌으나 룽런 운하로 연결된 넨쭈어에서도 확인되었다(Bùi Minh Trí, 2020: 43-62).

이러한 외래 도자기는 유물의 연대를 확인하는 중요한 지표 중 하나이다. 이전에 목제 기둥과 배 노의 방사선 탄소 연대 분석과 함께, 도자기는 3~4세기에 룽런 운하가 가장 활발한 무역 활동의 중심축으로서 작동하였던 사실을 나타낸다. 그 후, 이 운하는 아마도 내륙을 연결하는 물길로서, 옥에오 주민들의 생활 터전으로 남게 되었다. 룽런 운하 지역에서는 중국 육조시대(4~6세기)의 닭 머리 모양의 자기 구연부가 발견되었으며, 꺼종갓 근처에서는 8세기의 것으로 추정되는 이슬람 도자기 편 몇 점을 찾아 냈다(Bùi Minh Trí, 2020: 43-62). 이것들은 아마도 6세기 중반 이후 해안선 침식의 영향으로 버려진 옥에오 지역 거주의 마지막 증거일 수 있다. 룽런 운하와 꺼종갓 지역에서 발견된 주요 외국 물품은 도자기뿐만 아니라, 2~3세기의 것으로 추정되며 로마 제국에서 유래했을 가능성이 높은 구리로 만든 열쇠, 동한시대 거울(2~3세기), 인도 또는 동남아 해도 주민들의 것과 비슷한 나무잎 모양으로 만든 배의 노(3~4세기), 공예 기술로 만든 유리 구슬, 로마식으로 꾸며진 금 목걸이(그림 172), 보석으로 만든 장신구(그림 171), 굽타 시대(4~5세기)의 가네사 신을 상징하는 코끼리와 사자 모양의 금속 악세서리(그림 63) 등이 있다.

배의 노는 룽런 운하에서 발견된 독특한 유물로, 당시 옥에오 고대 도시를 관통하는 수상 도로에 대한 증거이다. 이전에 2001년에는 꺼종갓와 꺼종쯤 사이의 운하 구간에서 가늘고 예리한 화살촉과 비슷한 형태를 한 배의 노를 발견했으며, 그 연대는 2~4세기(120-390 AD-95. 4%)로 추정되었다(Manguin, 2001). 룽런 운하에서는 최근 넓은 폭의 판형과 예리한 잎 모양의 노 3개가 발견되었는데, 이들은 구멍에 끈을 묶는 방식으로 손잡이를 부착한다(한 개의 노에서 1.6m 길이의 손잡이가 함께 발견되었다). 이 3개의 노는 모두 운하의 바닥층에서 발견되었으며, 운하의 가장 초기 운영 단계인 1~3세기에 해당될 가능성이 높다. 다양한 디자인의 노들은 상업 활동 과정에서 이곳을 찾은 주민 그룹의 다양성을 보여준다.

위에 언급된 유물의 다양한 기원은 고고학적으로 확인되었다. 이 유물들과 중국 고서의 기록은 푸난의 고대 문명이 매우 발전했음을 보여준다. 옥에오 지역은 당시 해상 무역 체계에서 중요한 교차로였으며, 많은 외부 지역의 제품 외에도 교역소의 특성 상 옥에오 거주자는 해외 상인들에게 다양한 상품들을 제공하였다. 이들 중에는 당시 서구세계가 선호했던 화려한 인도-태평양식의 다양한 색상의 유리 구슬과 희귀한 향신료, 보석류가 있을 것이다.

현재까지의 발굴 결과는 룽런 운하의 위치와 분포 특성을 더욱 명확하게 파악할 수 있도록 도움을 주었으며, 이 고대 운하가 옥에오 문화 시대부터 조성되었다는 것을 확증했다. 그러나 이 중요한 운하와 관련된 문제에 대한 답변을 찾기 위해서는 여러 다른 자료들을 다양한 관점에서 분석해야 하며, 이를 통해 옥에오-바테의 형성과 발전과정, 그리고 각 시기별 특징, 특성, 위치 및 역할 등과 비교해야 관련된 문제를 보다 전면적으로 인식할 수 있을 것이다.

0          1cm

**그림 171**    룽런유적 출토 석제 구슬 및 새가 새겨진 유리 구슬

사진: 응우옌칸쭝기엔

**그림 172**  룽런유적 출토 로마의 모자이크 유리 구슬

사진: 응우옌칸쭝기엔

새로운 고고학석 발견은 우리에게 매우 중요하고 새로운 자료를 제공했으며, 이를 통해 옥에오-바테 지역의 형성과 발전의 특징을 각 단계별로 파악할 수 있게 되었다. 이는 고대 도시 옥에오의 모습을 상상할 때, 종교적 공간인 바테와 수공업 생산 활동 및 외국 상인과의 무역 교류가 이루어진 도시 지역과의 관련성을 명확히 하는 기초가 되었다. 이를 통해 초기 단계에서 옥에오 도시에는 서양, 특히 인도 및 서쪽 인도 문명의 영향을 받은 지역과의 문화 교류가 매우 활발하게 이루어졌으며, 이러한 인도문화 요소들이 옥에오-바테와 메콩델타 지역에 깊이 남아 있다는 점을 알 수 있다.

진행 중인 발굴 작업에서 발견된 벽돌 지붕, 도자기, 보석 등은 유물의 다양성을 보여주며, 나아가 1~4세기에 옥에오-바테가 세계 다른 많은 국가들과 교류하는 강력하고 다양한 무역 관계를 가졌다는 사실을 보여준다. 이 지역은 태국 남부의 카오삼케오, 푸카오통이나 현재 말레이시아와 서부 인도네시아 해양 지역의 유적과 함께 국제 해상무역 네트워크의 중심지 중 하나로 발전하였다(Bellina, et al., 2019)(그림 171~172).

푸난의 무역 활동에서 옥에오 도시는 매우 중요한 역할인 상거래 장소, 화물 중계 지점, 원자재, 완제품, 도자기, 보석 등의 공급을 수행하던 곳으로 간주된다. 이러한 상품을 운송하기 위한 도로는 옥에오와 캄보디아의 앙코르 보레이 지역을 연결하는 운하 4호와 옥에오-넨쭈어 16호[또는 룽런 운하/ 룽지엥따]와 긴밀하게 관련되어 있다.

2017~2020년 옥에오-바테 유적의 고고학 발견은 옥에오 도시의 주민들이 세계 여러 나라와 무역 관계를 가졌음을 보여준다. 꺼종갓, 룽런 운하와 넨쭈어에서 발견된 수입품들은 옥에오 도시와 먼 지역들인 로마, 서아시아, 인도, 중국, 그리고 동남아시아 대륙부와 도서부 등과의 상거래 및 문화, 경제 교류 활동을 생생하고 풍부하게 묘사하는데 일조하였다. 이 모든 교류 활동은 해상 무역로를 통해 이루어졌다.

### (1) 인도와의 관계
옥에오-바테에서 종교 건축은 모두 인도의 특징을 지니고 있다. 그리고 인도에서 수입된 도자기는 옥에오 도시와의 무역 활동에서 가장 뚜렷하게 나타난다. 부이민찌 박사는 매끄럽고 검은 도자기 유형을 "광택나는 검은 도자기"(Polished Black Pottery)라고 부르거나 빨간 코팅에 검은 꽃무늬가 그려진 도자기 유형을 채색 도자기로 칭한다. 이 모든 도자기 유형은 옥에오 지역의 유적지에서 발견되는 고급스러운 도자기 유형으로, 인도에서 가져온 제품이다. 운하 초기 운영 기간인 1~3세기의 활동과 대응되는 바닥층 내에서 "광택나는 검은 도자기" 유형이 많이 발견되었다. 옥에오 문화의 초기 단계에 속하는 주거유적에서만 이 도자기 유형이 발견되는 경향이 있다. 인도에서 제작된 "채색 도자기" 유형은 3세기 이후에 만들어졌다.

0    1cm

**그림 173**  꺼사우투언 유적 출토 토제 받침대

사진: 응우옌칸쭝기엔

0                        1cm

**그림 174**    꺼사우투언 유적 출토 인물과 연꽃이 새겨진 금판

사진: 응우옌칸쭝기엔

## （2） 동남아시아 도서부와의 관계

동남아시아 도서부와의 관계는 처음에는 나무잎 모양의 노 발견을 통해 인식되었는데, 이 노는 고대 인도 주민이나 동인도네시아에 속한 파푸아 뉴기니 섬주민들의 노와 유사한 특징을 보였다. 또한, 룽런 운하 및 옥에오 유적에서 발견된 각종 분쇄기구(갈판, 절구)에 묻어 있던 전분을 연구한 결과 대부분의 전분은 뿌리와 구근 작물에서 추출되었으며, 그 중 생강, 강황, 토란이 가장 많았다. 이는 인도 및 동남아시아의 주요 양념 중 하나로, 특히 동인도네시아의 말루쿠 섬에서 유래한 최초로 무역이 이루어진 귀한 향신료로 정향의 전분도 발견되었다. 이 향료들의 발견은 옥에오 주민들이 중국과 인도 뿐만 아니라 동남아시아의 여러 섬으로부터 수입된 양념을 일찍부터 사용했음을 보여준다(Nguyễn Khánh Trung Kiên, 2020).

## （3） 동남아시아 대륙부와의 관계

동남아시아 대륙부와의 관계는 유리 구슬과 카넬리안, 에게이트 등의 보석 재료의 수량을 통해 분명히 나타난다. 이러한 재료들은 남부지방에서는 찾을 수 없다.

당시에 해당 지역에서 발견되는 귀금속 장신구의 대부분은 보편적으로 남태국 유적에서 이어진 것이었다. 보다 이른 연대를 가지는 카오삼깨오에서, 이전의 항구도시이자 옥에오-바테 도시 초기 단계까지 이어지는 발굴을 통해 벨리나는 서로 유사한 많은 종류의 장신구를 발견했다. 보석으로 만든 장신구, 로마 유리(모자이크 구슬, 금박 유리 구슬, 반지, 석유 램프), 정교하게 제작된 금 장신구 및 보석 가공 도구 등도 태국의 푸카오 통, 쿠안룩 팟 유적에서 발견되어 형태와 디자인 측면에서 유사성을 뚜렷하게 보여준다. 기원 전기 초기에 남태국 지역에서 생산된 귀금속 장신구가 옥에오 주민들에게 수입품으로 판매되었으며, 이를 통해 다른 상인들과 거래 및 교환을 계속할 수 있었다.

꺼옥에오는 인도-태평양 유리 구슬 생산의 중심지로, 발굴 과정에서 많은 유물이 발견되었다. 옥에오 도시는 상업 발전이 크게 이루어졌으며, 이러한 제품들은 지역의 고대 주민들에게 필수적인 교역 수단이었다. XRF 방법을 이용한 인도-태평양 유리 재료의 성분 조사 결과를 통해 옥에오와 동남아시아, 더 넓은 의미에서 남아시아 지역의 제품들 사이에 유사성이 있음이 밝혀졌다(Nguyễn Khánh Trung Kiên, 2020). 이 비교 연구 결과는 동남아시아 내에 클롱 톰 및 옥에오 등의 유리 제작 지점이 같은 유리 원료를 수입했을 가능성을 보여준다(Nguyễn Kim Dung, cs, 2020). 그러나 룽런 운하에서 발견된 구슬의 밀도는 상당히 높으며, 해당 지역에서는 비교할 만한 유적이 없을 정도로 발견된 구슬이 $1m^2$ 당 수천 개에 이른다. 이는 옥에오 유리 구슬이 국제 시장에서 매우 인기 있는 상품이라는 증거이며, 이것이 이 도시에서 번성한 무역을 촉진하는 데 일조했다는 것을 나타낸다(Đặng Ngọc Kính, 2020).

룽런 운하에서 발견된 인도-태평양 유리 구슬은 작고 값비싼 보석인 액세서리와 같은 작은 상품들과 함께 옥에오 고대 도시 주민이 다면적인 상업 활동을 이어나갔음을 보여주는 데 일조했다.

### (4) 중국과의 관계

옥에오 지역의 문화층에서 발견된 유물들을 통해 고대 중국과의 가장 초기의 관계는 후한(2~3세기)에 이루어졌음을 확인하였다. 대표적인 예로는 룽런 운하에서 발견된 오수전(2~3세기)이나 꺼종갓유적에서 발견된 후한(2~3세기)의 동경, 그리고 룽런 운하 운하 바닥의 퇴적층에서 발견된 무늬가 새겨진 도자기의 조각 등이 있다. 또한 이 유적에서는 육조왕조(4~6세기) 시대의 닭머리 모양의 자기편이 발견되었는데, 이는 넨쭈어유적에서 발견된 것과 유사하다. 이러한 발견은 중국 주민들이 옥에오 문화와 매우 이른 시기부터 접촉했음을 보여주며, 특히 옥에오-바테 고대 도시 지역은 물물교환 및 무역 활동에서 중요한 역할을 하였다(Bùi Minh Trí, 2020).

늦은 시기, 10세기 이후에는 꺼사우투언 유적에서 외래 도자기가 나타난다. 대부분은 하박의 띵, 힝 도기 제조 가마 및 북송 시대의 복건성의 득화 도기 제조 가마에서 생산된 작은 백자이다(부이민찌, 2021 참조). 이 시기에는 룽런 운하가 범람하면서 사용되지 않았기 때문에, 옥에오 도시의 상업 활동은 이 운하 노선을 통해 거의 존재하지 않았으며, 중국 원산지의 도자기가 다른 경로를 통해 이곳에 수입되었을 가능성이 높다.

0                  2cm

**그림 175**    롱런 유적 출토 옥에오 도기(방추차 모양의 작은 항아리)

사진: 응우옌칸쫑기엔

# II. 녠쭈어 유적

1940년대, 프랑스 고고학자 말러렛은 옥에오 고대 도시 모습의 특징을 인식하는 연구를 진행하면서 옥에오-바테와 녠쭈어의 운하 시스템을 통한 다른 고대 거주지와의 연결성에 관심을 가졌다. 이를 통해 그는 옥에오 고대 도시의 중심적 위치와 태국 만에서 옥에오 내륙으로 직접 연결되는 룽런 운하를 주목하고 옥에오와 연결되는 녠쭈어의 관문 항구 역할을 강조했다(Malleret, 1959: 5-6). 녠쭈어는 태국만으로 흐르는 운하 하구에 가까운 가장자리에 위치해 있다. 즉 녠쭈어는 룽런 운하를 통해 옥에오와 연결되는 하구로 추정된다(Malleret, 1959: 102). 1946년 항공기를 이용한 조사가 룽지엥따의 하류 지역에서 진행되었으며, 이를 통해 이 지역이 예전의 교역지임이 분명해졌다. 동시에, 중요한 고대 거주지가 발견되었다(Malleret, 1959: 103). 하지만 녠쭈어 지역을 발견했던 당시, 말러렛은 이 유적이 이미 학술적인 측면에서 훼손되었다고 판단했다(Malleret, 1959: 105).

이후 1982~1983년, 2018~2020년의 대규모 발굴조사는 녠쭈어가 고고학적 연구의 많은 잠재력을 가진 유적임을 입증했다. 발굴 결과 꺼녠쭈어에 위치한 고대에 종합적인 계획으로 건설된 힌두교 사원 관련 유

**그림 176**  넨쭈어 유적 출토 옥에오 도가(빨간 방추 모양의 항아리)

사진: 부이민찌

**그림 177** 넨쭈어 유적 출토 옥에오 도기(요리용 스토브(cà ràng)

사진: 부이민찌

적과 함께 고대 운하변 거주 지역의 고상 건물지와 관련된 다수의 흔적들을 찾아냈다. 이는 넨쭈어가 옥에오 문화, 고대 도시, 그리고 푸난 왕조의 중요한 지역임을 보여준다.

## 1. 엄청난 인구와 종교의 중심지인 넨쭈어

넨쭈어에서의 발굴 결과 거의 30헥타르에 달하는 유적 내에는 수많은 건축물과 수백만 점의 고고 유물들이 쌓여 있었다. 이곳이 옥에오 고대 도시와 바테 종교 중심지의 남쪽에 위치한 대규모 거주지 및 종교 중심지였음을 보여준다.

꺼넨쭈어에서는 신전 건축 유구의 흔적은 이미 구조를 인식할 수 없을 만큼 파괴되었지만, 1946년 말 러렛의 기록 및 1982~1983년 발굴 결과, 특히 1982년 구릉의 남서쪽 표면에 위치한 5세기에 만들어진 대규모의 석제 링가의 발견 및 2017~2020년, 가장 인기 있는 신 중 하나인 두르가 여신(그림 213)의 몸체 조각 발견, 연꽃을 들고 있는 신 수리야, 태양 신을 나타내는 신의 손 조각 발견 등을 통해 꺼넨쭈어에 위치한 신전 건축 유적이 인도 문명의 영향을 많이 받은 힌두교 신전 구조임을 보여주었다. 특히 2017~2020년 발굴에서는 꺼넨쭈어 주변에 있는 이 신전 건축물과 연관된 두 기의 대규모 집수지와 두 기의 우물, 시바신을 상징하는 기둥 등의 건축물이 발견되었다. 이것은 매우 중요한 발견으로, 넨쭈어의 힌두교 신전이 큰 규모로 구축되었으며, 인도의 신전을 모델로 하는 주 건축물과 신성한 우물과 집수지 등 중요한 보조 건축물로 구성되어 있음을 보여준다.

여기서 발견된 집수지, 우물 및 생활 또는 종교 의식과 관련된 많은 쿤디카병, 켄디병과 같은 도구 및 용품들(그림 176~182)은 넨쭈어에서 종교 활동이 매우 대규모로 활발히 이루어졌음을 보여준다.

힌두교 사원 형태를 띠는 건축 유적과 넨쭈어에서 발견된 보조 건축들의 발견은 이 지역이 북쪽에 위치한 옥에오 도시와 남쪽의 해상 항구 사이의 작은 종교 중심지로 작용할 수 있었음을 보여준다. 종교 시설들은 항구와 고대 도시 옥에오 사이의 수상 교통 노선 상에 위치하고 있으며, 넨쭈어는 동남아시아 두서부, 중국, 로마, 인도와의 문화와 경제 교류 활동에서 항구와 도시 공간 사이의 연결고리 역할을 한 중간지점으로 판단된다. 옥에오 도시와의 무역 과정에서 넨쭈어는 외국 상인들의 중간지점이거나 종교적 의식을 수행하거나 상거래 또는 상품 교환을 위해 방문한 장소일 수 있다. 아마도 두 가지 활동 모두 넨쭈어에서 이루어졌을 것이다. 이 유적에서 로마시대의 도자기(2세기), 중국 도자기(2~8세기), 인도 도자기(1~6세기)와 서아시아 도자기(8세기)를 비롯한 여러 외국 도자기가 발견되었기 때문이다.

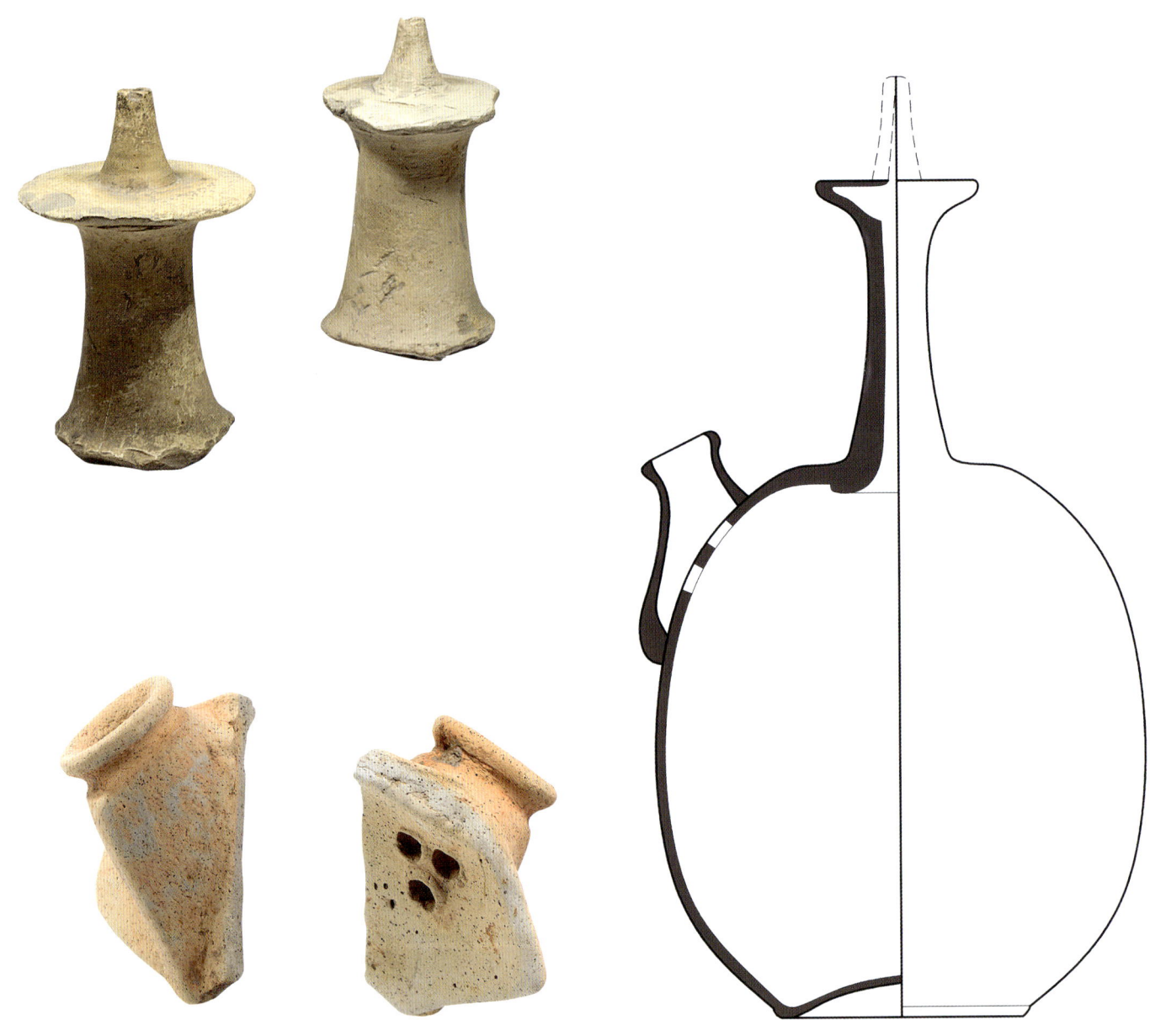

**그림 178** 넨쭈어 유적 출토 쿤디카병의 목과 주둥이

1. 옥에오 도기, 쿤디카병의 복; 2. 인도 도자기, 쿤디카병의 주둥이; 3. 인도, 쿤디카병의 도면

사진: 부이민찌

**그림 179**　넨쭈어 유적 출토 옥에오 도기, 대각이 달린 컵

**그림 180**　넨쭈어 유적 출토 옥에오 도기, 큰 켄디병의 조각, 동체부에 파도 모양이 새겨진 항아리

사진: 부이민찌

그림 181    옥에오 도기, 켄디 항아리.
개인 소장품. 호치민시. 비교 재료

사진: 탕롱황성연구소

그림 182    넨쭈어 유적 출토 옥에
오 도기, 켄디 항아리의 조각

주목할 만한 짐은 넨쭈어 유적 인근의 넓은 공간이자 지난 수십 년긴 지역 주민들에 의해 무작위로 도굴된 꺼펏노이에서, 높이 59cm의 6세기에 제작된 석상이 완전히 보존되어 있다는 것이다. 이 석상은 끼엔장 박물관에 보관되어 있으며(그림 124), 이것은 매우 중요한 발견으로 평가되는데, 넨쭈어 유적의 공간 안에는 옥에오 도시와 바테 종교 중심지와 유사하게 힌두교 신전과 함께 불교 사원이 존재했던 사실을 나타낸다.

여기에서의 발견과 비교 연구는 여러 종교적 건축물의 특성과 관계를 명확히 하여 넨쭈어가 4~6세기에 매우 번성한 종교 중심지임을 밝혔다. 이곳은 바닷가와 인접한 평원 지역에서 가장 가까운 종교 중심지이기도 하며, 특히 해상 수송로인 강을 따라 위치하고 있다. 이러한 입지는 옥에오의 주민들을 끌어들이고, 모이게 하는 역할을 하며, 지역 사회의 종교 문화 생활이 활발하게 일어날 수 있는 장소가 되었고, 외국 상인들도 옥에오를 찾아오는 경우 이곳에서 무역을 하기도 했다.

2018~2020년에 이루어진 넨쭈어의 발굴조사에서, 종교 건축물과 함께, 대규모의 고상 건물지가 발견되었다. 이들은 꺼넨쭈어(A구역), 집수지(C구역), 고대의 운하 지역(B구역 및 G구역)에서 발견된 1,131개의 목재 기둥 구조를 통해 알려졌다. 이것은 남부의 옥에오 문화 유적에서 최초로 발견된 사례로, 120~140m² 면적의 장방형 목재 기둥 구조를 갖춘 4기의 고상 건물지 평면이 상당히 완벽한 형태로 발견되었다. 고상 건물지는 모두 자연 목재 기둥 시스템 위에 건축되어 있는데, 목재 기둥의 한 쪽 끝은 땅에 깊이 박혀 있으며, 위쪽은 단순한 구조의 지붕, 혹은 코코넛 잎이나 초목으로 덮여 있다.

또한 고상 건물지와 함께 이 지역 주변에서는 매우 많은 종류의 유물이 발견되었다. 414,446점의 유물에는 도자기, 금속, 보석류, 유리, 악기 등이 포함되어 있다. 이 중 많은 종류는 생활용품(도자기, 석재 또는 목재로 만든 가구), 수공업 및 농업 생산 도구(보석 주조 거푸집, 금속제 조리용 냄비, 방직 도구, 노자기 제석 노구, 분쇄 노구, 절구, 방아 등)이다. 특히, 상당한 양의 외국 도자기도 있다(그림 183~209). 이 중요한 발견은 넨쭈어가 많은 인구가 집중된 거주 지역이었고 농업 생산, 수공업, 공예 활동, 그리고 룽런 운하를 따라 물품 거래를 수행하는

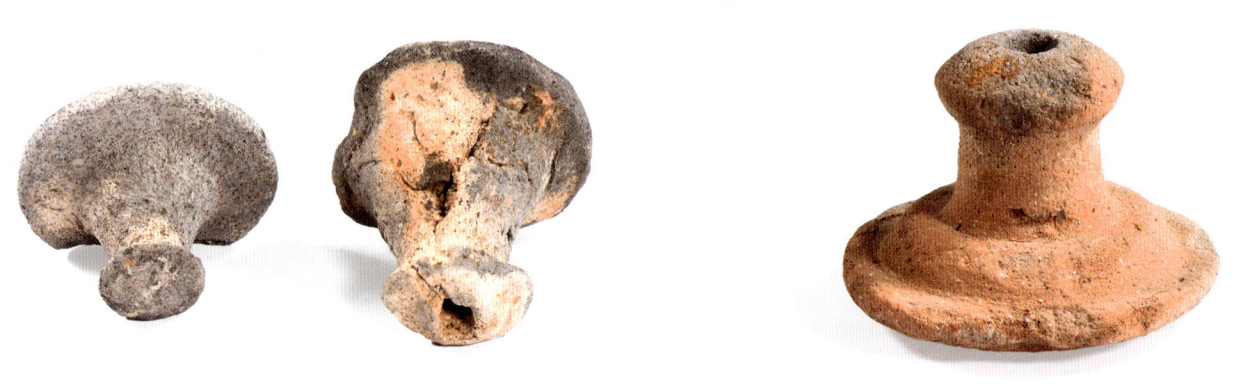

**그림 183**  넨쭈어 유적 출토 옥에오 도기 생산도구, 문지르는 도구 및 누르는 도구

사진: 부이민찌

**그림 184**  넨쭈어 유적 출토 새 모양이 조각된 도자기 틀

사진: 부이민찌

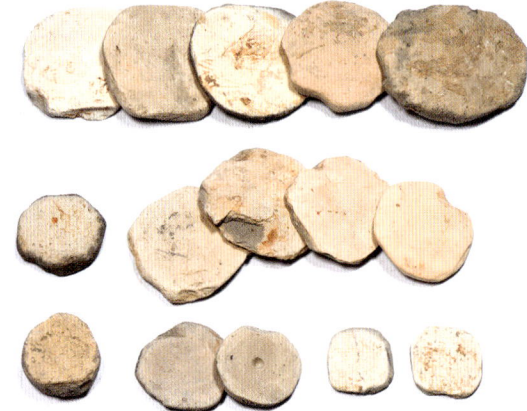

그림 185  넨쭈어 유적 출토 방추차

그림 186  넨쭈어 유적 출토 토제 장난감

그림 187  넨쭈어 유적 출토 어망추

사진: 부이민찌

지역이라는 것을 보여준다.

언급된 발견들을 통해 넨쭈어는 고대 운하 둑에서부터 바다로 이어지는 지역에 위치한 거주지 구역이었음을 알 수 있다. 이곳에서의 고고학적 발견들은 넨쭈어가 인구 밀집 지역이자 거대 종교 중심지로, 옥에오 고대 도시, 바테 종교 중심지 및 주변 지역과 깊은 관계를 맺고 있었음을 나타내고 있다.

**2.** 넨쭈어는 관문이자 중간 지점으로, 해상 무역로를 통해 옥에오 도시와 해외 세계를 연결하는 지점이다.

B구역과 G구역 토층은 4m 이상의 두께로, 옥에오 문화층과 세 개의 홀로세 퇴적층으로 구성되어 있으며, 연대는 약 6,000-4,000 BP로 비정되어 넨쭈어의 지형 형성 과정에 대한 이해를 높여준다. 이를 바탕으로 한 과학적 추정은, 오래 전에는 이 지역에 모래 해변이나 모래 언덕이 존재했을 수 있으며, 그 후 메콩강의 새로운 토사층으로 덮였을 것이다. 자연 환경의 유리한 조건으로 인해 이 지역은 빠르게 인구 밀집 지역, 경제 및 종교 중심지가 되었다. 이것은 또한 옥에오-넨쭈어 주민들이 적극적으로 상호 교류 활동에 참여하면서 푸난 문명과 옥에오 도시의 발전과 번영에 기여할 수 있었던 중요한 기반이 되었다.

B구역과 G구역 아래 깊숙이 놓여 있는 고대 운하의 새로운 발견은 넨쭈어의 입지가 룽지엥따 또는 룽런 운하에 따라 있었음을 명확히 한다. 이 운하는 다노이 유적에서 시작하여 넨쭈어, 옥에오-바테 등 옥에오 문화의 주요 유적지를 거쳐 북쪽 방향으로 직선으로 이어져, 캄보디아 타케오 지방의 앙코르 보레이 유적에 이른다. 그 길이는 약 80km이다. 이는 옥에오 도시의 매우 중요한 고대 운하이며 내륙 지역의 무역 네트워크와 항구에서 이루어지는 상업 간의 연결 고리 역할을 한다.

넨쭈어의 발굴조사 구역에서 발견된 고대 운하의 최대 깊이는 1.8m이다. 남부지역 사회과학연구소가 옥에오 지역의 룽런 운하와 비교한 연구 결과에 따르면 이곳의 고대 운하의 폭은 평균적으로 30~35m이고 깊이는 약 2.5~3.0m 정도이다. 이러한 크기와 깊이를 가진 룽런 운하는 무거운 짐을 실은 큰 배가 다니기에 부적합하다. 발굴자들은 여기서 큰 배나 항구의 흔적을 찾지 못했지만, 그 대신에 작은 배의 일부인 목재로 만든 노를 운하 바닥에서 발견했다. 이러한 증거로 보아 룽런 운하는 작은 배를 통한 운송에 적합한 작은 수로였다. 대형 배가 정박되는 해안지역에서 물품을 운송하여 넨쭈어를 지나 옥에오 도시와 내륙 지역으로 이동하기에 적합한 경로였다.

넨쭈어에서 옥에오 도기와 함께 1,407점의 외국 도자기가 발견되었다. 베트남의 고고학 전문가인 부이민찌 박사의 연구에 따르면, 여기에는 로마 도자기, 중국 도자기, 인도 도자기 및 서아시아 도자기가 포함되

**그림 188**    넨쭈어 유적 출토 돌로 만든 테이블식 갈판과 절구

사진: 부이민찌

**그림 189~190**    인도의 테이블식 갈판 활용 모습

사진: 응우옌칸쭝기엔

Grinding Curry Stuff, Madras.

어 있으며, 1세기부터 8세기까지의 연대를 갖는다(그림 203~209). 이는 경제 및 문화 교류의 역사에서 녠쭈어의 역할에 대한 생생한 증거를 제공한다(부이민찌, 2020: 43-62). 이 중요한 발견은 녠쭈어의 위치가 옥에오 고대 도시에서 북쪽으로 약 12km, 락쟈 항구에서 남쪽으로 약 15km 떨어져 있기에, 태국 만의 항구와 고대 도시 옥에오를 연결하는 중요한 수로 작용에서 도시 및 항구 공간의 결절지이며 동남아시아의 해양과 육상 국가 및 중국, 로마, 인도와의 경제 및 문화 교류에서의 연결점임을 밝혔다. 다시 말해 옥에오의 고대 도시와 해외를 연결하는 무역 관문이다.

녠쭈어 유적의 발굴 결과는 농업 및 기타 수공업 활동과 함께, 문화 교류, 교환 등의 활동이 옥에오 고대 도시의 출현과 번성, 녠쭈어와 옥에오 및 바테에서의 대규모 종교 중심지 형성 등의 역동력으로 작용함을 설득력있게 증명하였다.

2018-2020년 녠쭈어 유적 발굴과 연구 결과는 새롭고 중요한 학술적 성과를 이뤄냈다. 즉, 푸난 주민들이 지역 문화를 건설하고 발전시키며 끊임없이 세계와 경제, 문화적 교류를 넓혀가는 과정에서 얻은 큰 성과를 강력하게 입증하는 데 일조하였다. 발굴 결과는 녠쭈어가 주거 중심지이자 대규모 종교 중심지로, 옥에오 도시의 교역 활동에서 매우 중요한 역할을 한다는 것을 증명하였다. 이 중요한 발견으로부터 옥에오 문화와 푸난 왕국에서 녠쭈어의 위치와 역할, 특히 옥에오 도시의 상업 경제 활동에서의 관계와 역할에 대한 새로운 인식을 얻을 수 있었다. 녠쭈어는 해상 교역의 경로를 통해 옥에오 도시와 세계를 연결하는 중요한 관문이자 중간 지점으로 간주된다. 이 새로운 인식은 이전의 주장과 달리 녠쭈어가 옥에오 도시의 선적지나 상업항구가 아니라는 것을 의미한다.

**그림 191**    넨쭈어 유적 출토 말굽형 귀걸이의 석제 거푸집

**그림 192**    넨쭈어 유적 출토 말굽형 귀걸이

사진: 부이민찌

그림 193　넨쭈어 유적 출토 금속제 장신구류

사진: 부이민찌

그림 194　넨쭈어 유적 출토 산스크리트어가 새겨진 타원형 면이 있는 반지

사진: 부이민찌

그림 195   넨쭈어 유적 출토 금제 구슬
사진: 부이민찌

그림 196　넨쭈어 유적 출토 유리제 구슬 장신구와 향수병

사진: 부이민찌

0　　　　　1cm

그림 197　넨쭈어 유적 출토 보석의 재료인 붉은 돌조각
사진: 부이민찌

**그림 198**  넨쭈어 유적 출토 여러 가지 빛깔의 돌로 만든 구슬

사진: 부이민찌

**그림 199** 넨쭈어 유적 출토 유리 구슬

사진: 부이민찌

**그림 200**   넨쭈어 유적 출토 유리 구슬

사진: 부이민찌

**그림 201**　넨쭈어 유적 출토 유리 구슬

사진: 부이민찌

**그림 202**　넨쭈어 유적 출토 금속제 방울

사진: 부이민찌

**그림 203**   넨쭈어 유적 출토 중국 동한시대의 도자기편

**그림 204**   넨쭈어 유적 출토 중국 육조시대의 청자 계수호편

**그림 205**   중국 육조시대 청자 계수호(박닝박물관, 비교 자료)

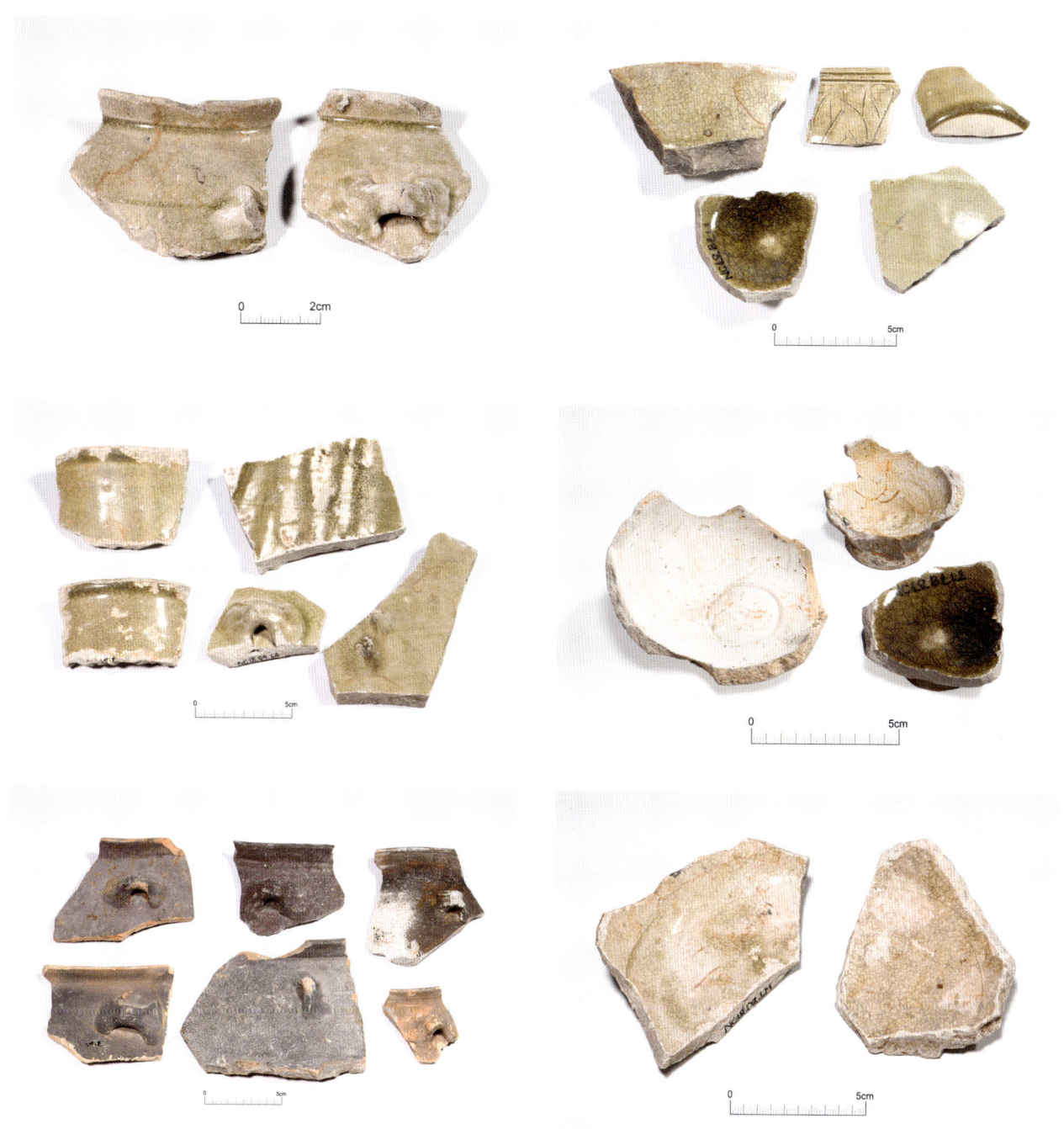

**그림 206**  넨쭈어 유적 출토 중국 당나라 시대의 유약을 바른 도자기

사진: 부이민찌

1. 인도, 흑색 광택나는 도자기편
2. 인도, 채색 도자기편
3. 베에나(Veena)악기를 연주하는 사람의 모습이 장식된 도자기의 조각. 1986년에 넨쭈어 유적에서 발견. 끼엔장 박물관

사진: 부이민찌

**그림 207** 넨쭈어 유적 출토 인도 도자기의 조각

그림 208  넨쭈어 유적 출토 서아시아의 청색 도자기편 2점

그림 209  서아시아의 청자, 개인 소장품, 비교 자료

사진: 부이민찌

결론

1944년에 프랑스 고고학자 말러렛이 안장성 토아이선현에 위치한 바테산 기슭에 있는 꺼옥에오 유적을 발견한 것은 현재 베트남 남부지역의 옥에오 문화와 푸난 문명에 대한 연구에서 역사적으로 새로운 페이지를 열었다. 이후 옥에오는 베트남 뿐 아니라 동남아지역에서 유명한 문화로, 이는 베트남 남부지방 및 동남아시아의 푸난 문명 또는 푸난 왕국의 물질 문화이다.

　　지난 수십 년 동안의 고고학적 발견과 연구 결과는 이 문화가 베트남 남부지역에 걸쳐 있는 13개의 성과 도시를 아우르는 광범위한 분포 공간을 가지고 있음을 보여준다. 그 중 옥에오-비테는 수도이자 옥에오 문화의 중심 지역으로, 푸난 왕국의 상업 또는 해안 도시 중 하나로 간주된다.

　　현재 옥에오 지역은 사람들이 거주하고, 나무를 심고, 집약적인 농업과 기계화된 방식으로 버를 생산하고 있어서 1940년대 말러렛이 발견하고, 1980년대에도 조사가 가능했던 고고학적 유적 중의 일부가 변형되거나 소실되고 있다. 이 지역은 말러렛이 고대 도시인 옥에오의 일부로 여겼던 벽과 운하가 발견된 곳으로, 그는 당시에 여러 유적 중 꺼옥에오에서 유일하게 고고학적 발굴을 수행했다.

꺼옥에오는 도시의 중심지로 알려진 범위 내부에 위치하며, 현재까지 많은 변화가 있었기에 조사 당시의 풍경은 1950년대의 항공 사진을 통해서만 유일하게 인식할 수 있다(그림 2). 말러렛이 1944년 꺼옥에오에서 발굴조사를 진행한 이래, 옥에오 평지는 남부지방의 옥에오 문화의 가장 오래된 고고 유적이 집중되어 있는 지역 중 하나로 유명해졌다.

옥에오를 발견하고 발굴조사한 말러렛은 철저한 자료 연구를 통해, 옥에오 문화가 푸난 왕국의 해양 구역이며, 메콩강 하류, 주로 하우강 서쪽과 동탑무이 지역에 관련 문화가 분포한다는 중요한 결론을 내렸다. 이 지역은 이 문화의 진성기에 가장 활기찬 지역으로, 1~2세기에서 6~7세기 사이를 중심연대로 하며, 아마도 8세기 말까지 이어졌을 것이다. 말러렛은 옥에오 문화를 푸난 문명의 해양 지역에 속하는 물질적인 산물로 인식하여 옥에오 유적을 이 문화의 가장 중요한 최대 중심 지점으로 보았으며, 그 항구로서 타케오(넨쭈어)의 항구 도시를 들었다(Malleret, 1959; 1962).

1946년 현장 조사와 항공 사진 연구를 통해 말러렛은 하우강 서쪽 지역에 위치한 "오래된 거주지" 또는 "고대 도시"의 흔적, 즉 장방형의 넓이 450헥타르에 이르는 벽으로 둘러싸인 지역을 발견했다. 가장 큰 중심 지역은 옥에오 밭 지역이며 이 지역과 인접한 지역(그림 3:168)에서 유적들 간의 밀접한 관계를 인식했다. 옥에오는 타케오(넨쭈어)라는 항구 도시로 기능했으며 롱쑤엔 사각 지역에서 우민트엉 지역까지 넓게 분포한 서쪽 지역의 유적들과 캄보디아의 앙코르 보레이의 유적들까지 고대 운하 시스템으로 서로 긴밀하게 연결되어 있음을 발견했다. 옥에오 도시 유적은 아시아의 베니스와 같은 특징을 갖고 있으며, 물 위의 "수륙양용" 도시로 자연적이거나 인공적으로 형성된 여러 물의 흐름 방향에 따라 가벼운 건축 재료로 기둥 위에 집을 세웠다. 또한, 석재 및 벽돌로 만든 일부 신전 구조물은 무너져서 문턱 및 기초 벽 등의 흔적만이 보존되어 있다.

옥에오 도시의 벽은 말러렛의 기록에 따르면 도로, 수로, 직사각형, 정사각형 주택의 흔적이다. 벽 안쪽 가운데에는 동북-서남 방향으로 두 개의 긴 변과 평행하여 중심축을 따라서 비스듬하게 흐르는 수로가 있다. 이 수로는 북쪽에 위치한 앙코르 보레이 유적과 남쪽에 위치한 타케오(넨쭈어) 유적과 연결되어 있으며 해안과(태국 만) 인접하고 옥에오에서 12km 떨어져 있다. 특히 룽런 운하는 옥에오 도시 중앙의 장방형 평야를 가로지르는 주요 수로로, 운하와 수직한 물줄기들과 함께 이 도시 공간을 분할했으며 엘 말러렛은 각각의 공간을 l에서 X까지 번호매겼다(그림 3).

위의 중요한 발견을 통해해 말러렛은 옥에오 유적을 푸난의 도시, 항구로 간주했다(Malleret, 1962-bd:

261).

말러렛의 옥에오 문화 발견은 서양 학자들의 광범위한 관심을 끌었다. 이 첫 단계에서 서양 학자들은 중국 고전 문헌 연구와 현지 조사를 결합하여 푸난왕국 내에서 옥에오 문화의 존재를 확인하기 위해 노력했다. 그리고 푸난왕국과 관련된 물질적 발견을 프랑스 학자들은 옥에오 문화로 정의하였으며, 이 문화는 1세기에서 7세기 사이에 푸난왕국과 밀접하게 연관되어 있다고 보았다(Malleret, 1962: 408-410; 1962-bd: 183,187).

중국 역사 자료 분석에서, 폴 펠리오는 푸난이라는 이름의 고대 왕국이 존재한 시기를 기원을 전후한 시기부터 당나라 정관(627~649) 이후 쇠퇴한 7세기 후반까지 메콩강 중앙 분지를 중심으로 분포하던 공간으로 간주했다. 이를 바탕으로 폴 펠리오는 푸난의 문화, 주민 및 습관을 묘사하고 푸난과 중국, 인도와의 국가 간 관계, 사신의 교환, 무역 교환 및 왕국 주민의 생산 활동, 수공예 생산, 종교적 신앙 생활 또는 왕가의 역사적 사건과 관련된 푸난 왕족의 가계도 등을 분석했다. 이는 옥에오 문화 및 푸난왕국에 관한 연구에서 중요하고 가치 있는 자료이다.

"인도화된 동남아시아 제국의 고대사"에서 조르주 세데스가 조사한 중국 역사 자료 및 비문 자료를 기반으로, 언어 및 예술 연구에 접근하여 푸난 왕국의 남부 베트남 및 동남아시아 지역에서의 존재를 확인하는 증거를 제공하였다. 동시에 고대 국가의 형성과 발전에서 인도 문화의 중요한 역할, 인도와 동시대 다른 국가들의 관계 및 교류, 그리고 푸난 왕국의 영토, 수도에 대한 특징을 언급하였다(Coedès, 1944).

서양 학자들, 특히 말러렛의 연구 작업은 나중에 매우 귀중한 자료로서 베트남의 옥에오 문화와 푸난 문명에 대한 많은 세대의 연구에 영감을 제공했다. 이후 관련 연구는 수십 년간 중단되었다가 1975년 국가 통일 이후, 베트남 고고학자들에 의해 옥에오 문화와 푸난왕국에 대한 연구가 계속 이어졌다. 이 기간 동안 옥에오 문화와 푸난왕국과 관련된 다양한 주요 문제를 다룬 연구들이 투자를 받아, 기원문제, 분포, 특성, 연대, 무역 교류와 상호작용, 인도화 과정 및 푸난왕국의 형성, 메콩강 지역에 세워진 최초의 국가 등의 주제가 더욱 심층적으로 연구되어 왔다. 이러한 고고학적 조사, 발굴 및 연구를 통해 이전에 서양 학자들이 내린 판단보다 더욱 심층적이고 명료한 평가와 판단이 이루어지고 있다.

특히, 2017년부터 2020년까지 옥에오-바테와 넨쭈어에서 진행된 고고학적 발굴과 연구 결과는 유물과 유적에 대한 중요하고 새로운 발견을 많이 제시했다. 이로써 서양 학자들의 이전 주장을 더욱 명확히 해소하고, 특히 말러렛이 주장한 옥에오 고대 도시의 특성과 연대에 대한 견해를 더욱 명확히 입증하였다. 현재 옥에오 고대 도시 중심부, 룽런 운하와 꺼종갓에서의 고고학적 발견은 이 도시의 형성과 발전이 기원후 1세기부터 8세기까지 이어졌으며, 특히 4~6세기가 가장 번영한 시기였음을 보여준다.

넓은 옥에오 들판에 위치한 유적에서 발견된 유물들, 꺼옥에오, 꺼송갓, 꺼종쫌, 써뜨쩜, 써가이터A, 꺼가이티B, 꺼데 또는 룽런 운하 등의 유적, 특히, 2018~2019년에 남부지역 사회과학연구소가 발굴한 룽런 운하와 꺼종갓에서의 새로운 발견은 현재 옥에오 들판 지역이 말러렛이 1946년에 항공기의 사진 자료를 통해 도시 공간에 대해 기술하고 확인한 것과 같이 이 일대가 번성한 고대 도시의 유적임을 보여주었다.

최근 옥에오와 넨쭈어에서의 새로운 발굴과 연구 결과로, 베트남 고고학자들은 이 지역을 옥에오 항구 도시로 부르지 않고 도시나 옥에오 도시로 부른다. 이는 옥에오 지역이 바다에서 꽤 먼 거리에 있기 때문이다.[15] 최근 옥에오 들판에 위치한 룽런 고대 운하에서의 발굴조사 결과, 이 도시의 주요 물류 노선 상에서 대형 선박 활동의 증거는 포착되지 못했다. 따라서 옥에오는 해안가 근처에 위치한 도시로 확인되며, 해안 저수지 지역의 깊숙한 곳에 위치하고 있다. 그리고, 말러렛이 옥에오를 이 문화의 가장 큰 중심지이자 중요한 도시로 확인한 것은 맞을 수도 있으며, 이 도시를 타케오(넨쭈어)라는 항구로 확인한 것이다(Malleret 1959; 1962). 이 의견에 따르면, 우리는 말러렛이 당시 현재 태국 만 지역의 해안 가까이에 있는 어떤 항구 마을을 의미하려고 한 것으로 이해해야 하며, 그리고 타케오, 즉 넨쭈어는 해안 가까이에 위치해 있으므로[16] 이 도시의 입구에 위치한 항구로 간주되며, 그 당시 엘 말러렛과 현재 우리도 정확하게 어디에 위치해 있는지 알 수 없다.

2018~2020년 넨쭈어 유적에서 진행된 제국성채연구소의 새로운 발견은 넨쭈어가 옥에오 고대 도시의 중요한 관문으로, 룽런 운하 또는 룽지엥따 운하를 통해 바다와 외부 세계와 옥에오 도시를 연결하는 중간 거점임을 보여준다. 이 유적지에서 배 흔적 또는 주요한 고대 상업 항구 활동의 증거를 찾을 수 없으며, 주로 고대 운하와 옥에오 도시와 같이 해안가 근처 들판에 위치하는 거대한 종교 중심지 옆에 있는 고상 건물지의 흔적이 있다. 이로 인해, 이전 몇 가지 주장과 달리 넨쭈어가 옥에오 항구 도시의 항구거나 선박 대기지라고 말할 수 있는 과학적 근거는 찾아볼 수 없게 되었다.

옥에오 프로젝트의 새로운 기여와 중요성은 옥에오 "고대 도시"의 핵심 지역의 특징, 연대, 위치, 역할 및 관계 등과 같은 새로운 문화 공간에 대한 발견이며 바테산 기슭의 "종교 중심지"와 옥에오 문화 역사에서 넨쭈어 지역의 실체와의 관련성이다.

우리는 서양 학자들이, 특히 말러렛의 연구 이전, 옥에오 평지에서 수행한 고고학적 발굴 지점들에 주

---

**15**  지금의 해안선으로 따지면 옥에오 들판의 위치는 락쟈해안에서 약 27km 떨어져 있다.

**16**  넨쭈어 유적은 락쟈해안에서 약 15km 떨어져 있다.

1. 1983년 꺼팍의 종소아이에서 발견된 목제 불상, 높이 2.7m
2. 옥에오 유적 서남쪽에 있는 종소아이에서 발견된 브라마 석상
3. 옥에오 평지의 꺼사리에서 발견된 수리야 석상, 높이 89m

사진: 부이찌황 및 부이민찌

**그림 210** 옥에오 평지에서 발견된 신상

목하며 옥에오 도시와 관련된 지역에 대해 많은 연구가 이루어졌다는 것을 알고 있다. 그러나 바테산 사면의 종교 유적에 대한 연구는 그렇게 많지 않은 것 같다. 그들은 이미 이 지역에서 힌두교의 신상 및 예물 등의 유물에 대한 발견을 기록했음에도 불구하고 말이다. 이후 바테산 사면은 베트남 고고학자들에게 더욱 많은 관심을 받게 되었다. 특히 1998년부터 2002년까지 남부지역 사회과학연구소와 프랑스 극동고고학연구원(EFEO)의 공동 프로그램에 의해 린선, 린선남 사원의 일부 발굴 및 조사가 이루어졌다.

이 지역에서의 조사 및 발굴 작업은 이 지역이 중요한 종교 건축 유적이나 큰 종교 센터인 것을 확인했지만, 당시 과학자들은 이 센터의 공간적인 모습, 특성, 역할 및 옥에오 고대 도시나 옥에오 도시 내 종교 중심지와의 관계를 충분히 파악하지 못했다.

옥에오-바테 프로젝트의 연구 프로그램에서는 옥에오 문화의 중요한 유적으로서, 특히 옥에오 고대 도시에 대한 중요성이 강조되었다. 따라서 이 지역에서 4개의 중요한 유적지인 린선, 린선박, 꺼사우투언 및 꺼웃짠에서 대규모 발굴 작업이 집중적으로 이루어졌다. 2017년부터 2019년까지 이러한 유적들을 발굴한 결과, 벽돌과 석재로 건설된 견고한 신전 흔적, 행렬과 예배를 위한 도로, 우물과 같은 보조 시설, 그리고 불상과 같은 유물들이 많이 발견되었다.

하지만 여기에 있는 신전 건축의 흔적은 모두 파괴되어 버렸으며 건축물의 많은 부분이 아직도 땅 속에 묻혀 있어 전체를 드러내는 것은 한계가 있기 때문에 현재 종교 건축물의 전체적인 모습, 규모 및 형태를 완전히 파악하는 것은 매우 어렵다. 특히 각 지역 내 신전 건축물의 특성, 기능 및 형태에 대한 연구는 자료가 매우 부족하여 해결하기 어렵다. 따라서 옥에오-바테에서 고고학적 발견의 특성과 가치를 평가하려면, 과거부터 현재까지의 고고학적 자료를 종합하고 비교 연구를 통해 신성한 바테 산 아래에 건설된 신전이나 현재의 옥에오 평지에 숨겨진 옥에오 고대 도시 번영기에 건설된 신전의 역사적인 비밀을 해결하기 위해 단계적으로 연구를 진행해야 한다.

우리는 이미 1928년 옥에오 밭에서 비공식 발굴이 이루어졌다는 것을 알고 있다. 그때 고살리에서 7세기에 제작된 약 89cm 높이의 석조 수리야상을 발견했다(그림 210:3). 이것은 태양신이자 인도 베다 신화에서 말하는 힘을 탄생시킬 수 있는 능력을 가진 가장 중요한 신이다(Đặng Văn Thắng, 2019: 47-48). 1976년 옥에오 유적 서남쪽의 종소아이에서는 6세기의 4개의 얼굴이 네방향을 향하고 있는 브라마상을 발견했다(그림 210:2). 이것은 창조신으로, 힌두교의 3대 주요신 중 최고의 신이다. 이는 푸난 시대 조각 예술의 정점을 나타내는, 옥에오에서 발견된 독창적인 신상 중 하나이다. 또한 1983년에 종소아이에서 주민들이 수로를 파다가 6~7세의 연대로 판단되는 2.7m 정도의 목제 불상을 발견했다(그림 210:1). 발견 당시 이 불상의 외면은 금으

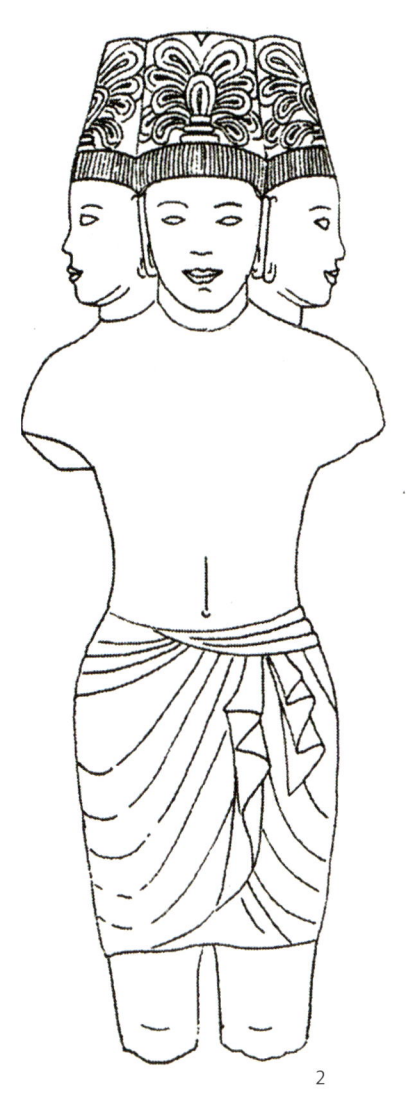
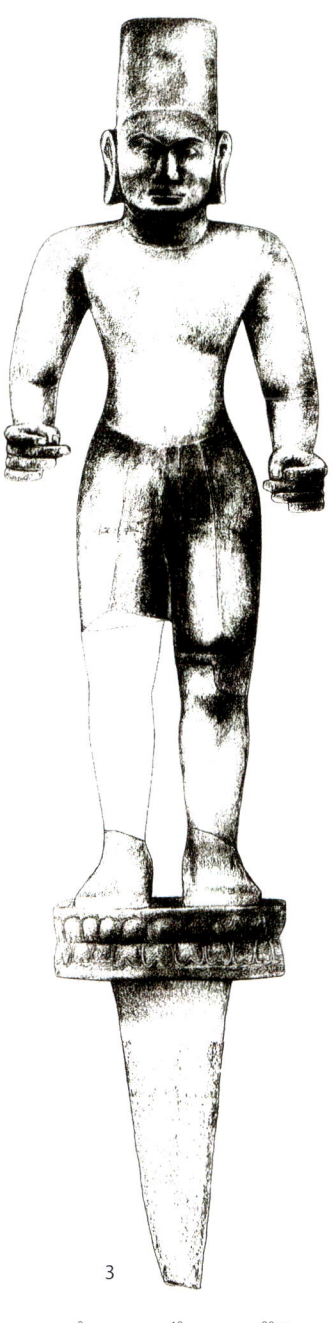

**그림 211**  바테산 지역에서 발견된 신상

1. 1975년 린선 사원의 북쪽에서 발견된 청동 불상, 높이 31cm
2. 바테의 따푼묵 할아버지의 당집에서 발견된 석제 브라마상, 높이 74cm
3. 바테에서 발견된 석제 보살상, 높이 2.3m

사진: 부이찌항

로 덮여 있었다고 전해졌다.

2017~2020년 대규모 발굴조사가 옥에오 평지에서 진행되었다. 이 유적은 매우 파괴되어 있었지만, 꺼종갓 지역의 석제 비슈누 신상과 사원 흔적, 그리고 꺼종쫌 지역의 두르가 여신 도자기 등이 발견되었다(그림 65–66, 93). 특히, 꺼까이티, 꺼데 지역에서 발견된 대형 제단의 기초 흔적은 이곳에서 대규모 벽돌로 지은 제단 건축물의 존재를 분명하게 나타내며 이 지역이 옥에오 고대 도시의 중심지임을 보여 주었다. 꺼종갓 지역 유적의 재발굴 결과, 말러렛이 발견한 K건물지의 특성이 더욱 명확히 드러났으며, 특히 이 중요 지점에서 원형과 사각형의 우물 흔적을 새롭게 발견하게 되었다.

위에서 언급한 발견들은 옥에오 고대 도시 내부에 큰 규모의 종교 중심지가 있었다는 것을 보여준다. 석재, 벽돌 또는 목재 등 다양한 재료로 건축된 많은 사원들이 있었으며, 주요한 두 종류의 사원은 노천 사원(K건물지) 및 벽이 높은 인도 사원 스타일에 따라 삼각형 모양의 지붕과 아치 문이 있는 폐쇄적 사원(꺼까이티 A)이었다. 특히 같은 지역에서 힌두교 신상과 불상을 발견한 것은 이 종교 중심지 내에 힌두교와 불교의 신당이 공존했다는 것을 반영하며, 그것은 당시 옥에오 도시 문화의 다양한 분위기를 형성하였다.

20세기 초에 프랑스 학자들(H. Parmentier, L. Finot, S. Karpelès)의 조사와 2017~2020년 고고학 발굴 결과에 따르면 바테산의 사면은 매우 큰 규모의 종교적 건축물 군이 갖춰져 있는 지역으로, 벽돌·돌 등으로 지어졌으며 불상, 힌두교 신상 및 신성한 물건들이 많이 발견된 지역이다

이곳에서는 1928년에 7세기로 추정되는 석제 브라마 신상이 발견되었다(그림 211:2). 그 후 몇 십 년 동안, 프랑스의 고고학자들은 시바, 비슈누, 하리하라, 수리야와 같은 다양한 석제 힌두교 신상과 시바의 탈것이자 상징인 돌로 만든 난디 소 신상도 발견했다. 이러한 조각상들은 그 후에 블랑샤르 드 라 브로스 박물관(사이공 박물관, 현재는 호치민시 역사박물관)으로 이송되었으며, 난디 소 신상은 캄보디아의 프놈펜 국립박물관으로 이송되어 전시되고 있다.

1975년, 높이 31cm의 5세기 대의 동제 불상 하나가 린선 사원 북쪽 지역에서 발견되어, 현재 안장성 박물관에 전시되어 있다(그림 211:1). 또한 린선 지역에서는 석제 링가, 링가-요니 및 수호 동물과 같은 힌두교 예배용품도 발견되었다(그림 212)(Bùi Chí Hoàng, cs, 2018: 313-318).

바테산의 종교 유적 지역을 포함한 모든 문화 공간에서 린선은 가장 특별하고 중요한 가치를 지닌 공간이다. 이 공간은 과거에 린선 사원, 린선박, 린선남 영역으로 구성되었으며, 전문가들은 그 범위를 약 57,500m²(250×230m)로 인식했다(그림 169). 현재 린선 사원(또는 4개의 팔이 달린 불상이 있는 사원) 내부에는 비

**그림 212** 바테산 지역에서 발견된 링가와 요니

1. 바테에서 발견된 석제 링가. 안장박물관
2. 바테에서 발견된 링가와 요니. 안장박물관
3. 린선 지역에서 발견된 링가와 요니

사진: 누이씨흥

그림 213　넨쭈어 유적 출토 두르가 여신상

그림 214　넨쭈어의 꺼팟노이에서 발견된 석제 불상, 높이 59cm

사진: 부이민찌

슈누 신상과 2개의 석비가 국보로 지정되어 보관되고 있다. 특히, 2017~2020년 린선박 유적지에서의 발굴 조사에서 7세기대의 산스크리트어 문자가 새겨진 석비와 부처님 모습이 새겨진 석비가 발견되었다.

바테 지역에서 이전부터 발견된 조각상과 수호 동물에 대한 단편적인 자료를 종합하고, 2017년부터 2020년까지 꺼사우투언, 꺼웃짠, 린선, 린선박 유적에서의 고고학적 발굴 결과를 종합했을 때, 바테산 동쪽에 푸난 왕국과 옥에오 고대 도시의 대규모 종교 중심지가 위치했음을 분명히 보여준다. 특히 옥에오 고대 도시와 마찬가지로, 이 대규모 종교 중심지의 공간에는 힌두교 사원과 불교 사원이 공존하는 매우 흥미로운 문화 융합을 반영한다.

그러한 문화적 융합은 옥에오 문화의 매우 독특한 색채인 것 같다. 넨쭈어 유적의 발굴조사에서는 꺼펏노이의 매우 독특한 형태를 가진, 6세기 대로 추정되는 높이 59cm의 석제 불상과 꺼넨쭈어의 서남쪽에서 크기가 꽤 큰 5세기 대의 석제 링가도 발견되었다(그림 130). 2018~2020년 발굴에서 제국성채연구소는 우주의 수호신이자 삭디 또는 데비라고도 불리는 두르가 여신의 상체를 수습하였다(그림 213). 이것은 힌두교에서 가장 보편적인 신 중 하나로, 세상에서 가장 아름답고 조화로운 것을 보호하는 신이다. 응오반조안 박사에 따르면 이 조각의 연대는 약 7세기 경이다. 또한 농경민족에서 중요시되는 태양의 신인 수리야 신과 연관성을 가진 연꽃을 들고 있는 손이 발견되었다.

꺼넨쭈어에 있는 사원 건축물 흔적은 매우 심각하게 파괴되어 평면 구조를 인식할 수 없다. 그러나 건축 재료, 1946년에 말리렛의 묘사, 1982~1983년의 발굴 결과, 위에서 언급한 서남쪽 면에 있는 석제 링가의 발견을 고려했을 때, 힌두교 사원이었다는 것을 보여준다. 특히 2018~2020년의 발굴에서는 이 사원과 관련된 여러 구조물이 발견됐다. 예를 들어 2기의 집수지와 2기의 우물, 그리고 꺼넨쭈어 주변에 있는 시바신 관련 상징적인 기둥 또는 쉐마기둥이 있다. 이 중요한 발견은 넨쭈어의 힌두교 사원 지역이 꽤 거대한 규모로 구축되었으며, 사원과 보조 시설을 포함한 정교한 계획에 따라 건설된 것을 보여준다.

그리고 앞서 언급했듯이, 넨쭈어에서는 꺼펏노이에서 석제 불상도 발견되었다(그림 214). 이 발견은 넨쭈어 유적 공간 내에 힌두교 신전과 마찬가지로 불교 사원도 공존한다는 것을 반영한다. 이는 옥에오 도시와 종교 중심지인 바테에서도 유사하게 나타나는데, 바테산은 북쪽으로 12㎞ 떨어져 있다.

부이민찌 박사의 호치민 역사박물관과 안장박물관에 보관된 토제 부조상 수집에 대한 최근 연구는 바테 산 비탈 및 옥에오 고대 도시 내에 건설된 일부 신전 건축물의 특성 및 기능에 대한 매우 중요하고 새로운 인식을 제공하였다(Bùi Minh Trí, 2020: 43-62). 사자 또는 카라 부조상을 의미하는 동상, 학자들 사이에서 Ẩn-u로 의인화된 것으로 알려진 보편적인 남성 혹은 여성상 등은 북인도, 특히 인도 북서의 쿠샨 예술에서 비롯되었을 수 있다는 것이 여러 연구자들에 의해 밝혀졌다(Bùi Chí Hoàng, cs, 2018. 310).

이곳에서 언급된 부조 조각 대부분이 20세기, 1940년대와 1980년대 사이의 도굴 활동으로 발견되었으며, 대부분은 바테산 지역에서 발견되었고 일부는 옥에오 평지에서 발견되었다. 이러한 종류의 부조상 조각들에 대해 지금까지는 깊이 있는 연구가 이루어지지 않아서 옥에오 문화체계에서의 역할과 기능을 알 수 없다. 부이민찌 박사는 기술 및 비교 연구 결과를 통해 이 유물들의 기능이 일반적인 숭배상 또는 조각상의 일부가 아니라 장식적인 역할을 한다는 것을 발견했다(Bùi Chí Hoàng, cs, 2018: 309-315). 정사각형 모양의 구멍이 뒤쪽에 있는 것으로 보아, 이 부조 조각은 종교 건축물의 장식적인 부분으로 사용되었음을 보여준다.

안장성 박물관에 있는 다양한 종류의 불상들은 모두 모래와 섞인 점토로 만들어지며, 상당히 높은 온도에서 구워져 단단하며, 상당한 무게를 가지게 된다. 꺼탑, 넨쭈어 또는 많은 사원 유적들에서는 토제 부조상을 찾을 수 없다. 또한 바테와 옥에오에서 찾은 도토 부조상의 수 역시 적다. 전체적으로 20점 미만이며, 그 중 인간의 머리나 얼굴이 표현된 부조상은 11점, 사자가 표현된 부조상은 5~6점이다. 이러한 소량의 부조상들은 유사한 재료와 스타일을 고려했을 때, 동일한 시기에 제작되었으며, 바테산의 기념비적인 건축물과 옥에오 도시 중 일부 중요한 종교 건축물에 장식되었을 것으로 생각된다. 이러한 부조들의 상징적 기능과 의미는 인도의 사원 건축물과의 비교 연구과제 중 하나이다.

### a) 사자 모양의 부조상

인도 건축에서는 사자의 얼굴(심하무카-Simhamukha), 또는 영광스러운 얼굴을 의미하는 키리티무카(kiritimukha)라는 사자 얼굴이 일반적으로 힌두교 사원에 흔하게 장식되어 있다. 이는 시바신의 상징으로, 키리티무카(kiritimukha)의 주된 기능은 악령을 쫓아내는 것이다. 괴상한 얼굴과 눈이 둥글게 튀어나온 것이 사자 부조상의 특징이며, 힌두교 사원 문 위를 장식하는 데 사용된다. 이것은 문에 나타나는 재탄생의 상징이며, 대개는 얼굴의 윗턱과 정수리만 보인다. 때로는 팔도 묘사되는데, 거의 대부분 얼굴 뿐이다.

안장성 박물관에 있는 사자 부조상에는 두 가지 유형이 모두 있다. 하나는 거의 정사각형 모양의 블록 안에 만들어진 머리만 있는 종류이고, 다른 종류는 양 손을 가슴 앞으로 끌어안는 모양의 사자 머리이다(그림 215).

인도 데오가르에 있는 5세기 굽타 시대의 다샤바타라 사원(혹은 비슈누 사원)의 외벽 장식 조각상, 부조상 등과 비교했을 때, 바테산 지역의 사자 부조상과 놀랍게도 매우 유사한 윤곽이 보인다. 이 사원의 문 위쪽에는 사자 부조상의 머리를 차곡차곡 쌓아 올려 장식하였으며, 장식용 무늬가 배열되고 그 스타일과 장식 방식은 안장성 박물관에 있는 유형 1의 사자와 상당히 유사하다(그림 216). 이 증거를 토대로 안장성 박물관의

**그림 215**　토제 사자상, 안장성 박물
관 및 호치민시 역사박물관

사진: 부이민찌

**그림 216**　굽타 시대 데오가르의 다
샤바타라 사원(또는 비슈누 사원)의 장
식용 사자상

사진: 인터넷

그림 217　프억고 사원의 부조(안정성 찌우독 누이 삼), 호치민시 역사박물관

사진: 부이민찌

그림 218　2명이 함께 있는 모습의 부조, 안장성 박물관

사진: 부이민찌

**그림 219**  인도 타밀나두 주 마하발리푸람의 판차 라타스 사원

사진: 인터넷

사자 부조상도 인도의 다샤바타라 사원과 같은 벽돌 건축 양식의 사원 벽면에 부착되어 있었을 것으로 추정할 수 있다.

### b) 인간 모습의 부조상

가장 중요하고 주목할 만한 발견은 인간 모습의 부조상이 다양한 표정을 가진 여러 얼굴로 묘사되는 것이다. 이러한 부조상들의 공통적인 기능을 해석하기 위해 부이민찌박사는 호치민 역사박물관에 보관된 푸억고 사원이나 팟 유적(안장성 쩌우독 누이삼)에서 발견된 부조상과 동그란 형태의 두 인간 머리가 달린 부조상을 연구하고 해석했다. 두 부조상은 뒤쪽에는 정사각형 모양의 구멍이 있어서 벽에 부착된 것으로 확인되었다(부이민찌(Bùi Minh Trí), 2020: 43-62).

비교 연구를 할 때, 우리는 위에서 언급한 두 종류의 부조 조각이 인도의 굽타시대의 데바그룹타안에 있는 인간 조각과 비슷한 스타일을 가지고 있음을 알 수 있다. 굽타시대 초에는 이 장식 패턴이 보통 궁륭형 천장에 배치되었다. 인도의 건축에서, 가박샤나 찬드라샬라는 일반적으로 궁륭형 천장의 원형이나 말발굽 모양의 장식적 아치에 집중되는 패턴을 묘사하는 데 사용되는 용어이다. 이것은 힌두교 제단 건축에서 가장 일반적인 패턴이다. 이러한 장식 아치 안에는 종종 서로 다른 많은 얼굴과 모습을 가진 인간 머리 모양의 조각 등이 놓여 있다.

푸억고 사원 부조의 기능은 인도 비마라타 사원의 외부 아치무늬 패턴과 비교할 때 더욱 명확하게 확인된다. 이것은 인도 뱅갈만의 코로만델 해안의 마하발리푸람에 위치한 판차 라타스 복합 건물군 내의 사원이다. 이 사원은 7세기 말에 만들어졌으며 마헨드라바르만의 왕조와 그의 아들 나라심하바르만의 건축물로 여겨진다.

비교 연구를 통해, 우리는 푸억고 부조상이 사원의 벽면이나 천장의 장식 판에 부착되는 장식용 패턴으로, 대부분은 힌두교 사원에서 사용되는 것을 확인하였다(그림 219). 이러한 부조상들의 조형 양식과 기능은 인도 굽타 예술의 깊은 영향을 반영하고 있다. 인도 예술의 영향을 받았지만, 재료와 기술에 대한 연구는 이들이 사원을 건설된 곳에서 제작될 수 있다는 것을 보여준다.

부이민찌 박사의 비교 연구 결과는 위에 언급한 바테 산의 지역과 옥에오 평지에서 발견된 옥에오 문화의 부조상 유형 또는 토제 원형 조각상들이 힌두교 사원 건물의 장식 요소로 사용됨을 보여준다. 이는 굽타 시대 인도 예술의 깊은 영향을 반영하는 생생한 증거이다.

푸억고 사원 부조상은 매우 특별한 경우로, 미래에 더 깊은 연구가 필요하다. 이 부조상의 전체 표면은 금으로 도금되어 있어, 이를 통해 우리는 옥에오 문화의 화려하고 부유한 이미지를 엿볼 수 있다. 이 신전의 장식 패턴이 모두 이와 같이 금으로 도금되었다고 상상해 보면, 이 지역의 신전 건축의 독특함과 차이점을 더욱 분명하게 볼 수 있을 것이다. 다른 정보에 따르면, 현재 안장성 박물관에 전시된(옥에오 평지의) 꺼종소아이에서 발견된 나무 부처상도 몸통 바깥쪽에 금판이 씌워져 있다. 따라서 옥에오 문화의 종교 건축 예술에서 금 도금 현상에 대한 연구가 진전되면, 미래에 옥에오 문화의 문화, 경제, 사회 및 예술 기술 수준에 대한 평가에 큰 가치를 제공할 것이다.

상기한 힌두교 사원 건축물의 벽면 장식으로 사용된 토제 부조 조각상을 통해 굽타시대 인도 예술의 깊은 영향을 생생한 이미지로 볼 수 있다. 이는 옥에오와 바테 도시의 종교 중심지에서 형성된 사원 건축물의 독특한 건축 스타일에 대한 증거 중 하나이다. 또한 중국 역사 자료 연구와의 비교를 통해, 4~6세기의 푸난 왕국에서 사회, 정치적 변화가 있었음을 인식할 수 있다(Bùi Minh Trí, 2020: 43-62; Phan Huy Lê, 2008: 233 참조)

위에서 소개된 연구 결과는, 바테산 사면에 있는 힌두교 신전 유적들은 이미 무너져 내려 땅속에 묻혀 현재 원형을 알 수 없지만, 바테 지역과 옥에오 평지에서 발견된 토제 부조로 꾸며진 벽돌 벽면이나 천장의 장식을 통해 이 지역에서 벽돌로 지어진 높은 벽과 뾰족한 지붕, 출입구가 있는 인도 굽타시대의 신전 건축, 또는 현재 베트남 중부의 참파사원과 유사한 신전이 존재했다는 설득력 있는 증거가 있음을 보여준다. 이 발견은 중요한 문제에 대한 단서를 제공하는데, 옥에오 도시나 바테 종교 중심지의 신성한 공간에는 규모, 기능 및 건축 형태가 다른 다양한 건축물이 있었을 것이며, 그 중 일부는 노천 신전 건축(꺼종갓의 K 건물지 등)이거나, 꺼웃짠(바테산 사면)의 3개 건축물 조합과 같은 다른 종류의 건축일 것이다. 그러나 그곳에는 건축물의 규모가 크고 폐쇄적이게 조성된 견고한 건조물도 있었을 것이며 또한 이 건축물에는 힌두교 신전과 유사한 양식의 특색있는 토제 조각상 장식이 있었을 것이다. 옥에오 도시의 공간 계획과 가장 중요한 신전 건축물에 대한 전반적인 연구는 꺼가이티 A 건축물을 통해 이루어졌으며 종교 중심지인 바테에서 가장 중요한 신전 건축물은 현재 린선 사원 지역에 묻혀 있는 건축물일 것으로 추정된다.

상기의 말러렛과 그 이후 몇몇 학자들의 연구에서 옥에오가 푸난왕국의 활발한 상업 중심 도시 또는 항구 도시로 여겨졌다. 그러나 그들은 이 도시를 옥에오 도시 내 혹은 바테산 지역 내 종교적 문화 공간, 또는 종교 문화 공간의 일부로 취급하지 않았다. 2017~2020년의 발굴 및 연구 결과에 따르면, 옥에오 도시의 송교 숭심지와 바테 종교 숭심지는 동일한 시간과 공간 내에서 존재하는 두 개체로, 서로 밀접한 관계를 갖고 하나의 통합체를 이루고 있다. 이에 따라, 옥에오-바테는 옥에오 고대 도시의 문화적 공간의 일부이며, 푸난 왕국의 경제, 문화 및 종교적 중심지로 간주된다.

메콩강 하구의 고고학 조사에서 말러렛은 옥에오 유적의 지리적 위치와 옥에오 항구 도시를 둘러싼 담장의 2가지 중요한 문제에 대해 논하였다. 그에 따르면, 이 도시는 해안가에 있는 항구과 내륙으로 향하는 도로 사이에 위치하며, 해안의 저수지와 연결된 늪 지대로 인해 내륙으로 향하는 도로가 가로막혀 있다. 옥에오의 위치는 극동과 태국 만 지역의 대부분의 항구들과 같이 해안으로부터 일정 거리 떨어진 모래 지대에 설립된 경향성이 있다. 이러한 지대는 안정적이고 건조하며 안전하기 때문이다(Malleret, 1959).

옥에오 도시의 둘레는 비행기에서 바라볼 때 사각형 모양의 고대 도시처럼 보이며, 15km에 달하는 큰 운하가 바다 쪽으로 이어져 있다. 동남아시아의 고대 도시들인 앙코르 보레이나 7세기 이후의 삼보르프레이 쿡과 비교해 보면, 이들은 대칭적이지 않고 규칙적이지 않은 배치를 가지고 있는 것과 대조적으로, 옥에오 도시의 배치는 모헨조-다로나 하라파로 대표되는 인도의 고대 도시 전통과 밀접하게 연관되어 있다는 것을 알 수 있다.

이러한 문제들은 말러렛의 견해와 함께 최근 몇 년 동안 옥에오 유적에서의 고고학 발견과 직접적으로 관련이 있다. 이러한 발견은 푸난 왕국 및 동남아시아의 문화 및 역사적인 공간에서 옥에오 도시의 위치, 역할과 이 유명한 대도시의 동서와의 관계에 대한 새로운 인식의 핵심적 의견이다.

2017~2020년 옥에오-바테와 넨쭈어에서의 고고학 조사 결과에 기초한 연구 결과를 요약해 보면, 베트남 고고학자들은 옥에오의 도시 공간의 기능과 "도시"와 "항구 도시"의 개념 내용을 명확히 하였다. 이를 통해 옥에오가 도시이며 항구 도시가 아니라는 것을 확정했다. 이 도시는 해안 지대 내의 깊은 지역에 위치하며, 넨쭈어와 지역 내 수로를 통해 태국 만과 연결되어 있다. 동시에 연구 결과로부터 옥에오-바테 유적에 대한 인식이 고대 도시에 한정되어 있지 않으며 확장된 시공간적 사고를 가지고 도시 공간과 종교 공간의 관계를 보다 깊게 인식해야 함을 보여주었다. 옥에오 유적은 도시나 도시 내의 종교 중심지에 머무르는 것뿐만 아니라, 다른 종교 중심지와도 밀접한 관련이 있는 것으로 나타났다. 이것이 바테 종교 중심지이다.

종교 건축물과 함께 넨쭈어와 옥에오 평지의 유적에서는 많은 목조 건축물 흔적을 발견할 수 있다. 이러한 건축물은 목재 기둥, 기둥의 하부에 있는 주혈, 또는 고지대의 목조 건축물과 관련된 고상 건물지의 구조물을 통해 확인할 수 있다. 이러한 발견은 말러렛의 옥에오 문화에서 주거 형태로서 고상 건물지가 주를 이룬다고 하는 이전의 평가를 생생하게 입증하는데 기여할 뿐만 아니라(Malleret, 1959: 279), 크기 및 건축 형태에 대한 지식이 없는 건축 유형에 대한 많은 새로운 자료를 제공한다.

2017~2020년 넨쭈어와 옥에오 평지에 위치한 4개의 유적(꺼종갓, 꺼종쯤, 꺼옥에오, 롱런 운하)의 대규모 고고학 조사 결과, 고대 운하를 따라 입지한 고상 건물지의 형태 및 건축 기술에 대해 명확하게 이해하게 되

었다. 특히 꺼종갓의 목조 구조물 흔적이 발견된 것은 더욱 주목할 만하다. 이 발견은 목조 건축물이 옥에오 고대 도시의 중심 축에 위치하며, 2가지 전통적인 기술을 사용하여 건축되었다는 것을 보여준다. 이러한 전통 기술에는 주혈을 파는 방법과 기둥을 지면에 박는 방법이 있다. 주혈을 파고 기둥을 지면에 박는 기술, 또는 지하 기둥 기술은 옥에오 일대의 새로운 발견이다. 이는 일반적인 고상 건물지에 비해 상대적으로 큰 규모의 목재 건축물에 대한 견고한 건축 기술이다. 이러한 건축물의 기둥은 타원형 구멍에 깊이 파묻혀 있으며, 기둥의 밑면에는 하나 또는 두 개의 가로 나무 막대가 놓여져 기둥이 덜 침식되도록 하고, 기둥 주변은 구릉의 흙에 의해 단단하게 다져졌다.

옥에오 평지에 위치한 꺼우에오, 꺼뜨쩝 유적의 이전 조사에서 옥에오 초기의 발전기 문화층에서 일렬로 배치된 목재 기둥 흔적과 인도식 직사각형 모양의 평평한 목재 기둥 조각이나 기와 흔적 등이 발견되었다(Manguin, 2001: Fig. 9:35; Đào Linh Côn, 2004: 55-56). 그러나 당시 학자들은 아직 건축 기술, 지붕 형태, 유적에서 발견된 기와류의 기원을 설명할 수 없었다.

꺼종갓에서는 목조 건축물이 흙으로 쌓인 높은 언덕 지대에 주요 기둥을 매립하여 견고하게 축조된 흔적이 발견되었는데, 벽돌과 석재로 지은 신전 유적과 가까운 위치에 있다. 꺼종갓의 발굴 구역에서는 인도식의 평평한 기와편들도 발견되었다. 이곳에서 찾아낸 인도식 기와편들의 수는 많지 않았지만, 발굴조사자들에 따르면 이러한 종류의 기와는 고상 건물지가 발견된 지역에서는 잘 나타나지 않으며, 주로 고지대에 위치한 주거 건축물이나 신전 발견지와 연관된 지역에서 발견된다고 전한다. 여기서 찾아낸 평평한 인도식 기와는 목조 사원의 지붕이나 옥에오 도시 상층부의 일부 목조 주택 지붕에 사용된 재료일 수 있는 것으로 추정된다.

이 주장의 근거는 굽타시대의 인도 사원건축 모형과 넨쭈어 유적에서 발견된 주거지와의 비교 분석에서 찾을 수 있다. 룽런 운하 또는 넨쭈어에서 발견된 고상 건물지의 흔적은 이러한 목조 건축물이 대부분 대나무나 나뭇잎으로 된 지붕을 가지고 있음을 보여준다. 옥에오-바테 유적에서 벽돌이나 석재로 지어진 사원 건축물의 흔적을 연구한 고고학자들은 이러한 건축물의 지붕연구를 지속적으로 진행했음에도 불구하고 기와 사용에 대한 확실한 증거를 찾지 못했다. 남부지방 사회과학연구소의 응우옌칸쭝기엔 박사는 꺼종갓의 목조 건축물이 매우 규칙적이고 견고하게 지어졌으며, 옥에오 도시의 상류층이 모여 사는 지역이라고 주장한다. 이 지역에서는 가장 고급스러운 유물들이 많이 발견되었는데, 금으로 만든 보석류와 동한 시대 거울, 난디스를 새긴 금 반지와 같은 수입품들이 특히 높은 경제 가치를 가지고 있다.

넨쭈어 유적에 있는 큰 언덕과 옥에오 평지에서 경사 지대 주변, 룽런 운하 양쪽의 주거 건축물 뿐만 아니라 고고학자들은 많은 고상 건물지의 흔적을 발견했다. 이러한 구조물은 모두 천연 목재를 사용하여 한 쪽 끝은 뾰족하게 깎아 땅 속에 깊이 박혀 있으며, 일정한 간격을 이루며 배치되어 직사각형을 이루며, 상부에는 다수의 목재 대들보와 판자가 연결되어 형성된 견고한 바닥이 위쪽 구조물을 지탱한다. 자재, 기술 및 건축 방법의 유사성은 고상 건물지가 이 지역의 오랜 전통적 형태인 것을 보여주며 옥에오 주민들이 하천의 주변지역이라는 특징적인 환경에서 창조성과 적응력으로 농업, 수공업, 무역 및 교류를 조화롭게 결합하여 생활하였음을 보여준다.

옥에오나 넨쭈어의 고상 건물지는 모두 간단한 구조를 가지고 있으며 지붕은 대부분 초목으로 덮여 있다. 넨쭈어에서는 상당한 규모의 고상 건물지 4기가 확인되었는데 바닥 면적은 120~140m² 정도인 것으로 밝혀졌다. 목재 기둥 주변에서는 중국 역사 문헌에서 묘사되는 것과 같은 기와로 덮인 지붕의 흔적은 찾을 수 없었다.

『진서』에는 푸난의 사람들이 집을 만드는 데 목재를 잘 사용한다는 사실을 기술하고 있다. 그들의 왕은 계단식 탑에 살았으며, 그들은 켄(Ken) 나무[17]를 사용하여 벽을 만들었다. 그들의 물가에는 다이 니억(Đại nhược)[18]이라고 불리는 잎이 8~9m까지 자라는 나무가 있었다. 그들은 이를 엮어 지붕재로 사용했다. 일반 백성들도 계단식 집을 짓고 살았다. 다른 중국 고서의 기록도 "이 지역 주민들은 집을 짓기 위해 나무를 배고, 왕은 계단식 집 또는 두 층으로 구성된 탑 안에 살았다. 주민들은 일반적으로 기둥 위에 세워진 높은 집에서 살았으며, 대나무로 덮여 있었다", "그들의 집은 일반적으로 장식되고 조각되어 있으며, 나무 울타리로 둘러싸여 있었다" 라고 비슷하게 묘사했다(Nguyễn Hữu Tâm, 2008).

상기 기록된 중국 고서에서 나타난 바에 따르면, 목재는 푸난에서 집을 짓는 데 중요한 자재로 사용되었으며, 모든 계층의 주민들이 널리 사용하였다. 당시 고상 건물 지붕에는 대개 대나무나 다이 니억의 나뭇잎을 덮었다. 이 지역에서 자연스럽게 존재하는 물에 자라는 니파 야자와 같은 나무가 사용되었다.

2017~2020년 옥에오 발굴 수행 결과는 옥에오 문화가 푸난 왕국의 물질 문화의 기반이라는 것을 계속 연구하고 명확히 증명하였으며, 3개의 큰 중심부로 구성되었다는 것을 밝혀냈다. 이 중심부는 (1) 해안 상업 거래가 이루어지는 도시 및 주거 중심부; (2) 인도 문화의 강한 영향을 받은 불교와 힌두교 문화의 융합이 이루어진 대형 종교 중심부; 그리고(3) 안정적인 농업 생산 기반 위에 발전된 수공업이 이루어지는 제

---

**17** 베트남 남부 및 메콩강 삼각주 지역에서 흔히 등장하는 식물로, 대나무류와 비슷하게 건축이나 울타리, 벽을 만드는 데 사용, 줄기가 곧고 단단해 벽체, 지붕 골격, 울타리 자재 등으로 활용함

**18** 메콩강 유역의 열대수목

조 중심부로, 특히 금속, 유리 및 도자기 장신구 제조에 중점을 두고 있다.

대규모 발굴 작업에서 발견된 넨쭈어와 옥에오-바테 유적의 유구 및 유물은 동남아시아 역사 및 민족 역사에서 옥에오 문화와 푸난 왕국의 번영과 탄생 역사와 눈부신 발전을 더욱 선명하게 그려내는 데 기여하였다(그림 170~202).

신규 발견과 발굴조사의 결과, 즉 2017년부터 2020년까지 진행된 넨쭈어, 옥에오-바테 유적 연구에서 얻어진 새로운 발견들을 고려하면 옥에오-바테, 넨쭈어는 푸난 왕국 역사에서 매우 중요한 역할을 수행했던 중심지였다. 이 왕국은 중국-동남아시아-남아시아-중앙아시아-인도 및 로마 등 광범위한 무역 관계를 기반으로 한 지역의 전통에 근거하여 형성되었나.

옥에오 지역의 고대 도시 유적에서는 수십 년간의 발굴조사를 통해 로마시대의 안토니우스 피우스 황제(138-161AD), 마르쿠스 아우렐리우스 황제(161-180AD)의 금화, 로마와 인도의 보석류, 중국 한나라의 동경, 오수전 등 많은 외국 문화재가 발견되었다. 이러한 발견은 옥에오 문화가 아시아, 인도, 지중해 지역의 로마와 같은 많은 나라들과 직간접적인 관련이 있었음을 증명한다. 이러한 관련성은 해상 무역로를 통해 이루어졌다.

위의 발견으로부터, 옥에오 도시 유적에서 세계 각지로 향하는 항로가 20세기 40년대 국내외 학자들에 의해 그림으로 그려졌다. 이러한 무역로의 존재를 더욱 강조한다는 점에서, 2017~2020년 옥에오-바테와 넨쭈어 유적지에서 발견된 외국 도자기의 발견은 매우 중요하며 두드러진 가치를 지니고 있다고 볼 수 있다.

우리는 옥에오 문화에 속한 고고학적 유적에서, 공식적이고 비공식적인 발굴 작업을 통해 옥에오 도기라 불리는 다양한 유형의 도기가 대량으로 발굴되었다는 것을 알고 있다. 옥에오 도기의 광범위하고 보편적인 유사성은 메콩강 하류 중앙의 고고학 유적에서 볼 수 있는 것으로, 오랜 세월 동안 내재하고 있던 본고장 도기 생산의 전통을 보여주고 있다. 그러나 부이민찌 박사의 최근 연구에서는 넨쭈어, 룽린 운하 및 꺼종갓 유적지에서 발견된 새로운 외국 도자기들을 비롯해, 다양한 시대와 지역에서 유래한 도자기들, 즉 로마 제국(2세기), 인도(1~6세기), 중국(2~7세기) 및 서아시아(8세기) 등의 외국 도자기가 옥에오 도기 수집품에 포함된 것이 밝혀졌다(그림 203~209). 이러한 새로운 발견은 국가 간의 관계를 명확히 보여줄 뿐 아니라, 옥에오 도시의 경제적, 문화적 교류에 대한 보다 포괄적이고 시대적 인식을 제공한다(부이민찌, 2020: 43-62).

넨쭈어와 옥에오에서 발견된 외국 도자기들은 옥에오 문화의 기원 후 1~2세기부터 8세기까지의 발전 사에 대응하는 시간대를 보여주며, 옥에오 도시의 발전 단계에 대한 상대적인 연대를 결정하는 믿을만한 근거를 제공한다. 이것은 옥에오 도기의 본격적인 지역적 특징과 전통성에 대한 보다 깊은 이해를 도와주며, 동남아시아와 아시아의 고대 도자기 역사에 대한 일반적인 시각도 제공한다. 또한 이러한 발견은 옥에오 도시의 경제, 문화 교류에 대한 전반적인 경향성과, 옥에오 도시의 역사와 전통에 대한 새로운 시각을 제공한다.

앙코르 보레이(Stark, et al., 2019)나 캄보디아의 러브아와 소피(Lim, 2020) 및 태국의 카오 삼 깨오(Bellina 등, 2019) 유적에서 최근 옥에오 도기 켄디병의 발견은 옥에오 도기가 인도와 중국 도자기 수입과 함께 동남아 지역으로 수출되었던 것을 보여주고 있다.

2017년부터 2020년까지 이루어진 넨쭈어 유적과 옥에오-바테 유적에서의 발굴과 고고학 연구는 매우 중요한 새로운 발견을 가져왔으며, 이를 통해 옥에오 문화와 푸난 왕국의 역사를 더욱 확실하게 밝히는 신뢰성 있는 학술적 근거가 추가로 제공되었다. 이러한 새로운 발견과 연구로 인해, 옥에오-바테와 넨쭈어는 상당한 규모의 고대 도시 유적으로, 해상 무역길에 걸친 다양한 상거래 관계를 바탕으로 형성된 푸난 왕국의 형성에 매우 중요한 역할을 한 것으로 간주된다.

옥에오-바테 고대 도시, 넨쭈어는 지금의 락쟈(현재의 끼엔장성) 바다 쪽으로 향하는 항구 지역이 있는 남부지방의 중심에 위치한 고대 도시이다. 이 도시는 해변 인근 평야 지역에 건설되었으며, 푸난 왕국의 경제와 문화 중심지로서 바다를 바라보며 넓은 시야로 세계와의 교류를 확장함으로써 지리적 공간 제한을 벗어나는 발전을 이루었다. 이를 통해 이 습지 지역은 고대 이후 몇 세기 동안 동남아시아 지역에서 번창하고 유명한 도시였다.

# 참고문헌

1. Aoyagi, Y., 1991: Đồ gốm Việt Nam đào được trên các hòn đảo ở Đông Nam Á, Khảo cổ học, số 4, tr. 78-82.

2. Aoyagi, Y., 1992: The Trend of Vietnamese Ceramics in the History of Ceramic Trade with Particular Reference to the Islands of Southeast Asia, Journal of East -West Maritime Relations, No. 2, pp. 1-17.

3. Bellina, B. and Glover, I. C., 2004: The Archaeology of Early Contact with India and the Mediterranean World from the Fourth Century BC to the Fourth Century AD, Southeast Asia: From prehistory to History, Edited by Ian Glover and Peter Bellwood, Routledge Curzpn, Great Britian, 2004, pp. 80.

4. Bellina, B., Favereau, A., Dussubieux, L., 2019: Southeast Asian early Maritime Silk Road trading polities' hinterland and the sea-nomads of the Isthmus of Kra, Journal of Anthropological Archaeology 54, pp. 102-120.

5. Bhattacharya, P., Chowdhury, S., 2021: How the ancient Indian Viṇā travelled to other Asian countries: A reconstruction though scriptures, sculptures, paintings and living traditions, National Security, Vivekananda International Foundation, Vol. IV(1), pp. 44-62.

6. Boisselier, J., 1966: Le Cambodge, A. et J. Picard et Cie, Paris.

7. Bùi Chí Hoàng, 1994: Giai đoạn hậu kỳ đồng –sơ kỳ sắt sớm miền Đông Nam Bộ, Thành phố Hồ Chí Minh, Luận án Tiến sĩ Khoa học lịch sử năm 1994, Tư liệu Viện Khoa học xã hội vùng Nam Bộ.

8. Bùi Chí Hoàng, Nguyễn Văn Quốc, Nguyễn Khánh Trung Kiên, 2010: Khảo cổ học Bình Dương từ tiền sử đến sơ sử, Nxb. Khoa học xã hội, Hà Nội.

9. Bùi Chí Hoàng, Nguyễn Chí Thân, Nguyễn Khánh Trung Kiên, 2012: Khảo cổ học Bà Rịa –Vũng Tàu từ tiền sử đến sơ sử, Nxb. Khoa học xã hội, Hà Nội.

10. Bùi Chí Hoàng, Nguyễn Quốc Mạnh, 2013: Khai quật cụm di tích kiến trúc Gò Út Tranh thuộc khu di tích Óc Eo –Ba Thê, Khảo cổ học, số 2/2013, tr. 60-74.

11. Bùi Chí Hoàng, Bùi Phát Diệm, Vương Thu Hồng, 2015: Khảo cổ học Long An thời tiền sử, Nxb. Khoa học xã hội, Hà Nội.

12. Bùi Chí Hoàng, 2016: Khảo cổ học thời đại kim khí vùng ngập mặn Đông Nam Bộ(Bà Rịa –Vũng Tàu, Đồng Nai và thành phố Hồ Chí Minh), Đề tài Khoa học cấp Bộ.

13. Bùi Chí Hoàng và nnk, 2017: Khảo cổ học Nam Bộ thời tiền sử, Nxb. Khoa học xã hội, Hà Nội.

14. Bùi Chí Hoàng, Nguyễn Quốc Mạnh, Lê Hoàng Phong, 2018: Khảo cổ học Nam Bộ thời sơ sử, Nxb. Khoa học xã hội, Hà Nội.

15. Bùi Chí Hoàng, 2019a: Khu di tích Linh Sơn(Ba Thê): quy mô, tính chất và niên đại, Kỷ yếu Hội thảo khoa học "Khu di tích Óc Eo –Ba Thê, Nền Chùa: khai quật, nghiên cứu, bảo tồn và phát huy giá trị" Long Xuyên, tháng 11/2019, tr. 189-197.

16. Bùi Chí Hoàng, 2019b: Khu di tích Óc Eo, Ba Thê, Nền Chùa: Khai quật, nghiên cứu, bảo tồn và phát huy giá trị, Khảo cổ học, số 1/2020, tr. 4-11.

17. Bùi Chí Hoàng, Trần Việt Phường, Nguyễn Quốc Mạnh, 2019: Di tích khảo cổ học Nhơn Thành –Cần Thơ, Cần Thơ.

18. Bùi Minh Trí, 1986: Thành cổ Luy Lâu(xã Thanh Khương, huyện Thuận Thành, tỉnh Bắc Ninh), Luận án tốt nghiệp đại học, Khoa Lịch sử, Trường Đại học Tổng hợp Hà Nội, 198 Hà Nội, Tư liệu Viện Khảo cổ học.

19. Bùi Minh Trí –Kerry Nguyễn Long, 2001: Gốm hoa lam Việt Nam –Vietnamese Blue and White Ceramics, Nxb. Khoa học xã hội, Hà Nội.

20. Bùi Minh Trí, 2003: Tìm hiểu ngoại thương Việt Nam qua"Con đường gốm sứ trên biển", Khảo cổ học, số 5, tr. 49-74.

21. Bùi Minh Trí, 2016: Những khám phá khảo cổ học dưới lòng đất Nhà Quốc hội, Nxb. Khoa học xã hội, Hà Nội.

22. Bùi Minh Trí, 2020: Đồ gốm nước ngoài trong văn hóa Óc Eo và một vài nhận thức mới về văn hóa Óc Eo, tiếp cận từ nghiên cứu so sánh, Khảo cổ học, số 2, tr. 43-62.

23. Bùi Minh Trí, 2021: Gốm Tống –Trung Quốc trong Hoàng cung Thăng Long, Kinh thành cổ Việt Nam, Nxb. Khoa học xã hội, Hà Nội, tr. 12-69.

24. Bùi Phát Diệm, 2002: Từ những đồng tiền kim loại và những hiện vật La Mã thuộc Văn hóa Óc Eo với vùng Địa Trung Hải, Tạp chí Khoa học xã hội, số 1/2002, tr. 95-99.

25. Bussière, J., Wohl, B. L., 2018: Ancient Lamps in the J. Paul Getty Museum, Published by the J. Paul Getty Museum, Los Angeles.

26. Coedès, G., 1936: A propos de Tchen-la d'eau: Trois inscriptions de la Cochinchine, Paris, B. E. F. E. O, XXXVI, fasc. 1, pp. 1-13.

27. Coedès, G., 1944: Lịch sử cổ đại các quốc gia Ấn Độ hóa ở Viễn Đông(Người dịch: Nguyễn Thừa Hỷ -Tái bản năm 2011). Nxb. Thế giới, Hà Nội.

28. Đặng Ngọc Kính, 2020: Hạt chuỗi thủy tinh Indo -Pacific tại kênh cổ Lung Lớn khu di tích Óc Eo -Ba Thê(An Giang), Khảo cổ học, số/2020, tr. 71-80.

29. Đặng Văn Thắng, 2019a:Khảo cổ học Óc Eo và Phù Nam, Nxb. Đại học Quốc gia TP. Hồ Chí Minh, tr. 4-5.

30. Đặng Văn Thắng, 2019b: Góp phần nhận diện di tích Nền Chùa(Kiên Giang), Kỷ yếu Hội thảo khoa học Khu di tích Óc Eo -Ba Thê, Nền Chùa: khai quật, nghiên cứu, bảo tồn và phát huy giá trị, Long Xuyên, tháng 11, tr. 378-386.

31. Đặng Văn Thắng, 2020: Khảo cổ học Óc Eo và Phù Nam, Nxb. Đại học Quốc gia TP. Hồ Chí Minh.

32. Đặng Văn Thắng, Hà Thị Sương, 2016: Đền thờ ở Óc Eo -Ba Thê, Giá trị di sản văn hóa Óc Eo -An Giang trong tiến trình phát triển kinh tế-xã hội, Nxb. Đại học Quốc gia TP. Hồ Chí Minh, tr. 329-354.

33. Đào Linh Côn, 1983a: Khai quật di tích mộ táng văn hóa Óc Eo ở Nền Chùa -Tân Hội(Kiên Giang), Những phát hiện mới về khảo cổ học năm 1982, Nxb. Khoa học xã hội, Hà Nội, tr. 212-215.

34. Đào Linh Côn, 1983b: Những hiện vật văn hóa Óc Eo thu thập từ năm 1975 đến nay, Tư liệu Trung tâm Khảo cổ học, TP. Hồ Chí Minh.

35. Đào Linh Côn, 1984: Khai quật di tích mộ táng văn hóa Óc Eo ở Nền Chùa -Tân Hội(đợt 2), Những phát hiện mới về khảo cổ học năm 1983, Nxb. Khoa học xã hội, Hà Nội, tr. 197-201.

36. Đào Linh Côn, 1988: Văn hóa Óc Eo ở Đồng bằng Nam Bộ, Tư liệu Trung tâm Khảo cổ học, TP. Hồ Chí Minh.

37. Đào Linh Côn, 1995: Mộ táng trong Văn hóa Óc Eo, Luận án Phó Tiến sĩ Khoa học lịch sử, Tư liệu Viện Khoa học xã hội tại Thành phố Hồ Chí Minh.

38. Đào Linh Côn, 2003: Lò gốm thời kỳ Óc Eo ở di chỉ Nền Vua(ấp Minh Kiên, xã Minh Thuận, huyện Vĩnh Thuận, Kiên Giang), Những thành tựu khoa học xã hội và nhân văn ở các tỉnh phía Nam trong thời kỳ đổi mới, Hà Nội: Nxb. Khoa học xã hội, tr. 852-862.

39. Đào Linh Côn, 2004: Di chỉ cư trú văn hóa Óc Eo ở khu di tích Óc Eo -Ba Thê(An Giang), Đề tài Nghiên cứu Khoa học do Quỹ Toyota tài trợ, Tư liệu Trung tâm Khảo cổ học.

40. Đào Linh Côn, Nguyễn Thị Mỹ Hồng, 2004: Di chỉ Giồng Xoài(xã Mỹ Hiệp Sơn, huyện Hòn Đất, tỉnh Kiên Giang), Một số vấn đề khảo cổ học ở miền Nam Việt Nam, Tập 2, Nxb. Khoa học xã hội, Hà

Nội, tr. 271-305.

**41.** Đào Linh Côn, Lê Xuân Diệm, 2010: Giá trị văn hóa Óc Eo ở miền Tây Nam Bộ(qua tư liệu hiện có), Đề
tài khoa học cấp Bộ, TP. Hồ Chí Minh.

**42.** Del Chiaro, M. A., 1986: A Clusium Group Duck-Ashos in Malibu, Greek Vases in the J. Paul Getty Mu-
seum, The J. Paul Getty Museum Malibu, California, Volume 3/1986, pp. 139-142.

**43.** Divatia, N. B., 1930-31: The Vinä in Ancient Times, Annals of the Bhandarkar Oriental Research Institute,
Vol. 12, No. 4(1930-31), pp. 362-371, Published by: Bhandarkar Oriental Research Institute.

**44.** Đỗ Đình Truật, 1984: Khai quật di tích kiến trúc cổ ở gò Cây Trôm, Văn hóa Óc Eo và các văn hóa cổ ở
đồng bằng Cửu Long, Sở Văn hòa và Thông tin An Giang, tr. 206-212.

**45.** Đỗ Quang Trọng, 2002: Khu lò gốm cổ Tam Thọ xã Đông Vinh, huyện Đông Sơn, tỉnh Thanh Hóa, Thanh
Hóa di tích và danh thắng, Tập 2, Nxb. Thanh Hóa, tr. 25-37.

**46.** Dương Văn Truyện, Võ Sĩ Khải, 1985: Những di chỉ khảo cổ ở tỉnh Kiên Giang, Kỷ yếu Hội thảo "Văn hóa
Óc Eo và các nền văn hóa cổ ở đồng bằng sông Cửu Long", Sở Văn hóa Thông tin tỉnh An Giang,
tr. 177-183.

**47.** École Française d'Extrême Orient -Volume XLIII, Paris.

**48.** Favereau, A., Bellina, B., 2016: Thai -Malay Peninsulaand South China Sea networks(500BCEAD 200),
based on areappraisal of "Sa Huynh -Kalanay"-related ceramics, Quaternary International xxx, pp.
1-9.

**49.** George(Editor), 1976: Islamic Arts, Arts Council UK, ISBN 0-7287-0081-6.

**50.** Golover, I. C., 1996: The southern silk route: Archaeological evidence for early trade between India and
Southeast Asia, In Srisuchat Amara(ed) 1996, Ancient trade and cultural contact in Southeast Asia,
The Office of the National Cuture Commission, Bangkok, Thailand.

**51.** Groslier, B. P., 1966: Indochine: Carrefour des Arts, Paris, Allin Michel, pp. 44-62.

**52.** Hà Văn Tấn, 1996: Nhận xét kết quả các chương trình khảo cổ học Trường Sa, Tây Nguyên và Tây Nam
Bộ, Khảo cổ học, số 4, tr. 5-10.

**53.** Hà Văn Tấn, 1997: Óc Eo -Những yếu tố nội sinh và ngoại sinh, Theo dấu các văn hóa cổ, Nxb. Khoa học
xã hội, Hà Nội, tr. 833-847.

**54.** Hirano, Y., 2005: Earthenware in Mekong Delta, South Vietnam: mainly in spouted vessels and roof tiles,
Sophia University, NII-Electronic Library Service. 55. Hirano, Y., 2009: The study of the cultural
exchange of Óc Eo cultural sites in Mekong delta: from pottery and roof tiles found from Go Tu
Tram site(2005-2006), IPPA International Congress 5th Dec. 2009, Hanoi.

**56.** Howland, R. H., 1958: Greek Lamps and Their Survivals, The Athenian Agora, Vol. 4, Published by The
American School of Classical Studies at Athens Stable.

**57.** Huang, Q., Zhang, K., 2002: Guangxi Bowuguan Gu Taoci Jingcui [Gems of Ancient ceramics in Guangxi
Museum](Beijing: Wenwu Chuban She, 2002).

**58.** Janse, O., 1939: Archaeological Collection of Indochina(Sưu tầm khảo cổ học Đông Dương), Bản dịch, Tư liệu Viện Khảo cổ học, tr. 92 –93.

**59.** Lại Văn Tới, Lê Đình Ngọc, 2019: Nhận thức mới về khu di tích Nền Chùa(tỉnh Kiên Giang) qua kết quả khai quật và nghiên cứu năm 2018 –2019, Kỷ yếu Hội thảo khoa học "Khu di tích Óc Eo –Ba Thê, Nền Chùa: khai quật, nghiên cứu, bảo tồn và phát huy giá trị", Long Xuyên, tháng 11/2019, tr. 45–60.

**60.** Lê Kim Sanh, 1984: Hải xâm và hải thoái xưa ảnh hưởng đến vùng đồng bằng Nam Bộ, Văn hóa Óc Eo và các văn hóa Đồng bằng sông Cửu Long, Sở VHTT An Giang xuất bản, tr. 76–83.

**61.** Lê Thị Liên, 1998: Về những hình trang trí trên một mảnh gốm ở Bảo tàng Kiên Giang, Những phát hiện mới Khảo cổ học năm 1997, Nxb. Khoa học xã hội, Hà Nội, tr. 696–998.62. Lê Thị Liên, 2001: Chứng cứ khảo cổ học về buổi đầu tiếp xúc với Ấn Độ ở đồng bằng sông Cửu Long, Đông Nam Á, số 6/2001, tr. 27–38.

**63.** Lê Thị Liên, 2012: Văn hóa Óc Eo và sự tương tác với thế giới bên ngoài(The Óc Eo culture and its Cultural interaction with the Outside World), Kỷ yếu Hội thảo quốc tế "Toàn cảnh Khảo cổ học Việt Nam" năm 2012, (Edited by A. Reinecker), Hà Nội, tr. 211–236.

**64.** Lê Trung Khá, 1986: Về những di cốt người cổ mới phát hiện ở Cạnh Đền(xã Vĩnh Hưng, huyện Vĩnh Thuận, tỉnh Kiên Giang), Tư liệu Trung tâm Khảo cổ học, TP. Hồ Chí Minh.

**65.** Lê Xuân Diệm, 1985: Óc Eo –Một đô thị xưa hay một trung tâm văn hóa cổ, Kỷ yếu Hội thảo "Văn hóa Óc Eo và các nền văn hóa cổ ở đồng bằng sông Cửu Long", Sở Văn hóa Thể thao tỉnh An Giang, Long Xuyên, tr. 213–221.

**66.** Lê Xuân Diệm, Đào Linh Côn, Võ Sĩ Khải, 1995: Văn hóa Óc Eo –Những khám phá mới, Nxb. Khoa học xã hội, Hà Nội.

**67.** Lê Xuân Diệm, 2006: Chứng cứ khảo cổ về buổi đầu tiếp xúc với Ấn Độ ở đồng bằng sông Cửu Long, Nghiên cứu Đông Nam Á, số 06, tr. 27–37.

**68.** Lim, T. S., 2020: Ceramic Variability, Social Complexity and the Political Economy in Iron Age Cambodia and Mainland Southeast Asia(c. 500 BC–AD 500) School of Archaeology and Anthropology, The Australian National University. 69. Lương Ninh, 2002: Một thế kỷ nghiên cứu Phù Nam, Nghiên cứu Lịch sử, số 3.

**70.** Malleret, L., 1959–bd: Khảo cổ học đồng bằng sông Cửu Long –tập 1(Các di tích văn hóa Óc Eo), B. E. F. E. O, Paris(Bản dịch năm 1969, Bảo tàng Lịch sử Việt Nam).

**71.** Malleret, L., 1959: L'Archéologie du delta du Mékong –Tome Premier. La civilisation matérialle d'Oc –Eo, École Française d'Extrême Orient, Paris.

**72.** Malleret, L., 1960–bd: Khảo cổ học đồng bằng sông Cửu Long –tập 2(Di vật văn hóa Óc Eo), B. E. FE. O, Paris(Bản dịch năm 1970 –Bảo tàng Lịch sử Việt Nam).

**73.** Malleret, L., 1960: L'archéologie du Delta du Mékong –Tome Second –La civilisation matérialle d'Oc –Eo, École Française d'Extrême Orient –Volume XLIII, Paris.

**74.** Malleret, L., 1962–bd: Khảo cổ học đồng bằng sông Cửu Long –tập 3(Văn minh Phù Nam), B. E. FE. O,

Paris(Bản dịch năm 1970, Bảo tàng Lịch sử Việt Nam).

75. Malleret, L., 1962: L'Archéologie du delta du Mékong -Tome Troisième, École Française d'Extrême Orient-Volume XLIII, Paris.

76. Malleret, L., 1963: L'archéologie du delta du Mékong -Tome Quatrième, Paris, P. E. F. E. O, Tome IV -Le Cibassac.

77. Malleret, L. Khảo cổ học đồng bằng sông Cửu Long, Chương XII: Điều tra về các tầng lớp cư trú thời cổ, Bản dịch của Viện Bảo tàng Lịch sử Việt Nam, tr. 299-338,

78. Manguin, PY. và cộng sự, 1996-2002: Báo cáo MADM từ năm 1996 đến 2002, Tư liệu bản gốc và bản dịch của Đề án,

79. Manguin, P. Y., 1998: Rapport sur la campagne 1998, Mission Archéologie Du Délta Du Mékong, Equipe "Villes maritimes anciennes de l'Asie du Sud -Est", Octobre 1998.

80. Manguin, P. Y., 1999: Rapport sur la campagne 1999, Mission Archéologie Du Délta Du Mékong, Equipe "Villes maritimes anciennes de l'Asie du Sud -Est", Octobre 1999.

81. Manguin, P. Y., Vo Si Khai, 2000: Excavation at the Ba Thê/Óc Eo Complex(Vietnam) A Preliminary Report on the 1998 Campain, Southeast Asian Archaeology 1998, Center for Southeast Asian Studies, University of Hull, Great Britain, pp. 107-121.

82. Manguin, P. Y., 2001a: Mission archéologie du Delta du Mékong 2001. Rapport préliminaire campagne archéologique de coopération Franco-VietNamienne 2001, Bản dịch Tiếng Việt, Tài liệu chương trình hợp tác Việt -Pháp.

83. Manguin, P. Y., 2001b: Rapport preliminaire campagne Archéologique de coopération Franco -Vietnamienne 2001, Unité d'accueil "Echanges, formation de l'Etat et Urbanisation en Asie du Sud -Est", Octobre 2001.

84. Manguin, PY., 2002-bd: Báo cáo sơ bộ về cuộc nghiên cứu năm 2002, Tư liệu dịch của Đề án.

85. Manguin, P. Y., 2002: Rapport préliminaire campagne 2002, Mission Archéologique du Delta du Mékong(-Campagne archéologique de coopération Franco-Vietnamienne 2002), E. F. E. O, Paris.

86. Manguin, P. Y., 2004: The archaeology of early maritime polities of Southeast Asia, in Ian Glover and Peter Belwood(ed) Southeast Asia from Prehistory to History, Routledge Curzon, New York.

87. Manguin, PY. Ngói ở vùng Đông Nam Á cổ: Tiểu luận loại hình học, Tư liệu dịch của Đề án.

88. Mani, B. R., Dwivedi, I. D., Manjul, S. K. and Manjul, A., 2009: Excavation at Lathiya(Ghazipur District, Uttar Pradesh): 2009-10, Ancient India, New Series, No. 1,2009, pp. 213-232.

89. Ngô Hồ Anh Khôi, Phạm Văn Triệu và nnk, 2020: Những hiện vật minh chứng mới cho sự tồn tại của lò thủy tinh ở khu vực Óc Eo, Khảo cổ học, số 2, tr. 63-69.

90. Nguyễn Gia Đối, Lê Đình Phụng, Phạm Văn Triệu, 2020: Nhận thức về di tích kiến trúc ở các địa điểm khai quật của Viện Khảo cổ học tại khu di tích Óc Eo -Ba Thê, Khảo cổ học, số 1, tr. 12-24.

91. Nguyễn Hữu Tâm, 2008: Khái quát về Phù Nam, Chân Lạp qua ghi chép của thư tịch cổ Trung Quốc, Kỷ yếu Hội thảo "Văn hóa Óc Eo và vương quốc Phù Nam" năm 2004, Nxb. Thế Giới, Hà Nội, tr. 256-

310.

**92.** Nguyễn Khánh Trung Kiên, 2019: Khai quật -nghiên cứu và một số vấn đề bảo tồn di sản văn hóa tại khu di tích Óc Eo -Ba Thê(An Giang), Kỷ yếu Hội thảo khoa học "Khu di tích Óc Eo -Ba Thê, Nền Chùa: khai quật, nghiên cứu, bảo tồn và phát huy giá trị", Long Xuyên, tháng 11/2019, tr. 26-44.

**93.** Nguyễn Khánh Trung Kiên, 2020: Kết quả nghiên cứu mới tại khu di tích Óc Eo -Ba Thê(An Giang), Khảo cổ học, số 1, tr. 25-38.

**94.** Nguyễn Kim Dung, Nguyễn Khánh Trung Kiên và Lê Hoàng Phong, 2020: Từ hiện vật trang sức mới phát hiện góp thêm những nhận xét về hải thương quốc tế trong văn hóa Óc Eo, Khảo cổ học, số 2, tr. 79-100.

**95.** Nguyễn Kim Dung, Trịnh Căn, Đặng Văn Thắng, Vũ Quốc Hiền, Nguyễn Thị Hậu, 1995: Đồ trang sức trong các mộ chum ở Cần Giờ, Thành phố Hồ Chí Minh, Khảo cổ học, số 2/1995, tr. 27-46.

**96.** Nguyễn Quang Bắc, Nguyễn Hữu Tuấn, Nguyễn Quang Miên và nnk, 2019: Góp phần nhận diện đô thị cổ Óc Eo từ kết quả nghiên cứu liên ngành: viễn thám, công nghệ thông tin, địa vật lý -địa chất và khảo cổ học, Kỷ yếu Hội thảo khoa học "Khu di tích Óc Eo -Ba Thê, Nền Chùa: khai quật, nghiên cứu, bảo tồn và phát huy giá trị", Long Xuyên, tháng 11/2019, tr. 274-322.

**97.** Nguyễn Quốc Mạnh, 2002: Báo cáo thám sát Di chỉ cư trú Trung Sơn, Tư liệu Trung tâm Khảo cổ học.

**98.** Nguyễn Quốc Mạnh, 2015: Di tích tiền sử muộn ở An Giang -đặc trưng và niên đại, Tạp chí Khoa học xã hội TP. Hồ Chí Minh, số 11/2015, tr. 80-96.

**99.** Nguyễn Quốc Mạnh, 2016: Một số vấn đề về niên đại văn hóa Óc Eo ở tỉnh An Giang, Kỷ yếu Hội thảo khoa học "Giá trị di sản văn hóa Óc Eo -An Giang trong tiến trình phát triển kinh tế xã hội", Nxb. Đại học Quốc gia Thành phố Hồ Chí Minh, tr. 140-164.

**100.** Nguyễn Quốc Mạnh, 2019: Các di tích tiền Óc Eo ở vùng Tứ Giác Long Xuyên trong quá trình hình thành văn hóa Óc Eo ở miền Tây Nam Bộ, Luận án Tiến sĩ khoa học Lịch sử.

**101.** Nguyễn Thị Hà, 2012: Di tích gò Tư Trăm(An Giang), Luận văn Thạc sĩ khoa học Lịch sử, tr. 90-93.

**102.** Nguyễn Thị Mai Hương, 2020: Môi trường đồng bằng sông Cửu Long giai đoạn văn hóa Óc Eo qua phân tích bào tử phấn hoa, Khảo cổ học, số 2, tr. 14-27.

**103.** Pelliot, P., 1903: Le Fou-nan, Bulletin de l'Ecole française d'Extrême-Orient, Tome 3, pp. 248-303, https://doi. org/10.3406/befeo. 1903.1216.

**104.** Phạm Đức Mạnh, Bùi Chí Hoàng, 1985: Cụm di tích mộ vò ở miền Đông Nam Bộ, Kỷ yếu Hội thảo "Văn hóa Óc Eo và các nền văn hóa cổ ở đồng bằng sông Cửu Long", Sở Văn hóa Thể thao tỉnh An Giang, Long Xuyên, tr. 122-135.

**105.** Phan Huy Lê, 2007: Qua di tích văn hóa Óc Eo và thư tịch cổ thử nhận diện nước Phù Nam, Nghiên cứu Lịch sử, số 11(379)/2007, tr. 3-14,39.

**106.** Phan Huy Lê, 2008: Qua di tích văn hóa Óc Eo và thư tịch cổ thử nhận diện nước Phù Nam, Văn hóa Óc Eo và Vương quốc Phù Nam(Kỷ yếu Hội thảo khoa học nhân 60 năm phát hiện văn hóa Óc Eo(1944-2004)), Nxb. Thế giới, Hà Nội, tr. 229-246.

107. Phukaoluan, R., Phukaoluan, A. : Ancient Ornaments & Beads in Krabi province, The Emperor Of the Beads.

108. Priestman, S., 2016: The Silk Road or the Sea? Sasanian and Islamic Exports to Japan, Journal of Islamic Archaeology(ISSN(print) 2051-9729), JIA 3.1(2016), pp. 1-35.

109. Reddy, A., 2015: Sourcing Indian ceramics in Arabia: actual imports and local imitations, Proceedings of the Seminar for Arabian Studies 45, pp. 253-272.

110. Robinson, H. S., 1959: Pottery of the Roman Period: Chronology, The Athenian Agora, Vol. 5, Published by: The American School of Classical Studies at AthensStable.

111. Roda, P. A., 2000: Musical Instruments of the Indian Subcontinent, Heilbrunn Timeline of Art History, New York: The Metropolitan Museum of Art, 2000, http://www. metmuseum. org/toah/hd/ indi/ hd_indi. htm(March 2009).

112. Rooney, D. F., 2003: Kendi in the Cultural Context o Southeast Asia A Commentary, SPAFA Journal, Vol. 13 No. 2, pp. 5-16.

113. Schenk, H., 2014: Tissamaharama Pottery sequence and the Early Historic maritime Silk Route across the Indian Ocean, Zeitschrift für Archäologie Außereuropäischer Kulturen 6, pp. 95-117.

114. Schenk, H., 2015: Role of ceramics in the Indian Ocean maritime trade during the Early Historical Period, in Sila Tripati editor: Maritime Contacts Of The Past: Deciphering Connection Amongst Communities, New Delhi, India, Prahlad House, pp. 143-181.

115. Sengupta, G., Sharma, S., 2009: Archaeology in North-East India: The Post-Independence Scenario, Ancient India, New Series, No. 1,2009, pp. 353-368.116. Stark, M. T., 2000: Pre-Angkor Earthenware Ceramics from Cambodia's Mekong Delta, Udaya: Journal of Khmer Studies 1, pp. 69-90.

117. Stark, M. T., Fehrenbach, S., 2019: Earthenware Ceramic Technologies of Angkor Borei, Cambodia, Udaya: Journal of Khmer Studies, No. 14.

118. Thakur, U., 1974: A Unique Silver Coin of Samudragupta, East and West, Vol. 24, No. 1/2(March-June 1974), pp. 121-125, Published by: Istituto Italiano per l'Africa e l'Oriente(IsIAO).

119. Thakur, U., 1980: Source of Gold for Early Gold Coins of India, East and West, Vol. 30, No. 1/4(December 1980), pp. 99-115, Published by: Istituto Italiano per l'Africa e l'Oriente(IsIAO).

120. Thawachchai, R., 2014: Roman Beads, Pre-History Ornaments & Beads Vol. 3.

121. Tổng Trung Tín, Bùi Minh Trí, 1997: Báo cáo kết quả khai quật di tích Gò Cây Tung lần 2(1995), Tư liệu Viện Khảo cổ học.

122. Tổng Trung Tín, 2008: Đóng góp vào việc nghiên cứu văn hóa Nam Bộ, Văn hoá Óc Eo và vương quốc Phù Nam, Nxb. Thế Giới, Hà Nội, tr. 200-228.

123. Tổng Trung Tín -Bùi Minh Trí, 2010: Thăng Long -Hà Nội, lịch sửnghìn năm từ lòng đất, Nxb, Khoa học xã hội, Hà Nội.

124. Tổng Trung Tín, 2020: Đánh giá giá trị địa tầng khảo cổ khu vực chùa Linh Sơn(An Giang) 2017-2019,

Khảo cổ học, số 1/2020, tr. 62-73.

**125.** Trần Anh Dũng, 1986: Lò gốm thế kỷ I -X, Khảo cổ học, số 2, tr. 42-49.

**126.** Trần Anh Dũng, 2005: Các khu lò sản xuất đồ gốm cổ 10 thế kỷ đầu công nguyên ở Việt Nam, Một thế kỉ khảo cổ học ở Việt Nam, Nxb. Khoa học xã hội, Hà Nội, tr. 336-348.

**127.** Trịnh Hoài Đức, 1972: Gia Định Thành thông chí, Tập Trung, dịch giả Tu Trai Nguyễn Tạo, Nha Văn hóa Phủ Quốc vụ khanh đặc trách văn hóa xuất bản.

**128.** Uesugi, A., 2014: A Note on the Rang Mahal Pottery, Heritage: Journal of Multidisciplinary Studies in Archaeology 2, pp. 125-151.

**129.** Viện Địa lý Tài nguyên Thành phố Hồ Chí Minh, 2019: Báo cáo kết quả khảo sát khu vực thử nghiệm lần thứ hai bằng phương pháp Radar xuyên đất và điện từ(EM), Tài liệu Đề án.

**130.** Võ Sĩ Khải, 1982a: Báo cáo khoa học kết quả khai quật lần thứ I di tích Nền Chùa(huyện Hòn Đất, tỉnh Kiên Giang), Tư liệu Trung tâm Khảo cổ học, TP. Hồ Chí Minh.

**131.** Võ Sĩ Khải, 1982b: Sự phân bố các di chỉ dạng Óc Eo ở vùng châu thổ sông Cửu Long, Những phát hiện mới về khảo cổ học năm 1981, Ủy ban Khoa học Xã hội Việt Nam, Hà Nội, tr. 190-192.

**132.** Võ Sĩ Khải, 1985: Khai quật di tích kiến trúc cổ ở Nền Chùa(Tân Hội -Kiên Giang), Kỷ yếu Hội thảo "Văn hóa Óc Eo và các nền văn hóa cổ ở đồng bằng sông Cửu Long", Sở Văn hóa Thể thao tỉnh An Giang, Long Xuyên, tr. 199-205.

**133.** Võ Sĩ Khải, Manguin, P. Y., 1998: Báo cáo tóm tắt cuộc khai quật khảo cổ học hợp tác Việt -Pháp tại Óc Eo -Ba Thê năm 1998, Tư liệu Trung tâm Khảo cổ học.

**134.** Võ Sĩ Khải, 2002: Văn hóa đồng bằng Nam Bộ(Di tích kiến trúc cổ), Nxb. Khoa học xã hội, Hà Nội.

**135.** Võ Sĩ Khải, 2008: Văn hóa Óc Eo sáu mươi năm nhìn lại, Kỷ yếu Hội thảo "Văn hóa Óc Eo và vương quốc Phù Nam" năm 2004, Nxb. Thế Giới, Hà Nội, tr. 34-68.

**136.** Vũ Văn Quân, 2008: Vùng đất Nam Bộ thời cổ đại -Từ tư liệu thư tịch đến khảo cổ học, Văn hóa Óc Eo và Vương quốc Phù Nam(Kỷ yếu Hội thảo khoa học nhân 60 năm phát hiện văn hóa Óc Eo(1944-2004), Nxb. Thế giới, Hà Nội, tr. 247-255.

**137.** Will, E. L., 2018: Rough Cilicia Archaeological Survey Project: Analysis of Amphora Finds Season 2000 Summer, Rough Cilicia Archaeological Survey Project, 1996-2011, Paper 6.

**138.** Wolf, R. K., 1991: Style and tradition in Karaikkudi vina playing, Asian Theatre Journal 8(2), pp. 118-141.

**139.** Wu, S., Gao, S. L., 2021: Research on the kiln site protection and utilization of early Yue in Zhejiang based on protection first, E3S Web of Conferences 267,01033(2021) ICESCE 2021, pp. 1-5.

**140.** Zhu, S., et al, 2011: Ci mei ru hua -Guancang Ciqi Jingpin Tuji [Exquisite as Flowers -Catalogue of Museum Porcelain Collection](Guangxi: Guangxi Jiaoyu Chubanshe, 2011).

# 옥에오 문화

### 옥에오-바테(Ba Thê) 및 넨쭈어(NỀN CHÙA)
### 유적지에 대한 새로운 고고학 발견

## 2017-2020

**표지 사진 1** 넨쭈어 유적, 석조 불상. 끼엔장(Kiên Giang)박물관
사진: 부이민찌(Bùi Minh Trí)

**표지 사진 4** . 옥에오문화, 황금 구슬. 호치민 역사박물관
사진: 응우옌짠똥(Nguyễn Chánh Tòng)